訴訟と専門知

科学技術時代における
裁判の役割とその変容

Litigation and Expertise

渡辺千原
WATANABE, Chihara

日本評論社

訴訟と専門知
――科学技術時代における裁判の役割とその変容

目　次

序章　科学技術時代の裁判と専門知　1
第 1 部　法廷に立つ科学：日米の経験　17
　第 1 章　合衆国における科学訴訟の展開　18
　第 2 章　事実認定における「科学」
　　　　　：合衆国ベンデクティン訴訟からの考察　43
　第 3 章　科学と裁判の距離：日本における現代型訴訟の展開　93
　第 4 章　科学の不確実性と裁判
　　　　　：フォーラムとしての裁判の可能性　127
第 2 部　訴訟における専門知　155
　第 5 章　専門訴訟パラダイムの問題提起　156
　第 6 章　医事訴訟における専門家と専門知　173
　第 7 章　非専門訴訟における専門的知見の利用と評価　221
　第 8 章　専門訴訟における専門知の導入と手続保障　247
第 3 部　科学技術時代における裁判と法律家　277
　第 9 章　ポスト司法改革期におけるプロフェッション概念の
　　　　　可能性　278
　第10章　裁判の専門化と裁判官　321

文献一覧　360
あとがき　379
初出一覧　383

細　目　次

序章　科学技術時代の裁判と専門知　1

Ⅰ　科学技術の進展と裁判　1
 1　裁判における科学　4
 2　科学技術をめぐる規範形成と裁判　7
Ⅱ　専門訴訟と専門知・専門家　10
 1　専門訴訟パラダイムと医療過誤訴訟　10
 2　裁判における専門知と常識　12
Ⅲ　科学技術時代の裁判と法律家の役割　13
 1　専門化社会におけるプロフェッションとしての法律家と裁判　13
 2　科学技術社会における裁判の役割　14

第1部　法廷に立つ科学：日米の経験　17

第1章　合衆国における科学訴訟の展開　18

Ⅰ　1960年代の科学裁判所構想とその挫折　19
 1　科学的意思決定機関としての科学裁判所構想　19
Ⅱ　不法行為危機時代：マス・トート訴訟とジャンク・サイエンス　21
 1　アドバーサリーシステム　21
 2　専門家証言　23
Ⅲ　ドーバート訴訟の問題提起　27
 1　科学的証拠の許容性：1993年ドーバート最高裁判決　27
 2　ドーバート判決の示唆　29
Ⅳ　ドーバート以降の展開　32
 1　科学的証拠の許容性　32
 2　専門家証言以外の方法とその利用　34

  3 新・科学裁判所構想　38
Ⅴ 科学裁判所構想の示唆　39
  1 科学裁判所構想の得失　39
  2 裁判は科学的課題を避けられない　41

第 2 章　事実認定における「科学」
　　　　：合衆国ベンデクティン訴訟からの考察　43

Ⅰ ベンデクティン訴訟の流れ　43
  1 ベンデクティンの催奇性に関する科学的研究　45
  2 ベンデクティン訴訟　51
Ⅱ 科学的証拠をめぐる手続過程　53
  1 専門家証言とアドバーサリーシステム　53
  2 認定すべき科学的事実　54
  3 事実認定主体の選択と法的事実認定　56
Ⅲ 事実認定における科学　62
  1 証拠評価のメカニズムと「科学」　62
  2 法的証明と科学的証明　81

第 3 章　裁判と科学の距離
　　　　：日本における現代型訴訟の展開　93

Ⅰ 日本では科学は法廷に立っていないのか　93
Ⅱ 現代型訴訟の問題提起とその推移　95
  1 近代裁判と権利　95
  2 現代型訴訟の登場　97
  3 水俣病訴訟の展開　100
  4 水俣病訴訟の問題提起　104
Ⅲ 現代型訴訟と科学　107
  1 疫学と疫学的因果関係論　108

2　科学訴訟と司法のスタンス　113
　Ⅳ　医療過誤訴訟への注目と専門訴訟パラダイム　116
        1　ルンバール判決の問題提起　116
        2　科学的証明と法的証明　118
        3　科学訴訟としての医療過誤訴訟　119
        4　科学訴訟と専門訴訟　121
　Ⅴ　フォーラムとしての裁判　123

第4章　科学的不確実性と裁判
　　　　：フォーラムとしての裁判の可能性　127

　Ⅰ　リスクをめぐる裁判を問題にすること　127
　Ⅱ　科学観の転換と意思決定モデル：STSの問題提起　131
　Ⅲ　裁判は科学にどう向き合ってきたか　136
        1　法的証明との対比としての科学的証明　136
        2　科学的証拠の評価　138
        3　「予防的科学訴訟」における消極性　139
        4　裁判批判の焦点　141
　Ⅳ　科学的不確実性をめぐる裁判過程のあり方　142
        1　「専門訴訟への対応」型の改善可能性　142
        2　科学的不確実性への視点　144
        3　リスクをめぐる問題について誰が決めるのか　147
        4　公共的救済モデルに向けて　149

第2部　訴訟における専門知　155

第5章　専門訴訟パラダイムの問題提起　156

　Ⅰ　平成の司法改革と「専門訴訟」という課題　156
        1　司法制度改革と日本社会の変容　156

2　「専門訴訟」という課題設定　159
Ⅱ　専門訴訟への対応：医療過誤訴訟の動向から　164
　1　医療／司法をめぐる変化と医療過誤訴訟　164
　2　専門家の協力体制づくり　165
　3　医事訴訟での専門家関与の動向　168

第6章　医事訴訟における専門家と専門知　173

Ⅰ　専門家のプラクティスと専門知　175
　1　法＝医療の境界活動　175
　2　Abbott の専門職論と医療過誤訴訟への示唆　179
Ⅱ　判決における鑑定評価の分析　182
　1　医事鑑定への視角　182
　2　医事鑑定の分析　186
　3　「因果関係」をめぐる言説　194
　4　インフォームド・コンセントをめぐる医療と法　198
Ⅲ　因果関係評価の構造と規範性　203
　1　ルンバール事件最高裁判決における鑑定評価　204
　2　その後の鑑定評価事例　208
Ⅳ　医学的知識の標準化と規範形成　215
　1　医学的知識の標準化と過失基準の設定　215
　2　医事訴訟における専門知の活用と規範形成　219

第7章　非専門訴訟における専門的知見の利用と評価　221

Ⅰ　問題の所在　221
Ⅱ　セクシュアル・ハラスメント訴訟の展開と専門的知見　224
　1　「現代型訴訟」としてのセクシュアル・ハラスメント訴訟
　　　：福岡事件　224

    2 レイプ・トラウマとセクシュアル・ハラスメント訴訟
    ：京大事件　227
  Ⅲ　セクシュアル・ハラスメント訴訟における専門的知見と
    事実認定　232
    1 専門的知見としてのフェミニストカウンセリング　233
    2 京大事件の事実認定と専門的知見　235
  Ⅳ　事実認定の専門性と物語性　238
    1 被害のストーリーと証拠法：フェミニズム法学の示唆　238
    2 事実認定モデルと専門的知見　242

第8章　専門訴訟における専門知の導入と手続保障　247

  Ⅰ　問題の所在　247
  Ⅱ　裁判の形式と手続保障　250
    1 裁判という秩序形式とその価値　250
    2 日本における手続保障論の展開　252
    3 ポスト第3の波の手続保障論　255
    4 訴訟手続以外の手続における手続保障論　256
  Ⅲ　専門訴訟への対応と手続保障　257
    1 日本の裁判における手続保障と専門訴訟への問題提起　257
    2 Mashaw のモデルからの考察　259
    3 専門訴訟における手続保障に向けて　263
  Ⅲ　複数専門家の同時関与方式の意義と射程　265
    1 東京地裁医療集中部のカンファレンス鑑定　266
    2 コンカレント・エビデンスの経験と応用可能性　269
    3 課題と応用可能性　271

第3部 科学技術時代における裁判と法律家 277

第9章 ポスト司法改革期における プロフェッション概念の可能性 278

I　はじめに 278
II　ポスト司法改革期の民事司法と弁護士 280
　1　法曹人口の増大と弁護士業務の多様化 280
　2　民事司法と秩序形成の変化 284
III　プロフェッションとしての弁護士 287
　1　プロフェッション・モデルにおけるプロフェッション概念 287
　2　プロフェッション批判と弁護士役割論の到達点 289
　3　司法制度改革審議会意見書に見るプロフェッション論 291
　4　司法制度改革期以降のプロフェッション論 297
IV　プロフェッション性再構築の視角 299
　1　プロフェッションという組織原理とプロフェッション性の達成 300
　2　専門職化という視点 304
　3　専門化による管轄の競合と確立 306
　4　専門化の進展と弁護士の専門性、自律性 308
V　裁判手続と法専門家の専門性 310
　1　アドバーサリー・システムと役割道徳 310
　2　役割道徳を越えて：弁護士倫理への新たなアプローチ 314
　3　裁判を通じた法の支配の確立とプロフェッション 318

第10章 裁判の専門化と裁判官 321

I　はじめに 321
II　裁判官論の論点と裁判官像 322
　1　裁判官論の論点の動向 322

2 司法制度改革における裁判官役割論　326
 Ⅲ 民事裁判の専門化：専門部・集中部から、知財高裁まで　331
  1 民事裁判における専門部・集中部の意義　333
  2 知財高裁の設立に向けた議論　336
  3 専門化の現状と課題　339
 Ⅳ 合衆国における議論：
　 ジェネラリストとしての裁判官とその変容　346
  1 合衆国における司法の専門化　346
  2 専門司法化をめぐる議論　348
  3 実証研究に見る専門化のインパクト　351
 Ⅴ 専門化と裁判・裁判官　355
  1 専門化と裁判官　355
  2 専門事件の脱司法化とその課題　357

文献一覧　360
あとがき　379
初出一覧　383

序章

科学技術時代の裁判と専門知

I　科学技術の進展と裁判

　現代は、科学技術の時代とも言われる。我々の生活は、様々な化学製品、電化製品、通信機器等に支えられているし、医療技術の発展の恩恵なしにはこの高齢化社会は成り立たないといっても過言ではない。我々は、基本的にはこうした科学技術や、科学研究や技術開発を進める科学者たちの専門知を信頼、もっと言えばそれらに依存して暮らしている。他方で、科学技術が社会的に普及していけば、既知または未知の危険をもたらすこともある。社会の中で科学技術をどこまで開発し、利用するのか、そのリスクをどこまで受容するか、また科学技術や医療などをめぐって生じたトラブルや被害について、どのように解決をはかるのか、といったことが日々問われている。科学技術の社会生活への浸透とともに、「科学に問うことはできても、科学のみでこたえることはできない」トランス・サイエンス問題に直面することになる。科学技術の開発・利用に関する規範形成や、問題解決の担い手の課題にもつながり、どのような機関がそうした課題に主体に取り組むべきなのか、そこで科学技術の専門家がどのような役割を果たすのか、その過程で専門知をどのように構築、利用、評価していくかも問われていく。

　裁判は、こうした課題を担う一次的な機関ではないが、そうした課題を担う重要な機関の一つである。裁判は、市民が直面する具体的個別的な問題を契機として利用されるという特性上、社会のフロンティアで生じる新

たな問題に向き合うことが多く、社会の変化の影響を受けやすい。科学技術の発展や利用に伴って生じる問題に関しても、なおルールが整備されていない中で、裁判所が一定の対応を求められる場合が少なくない。公害や薬害など、科学技術の負の側面については、被害者が事後救済を求める形で裁判が利用されてきた。医療過誤訴訟も、そうした裁判の一種といえる。また、科学技術の利用が何らかの既知または未知の危険をもたらしうるという場合には、問題発生を未然に防ぐために裁判が活用される場合もある。実際に、原発訴訟や、携帯電話の鉄塔が発する電磁波の被害や遺伝子組み換え作物の植え付けがもたらす被害を未然に防ぐために、それらの建設や植え付け等の差止めを求める裁判も提起されている。こうした裁判では、当該科学技術の開発や利用の是非も裁判で問われることになる。最近の生命科学や医療技術の発展は、既存の法が想定していなかったような生命倫理にかかわる新たな問題を引き起こし、時にはそれが裁判で争われることにもなる。生殖補助医療を利用して生まれた子の親子関係の規律や、延命治療の普及に伴い、逆にそうした治療の中止の可否など新たな法的問題が裁判で問われている。こうした裁判では、必然的に、科学技術の利用の是非等の評価をせざるをえず、訴訟を通じて暫定的であれ、科学技術に関する規範形成がなされていくことになる。例えば、医師による積極的安楽死が問題となった東海大学病院事件において横浜地裁は、判決の中で積極的安楽死や消極的安楽死などの違法性が阻却される要件を定立[1]しており、その要件は安楽死が論じられる生命倫理の文献では必ずといってよいほど言及され、一定の権威ある要件として扱われている[2]。

　他方で、科学技術にかかわる問題が争われれば、当然、裁判でもそうした事柄について一定の評価が必要となることから、そうした争点の立証に

---

[1] 横浜地判平成7年3月28日判例時報1530号28頁。昏睡状態にある多発性骨髄腫の患者に対して家族の懇願に応じて、塩化カリウムの注射を投与して死に至らしめたという事件で、そうした積極的安楽死について違法性を阻却する要件として、耐え難い苦痛の存在、死期が迫っていること、患者の明確な意思表示、苦痛緩和の他の手段がないという4要件を示したが、これに加えて本件で特に問題となっていない消極的安楽死（尊厳死）を認める要件までも提示している。

あたって、科学的証拠が用いられたり、科学の専門家が証人あるいは鑑定人として用いられることになり手続も複合化する。また、科学技術による知への信頼もあり、訴訟において行われる事実解明のあり方にも変容をもたらしてきた。犯罪捜査におけるDNA型鑑定の利用などは、そうした例と言える。科学技術が問題となるような事件の場合、法専門家は、科学技術の専門的知見をもちあわせているわけではないため、そうした事柄について扱うことには困難があるが、最終的には、そうした証拠についての評価も必要となってくる。こうした変化は、科学技術に関する問題だけでなく、専門訴訟全般に妥当する課題である。もっとも、このこと自体が必ずしも現代的課題というわけではなく、裁判官に欠ける知識を補充するために専門家の協力を得るための鑑定や、専門家証人などは、従来から存在する訴訟手続でもある。しかし、裁判に対して、問題になっている専門領域固有の論理や、知見に則した判断が求められるようになり、特に科学技術に関する問題について裁判が正当性を確保するためには、そうした領域における専門的知見を踏まえていることが求められるようになっていることは、きわめて現代的な要請であり、裁判はその要請に適切に応える必要があるというのが、本書を貫く問題意識である。

　このように、科学と裁判という場合、裁判手続の中での科学的争点や事項の扱いと、裁判を通じた科学技術に関する規範形成という側面がある。裁判の中で、科学的証拠の利用や評価を避けることはできないが、他方で、裁判を通じた科学技術やそれに関連する問題の規範形成については、そもそも、裁判を通じた規範形成自体に異論があり、こと科学技術のような専門的複雑な問題について、裁判所が判断を行うことは不適切であるとの意見も強い。しかし、科学技術時代の現代、裁判所がそうした課題をまった

---

2) もっとも、本件の解決において必ずしもこうした要件の定立が必要だったわけではないし、この判決は判例としての価値がそれほど高くない地裁判決に過ぎず、その後の川崎協同病院事件の高裁判決は、東海大事件の地裁判決での要件定立を批判もしている。しかし、なお東海大事件地裁判決の示した要件の影響力は大きい。その影響力の源は、部分的には裁判制度の制度的な条件とはまた異なる要素から来ているとも考えられる。

く回避することは不可能である上に、望ましくもないと考える。

　裁判において科学が問題になる＝Science at the Bar（Jasanoff1995）という現象は、科学技術時代において世界的にも不可避で、普遍的に生じており、その問題への対処が課題となっている。そこで、第1部では、日米比較を通じて、裁判で科学を扱うということがどのように展開してきているかについて概観していきたい。

1　裁判における科学

　裁判において、科学はどのように扱われてきたであろうか。具体的な訴訟過程に目を向けると、裁判への専門家の関与、科学的証拠の扱いや評価という問題が必然的に浮かび上がってくる。

　これは、科学技術が直接的な争点の一部をなしている、いわゆる科学訴訟では当然に問題となるが、実際には、科学的証拠ないし専門的知見を活用するという場面はそれに限らず、事実の解明という裁判に求められる普遍的な要請によりよく応えるためにその利用範囲は広がっている。

　科学的証拠については、刑事事件での捜査のための諸技術をもちいた証拠の許容性という論点が代表的である。筆跡鑑定や、警察犬による臭気鑑定、ポリグラフなどはこれまで最高裁でも争われ、おおむねその許容性が認められてきた。こうした技術を科学と言ってよいかどうかは疑問もあるが、最近ではDNA型鑑定の重要性が高まっており、科学的証拠の主要な位置を占めるようになっている。たとえば、再審無罪判決に至った足利事件は、精度の低いDNA型鑑定によって犯罪事実を認定した確定判決を、より精度の高い方法で行った再鑑定によって覆した。刑事司法が科学的証拠に翻弄されつつも、その依存を深めていることを白日にさらした事件だった。

　足利事件への反省や、DNA型鑑定で血縁上の親子関係が確認されてもそれだけで法的な親子関係の存否を決めることはできないという近時の最高裁決定[3]などは、DNA型鑑定の絶対視を戒める。しかし、DNA型鑑定

3）最決平成26年7月17日民集68巻6号547頁。

の科学的証拠としての威力は否定できず、科学の不確実性や流動性とは逆に、絶対的真実の証拠としての科学というイメージを再生産、「固い科学」観を強化していく可能性を有している[4]。この点は、より広い文脈で裁判と科学というテーマを考える上でも無視できない。

法の学際的研究としての「法と科学」という領域でも、「裁判における科学」は常に焦点とされてきた[5]。日本で2014年に出版された『岩波講座現代法⑥法と科学の交錯』(亀本編2014)でも、「法と科学」という部分は法廷における科学が中心テーマである。

科学技術の発展とその社会的な浸透はグローバルな現象である。よって、何らかの形で[6]科学技術にかかわる問題が裁判で争われたり、科学的な証拠が裁判で用いられるケースも増大しており、どの国の裁判所も、こうした問題に直面している。本書では、比較対象として、訴訟大国であり、科

---

4) たとえば、足利事件の反省から行われた、平成22年の司法研究『科学的証拠とこれを用いた裁判の在り方』は、実質的には、DNA型鑑定の研究となっていて、その活用を基本的には推進している。そして、2005年の刑事訴訟法判例百選では、ポリグラフや声紋鑑定、筆跡鑑定、警察犬による臭気選別や疫学的証明をDNA型鑑定と並列して「科学的証明」の事例として扱っていたのに対し、2009年の第9版では、それらを「証拠による証明」というまとめ方で紹介しており、DNA型鑑定以外の方法を科学的証拠とは考えなくなってきているようである。

5) Mar & Schafer, ed. (2014)の『法理論と自然科学』という文献集では、科学とリアリズム、自然主義というテーマのほか、裁判における科学、証明と真理、科学と法的概念といったテーマが扱われている。法社会学の文献集としてまとめられたSilbey ed. (2008)の『法と科学ⅠⅡ』では、科学の認識論、裁判における科学、科学の国家制度化、科学の市場といったテーマに加え、科学のガバナンスが大きなテーマとなっている。

アメリカの法社会学の一潮流をなす「法と社会」運動は、もともと「現実に作動している法」を科学的な手法を用いながら実証的に明らかにしようとする。つまり、法現象を科学的に解明しようとする営みでもあり、広い意味では「法と科学」の性質も備えている。そうした法の側の、科学への憧憬ともいえる関心からのアプローチと、社会的に発展を遂げてきた科学技術と法という切り口は、重なりつつも異なる位相を有する。

6) ベックの『危険社会』(Beck; 邦訳ベック1998)のいうように、科学技術や環境問題等のリスクは、国境を越えて世界レベルに広がるため、一国のみで対応できない。よって、各国の裁判システムの比較ではこうした問題を考える枠組として狭きに失する面は否定できない。しかし、各国の裁判が、こうした課題から無縁でいられないこともまた事実である。

学技術に関する問題についても裁判所が大きな役割を担ってきていることについて異論のない、アメリカ合衆国での経験や議論について検討したい。1章では、合衆国での1960年代後半に有力に主張された科学裁判所構想をはじめとする、科学技術の問題についての社会的意思決定の方法や、裁判での科学的証拠の利用に関しての制度や運用についての展開や議論を概観する。2章では、ドーバート判決に至った、ベンデクティン訴訟をめぐっての科学的証拠の扱いについて詳説する。合衆国では、あくまでアドバーサリーシステムにおける当事者の攻防という枠組みを維持しながら、専門家証人の規律を、裁判官による科学的証拠の許容性評価の厳格化によって対応する道を選んだ。そうしたドーバート判決の示唆も前提に、数多く提起されたベンデクティン訴訟で、裁判官はどのような科学的証拠をどのように評価して事実認定を行ってきたのかについて、事実認定のあり方も含めて検討する。アメリカでは、新証拠学派と言われる新たな証拠法研究が進められ、統計学や心理学などの知見を取り入れた、証拠評価のモデル形成や理論化が試みられている。証拠の価値を確率的に評価し、その評価を個別に積み上げていく個別評価型と、証拠を整合的に説明するストーリーを形成してそのストーリーの優劣を評価する全体説明型のモデルが提示され、実際の証拠評価は双方の要素があるものの、科学的証拠の評価においても、全体型の評価がなされやすい。それ自体が問題ではないが、個々の科学的証拠の意味の理解に欠けるがゆえに全体型の評価に傾斜する場合は、そのヒューリスティックな判断は、科学的妥当性から離れた評価になりかねない。これは、全体説明型の証拠評価をむしろ規範的モデルとしている日本の文脈に対しても、重要な指摘になろう。

　第3章では、同じく1960年代後半から現在に至るまで、日本の裁判所は科学技術に関わる問題にどのように取り組んできたかについて整理している。一つの視点としては、アメリカの裁判所では、1980年代以降のマス・トート訴訟の波を受け、専門家証人がもたらす科学ないしジャンク・サイエンスの規律と評価という問題に直面して、法と科学の交錯という課題と受け止めて議論が進められた。それに対し、日本では、それよりも早く1960年代より合衆国でのマス・トートにあたる公害訴訟や薬害訴訟が続発

して、裁判所が科学技術の問題や証拠を扱ってきたにもかかわらず、同様の認識には至らず、むしろ科学技術の問題を直接に扱わない解決を図ってきたとも認識されてきた。そうした認識の違いは、日本における訴訟観や司法文化を反映している面もあると思われるため、そうした相違も意識しながら、これまで「科学訴訟」ではなく、「現代型訴訟」として研究されてきた成果を、科学技術の課題を扱うという局面で整理し直すという作業を試みたい。

2　科学技術をめぐる規範形成と裁判

他方で、科学技術をめぐる裁判は、直接的・間接的に、科学技術にかかわる一定の規範形成にもつながってくる。

科学技術にかかわる規制や規律のあり方については、どういった機関が主体的に取り組むべきかという制度上の権能とその分配が問われることになる[7]。伝統的な統治機構である立法、行政に加えて司法がいかなる役割を果たしうるかという問いかけに対しては、一般的に言えば、規範形成の場面では、本来的な制度上の役割および専門知を含む諸資源の優位性からも立法府および行政府が一次的役割を果たすべきであり、司法はそれらの判断を敬譲することで足りると考えられてきた。

確かに、科学的な問題が一意的に決まり、一定水準以上の専門家であれば、そうした科学的な問題に確実に答えることができるという「固い科学観」を前提にできる場合には、優秀な専門家を規制策定に有効に参画させるだけで足り、従来の枠組みをあえて変更する必要はそれほどないだろう。しかし、実際には、最先端の知見をもってしても科学には不確実性があるし、科学技術の利用という社会的な側面を伴うと、トランス・サイエンス問題[8]となる。つまり、当該分野の最先端の知識を有する専門家でも、その科学技術がもたらす影響や危険性について十分に分からない部分があり、

---

[7] その規律の性質や実効性の確保のあり方も論じられるようになっている。科学技術の専門性や流動性に柔軟に対応するには、その違反に何らかの制裁をともなうようなハードローだけでなく、基本理念の提示やガイドラインなどのソフトローによる規律が望ましいとの見解（たとえば平野2013、田中2004）も有力である。

またたとえ分かったとしても、その危険性を社会が受容すべきかは、科学だけで決めることはできない。何を問題にすべきかが曖昧であったり、分からないという場面も少なくない。遺伝子組み換え食品の流通、クローンや再生医療、生殖補助医療の利用など、従来の専門家への諮問によるだけでは、社会的に受容される規範形成に結びつかないのである。

現代は、こうした科学技術についていかに公共的な意思決定を行うのかが不断に問われる時代となっている。近時の科学技術社会論の発展や、そうした論者たちによって行われているコンセンサス会議などの取り組みは、そうした問題意識にこたえようとするものといえるが、そこで1つのポイントとなるのが、意思決定への市民の参画である[9]（小林2004）。それは同時に、専門家の規範形成過程への新たな関わりかたや、意思決定のための様々なしくみとそれぞれの権限と関係のあり方をも問い直すことになる。

科学技術社会論で繰り広げられている、科学技術に関する意思決定や規範形成をいかにするかという議論においては、裁判自体をそうした意思決定の仕組みとしてとらえることは少ない（そうした研究として本堂他編2017）。実際に、科学技術に関する規範形成という点で司法にできることには限界がある。裁判は、具体的な争訟を契機に、すでにある規範を適用することで問題を解決する受動的な機関であり、確かに専門的、人的、財政的資源にも乏しい。日本の裁判所は、そうした制度的な制約以上に、総じて行政府や立法府の判断への敬譲を是とする司法文化を形成しており、積極的に規範形成に関与することを期待することはとりわけ困難かも知れない。

だが、実際には日本においても、裁判が個別の事件を通じて、科学技術にかかわる新たな問題について本格的に検討をはじめる最初の公式機関となることは少なくない。1960年代後半からの公害被害の救済において、裁

---

8) ワインバーグが原子力の利用などを想定した文脈でトランス・サイエンスという言葉でこの問題を指摘したのは1972年のことである（小林2007）。
9) こうした科学技術ガバナンスの観点から行われるコンセンサス会議のような取り組みを、議会制民主主義をとる統治機構のなかに位置づけて憲法論から論じるものとして（中山2008）。

判所は非常に大きな役割を果たしてきた。公害や薬害、また近時の医療過誤訴訟など、科学技術に関して生じた被害を救済するための損害賠償訴訟だけでなく、騒音被害等の具体的な被害の発生を将来に向かって抑制しようとする差止め請求、さらには、どのような害があるのか明らかではない、電磁波による被害を恐れて携帯電話基地設置予定地付近の住民が提起した、基地の建設の中止や、遺伝子組み換え品種の野外実験の中止などを求める不安訴訟と呼べるような訴えでは、裁判所はその判断において一定の行動指針を示す必要があるし、それを避ける判断をした場合であっても、社会的にはそうした科学技術を司法が是認したと受け取られることになる。また、技術そのものの是非とは異なるが、代理出産によって出生した子の親子関係についての裁判などでは、裁判所は暫定的であれ、一定の規範を示して法的解決をはかり、それが実務上のルールとして通用するようになってきている[10]。

　裁判は、このように科学技術に関する諸問題に必然的に直面している。裁判は、科学技術に関する論争に筋道をつけ、何らかの解決をはかっていくのに欠かすことはできないフォーラムである[11]。裁判は、一般市民による訴えをもとに一定の規範的判断に至るシステムであるという意味では、市民が参加する公共的意思決定の一形態としての機能も果たしており[12]、裁判というフォーラムでこそ実現できる役割もあるだろう[13]。

　本書は、裁判という公的な意思決定手続に着目し、科学技術における公

---

10) 最決平成19年3月23日民集61巻2号619頁。この判決で提示された、代理出産で生まれた子を特別養子にするという対応は、本来の特別養子の要件を変更する運用であるにもかかわらず、実際にこの方法が実務上用いられるようになっている。
11) 嫌煙権訴訟や原発訴訟など、すでに社会運動の一環として裁判が用いられてきており、そうした裁判がフォーラムとして機能することはすでに指摘されているところである。
12) 裁判において、当事者およびその背後の国民は、その手続を利用してその意思を判決に書き込もうとするし、裁判所も国民の声を聞き、社会の変化の方向を先取りしようとする。そうした当事者と裁判官の、法を国民の意思に直接定礎させようとする努力を、裁判に普遍的な参加ととらえる棚瀬（2010）での議論は、司法の重要な要素として「参加」をあげる。
13) Jasanoff（1995）は、法と科学を架橋する制度としてすでに実績がある裁判所を、わざわざ別の制度に置き換える必要性は薄いと述べている。

共的意思決定モデルとしての裁判モデルの可能性と、裁判が具体的にそうしたフォーラムとして機能しうるための条件についての一定の考察を行っていくが、この問題については、特に第4章で、科学技術のリスクが争点となるケースにおける裁判所の役割の可能性という観点で論じることにする。

II 専門訴訟と専門知・専門家

1 専門訴訟パラダイムと医療過誤訴訟

現代が、科学技術時代であるということは、科学技術があらゆる領域に浸透してきたということであるが、科学技術にかかわる意思決定やトラブルへの対処の場面において、科学技術の知に依拠する必要性も高まっていることをも含意する。

Iでも、それを当然のこととして、裁判における科学的証拠や専門家証人の問題を取り上げたが、科学技術に限らず、専門分化が進むと、専門領域に関わる問題については、専門家の専門的知見に依拠する必要性が高まり、そうした知見の裏付けのある判断を求めるようになる。裁判においても、そうした要請が高まりつつある。これが近時の司法制度改革で対応が求められるに至った専門訴訟の問題提起である。

特定の専門領域にかかわる事件については、その専門領域の専門家の協力を得て、その専門的知見を適切に取り入れ、その知見の裏付けのある判断を行うことが裁判の正当性を確保する上でも必要と考えられる。このような考え方は、科学の問題を扱いながらも、科学の問題を直接扱うことを避けてきたという日本の科学訴訟の系譜とは異なり、専門家の専門知を、裁判に直接取り込もうとする動きだとすると、新たな動向である可能性もある。第2部では、この専門訴訟への対応の要請を、新たな訴訟のあり方を求める一種のパラダイム転換であるとの発想から、「専門訴訟パラダイム」と称して、そこでの専門家のかかわりや専門知の扱いについて検討していく。

もっとも、日本の裁判は、従来より、実体的真実志向が高く、その影響もあり、中立的な専門家として採用される鑑定人の意見は尊重される傾向が強かった。第6章では、専門訴訟の一類型であり、科学訴訟としての特質も備える医療過誤訴訟を素材に、専門知の活用や、評価の仕方を検討する。医事訴訟では、従来は鑑定が用いられることが多く、鑑定結果をそのまま受容する、悪く言えば鵜呑みにするような鑑定依存型の判決も少なくなかった。もっとも、ここでは、鑑定事項－鑑定意見－その判決での言及や結論への影響を、法と医療の相互作用として観察し、特に法と医療という専門領域における専門家による境界活動という視角から、医療の領域の事柄と法の領域の事柄をどのように切り分けているかに着目して分析を試みている。

　医療の担い手である医師は、伝統的なプロフェッションであり、その専門的知見は専門教育と訓練を経て獲得されるものであり、その判断の是非を専門外の者が評価することは困難であると考えられ、それが専門家の自律性の根拠でもあった。しかし、医療においては、近年 EBM の流れから、専門的知見の編成にも変化が生じており、専門知の標準化も進み、情報テクノロジーの発達から、専門的知見への一般のアクセスも容易となっている。同様に、プロフェッションとして法的な専門的知見を自律的に駆使することを業とする法律家も、自らが法の領域と考える事柄については、自律的に判断する権限があると考えており、たとえ医療の専門領域にかかるような事実的因果関係についての評価であっても、最終的には法的判断であり、医学的判断とは異なり、規範性のある法固有の判断であることが強調されることもある。そして、医学的知見の標準化の影響もあり、最近では、鑑定人の選任率は低下し、鑑定を用いずに文献で専門知の導入を行うことが基本となっている。こうした動向には、一定の合理性もあるし、法的判断固有の性質を抽出するための重要な手がかりも提供しているが、専門訴訟への対応という問題提起からは、疑問も残る。

　法的な判断には、固有の要素があり、科学的ないし医学的な判断とは異なることは当然としても、それが法律家の、科学や医療に対する理解ができないことのエクスキューズでしかない場合もありうる。法的判断の固有

性の主張は、法専門家が専門家の管轄権を維持ないし拡張しようとする活動という面があることは否定できない。専門訴訟の要請にこたえることは、現代において、裁判が裁判として正統性を維持するための必須条件となる。よって、裁判において、適切に専門的知見を取りいれ、評価するしくみを整備すること、そして法的判断の固有性を主張する場合には、それがどのような意味を有するのかについて説明責任を果たす必要がある。それが、専門訴訟における「手続的合理性」を満たすための要件となるだろう。

2　裁判における専門知と常識

　現代は、科学技術もふくめ、専門分化も著しく、専門領域ごとの専門知が形成され、専門家と呼ばれる、またはそう標榜しようとする職業も増え、「専門職化（professionalization）」が、専門家の仕事の管轄権の主張へとつながっている。伝統的なプロフェッションである法律家は、法という習得が容易ではない専門領域についての教育や訓練を経ており、その専門性には異論はないが、他方で特に裁判官については、ジェネラリストとして、あらゆる領域について常識的良識的な判断をすることも求められてきた。法的判断の固有性も、こうした個別の専門領域での専門知を相対化し、より広い視野からバランスの取れた判断を行うという点で、その正当性を打ち出すような議論がなされている。確かに、裁判において「健全な常識」を反映するという、専門訴訟とは別の要請も、裁判が実現すべき重要な価値とも考えられる。

　裁判は、科学技術の問題も含め、人々が具体的に直面する問題を契機に、多様な見解や専門知を証拠や主張を通じて受け入れ、手続過程を通じて整序された対論を実現しうるフォーラムとしての意義はある。しかし、裁判は最終的には、裁判官による判断へと収斂する手続構造をとるため、特に専門訴訟においては、その判断の正当性に疑問が呈されることになる。それゆえに、専門訴訟への対応が求められるようになったわけである。

　専門訴訟への対応として、専門家の協力体制の強化や、法曹の専門性強化が説かれるのは当然だが、他方で、一般的に、裁判官があらかじめ有する常識で判断できると想定されてきた事柄については、専門家の協力や専

門的知見の裏付けを必ずしも必要とはせず、むしろ法律家による常識的な判断のほうが適切と考えらえることにもなりやすい。

　しかし、裁判官のあらかじめ有する常識にもとづく判断は、科学的証拠のような、一般的に専門性が高いと目されるような証拠の評価に限らず、ヒューリスティックな判断となりがちで、裁判官のバイアスや無理解の影響を受けることになりかねない。第7章では、一般的に専門訴訟とはされない、セクシュアル・ハラスメント事件を例に、非専門訴訟においても、そうした問題を回避するための手段として、そうした分野における専門的知見を得ることも有効と考えられ、専門訴訟に限らず、専門家や専門的知見へのアクセスを当事者に保障する必要性があることを論じる。

　現代において、裁判に求められる役割も多元化している。専門家の関与や専門知に開かれた審理の実現という専門訴訟の要請は、これまでの手続保障論の延長線上に位置づけられつつも、訴訟に求められる要素の変化を受け、訴訟構造上の変化も含めた新たな検討をも求めることになる。第8章では、本書でのこれまでの検討をもとに、専門訴訟パラダイムのもとで、裁判がフォーラムとして機能しうるために、いかなる手続保障を必要とするかについて試論する。

Ⅲ　科学技術時代の裁判と法律家の役割

1　専門化社会におけるプロフェッションとしての法律家と裁判

　司法制度改革を経て、訴訟社会が到来するという予想は必ずしも的中していないが、法曹人口の増大も受け、法曹の職域は拡大し、専門分化も進んでいる。本書は、裁判という制度を前提に、その専門化、科学技術の問題の扱い方について論じているが、その担い手としての法曹の専門化も必要となる。

　今次の司法制度改革では、「プロフェッションとしての法曹」を一つのキーワードに、法曹制度改革も行われたものの、そこでのプロフェッショ

ン概念は、長らく弁護士役割論で説かれてきた「プロフェッション」概念とはかなり内容の異なるものであり、法曹人口の拡大や法律事務独占を定める弁護士法72条の改正などの弁護士制度改革は、反市場性を内包するプロフェッション・モデルよりも、むしろ市場原理に基づく法サービスの展開を前提とした、法サービス・モデルの考え方に近い理念による改革であったといえる。

　第9章では、こうした近時の司法制度改革を経て、専門化が進展しつつある司法・法曹を見据えて、「プロフェッションとしての法曹」に求められる専門性について検討する。

　第10章では、専門訴訟への対応の方向性として、裁判所のがわの専門化の進展と、他方でジェネラリスト裁判官の価値の維持という２つの相反する要請があるなかで、裁判所の専門化が司法にもたらす変容について、アメリカでの先行研究をもとに考察する。日本の裁判所でも、知財高裁のように専門裁判所に近い、踏み込んだ専門化が進められた領域もあるが、全体としては、医事集中部のように、通常事件を扱う民事部門の一部を専門部や集中部にして対応するという運用による部分的専門化による対応がなされてきた。こうした対応の功罪と課題について検討する。

2　科学技術社会における裁判の役割

　専門化は、裁判所にも専門的な対応を要請し、専門裁判所の設置のように、裁判所の仕組にも変化をもたらしつつある。本書が主として対象とする科学技術にかかわる問題については、その細分化が著しいこともあり、逆に専門裁判所構想にはなじまないが、専門化の要請への対応という点では共通するため、新たな手続上の対応等は、こうした専門訴訟全般において、あるべき訴訟の形を構想するうえで、重要な示唆をもたらすものといえよう。

　裁判所や裁判官には、専門化の要請と対立する形で、ジェネラリストの要請があり、裁判が特定の専門領域に限定されない公的なフォーラムとして開放性を持ち続けることには意味があるだろう。特に、従来から自律的な問題解決のしくみを十分に内在させているわけではない科学技術領域に

おける意思決定や規範形成を行う上では、科学技術者以外の利害関係者の独特の参加形式を維持した裁判というフォーラムの意義は過小評価すべきではない。

　このことは、本書が、裁判の専門化の要請という課題を扱いながら、それを徹底した先にあるかもしれない、裁判外での決定のしくみや裁判外紛争解決手続による解決を推奨する、脱＝裁判を模索する議論にはくみしないことと繋がる。

　司法は、本来的に既存のルールを適用して具体的個別的な争訟事件を解決することを主眼とするしくみであるが、ルールが十分に形成されていなかったり、既存のルールでは不具合があるような場合に、法の欠缺を埋め、新たな法理を形成していくという法創造の役割も担ってきた。三権の一翼として他の政治機関のチェック機能を強化し、プレゼンスを発揮することを求められているポスト司法改革期の現在、その要請はむしろ高まっている。特に、あらかじめ社会的な議論を喚起して社会的コンセンサスを形成することが困難な、科学技術の開発や利用といった課題については、司法というフォーラムを通じた世論喚起や議論の深化の必要性は高いといってよい。

　日本の裁判所は、どのような課題についても的確に判断できる全能性を一方で想定していながら、科学技術の課題について、知的デュープロセスに欠く審理で事足りるとしたり、判断を回避することも少なくない。本書がそうした日本の司法の問題点を明らかにし、多少なりともその改善の一助になることを願う。

第 1 部
法廷に立つ科学：日米の経験

第1章
合衆国における科学訴訟の展開

　科学技術社会論のオピニオン・リーダーの一人である Sheila Jasanoff は、1995年に Science at the Bar という本を上梓した。本書は、アメリカ社会において、科学技術の統制という課題に裁判所がいやおうなしに直面し、法廷を通じて、法と科学が相互構築される様を描いている（Jasanoff 1995）。

　1960年代以降、科学技術が裁判で争われる場面が増えたことから、合衆国では、科学に関する問題について独立して審理を行う、科学裁判所構想が持ち上がったが、結局挫折に終わった。そして、医療過誤保険危機をもまねいたとされる医療過誤訴訟、エイジェント・オレンジやアスベスト、ベンデクティンなど製造物責任等が問われる大規模不法行為訴訟（マス・トート、mass tort）など、科学技術の是非や科学的・医学的な専門性の高い事柄が争点となる事件も、今に至るまで、基本的には通常の裁判所が審理を行ってきている。そうした中で、法廷での専門家証人の攻防が、訴訟でのジャンク・サイエンスの流入を促し、科学的真理を歪曲し、訴訟の効率的運営を妨げていることに批判が集まるようになった。その結果、1993年に、当時数多く提起されていた一連のベンデクティン薬害訴訟の一事件に対して連邦最高裁で出されたのが、ドーバート判決であった。この判決の影響力は大きく、その後、科学的証拠の許容性という課題を中心に、法と科学の関係についての議論が喚起され、広く論じられるきっかけともなった。Jasanoff の著作も、そうした文脈の中で生み出されたものであった。

　訴訟大国の合衆国でこそ、裁判と科学の問題が表面化してきたことは確かであり、合衆国での経験から学べることは少なくないため、本章でも合衆国での科学訴訟に焦点を当てていく。しかし、3章で検討するように、

日本でも、1960年代以降、公害や薬害等、科学技術の負の側面を裁判で扱うという課題に直面してきており、マス・トートにあたる分野では、むしろ日本のほうが先行してきたとさえいえる。ただ、日本では、必ずしも「裁判と科学」というフレームで認識されてこなかったのである。

どのように科学的な問題を法的に位置づけるか、ということ自体が、科学と法という課題を扱う際の重要な焦点でもある。そこで、本章では、まず1960年代以降の合衆国での経験を整理していきたい。

I 1960年代の科学裁判所構想とその挫折

トランス・サイエンス時代の幕開け、1960年代後半から70年代にかけてアメリカでは「科学裁判所」設立の提唱に注目があつまり、実装が試みられたことがある。結局は実施に至らず、その後は、司法内の科学裁判所構想が散発的に持ち上がってきたものの、専門家証人の規律による対応という方向に落ち着きつつあった。しかし、最近になって、そうした司法内での科学裁判所構想を再び提唱する研究者も出ている。

1960年代の科学裁判所構想がとる、科学の問題を狭義の裁判等からは切り離し、純粋に科学的な問題のみを扱おうとする考え方は、「分離主義」ともいわれる。裁判論としては、ADR運動の一種とも言える。

合衆国でのこうした経緯は、科学技術に関する社会的意思決定手続の一部として、裁判モデルを用いることとその限界、そして裁判のなかで科学技術を扱う場合の2つの対応方法、すなわち科学的証拠の評価での対応と、裁判所自体を専門性に対応するよう専門化する方向での対応の双方が視野に入る。

1 科学的意思決定機関としての科学裁判所構想

1967年、物理学者のKantrowitzは、公共的な意思決定の場面において科学が、政治的・道徳的な要素と絡むようになり、従来の科学諮問委員会方式では十分に対応できなくなっているという問題認識から、「ハードな科学的事実」を決めるための諮問の在り方として、第1に、科学的な事実

分析を、政治的・道徳的要素から切り離して独立した判断対象とすること、第2に、判断者の役割を、特定の立場を擁護する役割から切り離すこと、そして第3に、最終的な決定は公表して、社会での利用に供すること、という3点を柱として提案した（Kantrowits1967）。

1975年、今度は「アメリカの科学者」という雑誌で、この萌芽的な提唱をさらに展開する。75年の提案では、67年提案の3要素を有する裁判類似の手続を備えた機関を常設することを求める。つまり、科学に造詣の深い者を裁定者にたて、対立する立場を代弁する弁護人を割り当て、交互尋問にさらす（Kantrowitz1975）。これは、科学的な問題についての公共的な決定手続として裁判モデルを活用するという構想である。トランス・サイエンス問題に対し、科学だけで答えの出せる部分を切り出し、科学的事実の発見に、アドバーサリーシステム類似のシステムを応用しようとする。

この提案は、当時フォード政権下で、積極的に受け容れられ、この提案にもとづいて、特別委員会を設置し、1976年に中間報告書を提出、テストケースでの実施が追求された。

しかし、多方面からの批判が噴出し、結局はテストケースも実施されることなく政権交代とともに立ち消えた。批判内容は、科学的事実と政治的・道徳的問題は不可分である、アドバーサリーシステムは真実探求にとっては非効率的である、科学的事実について最終的な判断を示すと一部の科学にのみ権威を与えることになり、少数派は抹殺され学問の自由への脅威となるなどである。

これらの批判に見られるよう、Kantrowitz の科学裁判所構想は、科学的事実を他の争点とは切り離して専門家に判断させるという分離主義に基づいている。トランス・サイエンス問題は、科学だけでは答えられないからこそステークホルダーを巻き込んだ議論の場が必要だと現在は考えられている。アドバーサリーシステムが真実発見のための最良のシステムであるとの信念はなお根強いが、こと科学に関しては過度に党派的な専門家証人の交互尋問が科学的真実探求の妨げになっているとの考え方が一般化している。

ただ、社会的な問題も絡み、科学者の間でも見解の一致を見ず争いがあ

るような問題に対して、一定の意思決定をはかるためのシステムとして、裁判類似の方法を用いて、判断の正当化をはかるとの発想は、こうした決定方式に対する社会的な信頼の厚さを示唆するもので興味深い。科学裁判所構想は、近時の市民参加型のテクノロジーアセスメントの取り組みに及ぶ試みの萌芽的な提唱だったといえ、そうした取り組みとの対比において、そのあり方を再度検討する余地もあるだろう。

II 不法行為危機時代
　：マス・トート訴訟とジャンク・サイエンス

　結局アメリカでは、科学裁判所やそれに類する機関の設置には至らなかったが、司法制度そのものが、科学技術に関する問題についての判断を迫られ、そのフォーラムとしての役割も果たしていく。科学技術の行政規制に対する司法審査のほか、エイジェント・オレンジ（枯葉剤）事件や、ベンデクティン薬害事件、アスベスト訴訟などのマス・トート訴訟や、医療過誤訴訟などが大量に裁判所に押し寄せると、今度は裁判において、科学的な証拠や専門家証人をいかに規律、評価するべきかという問題に直面することになる。

　こうした裁判で問題になるのは、裁判官の科学的無知と、その科学的妥当性に疑いが持たれるジャンク・サイエンスの裁判への流入、つまりはアドバーサリーシステム下での専門家証人の交互尋問方式が非効率的で、科学的な真実への到達も妨げているという批判である。

　アメリカの民事訴訟では、科学的証拠は専門家証言を通じて提出される。まず、裁判官が、その証拠がトライアルでの事実認定の根拠にできるかどうかという許容性（admissibility）の判断を行う。そして、そのスクリーニングを経た証拠をもとに、陪審が事実認定を行うのである。

1　アドバーサリーシステム

　アドバーサリーシステムは、日本では当事者主義と訳されることもあるように、当事者の訴訟への参加意欲をバネに作動する訴訟手続である。両当事者が証拠資料を提出し、その主張事実を裁判官または陪審が評価する、

というかたちで事実認定が行われる。その際、当事者が提出した証拠をもとに行う主張立証の応酬の中で自ずと真実が導き出され、またその手続への参加から結果に対する当事者の納得も形成しうる[1]と考えられている。

また、各構成員が果たす機能を分化して役割を配分し、それぞれが各自の役割に特化することにより、その機能が最も実効的に果たされるよう組み立てられている。当事者およびその弁護士は、自己および自分の依頼者の利益を最大限実現すべく証拠を収集し、主張を行う。そこで提出された証拠をもとに、基本的には陪審が事実認定を行う。その際、「証拠の優越 (preponderance of evidence)」の基準を満たす、つまり主張される事実の存在がもっともらしいと認められる限りにおいて、法的事実として認定されるのである。このような機能分化に支えられたインセンティブ構造により、当事者の主張と証拠収集が促され、その応酬の中で、真実がおのずと浮かび上がってくると考えられているのである。

しかし、アドバーサリーシステムは客観的真実の探求よりも党派的な当事者の利益最大化に傾斜するため、真実発見の目的は背景に退いているというのが現在の一般的見解である (Frankel 1975)[2]。それにもかかわらず、アドバーサリーシステムが最も適正な訴訟構造である、という信念はなお強い。手続参加による当事者の満足、といった事実認定の正確さ以外の価値の達成も重視されるのである。伝統的に英米系の訴訟体制では、事実認定は、このアドバーサリーシステムでの手続を経て、その適切な事実認定者によって行われたことでその正統性を得ている面が強い。そこで、本章では、事実認定として、陪審の判断というよりも広く、訴訟手続を通じて証拠が提出され、主張のやりとりのなかで現れた事実を、事実認定者が判断していくという一連のプロセスを視野に入れて考察していく。

他方、そのプロセスの中の狭義の事実認定、つまり陪審または裁判官による事実判断にも目を向け、民事訴訟で認定される事実の意味を確認しておこう。陪審は、法律家その他の専門家の「訓練された無能力 (trained

---

1) 手続関与による当事者の満足に関する研究の紹介として、菅原 (1989～1990)。
2) アドバーサリーシステムの根拠論については、小林 (1985: 106) 参照。

incapacity）(Merton 1947: 82)」の弊害を受けておらず、日常的、常識判断においては優れており、適切な事実認定を行いうると考えられている。つまり、法的事実とは、事実の正確な把握と、常識的な事実判断の両者を同時に反映するものと考えられている。

2　専門家証言

　科学的事実は、科学共同体で了解されるに至った見解であり、科学的な事項に関しては基本的に科学者の見解を尊重しなければならないことは法も認めている。そこで、当事者も陪審も裁判官も持ち合わせていない知識である科学的な事項に関しては、当事者が、科学の専門家を専門家証人として選任して導入することが一般化している。

　そして、その証拠の許容性を裁判官が判断し、許容性の認められた証拠を陪審が評価して事実認定を行うという経過をたどる。このように、科学的証拠も、専門家証人の交互尋問を通じて、アドバーサリーシステムのなかに組み込まれ、当事者、裁判官、陪審のそれぞれの役割遂行のなかでその評価が形作られていくのである。

(1)　専門家証人の位置づけ

　専門家証人は主として当事者の申請する証人である[3]。しかし、通常の証人とは異なる特則に服している。

　通常の証人は、その証言は自分が見聞、知覚、記憶した事実の陳述に限られており、意見証言を行うことは原則的に禁じられている。また、証人の性格に関する証拠は通常、不当な偏見を生じうるために許容されない。

　それに対し、専門家証人は基本的に、専門家の意見の形態をとり、一次

---

[3] 日本での鑑定人は、裁判官の認識、判断能力を補助、補充する第三者という位置づけであり、アメリカでの専門家証人とは立場が異なる。ただし、日本の鑑定も、当事者の攻撃防御方法としての性格も有している。また、実際には専門家が当事者の証人として出廷することも多い。大陸法的な鑑定人とアメリカ法的専門家証人の相違について、小島 (1969) (1984)。また、鑑定人の責任から、各国の訴訟に対する考え方の相違を分析するものとして谷口 (1991: 40)。

的な知識や観察に基づかない意見を述べるかなり広い裁量が認められている。その内容は、専門家の個人的な意見ではなく、その専門分野の一般的な知見に基づいて証言することが認められており、むしろ、このような科学共同体の集合的な知識に基づいた意見を提供することが、専門家証人の機能と考えられている。これは、先述したように科学的事実が科学共同体により集合的に醸成されていくことに対応している。また、それに関連して専門家証人は、問題となっている出来事や対象や人物について他者が観察したものに基づくことが許されている。連邦証拠規則では、明示的に伝聞証拠排除規則の例外も規定されている[4]。

通常許容性の認められない性格証拠についても、専門家証人に関しては、専門家証人の信頼性についての証拠として広く認められる。むしろ、専門家証言に際しては、その証言の信憑性を高めるため、ことこまかに証人の学歴や受賞歴、資格等が並べられることが多い。

このように、専門家証言の制度は専門家の権威を尊重し、専門家証人を科学共同体の代表として、その意見をそのまま受容する姿勢をとっている。

しかし、実際には、訴訟のアドバーサリー構造は、科学共同体の見解をそもそも証拠として取り込みにくく、取り込んだ科学者の意見も分解、変容していくのである。

(2) 専門家証言のアドバーサリー構造への分解

アドバーサリーシステムを支える、インセンティヴ構造と機能分化は、専門家証言の手続にも組み込まれている。

先にも述べたように当事者の党派性による「真実発見」の阻害、という点はアドバーサリーシステムによる事実認定の抱える一般的問題としてしばしば指摘されるところである。弁護士は、自分の依頼者の利益の最大化にもっとも関心があり、真実はその目的にかかわる限りにおいてしか探求されない。それどころか、むしろ依頼者の利益になるよう秘匿や操作を受

---

[4] 公表された論文や季刊誌やパンフレットに含まれている言明についても信頼できる権威として立証されたものは排除されない。Feredal Rules of Evidence（以下 F. R.E）803（18）.

けがちであると言われる。

　専門家証言も、当事者の提出する証拠の一部である限りにおいて、一般的にアドバーサリーシステムの抱える過度の党派性の問題がそのまま当てはまる。依頼人の主張に都合の良い見解を持つ専門家を召喚し、依頼者に都合の良い証言を組み立てる傾向を有するのである。

　しかしそれに加えて、科学的事実をよりよく取り入れるための専門家証言特有の事情が、通常の証言についてよりも、かえって証言の党派性を一層激化させうるのである。専門家証言の扱いに関して、Gross（1991）[5]は、次のような指摘をしている。

　第1に、専門家証人の選任の段階で、党派的関心を反映させることが容易である。通常の証人は、当該事件にたまたま接触を有した者が証人となるため、その選任の範囲は必然的に限られる。それに対して、専門家証人は、当該事件とあらかじめ接触を持っている必要がないので、証人の選定の選択肢は非常に広い。よって、自分の都合のよい意見を持つ科学者を探し出すことはそれほど難しくないと言われる。

　第2に、専門家証人自身の利害関心が、依頼者に都合の良い証言への傾斜を生む。通常の証人が裁判所の規則で定められた最低限の報酬を越えて報酬を得ることができないのに対し、専門家証人はかなりの報酬が得られる。また、同様の事件において同様の証言を繰り返し行うことが出来るので、リピート・プレイヤーになることが多く、専門の専門家証人として生活の糧を得ることも可能である。証言で生活の糧を得ている証人は、ともすると依頼者のために党派的になり、依頼者に都合の良い見解を何とか導き出そうとする。2章でとりあげるベンデクティン訴訟でも、多くの専門家証人が繰り返し証言台に立っており、原告側の専門家証人であるダーン博士はそうした証人と考えられている。

　第3に、専門家証言は、通常の証言と異なり、専門家の意見として構成される。よって依頼を受けた時点から、情報を収集したり実験を行ったり

5）ちなみに、この研究によれば、1985年と86年にかけて、カリフォルニア州最高裁判所で陪審評決におよんだ529件の民事トライアルのうち、実に86％もの事件で専門家証言が行われていたという。

して証言の骨格と内容を作り上げていくという、開かれた性質を有している。そのため、弁護士と提携して準備に当たる期間が長く、接触の度合いも深まりやすく、弁護士の誘導などの党派的な圧力の影響を受けやすいのである。

　このような事情から専門家証人は、弁護士や裁判官からはハイヤード・ガンとして疎まれる。他方、そうした職業的な専門家証人でなければ、科学専門家のほうも、依頼者に党派的たることを強要されたり、自分の提出した証拠を十分に扱ってもらえないなどの不満から法的手続にたいして懐疑的である。科学の側でも、法廷で嬉々として証言台に立つような科学者を軽蔑している。それゆえ、専門家証人は、科学共同体の代表であるどころか、法からも科学共同体からも正当な科学者としての位置づけを揺るがされかねないのである[6]。

　また、このような党派性を基軸として実現される専門家証言は、その性質上、科学共同体での合意の確認ではなく、科学的見解の食い違いを明らかにする場となる。相手の研究の欠陥を指摘したり、残される不確実性に焦点を当てたりして相手の研究の信頼性を減殺することにエネルギーが注がれる。そのため、科学の側の共通の見解を伝えるどころか、その不一致ばかりが取り沙汰され、専門家証言によって科学共同体でのコンセンサスは逆に見えにくくなるのである（Jasanoff 1992: 348, 353）。

　以上のように、専門家証言の行われ方は、科学共同体での科学的事実の形成のしくみとは全く異なる。先述したように、一般的に科学的研究は、異なる方法論や研究成果を排除するものではなく、むしろ先行研究を汲み取り、欠けるところを補い修正していく共同作業に近い性格を有するのである。日本では、科学的証明と法的証明は異なるのだから、訴訟において不毛の科学論争や鑑定合戦に陥ってはならないということがよく説かれる。しかし、訴訟における科学論争とは、必ずしも科学共同体での営みではなく、訴訟において作り出された科学論争であることを認識する必要がある。そして、訴訟が作り出すそうした不毛な科学論争が、さらに科学共同体の

　6）日本でも、同様の指摘は多い。例えば、我妻（1996: 59）など。

代表的な見解を専門家証言として取り入れるのを妨げている面があるのである。

　科学の専門分野は細分化しており、各分野は閉鎖的になりがちで、科学者は批判や誤解を恐れて、限られた場以外では自分の研究発表をしたがらないともいう[7]。専門家証人のように、まさに相手方の専門家証人との対立を余儀なくされ、しかも科学的素養に欠く裁判官や陪審に判断されるという立場に立つのを嫌うのは無理からぬことだろう。適切な科学的見解を取り入れるには、科学共同体の側が専門家証言に協力しやすい状況を用意することが不可欠である。

Ⅲ　ドーバート訴訟の問題提起

　こうした批判を受け、ベンデクティン訴訟で、1993年にドーバート連邦最高裁判決[8]が出される。ベンデクティンとは、つわり用の薬品だが、それを妊娠中に服用した母親から生まれた子どもに四肢障害が生じたということで、多くの製造物責任訴訟が提起されており、ドーバートは、その一事例である。ベンデクティンの服用と、胎児の四肢障害との因果関係が問題になり、次章で見るように、様々な分野の科学専門家による専門家証人がその立証を試み、専門家証人の攻防が繰り広げられた。

1　科学的証拠の許容性：1993年ドーバート最高裁判決

　裁判官による証拠の許容性の判断は、予備尋問の際、専門家証人の主張に対して意見を表明し、その証言が許容されるべきかを決定することで行われる。科学的な証拠の許容性に関しては、古く1923年のフライ判決で「一般的承認（general acceptance）」の基準[9]が提示され、その後、1975年

---

7) Schuck（1993: 17）. バーンズ（1989）では、同僚による認知の持つ意味、そのシステムが科学の品質管理を促進していることを指摘している。科学者の間でも正当な科学と、非科学的な知的活動を区別する科学の境界画定の努力が行われているという指摘として、Gieryn（1983）, Taylor（1996）.
8) Daubert v. Merrell Dow Pharms. Inc, 509U.S.579（1993）.

に連邦証拠規則が制定され、関連性のある証拠は許容する[10]というかなり緩やかな基準が示された後[11]も、フライテストが尊重されてきた。そして、1993年に、一連のベンデクティン訴訟の1つであるドーバート裁判の最高裁判決[12]で、新たなガイドラインが提示された。本件は、ブラックマン判事が法廷意見を書いている。

科学的証拠を許容するには、連邦証拠規則702条に従って、科学的証拠について、関連性・信頼性があることを確認する必要がある。すなわち、その専門家の証言が「事実認定者の証拠の理解や争点となる事実についての決定を助け」[13]るものであるかどうかを判断しなければならない。その際、予備的な問題として、証言の基礎となる推論や方法論が、科学的に妥当であって、その推論や方法論が問題となっている事実に適切に適用しうるかについての判断が必要である[14]とされた。提出された科学的証拠を管理するゲートキーパーとしての責任が、裁判官にあることが明示されたのである。

さらに、裁判所が、科学的証拠が基づいている原理や方法論の科学的妥当性を確証するために考察すべき要素を4つ提示した。

第1に、検証可能性である。ドーバート判決では「その理論や技術が検証しうるか、または検証されているか」という基準として示されている[15]。第2に、ピア・レヴュー（peer review）と公表（publication）であ

---

9) Frye v. United States 293F.1013（D.C.Cir.1923）. 新しい科学、技術的問題に関する証言は、その証言の基礎となる諸原理が、「当該分野で一般的に承認されている」限りにおいて導入されうる、という一般的承認の基準である。

10) F.R.E.402.

11) この規則ではフライテストの位置づけは不明瞭で、裁判所がどの基準を適用すべきかについて混乱や不一致を生むことになった。

12) Daubert v. Merrell Dow Pharmaceuticals, Inc. 113S. Ct. 2786（1993）.（以下 Daubert とする。）科学的証拠の許容性の問題は、日本では刑事訴訟法での論点であり、本判決についても、刑事訴訟法の研究者によって紹介、分析されてきている。詳細な紹介、分析として成瀬（2013）、徳永（2002）など。

13) F.R.E.702.

14) F.R.E.104（a）の解釈。このような要件を満たせば、証拠の信頼性の基準を満たす、つまり科学的証拠に関しては、証拠の信頼性は科学的妥当性に基づくものとされた。Daubert, 2795.

る。これらの基準は許容性の不可欠の条件ではないし、信頼性と必ずしも相関するものではない。しかし、科学共同体の精査に服していることは「良い科学」の要素であり、ピア・レヴューを受けた雑誌に公表されているという事実は、意見の根拠となる特定の原理や方法論の科学的妥当性を評価する上で重要であるという。第3に、既知のまたは潜在的な誤差を考慮に入れるべきであるとする。そして最後に、「一般的承認」が挙げられている。

このように、ドーバート判決では、科学的証拠の許容性判断において、裁判官が科学的証拠のゲートキーパーとしての役割を積極的に果たすべきこと、そしてその判断の際、その科学的証拠が、科学共同体で見解の是非を判断する基準である「科学的妥当性」を満たしていることを要求し、科学的証拠、証言の基礎となる理論や方法論についての判断を裁判官に求めたのである。

2 ドーバート判決の示唆

ドーバート判決は、科学的証拠の扱いについて関心が高まる中、新たなアプローチを示した連邦最高裁判決である。科学的証拠の許容性に関するフライテストと連邦証拠規則との関係をはじめて明らかにした最高裁判決であることもあり[16]、その是非や解釈をめぐって実に多くの議論がなされている。そこで、以下にこれらの議論をふまえてドーバート判決の意義を整理、分析する。

ドーバート判決の提示した基準は、2つの相反する要素を有する。まず、許容性の基準として「科学的妥当性」という、科学共同体自体が見解の妥当性を判断する際に用いる指標を用いるよう指示している。訴訟手続の中で、科学独自の論理を出来るだけ尊重していこうとする方向性が示されたと言える。

しかし、その一方で「科学的妥当性」の判断者を裁判官とし、科学的証

---

15) ここでヘンペルやポパーに言及して「反証可能性」を基準として付している。
16) 「フライの『一般的承認』テストは、(連邦証拠) 規則の採用により代置された」 Daubert, 2790.

拠のゲートキーパーとしての裁判官の役割を明示している。科学の論理よりもむしろ、裁判の効率性などの観点を重視して、科学的証拠を厳格にスクリーニングする、つまり法の論理の貫徹を可能にする方向性をも有しているのである。

よって、ドーバート判決に示された許容性の基準に対する反応は、いずれに重点を置くかによって主として2つの方向に分かれる。

1つには、裁判官の科学的証拠のゲートキーパーとしての役割を強調する方向である。複雑で理解の困難な科学的証拠が大量に提出されることによる訴訟事務の煩雑化やコストの上昇といった問題に、裁判官が積極的に対処することが期待される[17]。この背景には、法廷にジャンク・サイエンスが無制限に流入して、訴訟事務を煩雑なものにしていて、科学的事実に反する事実認定をもとに判決が出されることに対する問題意識の高まりがある[18]。たとえば、1980年代に、毒物不法行為（toxic tort）訴訟で、科学的には妥当性の疑わしい「クリニカル・エコロジー」という科学の名をかたる専門家証言によって、原告が多額の賠償額の陪審評決を勝ち取り、問題になったことがあった[19]。また、裁判官に科学的証拠のゲートキーパーの役割が求められる背後には、受動的な中立的第三者としての裁判官から積極的な訴訟管理を行う裁判官へという、求められる裁判官像の変貌がある[20]。ドーバート判決での裁判官の証拠管理権限の強化も、この司

[17) 例えば、Dreyfuss（1995）は、「科学」を特別扱いする必要はなく、ドーバート判決の含意は、あらゆる専門家証言に関して裁判所のゲート・キーピング、管理機能を強調することにあると読むべきであると主張する。

18) ジャンク・サイエンスの法廷の流入に対する問題意識一般について、Huber（1991）．

19) クリニカル・エコロジーとは、生活環境にある化学物質が健康に及ぼす影響に関心を持つ免疫学者やアレルギー専門医などの集いである。環境上の化学物質に触れることで免疫機構が侵され、あらゆる疾病にかかりやすくなるとの考えから、原告側の専門家証言として活躍して成果をあげていた。クリニカル・エコロジーおよびそれに対する問題意識について、Elliot（1989）など。ちなみにこのようなジャンク・サイエンスの排除は法からのみ求められたことではなく、科学者の間からも同様の非難があがっているのである。クリニカルエコロジーも正統派の医療共同体から批判を受けて弱体化した側面もあるという指摘として、Jasanoff（1995）．

20) 「管理者的裁判官」という新しい裁判官像について、Resnik（1982）．

法全般の大きな動きの一部と考えられ、法が実現すべき価値の実現のために、科学的証拠の許容性の判断において裁判官の裁量をひろく認めていくのである。この場合、科学的妥当性の判断基準と結びつき、従来よりも許容性の判断が厳格になるだろうとの見方が一般的で[21]ある。

　そしてもう一方は、当該判決を、法の科学への理解を深める端緒とし、科学的妥当性の基準を科学的により洗練させていこうとする方向である。現在の科学哲学の状況をふくめ、科学者がいかにしてみずからの科学を構築し、その妥当性を維持しているかを検討して、科学的妥当性についてドーバート判決が提示した基準の説明や修正を行うのである[22]。しかし、これをより進め、科学的妥当性を強調する立場からは、裁判官が科学的証拠をスクリーニングする能力が疑われてくる。科学共同体で通用することを示す基準である科学的妥当性を、より精確に理解しうるのは、何と言っても科学共同体の成員たる科学者自身であるはずだ。そこで、科学的妥当性に力点を置けば、自ずと科学の素人である裁判官の科学的妥当性の判断能力には疑問が生じ、科学的な事項に関する判断を、科学の専門家に委託することを求める声もあがってくるのである[23]。

　このように、ドーバート判決は、科学の素人である裁判官に科学的証拠の許容性の判断を行う広範な裁量権限を与えていく一方で、科学的妥当性という基準を採用して科学の尊重を推進するという調和の難しい2つの指示を行っているのである（Farrell 1994a: 2205）。後者の指示はそれを押し進めると科学的証拠の評価における裁判官排除論にまで発展しかねないものである。

---

21) 例えば、Gottesman（1994: 1838）。もっとも、法廷意見において、フライテストが、連邦証拠規則の寛容な許容性基準と相容れないと評価していたことから、本判決は、フライテストを緩和したという理解もされてきている。日本の刑事訴訟法研究者もそうした角度からの紹介も多いが、徳永（2002）は、必ずしもそのような効果をもたらしていないと指摘している。
22) 例えば Black, Ayala and Saffran-Brinks（1994）, Faigman, Porter&Saks（1994）.
23) Sanders（1993a: 60）や、Note（1995）, 1589-など。以前から、科学者を積極的に判断者として取り込む科学裁判や科学パネルなどの制度創設を求める声はある。例えば、Martin（1977）, Brennan（1988: 523）.

ただし、ドーバート判決はその2つを、裁判官の科学的妥当性の理解可能性によって架橋している。裁判官が努力すれば、科学共同体の用いる科学的妥当性の判断基準を理解できることを前提に[24]、裁判官の適正な科学的証拠の判断をもとに証拠管理を行うことを求めているのである。ドーバート判決を受ける形で、1994年には連邦司法センターが、科学的証拠に対する裁判官の理解を助けるため、科学的証拠のマニュアル[25]を作成し、連邦判事に配布している。ドーバートの二面的な基準を一元化する鍵として、裁判官に科学に対する理解の向上を求めている。

IV　ドーバート以降の展開

1　科学的証拠の許容性

ドーバート判決は、裁判が科学的問題をどう扱うかについて連邦最高裁が判断を下したために、科学と裁判、科学と法についての多様な議論を喚起することになり、当時から科学の素人である裁判官に科学的証拠の門番などという役割が果たせるのかとの疑問が提起されていた。

実務的には、この判決の射程を示す連邦最高裁判決が出され、連邦証拠規則の改正もなされることになった。

連邦最高裁は、1997年に、General Electric Co. v. Joiner[26]で、上訴審の裁判官に対して、事実審での裁判官がドーバート基準で証拠の許容性を評価したかどうかを審査することを求めた。1999年の Kumho Tire Co. v. Carmichael[27]では、科学以外の技術、専門知識にかかわるような証拠についてもドーバート基準を適用すべきことを求め、ドーバート基準の適用

---

24) Daubert, 2796.
25) Federal Judicial Center (1994). これは、専門的な証言の司法上の管理のためのガイダンスを与えることを目的としている。
26) 522U.S.136.
27) 119S.Ct.1167. ミニバン運転中の事故は、タイヤの欠陥のせいであるとして、クムホタイヤ社に製造物責任訴訟を提起し、技術者が専門家証人として召喚されており、この技術者についても Daubert 基準が妥当するかが判断された。

範囲を拡張した。

　こうした流れを受けて、2000年には連邦証拠規則が改正され、裁判官は、「証言が十分な事実やデータに基づいており、その証言が信頼できる原理や方法論から出されており、証人が、その事件の事実に、その原理や方法を信頼的できる形で適用している場合には」、専門家証人は意見の証言をすることができるとされ[28]、多くの州でこのドーバート基準を採用していっている。

　しかし、ドーバート判決から20年を経てなお、この基準にもとづく実務上の運用は困難との批判が強い。専門家証人のスクリーニングのためのドーバート基準適合性を審査するヒアリング手続は、当事者にも裁判所にも付加的な負担が増えて訴訟遅延につながるだけだとの不満も強い。

　このように、科学的証拠に関しては、裁判官による科学の精査で、ジャンクサイエンスの排除を行おうとする方向に舵をきり、連邦司法センターでは、こうした裁判官の教育のための科学的証拠マニュアルを作成するなどの努力もされ、このマニュアルは2011年には第3版が出版されている。しかし、実務上は、裁判官による「門番」は、手続を複雑化させただけで根本的な問題を解決したわけではないとの批判が見られる。当事者主義的な審理構造を修正し、大陸法的な鑑定制度を導入すべきというような手続き上の改革案のほか、1970年代に一度は提案されたものの導入には至らなかった、科学問題のみを別に扱う科学裁判所の設置といった改革案を再び提起する声もある。ジャサノフ自身も、最終章において、慎重な言い回しながらも、正式事実審理前のヒアリングなど、アドバーサリー・システムにおける対抗主義的な側面を緩和し、少なくとも訴訟以外の場も含めて紛争解決のあり方を多様化する方向も示唆している。専門家証人の不毛な対立を緩和するような改革は、同じ英米法圏のイギリスやオーストラリアでは近年様々な取り組みがなされ一定の成果も上げている。しかし、当事者主義的な審理構造を有する裁判形式への信頼の深いアメリカの法文化においては、そのような改革を実行に移すには相当のハードルがあり、これま

28）連邦証拠規則702条。

でのところそうした改革案が実現する見込みは薄い。

そこで、裁判において提出される科学的証拠の質を高めるために、有力な科学者による科学的証拠のピア・レヴューのシステムを開発する取り組みもあるが、まだ始まったばかりで、今後どのくらい活用され、成果をあげうるかについては未知数である[29]。

2 専門家証言以外の方法とその利用

ドーバート判決は、専門家証言についての新たな規律を提示した判決であったが、当事者が選任する専門家証人以外にも、科学を含む専門的知見を裁判に導入するための諸手続があり、そうした手続の利用が専門家証人の問題を解決する方法として提唱もされている。これらの手続は、ドーバート判決以前から存在したが、ドーバート判決以降、裁判官に要請されている科学的証拠の管理の役割を果たすには、当事者の選任する専門家証人よりも中立性が期待できる裁判所任命の専門家証人や、専門家に一定の判断権限を与えるスペシャルマスターの利用を推進すべきとの見解も強くなっている[30]。

1）裁判所任命の専門家証人（court-appointed experts）

裁判所は、専門家証人を任命することが出来る[31]。訴訟の本質的な争点についての理解を高めることができ、また当事者の提出する党派的な専門家の意見とは異なり、科学的な事項について中立的な情報を与えることが出来ると考えられている。よってこの裁判所任命の専門家証人は裁判官の専門知識の補充という以外に、専門家証人の党派性の問題に対処するという意味も強い[32]。

---

29) 科学的証拠についての優れた研究業績を出している David Faigman が、主催者の一人として、JuriLytics という科学的証拠のピア・レヴューを請け負う会社を立ち上げている。http://www.jurilytics.com/
30) こうした経緯等について杉山（2007）241頁以下。
31) F.R.E.706.その他多くの州の証拠規則でも同様の規定がある。
32) 例えば Gross (1991: 1208-1230) では、専門家証言における過度の党派性の問題を解消することを主眼として様々な手続改革を提唱し、とくに裁判所任命の中立的な専門家証人を積極的に活用する方向を強調している。

しかし、実際にはこの制度の利用は少ない。連邦司法センターの行った連邦地方裁判所の判事に対する面接調査によると、537人の判事のうち、裁判所任命の専門家証人を利用したことがある判事は86人、回答者の20％に過ぎず、そのうち半数以上の45人は一度しか利用していないという結果であった（Cecil&Willing 1994: 535）。

　利用が少ない原因としては、適切な専門家を特定することが困難なこと、任命した専門家と十分な意思伝達ができないこと、任命した専門家の間の意見の食い違い、といったことが挙げられているが、アドバーサリアルなプロセスに介入することに対する裁判官の謙抑という理由もある。この制度を用いたことのある裁判官の多くは、アドバーサリーシステムにコミットしており、陪審の科学的証拠の評価能力を信頼し、アドバーサリアルなプロセスが崩れた場合にのみ例外的に裁判所が専門家を任命するべきであるという考えを示した（Cecil&Willing 1994: 540-542）。

　裁判所の内部では、伝統的なアドバーサリーシステムの変更には非常に警戒的であることが窺える。

　2）スペシャルマスター（特別補助裁判官）

　連邦民事訴訟規則53条では、争点が複雑な陪審トライアルや、例外的な場合には非陪審トライアルにおいても、裁判官がスペシャルマスターを任命することが出来ると規定されている[33]が、こうした規定に基づかなくても、スペシャルマスターの任命は地方裁判所に内在する権限とされている。スペシャルマスターは、決定者の技術的なバックグラウンドの不足を補うために任命され、事実認定者として、また裁判所の中立的なアドバイザーとして活動する補助裁判官である[34]。

　裁判所任命の専門家証人とは異なり、スペシャルマスターの報告は、当

33）連邦証拠規則53条は2003年に改正されている。
34）ただし、スペシャルマスターの利用は例外的なものとすると規定されている。それに対し、Farrellは、裁判官や陪審に科学的証拠を評価する専門的知識がない以上、科学的な事項についてスペシャルマスターの認定を利用することは望ましく、最終的な決定が裁判官に委ねられていれば伝統的なアドバーサリーシステムでの裁判官の役割を奪うものではないと考えている。Farrell（1994b）.

事者による交互尋問を受けなくてもよい。また、スペシャルマスターの事実認定は、一応の証拠（prima facie evidence）を構成するため、そのまま指図評決することも可能である。

　連邦司法センターが1992年から93年にかけて行ったスペシャルマスターの利用についての調査によると、第1に、当事者および他の専門家証人の提出した科学的技術的証拠を評価する、第2に、製造物責任事件での損失の主張のような主張を評価し和解を促す、第3に、事実認定者である裁判官や陪審の教育を行う、第4に、差別などに関する証拠を科学的に分析するためにスペシャルマスターを採用しているという（Farrell 1994c: 518-）。最近では、複雑訴訟、特に地域をまたがるような問題を扱うような裁判（multi district litigation: MDL）ではスペシャルマスターの活用が有効と考えられており、製造物責任訴訟での選任は多いというデータもある[35]。

　このように、スペシャルマスターは、事実認定の機能を、従来の事実認定者である裁判官や陪審から取り去ることにもなりうる。その意味では、基本的には伝統的なアドバーサリーシステムでの分業体制のなかでの専門知識の補充の機能を果たすものであるが、その域を越える可能性もある[36]。

　3）特別陪審

　教育レベルの高い者を陪審員として起用することにより、陪審員の科学的な事項の理解を直接高めることができる。しかし、このような特別陪審については連邦法上の根拠がないため、両当事者の合意がないと用いることはできないとされている。

　オハイオでのコモン・イッシュー・トライアルでも、ルビン判事がフォーマルな教育を受けた「ブルー・リボン陪審」または特定の分野の知識を

---

[35] 網羅的なデータはないとしつつも、利用可能なデータからHanks（2015）が検討した結果によれば、連邦のMDLのうち、製造物責任訴訟ではスペシャルマスターの選任が33％程度あるが、反トラスト法事件などでは、スペシャルマスターよりもマジストレイト判事の活用のほうが一般的であるという。

[36] このようなことは、権力分立の原則やデュープロセス条項に反するという批判がある。また、陪審が実現するとされている共同体の価値実現が損なわれるという批判もある。例えばBrazil（1986: 417）。

有する「ブルー・ブルー・リボン陪審」の任用の申し出を行った[37]が、原告に拒否されたため通常の陪審が用いられたという経緯がある。また、合衆国憲法の第7修正の要請に反しないかどうかという憲法上の問題もある。この点についての最高裁判所の判断は今のところない。

　このように、裁判所任命専門家証人、スペシャルマスター、特別陪審といった改善策は、アドバーサリーシステムの基本構造を崩すものではないが、本来の裁判官や陪審の判断権限を侵しうるため、その利用に関しては慎重な態度がとられている。科学にたいする理解向上と、法的事実の確定手段としての伝統的なアドバーサリーシステムの維持、という2つの要請が微妙な緊張関係にあると言える。認定される事実の特質としては、事実把握の正確性と常識的な事実判断との緊張関係とも言い換えられよう。学説のなかには、法のがわの科学に対する理解を高めるために、これらの改善策を推進する声も強いが、実務上の利用状況は伝統的なアドバーサリーシステムを維持しようとする力が強いことをうかがわせる。

　しかし、こと大規模毒物不法行為訴訟（mass toxic tort）や製造物責任訴訟のように、原告の数が多く、科学的な証拠の収集や訴訟追行に用いるリソースがある程度確保できる場合には、多少費用と時間がかかっても科学的な事項に対する正確な判断を下す必要が高まるだろう。そのような場合には、従来のアドバーサリーシステムの基本構造を崩さずに専門的な知識を導入しうる上記の諸方策は有効ではないかと思われる。また、後で検討する、オーストラリアで開発された、コンカレント・エビデンスは、コモンウェルスの法圏で急速に普及しており、合衆国でも導入することも考えられよう。

　しかし、合衆国では専門家証人に対する交互尋問というアドバーサリアルな手続こそが裁判の本質と考えられており、裁判所補助の形で専門家を登用することや、複数専門家の対立的でない議論を組み込んだ手続の利用

---

37) 現在のところ連邦法上の根拠がないため、両当事者の合意がないと用いることが出来ないが、その判断には陪審の判断としての拘束力があると考えられている。特別陪審の歴史的背景、およびその賛否の議論について、Luneburg & Nordenberg (1981)。

についても消極的な意見が強い。

3 新・科学裁判所構想

70年代の科学裁判構想以降は、司法内において判断者に専門知識のある者を据えて審理の専門化をめざす提案を「科学裁判」構想として紹介されることがある。

1980年代には、専門家を陪審に据えたり、裁判官に登用するといった提案もあったが、実現はしていない。そのような中で、ごく最近になって再び科学裁判構想が再浮上している。もっとも、これは、いわゆる科学問題を専属的に扱うような法廷を設けるという提案である。

Jurs (2010) は、Kantrowitz の提唱する科学裁判所構想の理念を基本的に踏襲しつつ、その実施を、連邦裁判所の専門管轄裁判所の形で実施することを提案している。ドーバート判決が、裁判官に科学的証拠のゲートキーパーとしての役割を求めている以上、実質的にそれが出来る裁判官を選任することが望ましいということと、すでにビジネス事件、税務事件、知財事件での専属管轄等の専門裁判所での審理が成功していることを受けて、同様の形で科学裁判構想を実現するにふさわしい時が来ているという。

Jurs によれば、裁判所では、アドバーサリーシステムの圧力をできる限り排して、科学的調査やデータや意見書の質に焦点を当てることで、その事件解決で必要となる科学的な調査 (inquiry) を、純化するという。新しい科学的証拠で、また他の裁判所でも用いられることになりそうな専門的な事件を対象とする。そして、多様な分野での専門知識のある裁判官を選任する。裁判では、争いのない事実、争いのある事実、自分たちで決めることの出来る範囲での事実についての結論、決定の根拠とするための科学的データが不足している部分を区別する。それにより裁判の効率性、正確性、一貫性を向上させようとするが、完全に科学の専門知識のある者に決定をゆだねるのではなく、裁判の公正さを確保するために、共同体の代表である素人の陪審による審理は維持するという。

Seiver (2014) は、同じく、科学裁判が社会的に受容されるには、手続的公正への配慮が必要との観点から、事実上の正確性だけでなく、アドバ

ーサリーシステムの要素を組み込むことの必要性を説いている。

V 科学裁判所構想の示唆

1 科学裁判所構想の得失

　Kantrowitz のいうような、裁判外での意思決定機関としての科学裁判所と、それ以降の司法府のなかで、専門家を裁判体に据えるような構想は、同じ科学裁判所構想という名で整理されることが多いものの、その制度目的が異なり、同一に論じることはできない。

　科学的事実のみ切り出して専門家の関与によって客観的で正確な結論に到達するという分離主義的な発想への批判は、繰り返し説かれてきたとおりである。しかし、そもそも科学的争点についてのみ決定することを目的とする科学裁判所構想と、科学的な真実探求そのものを目的とはしない裁判システムの中での専門化とは異なる。つまり、既存の裁判システムの中での専属管轄タイプの科学裁判所構想は、分離主義に立脚したとしても便宜的な依拠にとどまり、それだけで判決に至るものではなく、分離主義を本質的に徹底できない（Jasanoff 1995）。

　もともと科学的真実を探求することを目的としない裁判の場では、科学問題とその他の問題を暫定的に切り分けて、その問題についての知見を求めて専門家を審理に加えることになる点で、一応は分離主義に立つのだが、どのように問題を切り分けるかは裁判という制度の構造上、法的・政策的考慮の影響を受けることになる。

　他方で、科学技術という、本来裁判所が扱うのを得意としない問題を扱うため、その裁判としての正当性も問われることにもなる。この点では、アメリカにおいては、アドバーサリーシステムへのコミットメントの強さが特徴として挙げられよう。具体的には、当事者対抗的で党派性の強い主張立証の攻防、地域の共同体の代表たる陪審の常識的判断とジェネラリストであり法の専門家である判事による法的判断の役割分化といった要素が、公正な裁判手続の要素として重視される。

ドーバート基準による専門家証人のスクリーニングは、専門的証拠の評価について、裁判官と陪審の役割分担を、裁判官に大きくシフトさせるものではあったが、専門家証人に対する交互尋問自体は変更しないため、その基本構造は維持している。裁判所選任の専門家を関与させる手続[38]の利用はほとんど進んでいない。

　司法内部での科学裁判所構想は、判断者に科学的素養のある者を据えるという方式全般を指すが、そこでも、やはり対立する見解をもつ当事者による攻防が前提となっている。アメリカでは裁判官のジェネラリスト性も重視されているため、他の専門管轄型の裁判所に対してと同様、裁判官の専門化に対しては抵抗はあるが[39]、ジェネラリスト裁判官以上に、当事者主義的な審理構造へのコミットが強いようだ[40]。よって、専門家証人による交互尋問を維持した専門管轄方式は、まだしも受容可能性の高い改革案といえる。

　ただ、科学技術についての専属管轄化は、他の専門裁判所とは異なる困難を抱えることも予測される。科学訴訟と分類できるような事例のうち、医療過誤訴訟のようにある程度類型化できる場合を除くと、個別の事件ごとに、問題となる科学技術の性質やそれに対する科学的知見の蓄積の度合い、またそれにかかわる法的な問題にもばらつきがあり、散発的な事件の寄せ集めにしかならず、裁判所側の専門化による組織的対応には限界がある。

　また、そこで関与する専門家の専門知の性質の差にも留意が必要である。科学技術と一口に言っても、多様な専門分野を含むため、一概には評価できないが、一般的に科学者は、特定の問題についての判断を下すことを仕事の一部とする専門家ではない。むしろ、確たる判断をせずに批判的検証

---

38) 連邦証拠規則706条など。
39) 10章参照。
40) 2015年3月に、サンフランシスコで裁判所、研究者、民間ADR機関での仲裁人にインタビュー調査を行い、後述するオーストラリアのコンカレント・エビデンスをアメリカでも導入する可能性について尋ねたところ、異口同音に、アドバーサリーシステムでの専門家証人の交互尋問は、裁判の本質であり、それなしに裁判をすることは考えられないとの反応だった。

に開いておくことを重要な要素と考えると、科学の専門家を判断者に据えるということを安易に推奨できない。科学者のその専門家としての領分を越えることを求めることになる。他方、専属管轄型ということの意味が、多少科学に通暁した人を判事に据えるということだとすると、ドーバート基準で求められている対応とさして変わりないということにもなる。

2　裁判は科学的課題を避けられない

　以上で、合衆国において、科学的な問題について裁判所がいかに扱うべきかについての議論や制度提案の経緯について概観してきた。科学裁判所構想は1960年代には、真剣にその実現が目指されて挫折に終わったものの、最近になって再び形をかえて提案されるようにもなってきており、科学的課題のみを集中的に扱う機関への付託が今後実現する可能性も全くないとはいえないだろう。

　しかし、Jasanoffが繰り返し述べているように、たとえそのような提案を容れたとしても、裁判所が科学的課題について一定の評価を行うという任務から完全に解放されることはありえない。科学的課題をそれ以外の課題と完全に分けることは困難であり、事実の判断や一定の規範形成という役割を担ってきた裁判所が、科学技術の問題についてそれを放棄することは不可能であるばかりでなく、望ましくもない。そして、これまでも、そうした課題に裁判は直面し、一定の対応をはかってきているのである。

　本章でも検討した、ドーバート判決は、科学的証拠の許容性という文脈でこの課題に正面から応えようとするものであった。ドーバート判決は、ベンデクティン訴訟の一事例だが、ベンデクティン訴訟は、アドバーサリーシステム下での専門家証人の攻防のすえ、結果的には、妥当性に乏しい科学的証拠に基づいて、大きな問題のない薬品の摂取によって被害を被ったとする主張を容れてしまったと批判されてきた。そこで、次章では、裁判所が科学的証拠や専門家にいかに向き合い、法的判断の妥当性を実現しようとしてきたかについて、ベンデクティン訴訟における科学的証拠の扱いを例に考察したい。

第2章

事実認定における「科学」
：合衆国ベンデクティン訴訟からの考察

　本章では、ドーバート判決に及んだベンデクティン訴訟に着目し、そこで科学がどのように問題にされてきたのかについて概観したい。まず、ベンデクティン訴訟の流れを、ベンデクティンについての科学的研究と訴訟の展開に分けて説明し（I）、その後、合衆国における科学的証拠の扱いに関する手続枠組を、1993年のドーバート判決をめぐる議論も含めて検討する（II）。そして、事実認定者の証拠評価のメカニズムが、科学的証拠の評価に及ぼしうる影響を考察した後、ベンデクティン訴訟での裁判官の科学的証拠の評価を分析して、事実認定における「科学」の意味と位置づけを明らかにする。そのうえで、法的事実と科学的事実にはどのような違いがあり、その違いが浮き彫りにする法的事実の特質を描き出していく（III）。

　ベンデクティン訴訟とは、ベンデクティンというつわりの吐き気を抑える薬品の妊娠中の服用が新生児の先天性の奇形をひきおこしたという主張をもとに、1970年代終わりから多く提起された一連の不法行為訴訟であり、ドーバート裁判も、その1ケースである。ベンデクティンの催奇性が主たる争点であるため、その点に関する科学的証拠が訴訟の帰趨に重要な影響を及ぼす訴訟の好例である。

I　ベンデクティン訴訟の流れ

　ベンデクティンは、1956年にメレル薬品会社[1]により販売が始められた、

つわりによる吐き気を抑える薬品で、のべ3000万人以上の妊婦が服用したと言われる。

1969年に、その安全性に疑問が提起されて以来、ベンデクティンの催奇性に関する研究は徐々に増え、1978年にはFDA（アメリカ食品医薬品局）もベンデクティンを服用した母親から生まれた子供の奇形を報告している。

そして1977年に奇形の原因をベンデクティンの服用として賠償を求める不法行為訴訟が初めて提起されると、それに触発される形で1980年はじめより多数の訴訟が提起された[2]。それによりベンデクティンには悪評が立ち、売れ行きも悪化したため、1983年には、販売許可が取り消されていないにもかかわらず、メレル社は自発的にベンデクティンを市場撤退した。その後も多数の訴訟が提起されるが、1993年には連邦最高裁がドーバート判決を出し、訴訟での争いは収束する。なお、ベンデクティンの催奇性は科学的には裏付けられず、カナダではディレクティン（Dilectin）という商品名で販売が続けられ、アメリカでもその後もベンデクティンに関する疫学調査がなされ、FDAは1999年にはベンデクティンは、安全性の面で市場撤退したわけではないことを表明、2013年にはベンデクティンの主要成分についてつわりによる吐き気等を緩和するのに有効であるとして承認している。

そこで予め、科学的証拠の扱いというテーマでベンデクティン訴訟を扱うことの長所と限界について指摘しておきたい。

一連のベンデクティン訴訟は、ベンデクティンの服用が新生児の先天性の奇形をもたらすか、という因果関係が主たる争点であり、その証明にお

---

1) 当時はThe William S. Merrell Companyという名でその後も組織形態の変更などにより名も変わっているが、本稿ではメレル社と統一する。この薬品会社はベンデクティンの薬害訴訟のまえに、サリドマイドとMER/29の2つの薬品の薬害にも関わっており、その薬害で訴訟提起を受けていたことも、ベンデクティンの催奇性への疑いを強める原因となったと言われる。(Sanders 1992: 316).

2) ベンディクティン訴訟、およびベンディクティンの催奇性に関する科学的研究の動向に関する実証的分析として本稿ではSanders (1992), Sanders (1993a), Sanders (1993b), Sanders (1994) およびSanders (1998) に負うところが大きい。また、メクデシ裁判をはじめとする、ベンデクティン訴訟をめぐる具体的な経過については、Green (1996) に詳しい。

いて科学的な証拠が重要な意味を持ち、かつ訴訟の行方を決する。また、同一争点をめぐって多数の訴訟がなされたため、その分析の素材がきわめて豊富である。判例やその評釈もさることながら、ベンデクティンの催奇性に関する科学的研究も十分に蓄積されている。そこで、法的事実と、科学的事実の形成、そしてその両者の相互作用をある程度体系的に把握することができるのである。

　他方、同一争点をめぐって多数の訴訟が提起されたことから、通常の単発的な訴訟にはない力学が働いていることも否定できない。例えば、ベンデクティンの催奇性に関する司法上の見解の統一性をはかるため、事実認定を陪審に任せることが、ことさらに謙抑されたり、単発的な訴訟では懐疑的な扱いを受けることもある統計的な疫学的研究が最重視されるなど、集団的な訴訟の特質が見られる。

　さらに、集団的で耳目を集めた訴訟であるからこそ疫学的研究をはじめ科学的な研究が豊富に存在したが、実際には科学的な証拠を必要としても十分な研究が行われていない場合も多い。

　それでも、ベンデクティン訴訟は、基本的に個々の原告による個別的な訴訟提起をもとに審理されているので、単発的な訴訟の持つ特質も十分に示している。また、ベンデクティンの催奇性に関して科学的研究があまり進展していなかった、比較的初期のベンデクティン訴訟を検討することで、科学的研究が不十分な状態での事実認定も扱いうる。そこで、まず、ベンデクティンに関する科学的な研究の動向と、ベンデクティン訴訟の動向について簡単に説明する。

1　ベンデクティンの催奇性に関する科学的研究

　先天性の奇形の原因は、医学的にも科学的にも十分に解明されていない。ベンデクティンの服用に原因が求められたのも、サリドマイド薬害の影響が強いと言われる。

　ベンデクティン訴訟においてベンデクティンの催奇性に関する証拠として提出された科学的証拠の研究手法には、主として構造-活性（structure-activity）研究[3]、生体内（in vitro）研究[4]、動物実験（in vivo）、疫学的研

究がある。いずれの方法にもそれぞれ長短があり、ベンデクティンの服用による人間の胎児への作用を、確実に結論づけうるものはない[5]。しかし、その中では動物実験と疫学的研究が比較的有力な方法論と考えられている。そこで、この２つの研究方法の方法論と研究成果を簡単にまとめておく。

(1)　動物実験（in vivo 研究）

　動物実験では、薬品に対する反応が人間と類似すると考えられる種の動物に薬品を投与し、その作用を検討する。しかし十分な実験数を確保できないため、通常、実験する個体にかなり大量の薬品を短期間に投与して行われる。薬品の催奇性を結論づけるには、微量の投与、また長期間にわたる微量の投与でも同様の結果が発生するか、また動物での結果を人間にも当てはめうるか、という種差の問題も考慮する必要があり、物質の人間への有害性を結論づけるには限界があるといわれる。

　メレル社は1963年に、サリドマイドの薬害の教訓から、ベンデクティンに関する動物実験を独自に行っており、1966年と67年には、ベンデクティンの個々の成分の催奇性に関する動物実験も行っている。その後空白期間をおいて、ベンデクティンの成分構成の変更をめぐる研究のために、1970年代半ばに、再び動物実験が行われている。その後1980年代はじめの訴訟提起に対応して、薬品の安全性に関する証拠の必要性から、さらにいくつかの研究もなされている。

　しかし、メレル社の行った動物実験を除けば、ベンデクティンに関してなされた動物実験の数は少ない。ベンデクティンの２つの成分と心臓の障

---

　3) 化学構造上、類似性のある物質の作用から、当該物質の作用を外挿する。しかし、構造的にわずかな相違でも生物学的には重大な相違となりうることから、その信憑性は低い。原告の提出した科学的証拠のなかで構造的にベンデクティンの構成要素と類似する物質に催奇性が示されているが、それのみでベンデクティンの催奇性を結論づけることはできないと考えられている。
　4) 細胞や組織にある物質を曝露してその生科学的反応を検討する。費用がかからず、異種間の比較が可能になるという長所があるが、生体に対する催奇性を外挿するのは難しい。
　5) 安全性に疑いのある薬品を直接人間に投与して実験を行うことはできないという、科学技術の限界を越えた倫理的な制約もある。

害との関連を示した一連のサルへの動物実験、成分の1つと足と骨格の奇形の関連を示したウサギへの実験もある[6]ものの、全体としては、対象とした物質や動物の種にばらつきがあるため、これらの動物実験から、ベンデクティンの人に対する催奇性を結論づけるのは難しいと考えられている。

　十分な動物実験がなされなかった理由としては、動物実験自体の限界、つまり人との種差の問題、またより有望で訴訟での重要度の高い疫学的研究の増大の他に、メレル社自身の行った動物実験は訴訟では信用度が低いため、動物実験を行うメレル社のインセンティヴが失われたことも[7]指摘されている。

(2)　疫学的研究

　四大公害訴訟をはじめ、日本の公害訴訟では、企業側が公害病の発生機序の厳密な科学的証拠として病理学などによる証拠を求めたのに対し、疫学的研究は非科学的なものだが原告側の証明責任の軽減のため次善の手段として証拠として認め、疫学的因果関係論も採用された。他方で、ベンデクティン訴訟では疫学的研究こそが、ベンデクティンの催奇性の科学的証拠として最も信頼性の高い方法論として扱われた。

　疫学的研究とは、人間集団における疾病および健康現象の時間的地理的頻度を観察し、そこに内在する法則性を追究する学問である。ベンデクティンを服用した人と服用していない人で、奇形の発生の相違を比較して、薬品の催奇性を調べるのである。人間を対象とするため、他の方法論より比較的信憑性が高いと考えられている。

　疫学は、大量のデータから得た統計的情報が主軸となるため、その結論

---

6) この実験に関しては薬品の投与量が非常に多かったことが障害との関連を示した原因であると考えられている。
7) 上述のサルでの動物実験はメレル社の行ったものではなく、実験結果もメレル社にとってやや不利なものであったにもかかわらず、メレル社が実験に基金助成を行ったことで、その実験成果は疑わしいと原告側の専門家証人に攻撃されている。当事者の党派性をばねとするアドバーサリーシステムが科学的知見を変容することについて後述するが、この場合は党派性というより、むしろ党派性への懸念が、科学的研究の進展にも影響を及ぼしうることを示している。

はある単純な統計的仮説を前提として出されている場合が多い。

　関連の程度や有意性を量的に評価する際、ベンデクティンについての疫学的研究では主として相対危険度という統計的手法が用いられている。相対危険度は、ある要因の曝露を受けた群が受けなかった群に比べて何倍ある状態の発生率が高いかを示す[8]。オッズ比という数値が相対危険度の近似値として用いられることもある。いずれの指標も、集団現象として疾病の原因に言及するのみであり、その集団に属する個人の罹患した疾病の原因を特定するものではない点に注意する必要がある。

　ベンデクティンに関する疫学的研究は、動物実験と同様にサリドマイド薬害に呼応して、訴訟提起に先だって1960年代始めから行われていた。1970年代には、ベンデクティンを含む様々な薬品の妊娠中の服用と先天性の奇形との関連性の研究が行われている。1979年になって当時疫学の権威であったRothmanが、ベンデクティンに絞ってその催奇性の危険を示唆する疫学的研究の成果を発表した（Rothman et al. 1979）[9]こと、さらにベンデクティン訴訟の提起が、その後、ベンデクティンに焦点を絞った疫学的研究の増大を呼んだと言われている。そのような流れから次第に方法論の洗練された研究へと進展していった。

　ベンデクティンに関わる疫学的研究はすでに公表されたものだけでも約40に及んでいるが、ベンデクティンの催奇性を結論づけたものはない。Sandersがベンデクティンに関する39の疫学的研究を検討したところ、6つの研究で不十分ながらベンデクティンと奇形との有意な関連性を示しているものの、残りの33の研究では結論を出していないか、有意な関連性はないという結論であった（Sanders 1992: 341）。

　ベンデクティン研究の集大成の1つと目されているShiono & Klebanof

8）例えばベンデクティンの服用とある先天性奇形との関連性について、相対危険度が1.3という場合は、ベンデクティンを服用した母親から生まれた新生児が、ベンデクティンを服用しなかった母親から生まれた新生児と比較して、ある先天性奇形を持つ危険性が30％高いということを意味する。

9）この論文の掲載されたAmerican Journal of Epidemiologyという雑誌はアメリカの疫学では重要なものの1つである。この研究により疫学的には初めてベンデクティンの催奇性に疑いがもたれた。

が1989年に発表した研究（Shiono & Klebanof 1989）を簡単にまとめておこう。

この研究では、北カリフォルニアの3万人あまりの新生児を対象とした先行研究をもとに、その母親の妊娠3カ月までのベンデクティン服用と58種類の先天性奇形との関係を、コホート研究[10]の手法で調べている。オッズ比を算出してその関連を調べたところ、三種類の先天性奇形について統計学上の有意水準を満たしたが、これは偶然の結びつきとも考えられる数値であった。そこで、さらに別の先行研究をもとに、妊娠中に嘔吐があったがベンデクティンは服用していなかった場合と、この3種類の先天性奇形の関係を分析したところ、2種類の先天性奇形について妊娠中の嘔吐との強い関連が示された。以上から、ベンデクティンへの曝露によっては大多数の先天性奇形の確率には増大が見られず、ベンデクティンと3種類の奇形も因果関係があるとはいいがたい、と結論づけている。

このように、科学共同体において、その方法論を異にしても、ベンデクティンの催奇性は全く否定することはできないものの、催奇性があるとしてもごく弱いものであるという、おおむねの合意が形成されるに至り、次第に新たな研究は減少していった。

以上のように、ベンデクティンに関する科学的研究の動向を概観することで、科学共同体の示す科学的見解の特質がある程度把握できる。

まず、科学的な研究の結果によっても確実な見解が得られるわけではないということが分かる。先に紹介したShiono & Klebanofの研究の結論も、ベンデクティン服用と3種類の奇形の発症との関連性について、「因果関係とはいいがたい（are unlikely to be causal）」という蓋然性の表明として行われている。これは科学的研究がさらなる研究を待って進展することの反映でもあるが、最先端の現代科学をもっても確実な知見は得られないと

---

10) 疫学の手法として、患者対照（case control）研究とコホート研究がある。前者は、集団内で同一の障害を持つ患者群が障害を持たない対照群に比べて仮定された関連要因をより高率に持っているかどうかを調べる方法であり、後者はある同一の時点（例えば同一時期の出生者）に由来する一群を、時間を追って観察追跡する方法である（松原1989: 36）。

いう科学そのものの限界も示すものである。

また、「科学」と一口にいっても、その内実は、自然科学に限っても理論物理から、応用化学、生物学など非常に幅広い。専門分野も多岐にわたり、かなり細かく専門分化している。ベンデクティンの催奇性については、主として毒性学や薬理学と言われる分野で扱われているが、その中でも問題に応じて様々な方法論や研究手法が用いられている。しかし、それは異なる方法論や研究成果を排除するものではない。むしろ、先行研究を参照し、不十分であった部分を補い、方法論を洗練させ、徐々に研究を洗練させていくという、共同作業に近い性格を有している[11]。よって、科学的事実は、ある特定の科学者の見解としてよりも、科学共同体の専門分化とその専門分野の中で集団的に作り上げられ検証されていくことで、その意義を確かなものにしていくのである。

ただし、ことベンデクティンの研究に関しては、ベンデクティン訴訟の多数の提起によって研究が進展したことも無視できない。ベンデクティンの安全性への疑いは、さきに科学共同体内部から提起されており、訴訟のきっかけを作ったのは科学の側である。しかし、一旦訴えの提起がなされると、今度はそれに促されて科学の側の研究が進められている[12]。科学的な研究は、比較的閉じた専門分野のなかで行われるものではあるが、毒性学のような応用分野においては、社会的な要請と無関係ではなく、むしろ社会的な要請に連動して発展するのである。

それでは、ベンデクティン訴訟はどのような経過をたどって提起されていったのであろうか。

---

[11] Goldberg（1987: 41）は、法と科学の相違はその価値システムにあり、法がプロセスを重視するのに対し、科学は進歩をめざすものであるという。

[12] 社会的に関心をよぶことで、科学者の間でも研究へのインセンティヴが高まるのである。そのインセンティヴとしては、その研究が確実に科学の学術雑誌でとりあげられる、研究の資金を調達できる、といった科学者の財産、名声上の関心も指摘されている。

2 ベンデクティン訴訟

ベンデクティン訴訟は、全身に重篤な先天性奇形をもつ少年メクデシにより、1977年フロリダの地方裁判所で初めて提起され、1980年にトライアルに及んだ[13]。メクデシ裁判では、医療費2万ドルの賠償を認める評決が出された。さらに Oxendine v.Merrell Dow Pharmaceuticals,Inc.[14]で、原告が75万ドルの判決を勝ち取ったことが、他の多くの訴訟の引き金となった。その後、818件を併合して行われたオハイオでのコモン・イッシュー・トライアル（In re Richardson-Merrell,Inc."Bendectin" Products Liability Litigation）で、ベンデクティンの催奇性を否定して、メレル社勝訴の評決が出されると[15]、その後新たな提訴は減った。1977年から1988年までにベンデクティンに関連して提訴された事件数は、州裁判所と連邦裁判所をあわせると1952件[16]、そのうち1983年から85年にかけて1588件と集中している。1991年までにトライアルは30件[17]なされたが、これも85年に8件、86年に11件と集中している。

その結果、トライアルについては、30件のうち原告勝訴が8件、被告勝訴が19件である。陪審評決が出されたのはそのうち27件、本案に関する陪審評決に限ると20件で、そのうち原告勝訴が8件、40％の原告勝訴率となる。ちなみにベンデクティン訴訟では、ベンデクティンの催奇性が主たる争点であるため、その点の判断がその訴訟の勝敗を決する。原告勝訴は、ベンデクティンの催奇性が認められたことに、メレル社の勝訴はベンデクティンの催奇性が否定されたことにほぼ対応するのである。よって、科学的事実に反して、ベンデクティンの催奇性が認められたケースが40％にも

---

13) Mekdeci v. Merrell Nat'l Lab., 711 F.2d 1510（11th. Cir. 1983).
14) 506A.2d 1100（D.C.App. 1986), 1110.
15) 624F.Supp.1212（S.D.Ohio 1985).
16) 州裁判所から連邦裁判所に移送されて重なっている事件もある。メレル社の報告によると1989年半ばまでで1696件とされている。
17) ただし2回トライアルの行われた事件や1件で818件も併合されたオハイオのコモン・イッシュー・トライアルなども含まれているため数値としては不正確な面がある。

及んでいるということになる。

　しかし、事件全体を見ると、大多数はメレル社の勝訴に終わっている。単一のトライアルとして数えたオハイオでのコモン・イッシュー・トライアルは818件もの事件が併合されているが、このトライアルでは被告勝利の陪審評決が出た。その他の事件では、原告の提出した科学的証拠は許容性が認められないとして、メレル社のサマリー・ジャッジメントや指図評決の申し立てが認められたり、原告勝訴の陪審評決は証拠価値（weight）に明らかに反するとして、メレル社の、評決と異なる判決（judgement n.o.v.）の申し立てが認められたりして、被告がわの勝訴となった事件が多い。サマリー・ジャッジメント、指図評決、評決と異なる判決は、それぞれ異なる手続ではあるが、そのもっとも重要な特徴は、陪審の判断を経ないという点にある。つまり、ベンデクティン訴訟での科学的証拠の検討は、主として、科学的証拠の判断を陪審に付すか否かの判断の前提としてなされ、ベンデクティンの催奇性を認めない立場からは陪審の判断を回避するという結論に達しているのである。

　このようなベンデクティンをめぐる科学と法の動向からは、どのようなことが読みとることができるだろうか。

　第1に、先述したように、科学的研究は、訴訟と全く切りはなされて自律的になされるものではなく、訴訟における証拠の必要性に迫られて、相乗的に発展していく面があると言える。法と科学の相互作用が見られるのである。

　第2に、ベンデクティンの催奇性は、科学的研究が進むにつれほぼ否定されているにもかかわらず、トライアルを経た事件では原告勝訴の率が高い点も注目される。つまり、科学的事実と、陪審の事実認定にはずれがあるのである。他方、陪審評決を経なかった事件も含めた、ベンデクティン訴訟全体における被告勝訴率の高さと比較すると、裁判官による科学的証拠の評価は、陪審のそれとは異なりうると言えそうである。

　第3に、第2の点に関わるが、ベンデクティン訴訟では、科学的証拠の評価を科学共同体の見解により近いものにするために、事実認定の主体として陪審を回避し、裁判官を立てるという方法をとっている。ごく単純化

して言えば、科学的証拠の評価の問題を、事実認定主体としての陪審と裁判官の選択の問題として扱っているのである。その前提には、陪審よりも裁判官のほうが複雑で理解の難しい科学的証拠についても適正に評価する能力が高いという認識が窺える。しかし、合衆国においても、裁判官の科学的な事項に対する理解能力に疑問がないわけではない。そこで、このように科学的証拠の評価の問題を、その判断主体の選択として扱うことにはどのような意味があるのか、ということの他に、科学的証拠の評価を裁判官に任せるという場合、何が裁判官の科学的証拠の評価の適正さを担保しうるのか、といったことも問題にしていく必要がある。

それでは、法廷での事実認定、とくに陪審による事実認定は、いかなるメカニズムによって、科学的事実と異なる法的事実をつくりあげていくのだろうか。また科学の素人という点では陪審と大差ない裁判官による科学的証拠の評価は、科学的事実に忠実であると言えるのだろうか。その点を明らかにするには、科学的証拠を評価して事実認定を行っていく手続構造を分析するとともに、そのなかで実際に行われる科学的証拠の評価がどのようなものであるかについても検討していく必要がある。

次章では、まず、民事訴訟において科学的証拠をもとに事実認定を行っていく手続構造を検討し、法的事実がつくりあげられていく動態を明らかにしていく。

II 科学的証拠をめぐる手続過程

1 専門家証言とアドバーサリーシステム

1章で概観したように、合衆国では、科学的な問題について、科学裁判所で専門的に判断を行うという科学裁判所が構想されたこともあるが、裁判で科学的な問題が扱われる際には、通常の訴訟手続において、各当事者が選任した専門家証人の証言によって科学的な証拠が提出されるのが一般的である。

専門家証人は、通常の証人とは異なり意見を述べることができ、通常の

証人とは異なる規律に服する。科学的証拠に関しては、裁判官がその許容性を判断した上で、陪審審理の場合には、陪審の事実認定に付される。

そして、合衆国の訴訟手続の本質ともいえる、アドバーサリーシステムでの当事者の攻防は、科学的証拠については、専門家証人の党派的な攻防として現れ、そのために、科学的事実がゆがめられるとの批判がなされてきた。ジャンク・サイエンスの法廷への流入が問題になり、そうした問題に対処しようとしたのが、1993年に連邦最高裁が出した、ドーバート判決であった。

ドーバート判決は、科学的証拠の許容性の判断を通じて、裁判官が科学的証拠のゲートキーパーとしての役割を積極的に果たすことを求め、1923年に科学的証拠の許容性について出された、フライ判決の「一般的承認」基準をぬりかえ、科学的証拠が依拠している原理や方法論の科学的妥当性を評価する新たな基準を提示した。

このような要請は、科学について素養があるわけではない裁判官に、科学についても精通するという無理な注文をするものであるとの批判も強い。

2　認定すべき科学的事実

ここで翻って、このことの意味を、狭義の事実認定、すなわち事実認定者によって認定されるべき事実の特質の観点から整理する。本来、事実は、日常的な知識や経験をもとに正確に判断しうると考えられてきた。合衆国では、法／事実問題の二分論を前提に、法に関しては裁判官、事実に関しては陪審のほうが事実認定に優れているとして、陪審に事実認定を委ねてきた。しかし、これは事実の正確な把握と、常識的な事実判断が重なる範囲で妥当することである。

判断対象が、素人の理解を超える科学的な事項である場合、常識的な判断において優れているとされる陪審や裁判官も、科学的に正確な事実判断ができるとは考えにくい。そこで、科学的な証拠の評価の文脈では、事実把握の正確さと、常識的な事実判断という事実認定が同時に実現するはずの2つの機能は分化する。そこで、常識的な事実判断と事実把握の正確さをどう折り合わせるかが問題になる。

裁判官に科学的妥当性の判断を求めるということは、法的事実であっても科学的な問題については常識や素人判断としての特質だけに依拠することはできないこと、そして科学的な理解を高めることで、科学的にも妥当といえる事実認定を行うことが必要との認識を反映している。司法自体が、専門領域に応じて、その専門領域で妥当とされるような知見を踏まえた判断を行うことが求められつつあることの反映でもあろう。

　他方、裁判官に、どこまで科学の理解を求めうるかという点は、科学的証拠の評価主体の問題と並んで、科学的証拠の扱いの議論の根本的な焦点である。明らかに異なる専門分野に属する者が他分野についても知識を共有して適切な判断を下せるかどうかに対する一種の信念の問題ともいえるが、法が科学的な問題にどこまで立ち入るべきか、またどのような科学を法廷において正当な科学と認めるのかを示唆するものでもある。

　もっとも、裁判官に科学に対する理解向上の努力を求めるだけで科学的証拠の扱いに関する根本的な問題が解消されるわけではない。そもそも、科学的な証拠を提出する専門家証言は、裁判官や陪審の知識を越えた経験や知識を必要とするために用いられている[18]。裁判官に科学への理解を求めると言っても、裁判官が科学者になることを求めているわけではない[19]。裁判官による許容性判断はあくまでも専門領域外の事項についての判断にすぎない。また、たとえ裁判官に科学的妥当性を判断する潜在能力があったとしても、科学的証拠を十分に理解するには多大な時間と費用が必要となろう。それではジャンク・サイエンスが法廷を泣かせた遅延や費用高騰の問題をますます悪化させかねない。ドーバート判決も、あくまで、裁判官が自らの判断で許容性判断を行うことを求めているに過ぎず、裁判官はあくまでジェネラリストとして、科学的証拠の評価のための基準

---

18) この点は訴訟法体系の異なる日本の裁判でも同じことである。中野（1988）27頁では、裁判官に専門的知識を要求することができないために鑑定が行われているのに、出てきた鑑定結果を評価し、取捨するためには、それだけの専門的知識を必要とすることを、「科学鑑定のジレンマ」と称し、その問題の普遍性を示している。
19) 例えば、前掲の連邦司法センター作成のマニュアルでは疫学的研究を60頁にわたって解説しているが、専門の疫学者からは、疫学の重要な概念がいくつか抜けていて、説明が不十分であるという批判もある。Petitti（1996）.

に従った判断をすることを指示したにとどまる。

よってドーバート判決は、究極的には科学共同体での見解や手続への敬譲を求める判決ではなく、科学的証拠の評価における裁判官の権限強化という側面に力点があるといえる[20]。一見、科学とこれに対する法のせめぎあいの折り合いをいかにつけるかという問題を中心に扱っているようでありながら、本質は、科学的証拠を判断する主体として、陪審よりも裁判官に重点をおくという法手続内在的な対応とみるべきだろう[21]。

3 事実認定主体の選択と法的事実認定

伝統的なアドバーサリーシステムでの役割分担では、証拠を評価して事実認定を行うのは基本的に陪審である。事件について先入観を持たない陪審は、中立的な立場で、かつある意味で日常的な常識のエキスパートとして事実をもっともよく判断しうると考えられてきた。しかし、科学的な事項が問題となるような複雑な事件で陪審が事実認定を行うことには疑問も強い[22]。素人の陪審が短期間のトライアルで大量のデータを頭に入れて難しい科学的な証拠について理解するのは難しいと考えられるからである[23]。

Sanders の行ったベンデクティン訴訟の1つで1991年に評決が出たハーヴナー裁判（Harvner v. Merrell Dow Pharmaceuticals）の陪審に対する事後的な面接調査[24]によると、陪審員の多くは科学共同体で有力視される疫

---

20) Sanders (1994). ベンデクティン訴訟での科学的証拠に対する制限的な許容性判断は、科学的妥当性では正当化できず、むしろマス・トートの効率的解決の達成や、陪審の科学的証拠に対する理解能力の不十分さへの対応という目的において理解できるという。

21) Note (1995: 1496-1509) も新種の科学的証拠の許容性の判断を司っている裁判所の実際の基準は、科学的妥当性のような科学共同体で通用するような基準ではなく、証拠法の目的にそった効率的な事実認定への寄与の程度といった機能的なものであると指摘する。

22) 一般的に複雑な事件での民事陪審排除の議論について丸田 (1988)、および石田 (1990: 78-) 参照。陪審排除を唱える理由としては、複雑な事件に関する事実認定能力への疑問のほかに、陪審の感情の影響やコスト、共同体の適切な代表性への疑問が挙げられている。

学的研究にはあまり注目せず、動物実験に重きを置いている[25]。しかし、最も注目された動物実験というのは、ベンデクティン販売に際してメレル社の研究員の行った研究であり、後のより洗練された動物実験に比すると、ベンデクティンの催奇性に関する科学的研究としての価値は低いものであった。むしろその研究の不十分さが、メレル社はベンデクティンの安全性に関する研究を怠ったのだという印象を陪審に与えた面があったという。その意味で、ベンデクティンの催奇性に関する科学的証拠の理解という点では、この事件の陪審による科学的証拠の評価は十分とは言いがたい[26]。ベンデクティン訴訟における陪審評決での原告の勝訴率の高さも、それを単純に科学的証拠の理解能力の問題とすれば、陪審による科学的証拠の理解能力はやはり疑わしいということになる。

　しかし、陪審による事実認定には、事実把握の正確性とは切り離された独自の価値が認められてきた。陪審は共同体の代表として選出された通常12名から構成されるため、陪審の裁判への参加およびその判断は「共同体の価値実現」という民主主義的価値を実現するともいわれる。また、複数の陪審の熟慮のうえの判断であることからもその正統性が裏付けられる。そして、複雑な事件における事実の確定という目的においても、陪審による事実認定は大きな役割を果たしうるのである。

　パラコートへの曝露と肺の結合組織炎の発症との因果関係が争点となった1984年のフェアビー判決 Ferebee v. Chevron Co., 237 U.S.App.D.C.164[27] では、専門家証言に対立がある場合、そのような「古典的な専門家の闘い

23）陪審はクラス・バイアスを有するとか、情緒的な側面に事実認定を左右されやすいという指摘もある。例えば、不法行為訴訟では陪審は資力のある被告（deep-pocket defendants）に責任を負わせる傾向があるという統計に基づく研究報告もある。しかし、このような統計のみによる調査の方法論への疑問、また、訴訟爆発に対する危惧からむしろ原告に厳しい判断が多いといった逆の見解もあり、一様な判断は難しい。MacCoun（1996）, Hans & Lofquist（1992）等。

24）Sanders（1993b）. この事件では、トライアルは14日間に及び、1991年9月に原告勝利の陪審評決が出された。

25）書面での記述中心の疫学的証拠が陪審を印象づけなかったのに対し、動物実験の結果は目の前に多くの資料が提示されて、陪審の理解を助けたということもその理由の1つとされている。

第2章　事実認定における「科学」：合衆国ベンデクティン訴訟からの考察

においては、その勝者を決するのは陪審である」とされている。科学的見解に争いがある場合や、科学共同体でも十分に研究がなされていなくて専門家証言が対立している場合は、陪審が判断を行うことで事実の確定がなされるのである。つまり、「裁判官は……複雑な因果関係の問題を解決するだけの専門的な技能を持たない。現代の医学的疫学的な研究の最先端にあるような問題について、……専門家の証言を信じるべきかどうかを決めるのは陪審なのである」。オキセンディン裁判でもこの判例をそのまま引用して、メレル社の評決と異なる判決の申し立てを退けている。複雑な事件や不確実性の高い事案の事実認定を陪審にまかせることに懐疑的な意見がある一方で、科学的に複雑で不確実性の高い事柄については、逆に、陪審が事実認定をすることにより、終局性や確実性をとりあえず付与できるのである。

「専門家の闘いの勝者を決するのは陪審である」というのは、陪審の事実認定の持つ、確実性の創出機能とでもいうべきものである。例えばNesson (1985) は、いかなる事案についても事実判断を下し、その判断に確実性を付与することで、司法の決定に対する市民の信頼を維持することが出来ると論じ、ブラックボックスとも表される陪審の事実認定が、確実性を生み出すことを強調する。裁判所に提出された証拠からの確率的な判断ではなく、実際に過去に生じた事象に対する確定的な判断であることを示すことで、裁判の公的な受容を高め、判決を行為規範として成り立たせうるというのである。

ただ、ベンデクティン訴訟のように、同一争点をめぐり多数の訴訟提起がある場合、事件ごとに陪審の事実認定がまちまちになると、逆に陪審の事実認定の不確実性が露呈する。これが、ベンデクティン訴訟での事実認

---

26) しかし、この点についても一般化できるだけの研究はなされていない。Lempert (1993a). 専門家証言に対する陪審の評価に関する実証研究の例として、Shuman et al. (1996). この研究によると、陪審は専門家の外見や性格のような皮相的な特質には左右されず、むしろ専門家の資格や推論、事実についての精通度、不偏性といった側面から合理的に判断しているという。ただ、そのような意味での事実認定の合理性と、科学的証拠の科学的評価とはまた区別して考える必要があろう。

27) 736F. 2d 1529 (1984).

定の主体を裁判官にシフトした原因の1つでもある[28]。事件の複数性という毒物マス・トート訴訟の性質上、より法的事実の確実性を創出できる判断主体を選択したとも言えるのである。

これまで検討してきたように、科学的な事項にかかわる事実認定においては、科学的事実を取り入れるために、専門家証人を訴訟手続のなかに組み込んでいる。よって、アドバーサリーシステムの依拠する役割分担の構造のなかで適正な事実認定を達成するには、科学者たる専門家証人、裁判官、陪審という三者の役割分担とそのバランスが問題となるはずである。しかし、このバランスの問題は、実際には、科学者と、法的な事実認定者（陪審または裁判官）のせめぎあいとしてではなく、事実認定者としての裁判官と陪審との選択という、本来の法的な事実認定者の間のバランスの問題にシフトして論じられ、陪審と裁判官の間の事実認定者の選択の問題に還元される。

科学の理解、という点に重点を置けば、陪審も裁判官も素人であるためこの二者の違いは相対的なものとならざるをえない。陪審に評価を求めるのが困難であるから科学的証拠の許容性を裁判官が判断するのに、裁判官にも評価の困難な科学的証拠は、陪審に評価が求められる。科学的な事項に関する判断権限において裁判官と陪審のメビウスの輪のような循環が生じているのである。

事実認定の対象となる事項が、本来の事実認定者である陪審および裁判官の理解を超える科学的な事項であっても、その評価の問題を、科学裁判所構想のように、科学者に委ねるのではなく、陪審と裁判官の選択によって行う。このことにはどのような意味があるだろうか。

第1に、事実認定を、本来のアドバーサリーシステムの構成員の営みにとどめておこうとする、一種の法の境界維持活動とも目することができる。科学的な事項にかかわる事実認定は、本来科学共同体にもっとも正当な判

---

28) 例えば、Brock v. Merrell Dow Pharmaceuticals, Inc., 874F. 2d307（5th Cir. 1989）では、同一争点が繰り返し問題となる毒物マス・トート（mass toxic tort）訴訟では、陪審の見解が事件ごとに分かれて不確実性を生ずるので、裁判官が判断することで不確実性を縮小しうるという見解が示されている。

断権限のある事項に法が独自の判断を下すという意味では、科学共同体の正当な活動領域に対する法の介入でもある[29]。科学的証拠をもとに事実認定が行われていく法廷での場は、法と科学の正当な活動領域をめぐるせめぎあいの場とも言えるのである[30]。

第2に、事実認定の特質については、法における事実認定は、認定される事実そのものよりも、正当な事実認定主体によって事実認定が行われること自体に重要な意味を付与しているとも言える。

第3に、科学的証拠の評価に関して、陪審や裁判官の事実認定を維持することを、認定される事実の質において把握すれば、科学的証拠の科学的評価よりも、常識的な事実判断を優先させていると言える。ドーバート判決の指示は、事実把握の正確性を補おうとする試みと考えられるが、ジェネラリストとしての裁判官の認定した事実の正統性は、最終的には、事実把握の正確性よりも、常識的な事実の判断であることに求められていくだろう。もっとも、この点については、事実認定者として裁判官と陪審を擁する合衆国では、その2者の事実認定の構造の相違を強調する議論も見られる。この点については後述する。

以上のように、訴訟における事実認定の手続は、当事者、陪審、裁判官といった行為者の役割分担と、その複合的な相互作用からなる。事実は、その役割分担と相互作用の中で作り上げられていく。事実認定者としては、基本的に共同体の代表たる陪審を用い、法廷の外の社会、共同体の常識を汲み取れるようになっている。その限りで、法的事実が、社会常識に開かれたものであることを保証している。一般的な常識を越える科学的な事項に関しても、専門家証言という制度で、科学的知識を法廷に取り込みうる。訴訟における事実認定は、共同体の常識をはじめとする、多様な知識に開

---

29) Halliday (1985) は、専門家の依拠する知識の性質から、専門家を科学者や医師などの科学的専門家と法律家や聖職者のような規範的専門家に分類して、その影響力の範囲や強度について比較検討している。彼によると、規範的な専門家の方が、専門技能の名で本来の活動領域を越えて幅広く影響力を行使しやすいが、その活動の正統性は低くなるという。

30) 法、科学、政治の文化衝突とその調整という視点から、法と科学のせめぎあいについて論じたものとして Schuck (1993) も参照。

かれているのである。

　しかし、科学的事実の受容という点に視点を移すと、裁判においては、当事者に選任された専門家証人を通じて科学的な証拠が提出され、交互尋問に付されるというアドバーサリーシステムの手続構造、そして裁判官や陪審による事実認定というフィルターを通じて行われることになる。専門家証言は、科学者の意見を党派的弁論の枠組に分解する。そして、最終的には、科学的専門知識は、科学の素人である陪審や裁判官の事実認定を通じて、共同体の価値や常識的判断といった科学とは異質の論理に対峙し、吸収されていくのである。機能分化と相互作用からなるアドバーサリーシステムでの事実認定過程は、科学共同体内での科学的事実の構築過程とは異なり、そこでの科学的知見の受容という点ではむしろ閉鎖的にも働くのである。

　ただし、科学的な事項に判断対象を限れば、科学者にその第一次的な権威があることは社会的にも認められている。ここに、科学的証拠に固有の問題が生じるのである。科学的な事項に関しては、外部に科学共同体が存在し、法的な手続とは全く異なる基準や手続に従って権威のある見解を構築しているため、科学的事実と法的事実の相違は顕在化しうるし、かつその相違は法的事実の正統性にも疑問を生じさせるのである。裁判官に科学への理解の向上を求めたとしても、その事実認定が批判にさらされる危険は完全には解消されないのである。

　ベンデクティン訴訟では、陪審評決を回避した裁判については、メレル社勝訴の率が高く、その限りにおいては裁判官の科学的証拠の評価の方が、科学的知見に近いものであったということはできる。しかし、裁判官の科学的証拠の評価能力に対する疑問も強い。科学的知見を尊重する立場を強調していけば、裁判官の事実認定ということでは十分な正当化はできないのである。陪審や裁判官による事実認定は、常識的人格的な判断を実現するとも考えられているが、実際にはそれが何を意味するのかは明らかでない。

　そこで、次に裁判官や陪審は科学的な証拠に対してどのような事実認定を行っているか、という事実認定の中身について検討を進めていく。

III　事実認定における科学

　本章ではまず、事実認定者による証拠評価のメカニズムはどのようなものであり、科学的証拠を評価する際に、それがどのような影響を及ぼしうるかを考察する。それを踏まえた上で、ベンデクティン訴訟での裁判官の意見に示された、科学的な証拠に対する評価から、法的証明において科学がどのような意味と位置を与えられているかを分析する。そして最後に、法的証明が科学的証明とは異なることを正当化する議論を分析し、科学的証拠の評価という文脈での訴訟における「科学」の意味と法的事実の特質を洗い出していく。

1　証拠評価のメカニズムと「科学」

　事実認定は、事実認定者による内心での作業であるため、提出された証拠をどのように評価して心証形成に至るかという点は、ブラックボックスに近い。裁判官の事実認定については、判例の意見を1つの手がかりとすることができるが、実際に法廷において出された証拠をどのように評価し、どのように結論を出すのかという点は明らかでない。まして陪審が事実認定を行う場合は、その過程を窺う客観的な資料はない。よって、事実認定者には理解しがたいとされる、科学的証拠の基礎にある方法論や推論構造が、事実認定者が通常行っている証拠評価のメカニズムと、どのように異なるのかを明確に示すことは困難である。しかし、最近の陪審研究のなかには陪審の証拠評価の認知構造を実証的に解明する試みも見られる。そこで、本節ではまずそのような研究を手がかりに、事実認定者の証拠評価のメカニズムがどのように科学的な推論とは異なるのかを考察する。科学的な推論とは区別される、科学的証拠に対する常識的な事実判断ということの内実の一端を明らかにしたのちに、ベンデクティン訴訟における裁判官による科学的証拠の評価の中身を検討していく。

(1) 事実認定の2つのモデル

　合衆国では、民事訴訟における伝統的な証明のルールによると、事実認定者は、個別化された命題それぞれについて、「証拠の優越」の基準を満たして立証されたと判断して初めて、原告側の主張を認めうるとされている[31]。例えばネグリジェンスであれば要証命題が因果関係、過失、損害に分かれている。陪審は、提出された証拠をもとに、基本的には個々の要証命題に対して個別的に評価を行い、各命題ごとに「証拠の優越」の基準で認定を行うよう説示される（Allen 1991: 396）。ベンデクティン訴訟の場合は、種々の科学的証拠は、ベンデクティンの服用が新生児の奇形をひきおこしうるかという事実的な因果関係を証明するために提出されていた。それゆえにベンデクティンに催奇性がないと判断されれば、メレル社の過失や原告側の損害が問題になることはないはずである。ハーヴナー裁判の陪審が、動物実験の結果を提示した専門家証言から、被告の過失を推認したいという事例は、このような個別立証型のモデルでは十分に説明できないのである。

　それでは実際の事実認定は、どのようなメカニズムで行われているのであろうか。合衆国では、近年事実認定の構造についての研究が進められており、「新証拠学派（Lempert 1986）」と称される、統計学や社会学、心理学などの研究を応用して、陪審の事実認定過程を客観化する動きが見られる。大きくは2つのモデルで説明される。一方は、要証命題ごとに、証拠の価値を確率的に評価していく個別立証型で、各要証命題についての主観確率を、ベイズの定理を利用して改訂していく、ベイズ理論の応用[32]で、陪審の主観的な判断を客観的に説明しうるモデルがある。そして、もう一方は、全体としての事案を物語として理解し、原告の主張と被告の主張をそれぞれストーリーとして把握した上でその優劣で事実評価を行っていく全体説明型のモデルで、その代表格が Pennington & Hastie（1991）の提唱するストーリー・モデルである。

---

31) このように要証命題を個別化することには、両当事者、各主張、各証拠を平等に偏りなく扱うという裁判の公正さを支える関心が反映されている。また要件を個別化することには、争点を明確化するという機能もある。

こうしたモデルは、ブラックボックスであった陪審の事実認定が実際どのように行われるのかという記述モデルとしての意味合いも大きいが、望ましい事実認定のあり方としてのモデルという点では規範モデルとして提唱される面もある[33]。いずせにせよ、証明のプロセスは、大まかには、正確な事実認定と、事実誤認の危険の当事者間での適切な配分を行えるようなものでない限り正当化できないため、規範としても、現実の事実認定のありようを踏まえた上で、そうした目的の充足に照らして評価されることになる（Pardo2013）。

　事実認定のベイズ理論による理解は、日本では太田勝造（1982）の優れた研究がある．

　このモデルでは、証拠が提出されるたびに、事実認定者が主観的な確信の確率を改訂していき、最終的に評決に至るという想定を行う。このような説明は、法的証明が各要証命題ごとに個別的に行われるという理論上の構造に沿っている点で、法的事実認定の説明としてなじみやすい。ただし、このような個別的な確率計算による事実認定モデルは、実際の陪審の事実認定過程を説明するものとしては適切ではないという批判が強い[34]。

　それに対して、認知心理学の研究では、陪審は、提出された証拠ごとに評価した要証命題に対する主観確率を累積的に計算して全体の事実認定に至るのではなく、証拠全体をカバーしうる事案全体の説明を形成していく全体説明型の事実認定を行っているのだという有力な見解が示されている。Pennington & Hastie の一連の研究で提示されたストーリー・モデルがそ

---

32) 多くの議論があるがさしあたり、Shum & Martin（1982）は、ベイズ理論を前提に、推論段階を細分化して証拠評価を行うほうが、全ての証拠を一度に評価する場合よりも証拠評価が正確になるということを模擬陪審を用いた調査結果から示しており興味深い。正確というのは、ベイズの定理による証拠の個別的な評価の改訂を規範とした上での正確さという意味である。それゆえ、逆に言えば、全ての証拠の提出を受けた上で、事実認定を行う手続構造の中では、陪審がベイズの定理に従った計算を行っていないことを証左するものでもある。ベイズ理論の証明論への応用については、太田（1982）に詳しい。

33) Spottwood（2013）によれば、さらには事実認定の性質についての司法上の態度や証拠法理を解析しようとする法理モデルとしても意味もあるという。

34) この点について、川濱（1993）参照。

の代表格で、最近の証拠理論にも大きな影響を与えている[35]。この研究は、基本的に実際の陪審の事実認定を記述することを目的とする記述モデルである。この研究によると、陪審の事実認定は、個々の要証命題について順次評価を行うという構造をとるのではなく、事件全体をストーリーとして理解するという。その概要は以下のようなものである。

　陪審の証拠評価の認知過程の中心は、事案全体を一体のストーリーとして構築することにある。トライアル中に得た当該事件固有の情報、当該事件でトピックとなっている事柄と類似した出来事について陪審自身が予め持っている知識、そしてストーリーの構造に関する知識をもとに、物語の形態をとる解釈を積極的に創り出すのである。ストーリーは、各事象の物理的および意識的な因果連関による連鎖的な結びつきからなる。基本的にはある原因となる出来事が、ある心理状況と、次の行動を動機づける目標を生み出し、それらにより、行動が促され、ある結果と状況が生じるという流れを持つ。陪審は、最終的に、提出された証拠資料や証言をもとに、そのようなストーリーをいくつか作り上げ、そのうち最も完全なストーリーを選択して事実認定を行うのだという。

　ストーリーの完全性を司るのは、説明範囲（coverage）と整合性（coherence）の原理である。説明範囲とは、ストーリーがトライアルで提出された証拠を説明する範囲であり、提出された証拠をより広く説明するほどそのストーリーの受容性は高くなる。整合性とは、ストーリーが各証拠や説明の別の部分との内的な矛盾がなく、当該陪審員の持っている知識と符合し、ストーリーの構造をそなえている程度のことであり、この3つの要素が高いほどストーリーの受容性は高まる。

　ストーリー・モデルは、事実認定のメカニズムに関して、2つのことを含意していると思われる。第1には、事実認定は、要証命題の個別的な判断の累積としてではなく、事案全体を説明するストーリーを作り上げることで行われるということである[36]。

---

35) 本稿では1991年研究を中心にまとめている。事実認定を物語構成の形で行うということに関しては、他に Bennet & Feldman (1981)、その紹介として、小野坂 (1995)。

そして第2には、その際の全体的な評価をかたちづくるのは、陪審が持つ経験や常識にもとづいた知識であるということである。個別立証型のモデルも、事実認定者が個々の要証命題の主観確率を出す際に、自分が予め持つ知識や常識に依拠することは前提となっている。しかし、ストーリー・モデルは、要証命題そのものにかかわる知識だけでなく、提出された証拠を結び合わせるメカニズムや、完全なストーリーとはどのようなものであるか、ということについての知識も、事実認定者の常識や経験に基づくものであるとし、かつストーリーの基本構造や、ストーリーを司る諸原理をも明確化している。ストーリー・モデルは、陪審や裁判官が遂行する常識的な事実判断をモデル化するものともいえよう[37]。

　陪審の事実認定の構造としては、ベイズ理論のような個別評価型のモデルよりも、ストーリー・モデルのような全体説明型のほうが事実の記述としては妥当だと評価されている。このような記述モデルとしての妥当性は、ブラックボックスとされる陪審の判断を理解、予測するためにも意味があるだけでなく、あるべき事実認定を実現するための前提知識としても重要である。しかし、ストーリー・モデルが、個別立証型モデルよりも、記述モデルとしての説明力が高いとしても、それが望ましい陪審の事実認定のメカニズムといえるかどうかは別問題である。規範モデルとしての個別立証型と全体説明型についての検討も必要だろう。

　この点、もともと証拠法は、証拠それぞれを個別に評価していく個別評価型モデルに近い実践を想定しており、また個別の証拠の関連性や証拠価値、また要証命題全体についての、証明度などの概念は、確率的評価にな

---

36) それゆえ、証拠の評価は、各要素ごとの蓋然性の計算としてではなく、あるストーリーが他のストーリーに比してもっともらしいかどうかという選択の問題として扱われることになる。これは、アドバーサリーシステムの二者択一的な構造にも沿っているし、また個別立証型のモデルよりも、当事者にストーリーを構成する自由度が開かれるため、当事者主導型の裁判モデルに適合的であると考えられている。棚瀬（1988: 170-）、Allen（1994a: 627-）。

37) 例えば日本の裁判官がよく言及する判決のスワリといったものも、要証命題ごとの確率計算とは異なる全人格的な事案の総合的判断を裏付け、またそれを正当化するものであると思われる。ただし、スワリという言葉の意味は裁判官によってかなりばらつきがあるようである。（加藤ほか1996）。

じむため、規範的モデルとして新証拠学派がベイズ理論を中心に、確率論に則した研究を深化させてきている。

ストーリー・モデルをはじめとする全体説明型のモデルは、もともと記述モデルとしての意味合いが強いが、規範モデルとしては、特に事実認定の正確さを損なう恐れが強いとの批判がある。特に、こうした説明の形成には、事実認定者の常識や背景的な知識を含む幅広い情報を取り入れたヒューリスティックの影響（Kahneman & Tversky 1972; Kahneman2011）が避けられない。よって、こうした判断をどう評価するかがポイントとなる。事実認定者のバイアスを受け、誤った評価になりやすいが、逆に事実認定者の常識等を反映し、適切かつ効率的な判断を可能にするとも言える。ただし、科学的証拠のように常識での判断が困難な場合には、直観的な判断は正確性を損ないやすいと懸念される（Saks & Kidd1980; Griffin 2013）。こうした批判は、そもそも自由心証主義のもと、全体説明型の事実認定を規範モデルとして提示することの多い（例えば土屋2015）日本での事実認定モデルに対する懸念として検討に値しよう。

他方、全体説明型のモデルを、確率概念を用いた個別立証型よりも優れているとし[38]、全体説明型の事実認定の規範モデルとしてアブダクション概念を用いた提唱もあり（Pardo & Allen2008）、注目される。実際の事実認定のあり方としては、個々の証拠評価の積み上げと全体としての説明力からの検討の双方が往復する形でなされることになり、それが望ましいという見方が一般的であるが、どのような証拠評価、事実認定のあり方を規範モデルとするのか、ということは、証拠法が前提とする規範的な認識論や、事実認定において達成しようとしていることが何であるのか、といったことを問い直す上でも重要であるし、証拠評価や事実認定のガイダン

---

38) Pardo（2013）は、確率論の想定と、証拠法上の概念が類似しながらも本質的に異なることから、確率論によることで、かえって正確性等に問題が生じることを指摘する。確率論が要求するような客観的なデータはないことが多く、主観確率にのみ依拠してしまうことは望ましくないこと、また訴訟上は、誤りは原告と被告間で分配することになるのに、確率論では、ある命題の真偽との関係で評価することになるという。

スとしても、実際上の影響力も無視できない科学的証拠の評価に焦点を置いているため、次に、その文脈において、証拠評価の特徴を検討し、それを踏まえて、証拠評価モデルについても改めて若干の考察を行いたい。

(2) ベンデクティン訴訟における科学的証拠の評価

このような2つのモデルは、科学的証拠を評価していくという場面でも一定妥当する可能性がある。つまり、科学的証拠それぞれを確率的に評価し、その積み上げとして要証命題について判断するのか、証拠全体を総合的にみて全体として一定のストーリーを組み立てることで評価を形成するのか、ということである。つまり、ベンデクティンの催奇性、という点に焦点を絞っても、上述のようなストーリーを構成することで事実認識をしていくのではないかと思われるのである。

Sanders (1994: 51-58) は、ベンデクティン訴訟で陪審が科学的事実に反した事実認定を行った理由は、陪審の事実認定がストーリー構成をとることからも説明できると指摘している。先述したように、ハーヴナー裁判の陪審の多くが有力な疫学的研究を重視せずに、メレル社が行った科学的には不十分な動物実験を重視していた。そして、その動物実験に、ベンデクティンの催奇性に関する科学的見解としてではなく、メレル社がベンデクティンの安全性の調査を懈怠したことの示唆としての意味づけを与えていた。このことは、原告側が陪審に示したストーリーと、被告が示そうとしたストーリーの陪審に対する説得力の相違と言えるという。原告側は、メレル社が販売前に十分な安全性のテストを行わず、十分な注意書きも付さないまま販売に踏み切ったために、原告の先天性の奇形を起因したという主張を行ったが、これはネグリジェンスの構成要件である因果関係、過失、損害のすべてを含むストーリーを構成している。それに対してメレル社は、書面による疫学的な証拠を提出したものの、メレル社は先天性の奇形とは無関係の製品を販売したということだけを主張し、過失や損害に関しては主張を行わなかった。これは証拠全部をカバーしておらず、物語の形態もとっていないため、陪審の受容性は低かったというのである。この分析は、とくにストーリー・モデルの第一の含意、すなわち証拠評価は、

個別的な命題に対する蓋然性評価ではなく、全体としてのストーリーとの相関で行われるということを裏付けるものである[39]。

なお、法的な証明が、予め定められた要証命題それぞれを証明していくという枠組みのなかで行われ、陪審もそのように説示され、各当事者も一応その枠組の中で主張を組み立てている以上、個別立証型の構造も完全に崩れているとは考えられない。実際、ハーヴナー裁判の陪審も、科学的証拠の評価を過失の判断にまで及ぼしているが、不法行為の要証命題の枠組みを越えてはいない。個別立証型と、ストーリー・モデルのような全体説明型のモデルは、実際には択一的ではなく相互補完的な関係にあり[40]、予め構成されるストーリーが実体法の示す要件事実によってある程度枠づけられている[41]。

ベンデクティン訴訟で用いられた数々の科学的証拠は、科学的にはベンデクティンの催奇性の有無、法的には因果関係を証明することを意図していた。よって、科学的証拠を過失の評価に結びつけること自体、科学的証拠の科学的な意味を変容している。その限りで科学的証拠の科学的な意味に焦点を絞るには、個別立証型のモデルのほうが適合的ということになろう。ベンデクティン訴訟での科学的証拠に対する評価における裁判官と陪審の相違も、それとの関連から説明できる面がある。次節で見るように、裁判官の科学的な証拠の評価は、少なくとも公表された意見のなかでは、ベンデクティンに催奇性があるか否かという点、つまり一般的因果関係に

---

39) 不法行為において、因果関係の認定が過失の判断と連動するといったことは日本でも指摘がある。稲垣喬（1992: 83-）。
40) 個別立証型と全体説明型の事実認定論のそれぞれの長短と相互補完関係を論じるものとして、Twining（1994）．これは、主として規範レベルにおける議論をしている。棚瀬（1988: 174）でも、個別立証型の訴訟手続そのもののなかに「弁論の全趣旨」という全体説明型の認定を容認する逆の契機も容れていることを指摘している。規範的な関心から、全体説明型の事実認定を論じるものとして、Hareira（1986）．
41) Nicolson（1994）は、訴訟過程で構成される事実のかくされた政治性や、クラスバイアス性を指摘する。法的な議論構成そのものが政治的なものであり、全体説明型の事実認定もこの枠組から外れるものではないことを指摘する。また、Scheppele（1995）は、実体法の示す要件事実は社会的に支配的なディスコースを構成するため、弱者のディスコースが排除されることを批判している。

焦点が絞られている。これは、裁判官と陪審の、要証命題ごとに事実認定を行う法的な議論構造への習熟の差として捉えうる。コモン・イッシュー・トライアルでは、陪審の科学的証拠の評価が過失判断にまで及ぶことを懸念して、トライアルを審理事項によって分割し、一般的因果関係についての審理を先行させて陪審の判断を因果関係に絞った。その結果、ベンデクティンの催奇性は否定された。審理を分割して、科学的な事項に対象を絞って事実認定を行うことは、争点を明らかにして他の要素に誘導されにくくし、陪審の事実認定を、科学的証拠の評価に集中させる効果があると考えられている[42]。ただし、これは、科学的証拠が証明すべき要証命題を固定したうえでの議論であり、個別立証型モデルの方が、全体説明型モデルよりも、科学的証拠の評価にとって優れているとまでは言えないことに注意しなければならない。

　そこで、ストーリー・モデルの第2の含意である、常識的判断の内実として捉えうるストーリー構成を、科学的推論構造との対比で検討してみよう。つまり、ベンデクティンの催奇性といった要証命題に絞った上での、科学的な推論そのものと、科学的証拠に対する常識的な判断との対比である。それを明らかにする材料として、判例に見られる裁判官による科学的証拠の評価がある。もちろん、公表されている裁判官の意見は、裁判官の内心で行われた科学的証拠への評価そのものではない。しかし、裁判官の科学的証拠への評価の内実を知る最も優れた素材であるし、また、その意見は、訴訟において科学をどのように扱うべきであるかということも表明するものである。

　ベンデクティンに関しては、すでに科学共同体でも種類、分量ともに十分と言える研究論文が発表されている。では、実際の法廷ではどのようにベンデクティンの催奇性に関して事実認定が行われたのであろうか。ここでは簡単に、公表されているベンデクティン訴訟の判例から、ベンデクテ

---

42) 審理の二分化は例えば連邦民事訴訟規則42条（b）で、便宜、偏見回避、迅速、費用節約のために認められている。In re Richardson-Merrell, Inc. "Bandectin" Products Liability Litigation. MDL No. 486 624F. Supp. 1212 (S.D.C. Ohio 1985), 1221. ここでも、審理の効率化、迅速化を重要な理由として挙げている。

ィンの催奇性に関して原告が提出した証拠に関する裁判官の意見を検討する。

１）ダーン博士の証言　〈「モザイク」理論と、疫学的証拠の優越性〉

ダーン博士は、小児科学と臨床薬理学および毒性学を専門とする医学博士であり、多くのベンデクティン訴訟で原告側の専門家証人として活躍している。

原告に75万ドルを与える評決を出したオキセンディン裁判でも、その後のベンデクティン訴訟での科学的証拠の評価の先鞭をつけたとされるリチャードソン裁判でも、ダーン博士はほぼ同様の証言を行っているが、裁判官によるその評価はまったく異なっている。

両裁判においてダーン博士が科学的証拠として挙げた研究の種類には、構造-活性分析（リチャードソン裁判では化学構造分析とされている）、in vitro 研究、動物実験、そして公表されている疫学的研究のダーン博士自身による再分析がある。

ダーン博士自身、構造-活性分析や、in vitro、動物実験の結果は、それぞれの方法論上の限界や、実験が不十分であることから、単独ではベンデクティンの人間に対する催奇性を外挿するのは難しいことを認めている。

そこで、さらに既存の疫学的研究を自ら計算しなおして、ベンデクティンと新生児の奇形には、統計学上の有意水準を越えた結びつきがあることを示した。そのうえで、上述の種々の研究手法による研究成果を総合して考察すれば、ベンデクティンには催奇性があると言えると結論づけている。

オキセンディン上訴裁判[43]では、テリー判事は、「裁判所は、証拠を個々ばらばらにではなく、全体として検討しなければならない。個々の研究は、互いに切り離して検討した場合、モザイクのピースのように、ほとんど何も示さない。しかし、それぞれの研究成果を組み合わせれば、それら部分の単なる総和を越えた全体が生じるのである。つまり、各研究を組み合わせると、ベンデクティンが上訴人の先天性の奇形をもたらしたとい

---

43) Oxendine v. Merrell Dow Pharmaceuticals,Inc. 506A. 2d 1100（D.C. App. 1986）, 1110.

うダーン博士の見解には根拠がある」という。構造-活性研究、in vitro 研究、動物実験、疫学的研究をそれぞれ検討し、個々の研究ではベンデクティンの催奇性は結論づけられないが、4種類の研究を組み合わせることによって、ベンデクティンの催奇性を結論づけた証言を肯定したのである。

それに対して、リチャードソン上訴裁判[44]では、ロビン判事は、化学構造分析、in vitro、動物実験の三者については、「ベンデクティンが、先天性の奇形をもたらしたという結論の十分な根拠にはならない。この種の研究では、単独でも組み合わせても、それと結論を異にする膨大な疫学的研究に抗して、(ベンデクティンの) 人間 (の奇形) に対する因果関係を証明することはできない」という意見を述べている。

さらに、ダーン博士の行った疫学的研究の再計算については、公表されていないこと及びピア・レヴューに服していないことを理由に、その信頼性を否定している。

このように、オキセンディン上訴裁判とリチャードソン上訴裁判では、ダーン博士の証言の評価が全く異なる。その違いは、主としてダーン博士の提出した4種類の方法論に対する評価の違いである。オキセンディン上訴裁判では、4種類の方法論を、それぞれの長短を指摘しながらも、かなり並列的同等に扱い、しかも複数の方法論による研究を提示したことで、全体としての証拠の証明力を相互補強[45]したものとしている。

それに対し、リチャードソン上訴裁判では、疫学的研究の優越性を強調し、それ以外の研究については、複数の方法論による証拠を持ち出しても、証拠としての価値は増さないという見解である。

率直に言ってオキセンディン訴訟での科学的証拠の評価に無理があることは否めない。ダーン博士の提出した4種類の証拠のうち、ベンデクティンの人間への催奇性を結論づけたものはなかった。そのような研究をいくら複数並べても、各研究と結論を異にする全体としての「モザイク」が生み出されるというのは余りにも飛躍がある。ベンデクティン訴訟を、ジャ

---

44) Richardson v. Richardson-Merrell, Inc. 857F. 2d823 (D.C.Cir 1988).
45) 証明力の相互補強に関しては、賀集唱 (1970: 49、67-) 参照。

ンク・サイエンスが有用な薬品を撤退させた最たる例として批判する Huber も、この「モザイク」理論を槍玉に挙げている (Huber 1991: 113)。

しかし、ここで指摘しておきたいのは、十分に科学的証拠の意義や内容を理解せずに行った事実認定は、その主体が裁判官であっても科学的証拠の評価としては疑問のあるものとなりうること、そしてそのような場合の事実認定として、このオキセンディン上訴裁判での裁判官の意見は、1つの典型例ではないかということである。つまり、各研究の科学的な価値や意味が不明瞭なために、研究の種類や証人の数など、科学的証拠の本質とは異なる部分に判断が左右されていると考えられるのである。これは、ある意味で、科学的証拠に対する常識的な評価と言えるかも知れない。個々の証拠をばらばらにではなく、全体として評価するというのは、前節で見たストーリー・モデルの含意とも重なる。ただ、逆に、各研究を科学的な価値に応じて濃淡をつけることなく評価したために、研究の種類などに判断が左右された面もあり、その意味では各証拠を平等に偏りなく扱うという個別立証型のモデルの基底にある関心を反映しているとも言える。そのように考えると、科学的証拠の科学的な意味や価値を踏まえない上での評価であれば、各証拠を偏りなく評価しようとする個別立証型の事実認定も、証拠全体の評価を先行させる全体説明型の事実認定も、科学的証拠の科学的な評価とはかけ離れていく危険があることを認識しておく必要があろう。オキセンディン裁判での科学的証拠の評価は、個別立証型と全体説明型が相乗的に、科学的証拠の「非科学的」な評価へと導いたとも言えるのである。

オキセンディン上訴裁判を科学的証拠の評価において、「非科学的」な評価を行った例とすれば、リチャードソン上訴裁判は、「科学的」な評価行った例と目され、のちのベンデクティン訴訟における科学的証拠の評価のモデル・ケースともされている。

2)「統計学上の有意水準を満たす疫学的証拠」

リチャードソン上訴裁判で示された疫学的証拠の優越性は、さらには「統計学上の有意水準を満たす疫学的証拠」の必要性の要件として、多くのベンデクティン訴訟に通用するに至っている。

ブロック裁判[46]では、「このような事件において、最も有用で決定的な証拠は、疫学的研究である」とし、「ベンデクティンが人間にとっての催奇性物質であることを結論づけた統計学上の有意水準を満たす疫学的研究を提出していない」ことを理由に、原告はベンデクティンの催奇性について十分な証拠を提出したとは言えないとしている。またリンチ裁判でも、統計学上の有意水準を満たす疫学的証拠がないことから、原告の提出した科学的証拠の許容性を認めなかった[47]。

このような疫学的研究の優越性は、ベンデクティン訴訟固有のものではない。エイジェント・オレンジ事件において、ウェインシュタイン判事が、疫学的研究は「因果関係に関して何らかの示唆を有する唯一の有益な研究である」という意見を示していた[48]ことも背景にある。

しかし、このような見解は、「統計学上の有意水準を満たす疫学的研究」の意味を十分顧慮することなく、単純にその要件を満たさない証拠を排除する論理となる。その後のベンデクティン訴訟のなかには、これらの裁判での意見を引用して、原告側の証言を十分に検討することなく、統計学上の有意水準を満たす疫学的証明を欠くことのみを理由に、原告の主張を退けるものがかなり見られる[49]。

3）疫学的研究の批判的検討

新しい判決の中には、疫学的証拠の優越性のルールを無批判に受け入れることに懐疑的な姿勢を見せるものもある。

第3サーキットでのデルカ裁判ではダーン博士の提出した疫学的研究の

---

46) Brock v. Merrell Dow Pharmaceuticals, Inc., 874F. 2d307（5th Cir. 1989), 307.
47) Lynch v. Merrell-National Laboretories, 646F. Supp. 856（D. Mass. 1986).
48) In re "Agent Orange" Product Liability Litigation., 611F. Supp. 1223（E.D.N.Y. 1985),1231. ただし、ここではウェインシュタイン判事の関心は、因果関係に関する科学的証拠の精査よりも、クラスアクションのクラスに参加せずに独自に訴訟を進めた原告に救済を与えず、和解の公平さを保つことにあったと言われている。また、彼はエイジェントオレンジの発ガン性を認めない疫学的研究を、その方法論上の欠陥などを吟味することなく、無批判に受容していたと指摘されている。Nesson (1986); Green (1992).
49) 例えば Wilson v. Merrell, 893F. 2d1149（10th Cir. 1990); Hull v. Merrell 700F. Supp.28（S.D.Fla. 1988）など。

再分析を問題にし、その証言の許容性を認めている。

　ダーン博士は、5％の有意水準のテストではなく、データのサイズと信頼区間の位置づけを重視する方法論によって、すでに公表された疫学的研究を再分析し、その結果、ベンデクティンの催奇性は認められると証言している。それに対して、スタプレトン判事は、5％の有意水準のテストは絶対的なものとは言えず、むしろ「提出された証拠のもつ、あらゆる誤りの危険性に目を向け」ることが必要だという。根本的な問題は、司法システムは、どのような種類の誤りを甘受できるかということである。

　そこで、ダーン博士の証言が、公表された文献（Rothman 1986）に裏付けられた疫学上の推論方法に基づいていることを理由に、その許容性を否定できないという判断を示した。

　1990年のロングモア裁判[50]では、カリスター判事が、メレル社側の提出した疫学的研究の圧倒性を理由としては、原告の提出した動物実験や化学分析を排除できないという判断を示した。つまり、疫学的研究で用いられる有意水準は、裁判で必要とされる基準より厳格であり、「厳格な科学的基準からは有意ではないかも知れないが、それでも法的基準では因果関係を立証しうる」。また、「疫学的研究は、被告の行為が原告の損害のリスクを増大させたことは示せても、実際に、被告の行為が原告に損害を与えたかどうかという重大な問題には答えられない」。さらに、誤差の危険性もある。よって、このような疫学的研究の限界を考慮に入れると、その証明力は減殺され、他の方法論による証拠を排斥するほど「圧倒的」なものとは言えないというのである。

　デルカ裁判もロングモア裁判も、疫学的証拠の統計的な有意水準の是非を、事実認定で必要とされる確実性の基準との関係で論じている。デルカ裁判では、さらに科学的にも有意水準以外の判断基準が妥当しうることも指摘した上で、5％の有意水準の要件の絶対性を否定している。

---

50) Longmore v. Merrell Dow Pharmaceuticals, Inc. 747F. Supp.1117（D.Idaho1990）.

(3) 法的証明に必要な「科学」

　このように、ベンデクティン訴訟における科学的証拠の評価は、その評価基準に一定の流れを持ちながら、科学的に詳細な議論を行うにまで展開している。ベンデクティン訴訟の初期の段階では、複数の研究手法の重みづけの問題として、科学的証拠の評価が行われた。その後、ブロック裁判やリンチ裁判など、統計学上の有意水準を満たす疫学的研究の必要性を示す裁判が出ると、主として検討の対象は、疫学的研究の中身となってくる。そのなかで、疫学的研究の持つ様々な限界にまで言及して、疫学的研究の優越性を問い直す裁判も出てきている。全般的には、裁判官の科学的証拠の評価は、次第に科学的に詳細な議論へと進化していると言える。よって、一度限りの判断を行う陪審よりも、先例を参照することができ、類似の事件を扱う機会のある裁判官の方が、科学的事実に近い事実認定を行うという点で優れているということは言えそうである。

　それでも、訴訟における科学的証拠の評価は、科学的な推論とは異なる。証拠全体の説明が先行するストーリーの構成は、科学共同体において新たな理論や方法論を確立していく際の作業には通ずる面もある。しかし、通常法廷で用いられる科学的証拠は、ある問いに対して科学共同体で一通りコンセンサスのある方法論や推論に依拠して見解を示すものである。裁判官の科学的証拠の評価は、次第に科学的に洗練されていっているが、科学共同体によるコンセンサスの形成、および科学的な推論そのものではない。

　科学的証拠の評価は、事実認定において、どのような証拠が「科学」として適切であるかを表明している面がある。裁判で行われている科学的証拠の評価は、科学的な推論ではなく、法的に必要な範囲で、適切な科学的見解を選ぶという形になることが多い。例えば、ブロック裁判で示された「統計学上の有意水準を満たした疫学的研究」の要件は、訴訟において「科学」として通用するものを指示しているのである。また、ロングモア裁判での、統計学上の有意水準の再検討は、法的証明にはどの程度の科学的厳密さが要求されるか、つまりどの程度であれば「科学」の範囲内として妥当するかを示している。その意味で、いずれも基本的には、事実の解明における科学の権威を尊重するものである。

しかし、ブロック裁判とロングモア裁判の意見は、訴訟においていかなる科学的証拠が「科学」として適切かを判断する際の視点が、微妙に異なる。簡潔に言えば、適切な科学の外形的判断と、法的に適切な科学の再構成、という違いがある。
　ブロック裁判が指示した「統計学上の有意水準を満たす疫学的研究」の要件は、科学共同体でもベンデクティンの催奇性を認めるに足る基準である。つまり、科学共同体で仮説を検定する際に用いる基準を、そのまま法的な基準として応用しているのである。また、ダーン博士の疫学的研究の再計算については、その計算結果を公表していないこと、ピア・レヴューに供していないことを理由に、ベンデクティンの催奇性を結論づけるには不十分という判断を示している。これらも同様に、科学共同体で通用する、適切な「科学」であることを示す基準である。科学共同体で通用する科学的事実を適切な科学とし、科学的な推論にまで立ち入らずに、科学的事実を見分けられるよう、裁判官にも比較的判断しやすい基準を提示したと考えられる。ただし、デルカ裁判が示したように、科学においても「統計学上の有意水準を満たす疫学的研究」が絶対的なわけではなく、同じ疫学でも異なる推論方法もあるし、それ以外の誤差の危険性もある。よって、適切な「科学」の外形的判断と言っても、それによって科学的事実をそのまま見分けうることを保証するわけではない。
　他方、ロングモア裁判での有意水準の再検討はそれとは異なる。法的な事実認定の目的からは、科学共同体において通用している有意水準をそのまま受容するのは、かえって望ましくないという。法的証明は科学的証明とは異なる。厳密には科学的方法論として認められないようなものも、科学的根拠として認める余地がある。そこで、どの程度のものまで「科学」として認めうるか、ということを検討しているのである。これは、どのような側面に注目すれば科学的事実を見分けられるかという、「科学」の外形的判断基準の探求とは異なり、むしろ科学的事実を法的事実として再構成していく契機を有する。ただし、このように、科学的な推論構造の意味まで汲み取った上で、法的に必要な基準にそれを作り替えていくという作業は、前提として科学に対する相当の理解を必要とする。ロングモア裁判

が、ベンデクティン訴訟での科学的証拠の評価がかなり展開したのちに出たことを考えても、この作業が容易ではないことが窺える。

以上のように、ベンデクティン訴訟での科学の意義と位置づけを把握した上で、いまいちどドーバート判決の示した科学的妥当性の基準を検討してみよう。前章で見たように、ドーバート判決は、裁判官に、科学的証拠の許容性を判断する際、「証言が基づいている推論や方法論が科学的に妥当であるか、またその推論や方法論が問題となっている事実に適切に適用しうるか」を評価するよう指示した。その際考慮に入れるべき要素の例として、検証可能性、ピア・レヴューおよび公表、誤差、一般的受容性の4つの基準を挙げたのである。これは、科学的事実をそのまま法的事実として認定するために、科学的妥当性の指標を示しているのである。法的な事実認定における「科学」は、法的に再構成された科学ではなく、科学共同体で通用する科学的事実であるべきであるとの宣明と言え、ブロック、リチャードソン、リンチといった一連の裁判の流れを汲むものと考えられる。ドーバートの示した、ピア・レヴューや公表などは、科学共同体の外部からもアクセスしやすい基準である。裁判官の理解可能性と科学の尊重を調和させうる、中間的な基準設定と言える。連邦司法センターがドーバート判決と連動して公刊した科学的証拠のマニュアルも、裁判官に理解可能な範囲で、適切な「科学」を見分ける基準を示すものである[51]。

非専門家が、専門家の知見ことに科学的証拠を評価する場合のあり方について、Brewer（1998）の分析がある。Brewer は、次のような問題意識から出発する。すなわち、「法の支配」の理念には、決定プロセスは知識上（epistemic）の観点から恣意的であってはならない、という規範が埋め

---

[51] このマニュアルでは、トピックとして、疫学、毒性学、リサーチサーベイ、統計学、重回帰分析、DNA 鑑定、損害による経済的損失の算定と、レベルの異なるものが並べられている。既に法廷でしばしば用いられたり問題となる方法論や分野について簡潔に解説することを意図しているが、逆に、列挙した分野や方法論が、法廷において「科学」として通用することを確証したという意味もあろう。例えば、法廷において統計的なデータを証拠とすることに懐疑的な意見に対して、少なくとも統計学は適切な「科学」として法的証明に用いうることを主張する裏付けとなろう。

込まれている。Brewer はこのことを、知的デュープロセス（intellectual due process）と呼ぶ。ただし、訴訟上問題にしているのは、実際上は科学的知識そのものではなく、十分な理由によって裏付けられた判断、すなわち正当化された信念（justified belief）であり、これを提供するのが専門家証言である。さらに専門家証言の内容の評価と、専門家の信頼性への評価も区別したうえで、Brewer は、科学の非専門家である法律家が、専門家の証言を評価する際に用いる推論メカニズムとして、次の4つがあるという。

　第1に、裁判官が科学的証拠の内容を科学的文脈に即して実質的に判断する。第2に、合理的な証拠上の裏付けをもとに一般的な法則を用いた判断（using general canons of rational evidentiary support）を行う。つまり、提出された証拠の論理的矛盾などをもとにその是非を判断する。第3に、専門家証人のふるまいなどからその信頼性を判断する。第4に専門家としての認証、つまり、専門家証人の学位や専門分野（credential）からその信頼性を評価するとする。前二者が科学的証拠の内容の評価、後二者は証人に対する評価に対応する。

　Brewer は、法システムは、ドーバート判決などから窺えるように、第1の実質的判断を要求しているようであるが、これは非専門家である裁判官に対してあまりに高いハードルを課しており、結局は実質的判断を行ったかのような表面的装いのもとに、第3や第4の、専門家のふるまいや認証による判断に転向していきやすいため不適切であるという。そこで Brewer は、知的デュープロセスを実現するためには、裁判官は法だけでなく、科学についても専門性を有する（"two-hat"）である必要があると説く。このような要請は、Brewer 自身も一定程度認めているように結局のところ非現実的であり、そのために専門家の振るまいや認証などによる外形的判断に陥ることになるなら、法的に適切な科学的事実の再構築のあり方を精錬していくほうが有益だろう。

　ドーバートも、裁判官という科学の門外漢に判断を委ね、提示された基準が科学的妥当性の判断基準として厳密でも包括的なものでない[52]ことからも、それが法的事実と科学的事実の同一性を保証するものでないとの

認識は共有していると言える。マニュアルなどによって、裁判官が統計や疫学などの推論構造について理解を深めていくことは、逆にロングモア裁判のように法的に適切な科学を再構成していく、つまり科学者が自らの論理において科学的に妥当と思える知見とは異なる事実を組み立てていく契機をも強化しうるだろう。

　法廷において事実認定者が科学的証拠を評価するという作業は、専門家証言を通じて事実認定者が科学に関して学んだ上で、その見解を尊重して判断を下す、という学習と尊重の2つの契機が調和されてこそ望ましいものとなりうる[53]と考えられている。そのためには、上述の、適切な科学の外形的判断と、法的に適切な科学の再構成、という2つの方向性はいずれも重要な視点である。科学的知見は法とは異なる方法論や推論を通じて導き出されるものであり、門外漢には理解が難しいため、何が科学的知見なのかを、科学的推論に自ら立ち入りすぎずに見分ける必要がある。そして、法的事実は、科学的事実とは異なるメカニズムを通じて認定され、また科学的事実とは異なる目的も有するため、法的に必要な範囲で科学を再構成する必要もあるのである。

　前節で検討した事実認定のストーリー・モデルは、法廷における証拠評価のメカニズムが、科学的な推論構造と異なることを示すものであったが、逆に、法廷において科学的な証拠をどのように提示していけば、事実認定者の構成するストーリーの中に適切に科学的証拠の意味を位置づけていけるのかを考察する糸口も与えている。

　例えば Lempert（1993b）は、ストーリー・モデルを念頭に、専門家証言が陪審の科学的証拠の理解の向上に果たしうる役割を考察している[54]。専門家証言がストーリーの全体または一部をなす、またストーリーの欠け

52）ブラックマン判事自身、多くの要素が絡むため決定的なチェックリストやテストを示したわけではなく一般的な観察として4つの基準を提示している。Daubert, 2796.
53）Allen & Miller（1993）、およびそのコメント Epstein（1993）.
54）Jonakait（1991）も、同様の関心から、専門家証言のありかた、および訴訟で利用できる正確な情報を訴訟外で発展させる必要性を説いている。

るところを補い、ストーリーに筋を与えるという意味を持ちうるというのである。そのためには、例えばDNA型鑑定であれば、陪審がDNA型鑑定についての専門家の判断を云々するためではなく、なぜトライアルのストーリーがDNA型鑑定に縮減されるのかを理解できるように情報を与えることが必要であるという。同じく、Beecher-Monas（2000）も、Brewerのいう知的デュープロセスの要請自体は共有しながらも、非専門家であっても妥当な科学的証拠を見分けることは可能であり、科学共同体でも、多様なアプローチで、隣接他分野の知見を評価しながら日々新たな知を追求していると指摘している。

　確かに、事実認定者が予め有する認識枠組や常識をもとに、分からない部分をヒューリスティックな判断で補った形でのストーリーの優劣での評価は、悪くすると、専門家の振る舞いや資格のみに左右された判断に陥る恐れもある。しかし、逆に科学の領域でもそうした影響から自由ではないのであり、欠けている部分を認識し、科学共同体での科学的推論の営みを理解する努力を前提に、妥当な評価をしていくことは不可能ではなく、そのこと自体に固有の意味がありうるだろう。

2　法的証明と科学的証明

(1)　法の論理と科学の論理

　前節までは、主としてなぜ法的事実は科学的事実と異なったものとなるのかということを中心的な問いとしてきた。しかし、裁判官に科学の理解を求める論者も通常、裁判官が科学者になることを求めているわけではない。よって、最後にこう問う必要があろう。すなわち、科学的証明と法的証明の相違は、どのような理由からどのように正当化されているのだろうか。

　法と科学での事実についての考え方の相違は、法と科学の目的の相違に起因すると論じられることが多い。一般的な整理として、科学が真実を探求する制度であるのに対し、法は正義の実現を追求する制度であるため、法廷において認定する事実と科学共同体で追求される事実とは異なるといわれる。もっとも、科学の目的を疑いのない真理追究かつ真理を提供する

ものと考えることはミスリーディングである。Haack (2009) は、真実ではなく、「解明」の営みこそがコアであるとするし本章でもそうした理解を前提に、科学の営みを前提にした科学的証拠の妥当な評価のあり方を検討してきた。また、科学的証拠の導入や評価という問題に際しては、法的実践と切り離された場面での科学共同体での営みに着目するより、その文脈において科学を理解する必要がある。Jasanoff (2015) は、その場合の科学は、「作動中の科学 (science in action)」ですらなく、「活動のための科学 (science for action)」であり、そこで追求するのを仮に真理としたとしても、それは「提供可能な真理 (serviceable truth)」であるという。よって、単純な科学＝法対比による議論は望ましくない。

しかし、科学的事実と異なる法的事実を正当化する議論は、法廷での事実認定が実現すべき正義とは何であるのかということも間接的に示唆していると考えられるため、ここで、法的事実と科学的事実の相違を正当化する議論で言及されていることをいくつか抽出していく。

1) 法の時間構造

科学の研究の進展にはかなりの時間を要する。科学は、一般的には反証可能な命題について日々検証を行いながら、科学共同体における共通の認識を形成していく営みである。そのため、新たな見解を受容していくにはかなり厳格なテストを通過する必要があり、時間的には将来に開かれた構造を有する。

しかし、法には科学共同体が確信を持って結論を出すのを待つ余裕がない。当面の救済を必要とする当事者に、一応は終局的な解決を与えなければならないのである[55]。よって、科学のがわで不確実な見解でもとりあえず受容する必要があるし、時として科学的に妥当であるかもしれない知見でも排除せざるをえないこともある。法は時間的な制約のなかで、終局的な判断を下す必要があるのである。アドバーサリーシステムには、一定の時間内にともかく事実を確定させる機能があることはすでに検討した。

ドーバート判決でもブラックマン判事が「科学の結論が絶え間ない再検

---

[55] Nesson (1986: 529), Faigman (1995: 566) など。

討に服するのに対し、法は紛争を最終的かつ迅速に解決しなければならない。……裁判官のゲートキーピングの役割は、時として信ずるに値する洞察や新たな知見を陪審が知るのを妨げることにもなりうるが、……それは法的紛争を解決することを目的とする証拠規則によってとられたバランスである[56]」と意見している。

2）不確実性分配構造の相違

科学においては、時間をかけても確実な見解を作り出そうとするため、新たな知見を形成する際の誤りに対して厳格であり、十分に検証されていない命題はなかなか認められない。不確実性は、将来の検証に開かれている。よって、結論を先送りして、不確実性の解消を後続研究に委ねうるのである。

それに対し、訴訟では証明責任を果たせなかった側が事実の不確実性のリスクを負って、不確実性や誤りを解消するメカニズムを手続に内在させている。民事訴訟では、理念的にはその不確実性を当事者に等分することで当事者間の平等を担保しようとしている。つまり、原告に証明責任を課し、原告と被告の主張、証拠のやりとりのなかで、「証拠の優越」の基準を越えて立証できれば、原告の主張が認められたことになるのである。

科学においては新しい知見が認められていなくても、それが間違いということにはならないが、訴訟では、証明責任を果たせなかった者の主張事実はなかったものとされ、結果的には誤りとして扱われる[57]。

そこで、ベンデクティン訴訟のような薬害訴訟での薬品の有害性や、大気汚染訴訟での排気物質と疾病の関連性のように、科学的に不確実性が高い場合、科学共同体がその関連性を認めるまでの確実性の証明を原告に課すと、原告に非常に重い負担になることは明らかである。科学的不確実性のリスクを結果的に原告に偏って負わせるため、両当事者を平等に扱うと

---

56) Daubert, 2798-2799.
57) Cranor（1995）は、逆にこのように証拠規則に埋め込まれた不確実性分配構造は、様々な利害が衝突する有毒物質のリスク評価のような規制科学を律するには適しているため、規制科学はこのような証拠法からその手続を学ぶ必要があることを説いている。

いう民事訴訟の原則に反することになる。

アメリカにおける疫学的証拠の扱いに関する議論は、主としてこの点を焦点としている。疫学での5％の有意水準の要求は、事実を認める際の科学共同体の謙抑的な態度を反映するものであり、法的証明ではそこまでの高い有意水準を要求すべきではないというのが議論の中心だ。

3）法的証明と疫学的証明

疫学的証明と法的証明との対比を、科学的証明と法的証明の対比の一例として論じられるのは奇異に映るかも知れない。日本の公害訴訟でも疫学的証拠は因果関係の認定に大きな役割を果たしてきたが、疫学的な証明に依ることは、自然科学証明どころか、因果関係の不確実性に対処するための証明度の緩和の手段として捉えられてきた。

また、疫学は総合的な判断を伴い、通常人の日常的な常識的判断と類似する面もあるため、科学として認知されていなかったふしもあった。たしかに、疫学は、常識的な事実判断に依拠する面も強いし[58]、蓋然性の表明しか出来ないため、「一点の疑義も許されない自然科学的証明」とは言えない。しかし、疫学も自然科学の一分野として認知されており、その基底にある統計的な推論構造は、科学共同体の事実に対する態度を反映している。

ベンデクティン訴訟において、ブロック裁判以降、「統計学上の有意水準を満たす疫学的研究」は、ベンデクティンの催奇性の証明の必須条件とされ、それが無批判に受け入れられたケースが後続した。しかし、ロングモア事件などではその有意水準に対して疑問が提起されているし、学説のなかには疫学的研究を事実認定にそのまま応用することに懐疑的な意見も多い。

「統計学上の有意水準を満たす疫学的研究」とは何を意味するのだろう

---

58) 例えば、因子と疾病の因果関係を結論づけるために提唱されている、公害裁判での因果関係の証明においてたびたび参照された疫学の四条件や、アメリカの公衆衛生局長諮問委員会の提示した基準（関連の一致性、関連の強固性、関連の特異性、関連の時間性、関連の整合性）などは、常識的な判断に依拠する面が強い。吉田(1969)、松原（1989: 38-）等参照。

か。疫学的研究は、集団的な疾病分布を統計的に分析するため、その分析結果は通常の統計的分析と同様に、2種類の誤りを犯しうる。実際にはベンデクティンには催奇性がないにもかかわらず、催奇性があるという結論を出してしまう誤りと、逆に催奇性があるにもかかわらず、催奇性がないと結論づけてしまう誤りがある。前者が、2つのサンプルの差異を偶然とする説すなわち帰無仮説が真実なのに、それを否定してしまう、という第1種の誤りであり、後者が、帰無仮説が誤っているのに、それを棄却しないという第2種の誤りである。通常、仮説を検定する際に、一定の基準を設けてこれらの誤りを防いでいる。その基準が有意水準である。

疫学においては、慣習的に、ある帰無仮説を否定するような結果が、実は偶然に起因するものである確率が5％より低ければ、帰無仮説を否定する、という5％の有意水準が用いられている。例えば、ベンデクティンと先天性の奇形の有意な関連性を認めるには、その関連が偶然に起因する確率が5％以下でなければならないのである[59]。疫学での「統計学上の有意水準」とは、この第1種の誤りを5％以下にして、ある仮説の妥当性を裏付けようとするものである。ここに、疫学の第1種の誤りに対する厳格な態度が窺える。

他方、法的な証明責任では、民事訴訟では「証拠の優越」が基準とされている。これは、ある事実の存在に対する事実認定者の確信が50％以上であることを要求する基準であると一般的に解されている[60]。それでは、因果関係の証明において統計的な証拠がもっとも有力である場合、どの程度の蓋然性が示されれば、「証拠の優越」は満たされるのだろうか[61]。

疫学的研究が要求する統計上の5％の有意水準は、第1種の誤りを最小化する、つまり、新たな見解を受容するには十分な検証が必要だという科

---

59) 他方、第2種の誤りについてはかなり緩やかである。第1種の誤りと第2種の誤りは、一方を小さくしようとすると他方が大きくなるという関係にあるため、第1種の誤りに厳格になると、必然的に第2種の誤りに対しては寛容にならざるを得ない。
60) Rosenberg (1984) は、このような証拠の優越基準によるオール・オア・ナッシングの事実認定は、複数の要因に起因する損害の責任追及には適切ではないとし、帰因確率に応じた因果関係の確率的認定をすべきであるという見解を出している。

学の保守性を反映している。それでも科学においては、有意な結果がでなくても、その判断は終局的なものではない。この研究段階において関連性を認めるに至らないという以上の含意はない。それに対して、訴訟は、2つの衝突する見解のうちからいずれかを選んでそれを法的事実として通用させなければならない。帰無仮説を否定しないということは、すなわち帰無仮説が立証されたことになってしまうのである。

　それゆえ、第1種の誤りについてのみ厳格な態度を示す、5％の有意水準を要求する疫学的研究の結論を、そのまま法的事実として翻訳することには批判が強い[62]。例えば Allen は、民事訴訟においては対立する2当事者はアプリオリには区別がなく、証拠の優越のルールも原告と被告の間に誤りを平等に分配することを意図しているという。そこで、統計上の5％の有意水準は、誤りを原告に過度に負わせるものであり、適切ではないという見解を示している（Allen 1994b: 1166）。

　さらに、疫学的研究の集団的な性質が、法的な事実認定の文脈では問題となる。疫学的証拠の示す統計上の蓋然性は、あくまで人口を基礎にした集団の中での結果であり、法が認定すべき個別的な因果関係を示すものではない[63]。そこでたとえ有意な関連性を示す疫学的研究が存在したとしても、それが個人の疾病原因に直結するわけではない（Gold 1986: 390）[64]。不法行為訴訟をはじめ、裁判での事実認定は、基本的に個々の事件を個別

---

61) ただし、証拠の優越が要求する陪審の信念の蓋然性と、示される事実の統計上の蓋然性とは異なる。統計上の蓋然性が陪審の信念に影響を与えることは当然としても、それがそのまま陪審の事実への確信の程度と一致するわけではない。例えば、Gold（1986）は、証拠の優越を、対象とする事実の蓋然性として捉えると、事実認定者の確信の程度についての基準が失われる。また、数値のうえでの蓋然性にこだわって、方法論上の限界に十分に注意を払えなくなる恐れがあることを指摘している。

62) 例えば Lempert（1985: 1099）, Kaye（1983）.

63) 因果関係の証明における疫学的証拠の利用に関する日本での議論はこの点を指摘するものが多い。新見（1986）稲垣（1982）など。この点に関し、太田（1982: 11）では、疫学は、裁判で用いる経験則自体を発見証明する方法であり、直接個人の疾病の原因を示すものではないが、疫学的評価を個人的評価におきかえるよりほかに公平な結論を得る方法がないとして、疫学的証明で個人に関する疾病の因果関係を認定することを積極的に評価する。

的に審理するという個別性を有する。そのため、疫学的研究のように、集団的な事実しか示さない証拠には懐疑的な意見がある[65]。ロングモア事件でも、疫学的研究の圧倒的優越性を否定する理由の１つとして、疫学的研究が、実際に被告の行為が当該原告の損害を引き起こしたことまで明らかにできないことが挙げられていた。

このように、統計的な手法をもとにする疫学的研究を、法的な事実認定において用いる際には、科学と法の、不確実性への対処の違いが問題となる。統計的な知見の集団性と法的事実認定の個別性、不確実性に対する結論先送りによる対応と、不確実性の当事者間での分配による対応という相違である。このような性質の相違から、疫学的研究を法的証明に用いるのに慎重な意見が見られるのである。

ただし、一連のベンデクティン訴訟からも、疫学的研究をはじめとする統計的な証拠は今後、法的証明でますます重視されるであろうことが予測される。法的事実のなかでの「科学」の意味と法的事実の特質は、相互に影響を及ぼしつつ少しずつ変化していきうるものであろう[66]。

(2) 課題の整理

以上の科学的証明と法的証明の相違を正当化する議論をまとめておく。法廷における事実認定は、時間や金銭的なリソースの限界の中で、時間的に先送りするのではなく時宜にかなうように、事実の不確実性を当事者間

---

64) 通常、個別的因果関係の認定には、相対的危険度の数値が２、つまり原因物質を被曝しない人よりも被曝した人の方が疾病の発生率が２倍であるという数値をもって、「証拠の優越」を越えて、原告の疾病が当該物質の被曝が原因であることを証明し得たという基準を用いている。しかし、これも所詮は集合的なデータからの推論である。

65) Brennan (1988: 490) は、不法行為はその矯正的正義重視の側面から、個別的因果関係に依拠しようとするため、統計的な証拠や疫学的な証拠を利用したがらない傾向があり、そのために被害者救済や抑止の目的が実現できないことを批判する。この点に関しては、逆に、訴訟で疫学的研究を求めることで原告に過重な負担を課すという Green (1996) の批判がある。

66) 伝統的な、個別的、回顧的、二極的な裁判観の変容を公共訴訟の文脈で説くものとして、Chayes (1976). このように、訴訟に求められる役割の変化が、訴訟において用いうる証拠にも影響を及ぼすものと思われる。

になるべく平等に分配しようとする。科学的事実に対して、法的事実は終局性と個別性を有するため、科学的に解決できていない不確実性を当該当事者の間に分配して解決するのである。その際、疫学的研究のように、科学的証明としては現在比較的問題の少ない集団現象の記述ということが、個別事象に関しては不確実性の問題を生じ、法的事実として認定する際の障害となることがある。

　ただし、このような議論は、科学的見解の依拠する方法論や推論に対する相当な理解を前提として、法的証明がそれとは異なることを説明するものである。よって、十分に科学共同体の見解を吸収することなく当事者の党派性に分裂する専門家証言や、科学的証拠に対する理解が及ばないままに、事実認定を裁判官と陪審のいずれかに割り振って不確実性を解消することまでは正当化しえていない。前節まで検討してきた、事実認定が科学的事実を変容していく数々の契機については正面から言及することなく、科学的証明の意義の正確な把握を前提とした上で、科学の論理と法の論理の調停の問題として論じているのである。このことも、法的証明の特質の1つを示唆していると思われる。

　つまり、これらの正当化の議論においても、法的証明においては、基本的には事実解明における科学の権威を尊重し、科学的事実を志向している。科学的事実が、科学的事項に関する最も権威のある見解という限りで、正確な「事実」であるとすれば、科学的事実への志向は、事実把握の正確さの志向とも言い換えられる。法的証明と科学的証明が異なるものであることを論じながら、法的証明が科学的証明の理解の上にあることを強調し、法的な事実認定が事実把握の正確さを達成しようとするものであることを表明しているのである。

　これは、科学的証拠の評価の問題が、最終的には事実認定者の主体の選択に還元されていくこととパラレルに捉えられる。前章で検討したように、事実認定の手続構造の中では、科学的な知識を、いかに訴訟に取り入れて評価していくか、という法と科学の調停の問題は、事実認定主体として裁判官と陪審の間の選択、という問題設定の内部で論じられていった。その限りでは、認定される事実の特質としては常識的な事実判断ということが

優越すると考えられた。それに対し、本章で検討した、事実認定の中身についての議論では、法的事実と科学的事実の相違を認めながらも、基本的には、科学的事実を志向し、事実把握の正確性の実現が強調されるのである。

このような科学的事実の志向を、事実認定主体の選択への還元と連動して考えれば、科学的証拠の文脈で分化して常識的事実判断の後景に退いた、事実把握の正確性を、もういちど事実認定者の1つの判断のうちに統合する試みと言えるのではないだろうか。その限りで、この正当化の議論もなお、科学に対し、陪審や裁判官による事実認定の正統性を維持する法の境界維持活動の一環と捉えうる。しかし、最後に、科学的な事項に関しても事実認定を裁判官や陪審の役割に保持することについて、科学と対比される法の特質という観点からも若干考察しておこう。

その際、科学に比べて、訴訟において実現すべき目的や価値、利益が個別的で多元的であるということが指摘できる[67]。法が追求する目的を「正義」であるとまとめたとしても、それがどのようなものであるかは明らかでない。民事裁判に限ると、法システムには、異なる利害を有する当事者間の紛争を公正に解決するという目的がある。上述したような、科学とは異なるタイミングや、不確実性の公平な分配というのもその一部である。さらに、Schuck (1993: 21) は、法は当事者の異質な利害、効率性、富の分配、道徳性などの多様な目的を、厳密と言うよりは直観的な方法でバランスをはからなければならず、この点が科学とは異なると指摘している[68]。

このように、法が解決しなければならない事件は、それぞれに異なる背景や多様な利害や価値が絡み、法的に実現すべき価値も多様である。そのような状況に対応するための方策の1つとして、多元的な価値を配慮でき

---

67) Cranor (1995: 123) では科学的研究が追求する価値が単一であるわけではないが、法におけるほど多様でも広くもなく、主要な価値は自然への適合の正確さ、一貫性、理論の射程範囲であることを指摘する。
68) また、より一般的に、共約不可能な諸価値に対し、法がいかなる選択を行いうるかを考察したものとして、Sunstein (1994).

る常識と人格を有する陪審や裁判官による熟慮、という人格的要素のなかで諸価値を統合することが考えられる。事実把握の正確性も、事実認定者の1つの判断の中に統合してはじめて法的事実の正統性として達成されるのである。アドバーサリーシステムの役割分担の構造のなかで、陪審や裁判官は、分化した諸機能を統合する機能、というやや逆説的な役割を担っていると考えられる。

それゆえ、科学的証拠の評価が必要になる事件など、裁判で対応しなければならない事件類型が多様化し、複雑化、専門化すればするほど、逆に、そういった拡散状況を統合していく要として、陪審や裁判官の持つ常識や人格的な要素に訴えかけていく必要も高まっているように思える。司法において、特に裁判官に求められる役割が多様化しているのも、そのような流れの一部と考えられる。

これは、科学的知見が、科学者個人の人格とは関わりなく、むしろ科学共同体の集合的な見解であることにその価値を依拠していくこととは対照的であり、おそらく科学的知見を法が受容していく上での法的手続との不適合の根源の1つでもあろう。

以上、検討してきたように、法と科学は、ともに事実を明らかにする制度であるとはいえ、その事実を解明する仕組みや、事実として認めていく際に依拠する推論構造を異にし、それぞれで作られていく事実はかなり異なるものである。本章では、ベンデクティン訴訟という、科学的な事柄が争点となる訴訟を中心的素材として、実際の科学共同体の営みや科学的推論との対比において、訴訟における事実解明のしくみや、認定される事実の特質を考察し、かつ事実認定を法の領域として維持していくメカニズムを検討してきた。それにより、科学的な事項を、法的事実として作りなおしていく際の諸問題と、法による「科学」の再構成の努力の様をかなり明確にできたと考える。

訴訟における事実認定は、当事者の相互作用、陪審や裁判官との役割分担のなかで、当事者の利害関心、陪審員や裁判官の持つ日常的な知識や経験など様々な要素を組み込みながら、事実を作り上げていく。この事実認定のしくみは、はばひろい知識を取り入れた開かれた構造を持ちながら、

科学共同体におけるコンセンサスに対しては、その複合的な相互作用の中で分解、変容していく傾向があり、かえってその知見に対して、閉鎖的にも働きうる。

　また、陪審や裁判官による常識的な事実判断ということの内実の一端を示す、ストーリー構成による証拠評価は、科学的推論構造とは異質な認知構造に依っている面は否定できない。しかし、それでも、ベンデクティン訴訟での裁判官による科学的証拠の評価の展開に見られるよう、事実認定において、科学を、権威ある事実を明らかにするものとして尊重しつつ、法廷において「科学」として通用するものを作りなおしているのであり、それを単純に非科学と断ずることは適切ではない。

　本章で扱った事例はごく限られており、提示した諸論点も包括的なものとは言えない。しかし、法とは異質の制度である、科学共同体やその依拠する推論構造を見据えた上で、法における「事実」を反省していくという作業は、これまで日本では不十分だったこともあり、公害訴訟や薬害訴訟など、科学的な事項が争点となる訴訟における事実認定のあり方を方向付けていく上で有意義であったと思われる。

　また、科学に限らず、当事者や裁判官、陪審といった訴訟手続本来の構成員が予め有する知識や経験を越えた事柄に関して事実認定を行う必要に迫られた場合、そういった異質な知見をいかに咀嚼して取り込み評価するかについての1事例としての意味もある。この点に関しては、第2部の6章において、日本について医事訴訟での鑑定評価や事実認定のあり方を例に、再度検討することにし、次章では、これまで日本の裁判所では、科学的な問題についてどのように向き合ってきたかについて整理していきたい。

第3章

裁判と科学の距離
：日本における現代型訴訟の展開

I　日本では科学は法廷に立っていないのか

　第1章、2章では、主に合衆国の状況を概観してきた。科学技術にかかわる様々な社会的課題や、その統制を行う機関として、裁判が大きな役割を担ってきたとされる合衆国に対して、日本では、こうした問題をどのように扱ってきただろうか。

　日米の裁判のあり方を比較するとき、アメリカの裁判制度や制度運用は、日本のそれとは全く異なるから、アメリカの経験は日本ではあまり参考にならないと考えられがちである。Jasanoffの『法廷に立つ科学』(1995) での記述についても、日本の法学者の反応はおおむねそういったものである。確かに、合衆国は、日本とは比べものにならないような訴訟社会であり、日本の司法制度は戦後、多少英米法の影響を受けた改革がなされたとはいえ、民事訴訟法については基本的にはドイツ法をベースとしており、アメリカの、当事者による党派的な攻防からなるアドバーサリーシステムとは本質的に異なるといえる。

　しかし、こと科学技術にかかわる問題の処理、という点に関しては、日本でも裁判所が大きな役割を果たしてきた。Kantrowitzが科学裁判所構想を発表した1967年は、日本では新潟水俣病訴訟の提起、つまり四大公害訴訟の幕が開けた年である。公害訴訟や薬害訴訟は、不法行為訴訟として提起され、因果関係や過失等にかかる事実の立証に、科学的な知見が必要

となった。例えば、イタイイタイ病訴訟では、因果関係を立証するために、はじめて科学者証人が法廷に立って証言をしたと言われており、日本の科学訴訟の歴史も、これらの事件とともに進展していった。

しかし、こうした裁判での科学的知見の扱いは重要な焦点の1つだったのだが、日本ではこうした裁判を、「科学訴訟」として位置づけ、科学的根拠に基づいた裁判の実現を目指そうとする主張は、なかったわけではないが、あまり大きく注目されることはなかった。科学裁判所ならぬ「公害等裁判所」設置の提唱もあったが（吉川1978）、これも裁判の専門性の向上よりも、専属管轄による効率的・統一的な司法運営のメリットに力点をおく提唱だった。つまり、日本でも、合衆国同様、科学技術の発展に伴って生じた、公害や薬害などの大規模被害に対して、訴訟を通じて救済をはかってきており、そのことは社会的にも、法的な対応としても非常に重要な意義を持ったが、それを科学訴訟というフレーミングでは理解してこなかったのである。そこで、問うべきは、なぜ、日本では裁判所が科学的な問題を扱ってこなかったのか、ではなく、日本でも同様の課題に直面し、対処しながらも、「科学が法廷に立った」という理解をしてこなかったのか、そしてそのことにはどのような意味があったのかであろう。そこで、本章では、1960年代以降の主として「現代型訴訟」として分析されてきた科学的な問題を含む訴訟で、そうした争点についてどのように扱ってきたのかを整理していきたい。

四大公害病訴訟をはじめとする1960年代後半以降の公害訴訟や薬害訴訟や、その後提起の増えた医療過誤訴訟などは、民事訴訟法学や、法社会学の分野では、現代的な問題が訴訟で扱われ、両当事者の様々な資源に構造的な格差があるという特徴をもつ、「現代型訴訟」として分析されてきた。

「現代型訴訟」というのは、非常に曖昧な用語であるが、一般的に言えば、現代的な社会構造の変容の中で生じてきた問題が訴訟で争われ、両当事者間の諸資源の構造的な非対等性を特徴とするような裁判の総称である[1]。こうした裁判は、従来型の訴訟の機能である、権利実現や訴訟平面における当事者の対等化を超えて、当事者の交渉を促し、社会での議論や世論を喚起する社会問題開示、さらには新しい権利の確立や政策形成にま

で結びつくといった新たな訴訟の機能をクローズアップさせ、こうした裁判に対する訴訟法や法社会学の研究も蓄積されている。そこで、本章では、日本での科学技術に関わる問題の扱いに焦点を置きながら、現代型訴訟としての研究の蓄積を踏まえて、その問題提起や分析枠組の意義と課題についても若干の考察を行いたい。

II 現代型訴訟の問題提起とその推移

1 近代裁判と権利

かつて川島武宜は、訴訟提起の少なさを日本人の前近代的な法意識の現れとし、近代化にともない、「人々はよりつよく権利を意識し、これを主張するようになるであろう。そうして、その手段として、より頻繁に、訴訟＝裁判という制度を利用するようになるであろう（川島1967: 202)」と述べた。権利義務関係は、当事者の事実上の力の強弱に関わりなく、その権利を承認し、保障する関係を意味する。その根源には、自らを独立の価値ある存在として意識する、主体性の意識があり、それは他者の主体性すなわち他者の権利の尊重をも意味する（川島1959）。そして、裁判とは、そうした主体性の意識に裏付けられた権利義務を明確かつ確定的なものにすることを目標としていると説明される。

その後経済大国となり資本主義経済が発展し、その意味での近代化が進んだ1970年代になっても訴訟提起が増えなかったことから、訴訟回避の原因を日本人の法意識や法文化ではなく裁判の機能不全に帰因する説明がなされるようになったわけであるが（ヘイリー1978）、どちらの議論も、裁判は、それだけが目的ではないとしても権利を実現するための一手段である

---

1) 例えば、六本（1991）は、より広く、社会システムの構造変更の要求が向けられた裁判として、必ずしも当事者間の構造的な格差があるとは言えない、隣人訴訟なども、これまで裁判外で解決できた問題を解決する社会的地盤の希薄化によって訴訟が利用されたという点で、現代型訴訟に含めて分析する。それに対する批判として守屋（1995）。

という考え方自体は共有してきたと言える。このたびの司法制度改革においても、基本的には同様の考え方に立脚する。裁判とは「すべての国民を平等・対等の地位に置き、公平な第三者が適正な手続を経て公正かつ透明な法的ルール・原理に基づいて判断を示す」ものであり、その根本には「個人の尊重原理」があるとしている（司法制度改革審議会2001）。裁判を通じて権利のために闘争することに一定の価値と正統性を見いだしている。そして、これらの議論では、裁判は二当事者間の具体的な紛争を、正確な事実認定と適正な法適用に基づいて、権利義務関係を明確にすることで解決していくシステムであると理解している。裁判では、社会的平面における種々の力関係とは独立に大きな権力から個人を守る役割をもつ権利を、訴訟当事者の対等性と判断者の中立性、公平性という条件に投影しながら実現することが目指される。

そこで、裁判の固有の機能は、既存の権利を実現し、具体的紛争を解決することにあるが、社会的平面での地位にかかわらず当事者を法主体として尊重し、その対等化をはかるという対等化機能[2]も、裁判固有の要素といえる[3]。

ただし、権利意識の浸透が訴訟利用の増加を生むとの見解は、訴訟件数をそのまま日本の近代化や権利主張の伸張の指標と想定しており、それには留保が必要である。第1に、訴訟件数に着目するにしても、全体的な件数の多寡のみからは訴訟利用の実態は十分に見えてこない。棚瀬（2001c）によれば、民事の通常訴訟事件の単純な新受件数の多くを簡裁の信用供与事件が占めていて、これは景気変動の影響を受けつつも全体として右肩上がりの増加を見せているのに対し、それを除いた実質的争訟事件は長期にわたって安定している。他方、不法行為訴訟は、ごくゆるやかながら一貫

---

[2] 現代型訴訟ではこの対等性が失われていることが問題とされるが、それでも、訴訟外の社会的平面での立場に比すると対等化の力が働きうる。
[3] 訴訟利用者全体の意識という点からは、これらの整理はおおむね的を射ていると言って良い。例えば、司法制度改革審議会で行った民事訴訟利用者調査によれば、原告の86％が裁判に権利の実現を、また、81.6％が白黒をつけることを期待している。また、この調査によれば原告の84.8％は裁判提起の動機として経済的利益を挙げている。司法制度改革審議会（2000b）。

して増加していて、その範囲で権利主張の伸張が見られるが、それは弁護士の増加という制度要因にかなり規定されていることが指摘されている。信用供与事件での訴訟利用と不法行為事件での訴訟利用とでは、訴訟利用に向かう際の個人や共同体、権威に対する意識においても異なり、権利主張や訴訟利用がすなわち川島の言う自律的個人を前提とするものとは限らないという。この指摘は、権利主張と訴訟利用を順接関係として把握して、しかもそれと自律的個人や個人の尊重という原理に結びつけて理解することの限界を認識しなければならないという第2の留保でもある。フェルドマン（2003）も言うように、西洋でいう権利をモデル化したうえで日本での権利主張の少なさを訴訟件数から主張するのではなく、誰がどのように、どのような目的で権利を主張しているのかを理解する必要がある。そして逆に裁判が利用される場合、既存の権利とその主張という枠組での理解をいったんはずして、裁判がどのような意図でどのように利用され、裁判はそれに対してどのように応答してきたかについても問う必要がある。いわゆる「現代型訴訟」は、このような観点から、民事訴訟のあり方や機能について数多くの問題提起をしてきた。

2　現代型訴訴訟の登場

　四大公害訴訟をはじめとして、1960年代以降の、現代的な諸要請から近代裁判の想定を様々な意味ではずれる要素をもつ訴訟群を「現代型訴訟」という。四大公害訴訟のような大規模被害型の訴訟のほかに、大阪国際空港訴訟や原発訴訟など、将来に向かって騒音や大気汚染の被害防止に重点を置く、差止請求型の公害訴訟なども、その典型例である[4]。主として、原告と被告の情報や資力などリソースの格差が決定的に大きく、将来志向性が強く、争点が多中心的で、社会的影響が大きかったり複雑であるために裁判官の介入する必要性も高く、長期化することも多いのがその特徴といえる（田中2001）。

　4）公共政策の是非を問うため、公共政策訴訟とも分類される。現代型訴訟の類型については、（六本1991）参照のこと。

こうした訴訟は、それぞれの類型や訴訟展開ごとに程度の差はあるものの、判決及び訴訟過程が、具体的な当事者だけでなく、多数の潜在的当事者ひいてはマスコミなどの影響も通じて世論を喚起し、新たな政策策定や権利の確立にもつながりうる。例えば嫌煙権訴訟などは、嫌煙権という新しい権利を主張し、それを裁判で訴えることで世論を喚起し、判決では原告敗訴に終わったものの国鉄の禁煙車両設置という「実質的勝訴」を勝ち取ったといわれる（アメリカのタバコ訴訟や日本のタバコ製造物責任訴訟も視野に入れた法社会学的な検討として、棚瀬編2000）。こうした訴訟は、従来型の訴訟では想定されてこなかった次のような「新しい」機能を有すると言われる。つまり、訴訟を利用することで、それまで行き詰まっていた当事者間の交渉を促すというフォーラム形成機能、当該問題についての社会での議論や世論を喚起するという社会問題開示機能、さらにはそれをきっかけに新たな立法や政策策定にまで結びつきうる政策形成機能である。

もっとも、フォーラム形成機能については、必ずしも新しい機能でもない。そもそも当事者主義的な訴訟は、公開の対審構造での審理を通じて当事者間の対等化をはかり、そこで整序された当事者間の攻防を実現するという機能を有しており、これは本来訴訟が持つ固有の機能である。現代型訴訟の登場によって改めてその機能がクローズアップされたに過ぎない。

そこで、逆に、従来訴訟が前提にしてきた権利保護や紛争解決、そしてそれを通じた秩序維持といった裁判の結果および制度設営者の視点に重点をおいた機能論を批判し、当事者の視点から紛争解決のプロセスに着目した機能論も提示されている。例えば和田は、「裁判は、社会的、政治的交渉過程全体の中で、ひとつの戦略的交渉チャネルとして動員されつつ、訴訟内でのまた訴訟外や訴訟後の当事者およびそれを取り巻く利害主体間の交渉のあり方を整序し、一定の水路付けを行う」（和田1989：480）という「交渉整序・促進機能」を裁判の基本に据える。こうした議論は、第1に、当事者の視点から訴訟の前後を通じて紛争解決過程を統一的にとらえることができる点、そして第2に、これまでの法学の裁判中心かつ判決中心思考を批判し、手続保障の重要性を説く点に大きな意義がある。

ただし、交渉整序・促進機能を裁判の基本的な機能ととらえるにせよ、

裁判がどのように交渉を整序、促進するのか、また戦略的交渉チャネルとしての裁判の特質とはどのようなものなのかについては、改めて問われる必要があるだろう。例えば、長谷川（2003）は、公害訴訟が社会問題開示機能を有効に果たしうるのは、裁判で問題とされる被害の内容、程度、有責性などが社会問題としての公害の焦点でもあり、かつ原告、被告が対等の立場で弁論しあい、関連情報を徹底的に公開しあうことが手続上保障されているからであるという。よって裁判が「社会問題開示」という機能を果たしているとしても、それを可能にしているのは、裁判の公開制、対審制という裁判手続がもともと備えている制度的な特質である。つまり、訴訟機能の変容とは言っても、基本的には裁判のどういった制度的特質がどのように利用され、それがどのようなインパクトを持ち、それが一定の訴訟や時代の流れの中でどのように変容してきているかという問題にすぎないともいえる。

　例えば、訴訟過程のインパクトに焦点が当てられているのは、逆に判決そのものの法創造あるいは、判決自体の持つ政策形成機能が相対的に弱かったことの裏返しでもある。「実質勝訴」と評価された嫌煙権訴訟（東京地裁昭和62年3月27日判決、判例時報1226号、33頁）も、判決では、損害賠償請求も国鉄の禁煙車両設置という差止請求も棄却されている。それゆえにこそ訴訟過程の事実上のインパクトが際だったが、他方でその棄却判決が先例として後続の分煙を求める訴訟での敗訴にも連なっていったという面も否定できない。それゆえ、裁判の機能も単発的な訴訟の短期的な効用だけでなく長期的に評価することでまた異なる視角が開ける可能性がある。

　これまでの現代型訴訟の分析は、主として個別の訴訟を対象にして、その政策形成機能や社会運動の一資源としての分析がなされてきたが、同一あるいは同種の事件に対して複数の訴訟が長期にわたってどのような機能を果たしながら、その政策形成機能や社会運動の一資源として展開してきたか、という分析はそれほど多くない（そのような中で貴重な研究として、淡路1981）。

　また、ひとくちに「現代型訴訟」といっても、どういった訴訟が注目され、それについて司法がいかに応答してきているかについても、時代とと

もに変化している。すでに「現代型訴訟」と呼ばれてきた訴訟群自体が、その現代性を失いつつあるが、それも含め、いわば民事訴訟のトレンドとでもいうべき問題についても目を向ける必要があろう。

そこで、次に、現代型訴訟の典型例として常に挙げられる四大公害訴訟のひとつでありながら、複数の訴訟が60年に及んで多様な主張を繰り広げながら展開してきている水俣病訴訟からこうした訴訟の機能を振り返りたい。科学的証拠の扱いという点で、四大公害訴訟期に採用され注目された疫学研究の扱いと「疫学的因果関係」論の展開と、原発訴訟の動向についても若干触れる。さらには、後期現代型訴訟とも言うべき、90年代以降提起が急増した医療過誤訴訟が、日本では「科学訴訟」というラベルを得ていることを踏まえて、その意味を検討する。

これらの検討を通じて、これらの裁判での争点として、科学技術に関する問題が扱われ一定の判断を下されてきたにもかかわらず、科学訴訟という側面にフォーカスが当てられてこなかったことの意味を確認した上で、現代型訴訟研究が焦点を当ててきた「フォーラムとしての裁判」論を、科学技術の問題の扱いという側面から再評価したい。

3　水俣病訴訟の展開

水俣病訴訟は、現代型訴訟の嚆矢とでも言うべき四大公害訴訟のひとつであるが、1972年に、イタイイタイ病訴訟が高裁判決で、四日市ぜんそく訴訟が地裁判決でそれぞれ裁判としては一応終結したのに対し、新潟水俣病および熊本水俣病訴訟は、四大公害訴訟として並び称された1971年の新潟地裁判決、73年の熊本水俣病第一次訴訟だけでなく、その後2次訴訟、3次訴訟、そして熊本から離れた水俣病患者が提起した東京、京都、大阪、福岡での国賠訴訟、そのほか待たせ賃訴訟、刑事訴訟など多数の訴訟が提起されてきた。2004年10月に水俣病関西訴訟上告審判決（最高裁平成16年10月15日判決、民集58巻7号1802頁）が出て、係属していた水俣病訴訟がひととおり終結したが、その後最高裁判決を受けて、2005年には国や県、チッソを相手取って新たに損害賠償を求める訴訟が提起されている。水俣病問題はまだ終わっていないし、水俣病訴訟もまた、まだ終わってはいない

のである[5]。

　水俣病は、1953年頃より患者がではじめ、1956年に発生が公式に確認される。当初、激烈な症状で死に至る奇病は伝染病と疑われ、その後チッソの流す排水が疑われ、59年に原因物質が有機水銀と確認されても、1968年まで水銀排水の原因であるチッソのアセトアルデヒド製造設備は稼働し続け、設備の停止のあと、政府が正式に水俣病を公害病と認定した。チッソ一企業だけでなく、国の対策の（意図的な）遅さも被害を拡大させている。チッソと患者の間では1959年には見舞金契約が結ばれ、1960年には安全宣言が出されているのだが、見舞金は雀の涙、根本的な公害対策は何ら講じられなかったため、1967年に新潟水俣病第一次訴訟、1969年には熊本水俣病訴訟が提起される。新潟では問題発生から比較的早くに弁護団が形成されて提訴が検討されたが、熊本では問題発生よりかなり遅れて新潟に学んで訴訟が検討される（飯島1970）。チッソ城下町の水俣にあって、チッソを相手に訴訟を起こすのは非常に難しいことであった。このときは被告はチッソだけだったのだが、提訴にあたって原告代表は「たったただ今から、私たち水俣病患者は国家権力に立ち向かうことになりました」と発言している。チッソを国家権力と同等のものととらえる発言とも、訴訟をするということ自体、国家権力に対抗する営みとして位置づけていたともいえるが、訴訟を提起することの当事者にとっての意味をいみじくも伝えている一言である（この逸話も含め、水俣病訴訟の展開について、例えば千場〔2003〕）。

　この時期には、既存の不法行為の諸理論は、こういった産業公害を想定しておらず、それらに依拠したのではとうてい勝訴に結びつくことはできなかった。原告団だけでなく学者の議論も通じて「汚悪水論」という新たな責任論を主張するなど、新たな法理の展開がなされた。これら一次訴訟は、新潟で1972年、熊本で1973年に相次いで原告勝訴の第一審判決が出される。提訴に前後して1969年に政府が水俣病を公害認定し、第一審判決を

5）水俣病は、熊本水俣病と新潟水俣病があり、訴訟や解決の模索など相互に影響を与え、1996年の政治解決では同じ土俵での解決がはかられたが、ここでは熊本水俣病をめぐる民事訴訟と国賠訴訟を中心に説明する。

受けて1973年には公害健康被害補償法（公健法）が成立、これにより公害病と認定された患者が補償を受けられる仕組みが整う。その後、チッソとの補償協定が締結され、行政認定を受ければ、この協定により1800〜1600万円の補償が受けられることになる。これらの点からも、訴訟は社会問題開示機能を果たしたし、政策形成にまで結びついたといえよう。水俣病訴訟が四大公害訴訟のひとつとして現代型訴訟の枠組で言及されるのは主としてここまでの経緯である。このあと、「現代型訴訟」としての注目は、大阪国際空港訴訟のように、「環境権」といった新しい権利の確立を目指したり、将来に向かって差止請求を行う訴訟へとシフトしていく。

　しかし、水俣病問題も水俣病訴訟もここで終わりはしなかったのである。1977年になって環境庁が「後天性水俣病の判断基準」を出し、認定基準が著しく厳しくなったため、認定率が激減する。これは患者の大量切り捨て政策であるという反発から、未認定患者が中心となって、認定申請棄却処分取り消しを求める行政不服審査請求や、待たせ賃訴訟、国も被告に加えて損害賠償請求を行う2次訴訟を提起する。79年の2次訴訟の第1審判決では原告が勝利がおさめるのだが、「司法認定と行政認定は異なる」と行政は、認定を拒否する。裁判の事実上のインパクトがここでは正面から否定されたわけであり、裁判による解決の限局性がここではその限界となって立ち現れる。

　ただ、この膠着状況を破るために利用されたのもまた裁判であった。1980年より、国の責任を追及する水俣病国家賠償訴訟が新潟、大阪、東京、京都、福岡で提起される。これらの国賠訴訟は、国の規制権限不行使の違法性、行政指導義務の懈怠などを問う。大阪は関西訴訟として独自路線を歩むが、それ以外の原告団と弁護団は水俣病被害者・弁護団連絡会議（以下全国連）を結成、大量の原告をたてての法廷闘争となる。この訴訟は、大量提訴の促進、全国各地での提訴、国民世論の喚起を方針とした。水俣病の問題を過去の限局的な地域の少数者の問題ではなく、現在なお継続する多数の被害者のいる全国的な問題であることをアピールするねらいがあった（千場1996）。熊本を出て、関西や関東に移り住んだ患者を掘り起こす作業、訴訟の支援活動の組織化まで弁護士主導で行って、この大規模訴

訟が展開される。訴訟過程のもつ社会問題開示機能に期待され、戦略的に全国展開することで、訴訟は多数の被害者が全国に存在することを可視化する役割も果たしたのである。

87年、熊本訴訟第3次訴訟第1陣判決で原告勝訴をおさめる。全国連は、裁判所での和解によってすべての未認定患者の救済を実現する「司法救済システム」での解決を目指す。90年には、全国連が各地裁判所に和解勧告を要請し、各裁判所で和解勧告されるが、国は和解を拒否する。その後、東京地裁判決、新潟水俣病第2次判決を経て、93年に福岡高裁で最終和解案が提示される。全国連はこの福岡高裁での和解案をもとに和解成立を目指すが、国の拒否にあい、舞台は政治解決に向かう。1995年、政府解決策が出され、当時の村山首相が謝罪し、翌年取り下げないし和解により裁判の多くは終結し、「政治的決着」がはかられた。

一方、関西訴訟はあくまで判決を求めて戦い、2001年に国や県の責任を認める高裁判決、そして2004年には高裁の判断を基本的に支持する最高裁判決がついに出されたのである。最高裁判決では、高裁で新たに示された水俣病の病像論を踏襲して、行政基準とは異なる基準を提示しており、その後、新たな認定申請が大量に出されている。司法と行政の「二重基準」のため、認定審査会が機能しない状況が続いている。

そこで、2005年には最高裁判決を受けて設立された水俣病不知火患者会の会員が、国と熊本県、チッソを相手取り損害賠償を求める訴訟を提起したが、この訴訟はノーモア・ミナマタ訴訟と称され、その原告団の人数は3000人を数えることになる。

折しも、2006年は水俣病公式認定から50年を迎え、環境省には水俣病問題懇談会が開かれ、新たな対応についても協議され、2009年には「水俣病被害者の救済及び水俣病問題の解決に資する特別措置法（特措法）」が制定され、一定の要件を満たすと診断された患者に対して一時金等の支払いが行われることになった。しかし、その審査は2012年には打ち切られ、特措法の未申請者や対象地域外の人を中心に、さらにノーモア・ミナマタ第2次訴訟も提起されている[6]。

4 水俣病訴訟の問題提起

このように、訴訟の展開や時代の流れのなかで、訴訟が果たす役割にも変化が生じてきていることがわかる。

60年代から、70年代初頭の四大公害訴訟時代の水俣病訴訟では、原告と被告の非対等性からくる訴訟上の不平等にてこ入れするための諸理論が展開された。裁判によって、平等化をはかり、また問題を公のものとして企業や国の責任を問う「問題開示」機能も果たされた。さらに、判決のあと、裁判のインパクトも受け、新たな立法や行政上の補償制度も整備された。その点で、訴訟の政策形成機能も果たされた好例であった。なお、栗原(2005)は、水俣病問題の歴史のうち、1953年からこの1973年の補償協定までの時期を水俣病問題第一期と位置づけ、人間の矜持、人間の尊厳の回復のための、水俣病者とチッソの直接対決の「自己決定の政治」であったと評価している。原告団長のなみなみならぬ決意表明にも見られるよう、訴訟の利用も人間の尊厳の回復のための一手段であり、川島のいう個人の尊重原理に基づいた権利主張＝裁判利用で、その主体性の発現であったのだと説明することが可能かもしれない[7]。また、このころは公害への社会的な注目度も高く、裁判の支援活動も非常に盛んで、その勢いは司法判断にも一定の影響を与えたものと評価できる（棚瀬1972）。

しかし、「公害は終わった」という政府の幕引き政策を変更させるうえでの裁判の力は、なお限定的なものにとどまったといわざるをえない。80年代の国賠訴訟時代にも、裁判の社会問題開示機能や裁判をもとにした交

---

6) 最近の水俣病訴訟の展開について、例えば神戸 (2015)。
7) 川島は、近代化の一兆候として、個人の尊重の原理に基づく権利主張＝裁判利用をあげ、他方でそれは「権利のための闘争」であると位置づけている。しかし、「権利のための闘争」は必ずしも「近代」の特徴である「合理的」な訴訟利用とはいえないように思われる。水俣病訴訟の原告たちの戦いは一種の権利のための闘争といえると考えるが、それは必ずしも合理的ではない非常に強い怒りの発現のひとつでもあったといえる。初期の水俣病運動について成 (2003)。権利意識が浸透したうえでの近代的な訴訟利用は、むしろ道具的な訴訟利用に近くなるのではないのだろうか。法への道具的志向について、阿部 (2002) 参照。

渉力の増強のため、大規模な原告団の組織と全国的な訴訟展開が行われた。しかし、そのアピール力は、一次訴訟の時代にはとうてい及び得なかった。社会科の教科書などでも「四大公害訴訟での被害者側の勝利」が必ず取り上げられ、「水俣病問題は裁判によって患者側に有利に終結した」という一般常識が定着している。それに対抗して「水俣病問題はまだ終わっていない」ことを新たに訴訟を通じて示すのは容易なことではない。裁判による社会問題開示は、大きな社会的な世論の高まりと結びつく場合は大きな力となりうるが、裁判を世論喚起の主軸にするには限界がある。また、裁判をてこに全国規模で同一の解決を導くことの限界も見られる。少なくとも判決による場合、全国的に同じ判決が出されることは担保できない。実際は、「司法的救済」という全国規模での和解による解決が模索されたが、これは司法の本来の役割を逸脱するとの批判もあるし、国はあくまで裁判での闘いにこだわって結局和解のテーブルにつくことはなかった。裁判が長期化することで、交渉による解決も先送りされてしまう。

なおこうした訴訟の展開や解決は、政治的決着という点では水俣病に独特な面もあったが、四大公害訴訟をはじめとする多くの公害・薬害訴訟で培われてきた訴訟展開の戦略でもある。つまり、訴訟展開や判決をてこに、その後の直接交渉あるいは訴訟上の和解を通じて、原告がわにより有利な条件の解決を導く。また、複数訴訟を全国的に展開させ、その支援運動を組織することで全国的な世論を喚起し、複数裁判所でほぼ同時に和解勧告を受けてほぼ同内容の和解を成立させて問題の一括解決を図る。全国連のなかには、そうした過去の公害訴訟や薬害訴訟を担当してきた弁護士も多く、そうした活動で得たノウハウが水俣病訴訟でも利用された。大規模被害型の公害訴訟全体としても、この時期一種の成熟期を迎えていたと言ってもよいかもしれない。

他方で裁判を大きな公害問題の一括的解決の手段として展開してきたことに付随する問題も指摘される。例えば先述の栗原（2005）は、国賠訴訟時代を、弁護士や支援者主導の「代行政治」の時代としてやや批判的に評価しているが、非常に大規模な訴訟を弁護士が主導して組織していったことから、患者ひとりひとりの主体性はどうしてもそがれることになる。こ

の時代には四大公害訴訟を経て裁判も救済システムとして一定の有効性が認知されるようになり、提訴への心理的障壁は以前より低くなったものの、患者が高齢化するなかで主体的なかかわりがいっそう難しくなっていて、原告団への参加だけで個人の尊重原理にもとづく権利主張であるとは評価しづらいように思われる。これは、集団訴訟であるゆえの個人の権利と集合的解決の間の潜在的な緊張関係という問題でもあるが、弁護士代理型訴訟全般にも通じうる根本的な問題にもつながりうる[8]。

　また、裁判の長期化も大きな問題である。96年の政治解決は裁判闘争の一定の成果であることは間違いないものの、裁判の長期化で原告患者の高齢化がすすみ、裁判闘争を続けられなくなったための妥協であったのもまた事実である。裁判が長期化することは、多様な利害関心を持つ原告団の構成員を凝集させる機能がある（Kidder and Miyazawa1991）といった指摘もあるが、20年裁判となると、凝集性の維持も困難となり、長期化のコストのほうが大きくなる[9]。

　もっとも、複数の裁判が長期間にわたって係属していくなかで、水俣病の病像や国の規制権限の不行使、という訴訟の主要争点は深められていった。病像論に関しては、関西訴訟の控訴審に至って疫学者の協力により本格的な疫学的研究が示され、これまでの抹消神経説を覆す大脳皮質の損傷による複数感覚の障害という新たな病像が提示され、それが最高裁判決にも引き継がれた。最高裁で国の規制権限不行使が認められた背景には、じん肺訴訟などの諸判例の蓄積もある。その背後には、80年代以降、差止請求や国の責任を認めることに消極的でありつづけた司法全体が世紀をまた

8）フェルドマン（2003）が指摘するように、日本人はかねてより集団的には積極的に権利を行使してきたのであり、こういった集団訴訟は、その１つの現れであり、そこで主張される権利の性質が再考されるべきなのかもしれない。

9）また、大規模被害の救済の難しさという問題もある。水俣病には、水俣病の行政認定が、そのままチッソの補償協定と結びついて高額の補償と直結するゆえに、行政はその後解明されてきた多様な病像を持つ水俣病を「水俣病」と認めようとしないという特殊な問題もある。被害が深刻で、甚大であるがゆえにこそ、その被害に応じた救済が必要であるという素朴な正義観は、損害賠償法のよってたつ基本的な考え方でもある。しかし、産業公害のような場合、被害があまりに深刻で甚大であるがゆえに、その責任をとりきれなくなるという問題が生ずる。

ぐころから、積極姿勢を見せ始めたという司法をめぐる大きな時代の変化も指摘できよう。

　水俣病に関しては、このように非常に深刻な被害をもたらした公害問題の原因究明や救済の課題に、どの機関が主導的な役割を果たすべきかという論点も重要である。国は、行政が主導的に水俣病の判断基準を定める行政認定制度での対応をはかろうとしたが、そのたびに、司法に判断を求めていく「司法救済制度」が探求されている。弁護団としては、第2次訴訟以降、この司法救済システムでの解決を追求しているが、なおそれで決着が図られているわけではない。

　このように政治解決には乗らずに判決を求めていった関西訴訟や、その最高裁判決後の新たな提訴、というように、全面的解決であったはずの政治解決は裁判によってほころびをみせ、再度問題化される。水俣病訴訟は、60年代から70年代初頭にかけての四大公害訴訟時代ほどのインパクトはすでに持ち得ていないものの、なお一定の社会問題開示機能は果たし続けている。裁判が基本的に、個別紛争の解決のしくみであり、ひとつのフォーラムとして、必要があれば繰り返し舞台として登場し、この問題への応答の新たな1頁を開く、交渉再開機能とでもいうべき機能も果たしているといえよう。

III　現代型訴訟と科学

　IIで見てきたように、現代型訴訟は、その呼称にもあるように、問題の現代性もさることながら、そうした訴訟がもたらす審理過程のもつ社会問題開示機能等、訴訟が社会的フォーラムとして重要な意味を持つことが重要な指摘として、訴訟論の展開に寄与してきた。

　他方で、あまり焦点が置かれてこなかったが、そこでの「現代性」の一部は、産業化や科学技術の発展であり、現代型訴訟と呼称されてきた訴訟群の多くは、科学訴訟の性質を具備していたのである。四大公害訴訟をはじめとする、1960年代から70年代に提起されてきた公害訴訟や薬害訴訟では、公害と被害の因果関係や、事業者の過失を明らかにする上で、科学的

証拠による証明を要請される。90年代に急増した医療過誤訴訟もしかりである。そのほか、例えば、むしろ社会的な問題喚起を目的として提起されたような、嫌煙権訴訟でも、受動喫煙と健康被害との因果関係については科学的証拠による証明が必要である。現代型訴訟のメルクマールとされる、資源の構造的格差という際の資源のなかの重要な要素として、科学技術的な専門的知識が含まれる。被告側に、様々な専門的な情報や知識があることが、この構造的格差の源でもあり、その格差を、いかに訴訟過程で埋めるのかは、現代型訴訟で当事者の実質的な対等化をはかる上での重要な課題でありつづけてきた。

イタイイタイ病や四日市ぜんそく訴訟で採用された、疫学的因果関係論、医療過誤訴訟などの審理において提案されてきた間接反証等の証明論、伊方原発訴訟最高裁判決で一定示唆されたとされる、被告側の事案解明義務などは、そうした課題に答えるための法理であると理解されてきた。そして、こうした課題に答えようとしているにもかかわらず、現代型訴訟の科学訴訟性については、あまり強く認識されてこなかったどころか、むしろ、それを科学の問題として認識するのを回避させてきた。つまり「現代型訴訟」としては、科学技術的な専門知における構造的格差という問題への対応こそが、最優先すべき課題であり、そのために科学技術的な厳密性を問わないというスタンスをとることで対応してきたと整理しうる。そして、そのスタンスは、逆に、裁判の外には厳密性を重視する科学技術、ないし科学的証明が存在するという信念を援用、強化してきたようにも思われるのである。

特に、公害訴訟などでの因果関係立証のために利用された疫学の扱いや、疫学的因果関係論の評価は、日本の裁判での科学的証拠の扱いや評価の特性を反映している。

1 疫学と疫学的因果関係論

周知のように、四大公害訴訟において、事業者による化学物質の排出と公害病の因果関係を認めるにあたって裁判所が「疫学的因果関係」論を採用したことが、被害者救済にとって非常に大きな意味をもった。

例えば、疫学的因果関係論に立った判決として、イタイイタイ病事件の高裁判決がある。ここでは「臨床医学や病理学の側面からの検討のみによっては因果関係の解明が十分に達せられない場合においても、疫学を活用していわゆる疫学的因果関係が証明された場合には原因物質が証明されたものとして、法的因果関係も存在するものと解するのが相当である」[10]とし、疫学調査研究を検討し、イタイイタイ病の原因物質を「臨床および病理学による解明によって」覆されない限り、カドミウムであるとして、原告の疾病の原因を被告企業の排出したカドミウムと認めた。

　疫学的因果関係論の意味も多義的であるが、一応この判示をもとにすると、ここでは、第1に、他の科学的医学的証拠による裏付けが十分なくても、疫学調査研究結果によって原因物質と疾病との一般的因果関係を認めること、第2に、第1の点を踏まえて、これによって、通常の場合よりも証明の程度を緩和することも含むと理解されている。第2の点については、科学的知見のうち、疫学的研究は、厳密な意味での科学的証明とは評価せず、臨床医学や病理学などによる解明には本来劣後することを含意している。疫学は、統計的な知見に基礎をおくため、集団的な事象として一般的因果関係は認められても、具体的な個人の患者の疾病の原因までは特定できず、個別的因果関係の問題が残るということも、疫学研究から因果関係を認めることへの懸念として指摘されている。

　このように、裁判法理としての疫学的因果関係論は、科学の一分野である疫学研究で因果関係が認められることを前提に、法的因果関係を認める法理だが、科学研究としての疫学によって因果関係を認めることと、法理としての疫学的因果関係論は混同しやすいため、留意が必要だろう。

　もっとも、四大公害訴訟時代、疫学研究と訴訟は無関係に展開していたわけではない。むしろ、Jasanoff（1995）が、指摘してきたように、科学的知見と裁判法理は、相互に構築してきている側面がある。住田（2011）によると、公害病が明らかになってきた1960年代より疫学研究調査は行わ

---

10) 名古屋高金沢支部判昭和47年8月9日判時674号25頁。イタイイタイ病訴訟の提起に至るまでの科学的調査や裁判での専門家証人への尋問については、松波（1998）。

れてきたが、60年代半ばに法学者を中心に組織された公害研究会で公衆衛生学者や疫学者と、法学研究者および実務家との交流が始まり、四日市ぜんそくにかかわって疫学者の吉田克己が4条件に基づく疫学的因果関係論を提唱し（吉田1968）、その因果関係論が裁判所に採用されるに至った。

疫学にもとづいて因果関係を認めることと、法的因果関係を認める法理としての疫学的因果関係論は区別すべきであり、それを十分に区別しなかったことが、これらの裁判を科学訴訟と認識しないことにもつながってきたように思われる。疫学的因果関係論は、科学的知見に基づく立証方法としてではなく、上述したように、原告と被告の資源の格差の問題に対応し、被害者を救済するために採用された法理として位置づけられた。当時、より科学的と考えられていた病理学的な知見に基づいた解決を志向すると、被害者救済にはマイナスに働くと理解された。

疫学は、こうした問題で原因究明をしていく際に必要不可欠な方法論の1つであるにもかかわらず、疫学的知見に基づいて因果関係を認めた判断は法的な価値判断であると評価される[11]。法理としての疫学的因果関係論を、このように通常民事裁判で求められる証明度を下げる理論とみる場合、四大公害訴訟のあとで出されたルンバール事件最高裁判決で「高度の蓋然性」という基準が打ち立てられたため、疫学的因果関係論は、この「高度の蓋然性」基準によって塗り替えられたという理解もできる。

ただ、そう考えても、疫学的証拠をどのような証拠として理解するのかや、そこでの知見をどのように評価して、法的な因果関係の判断に結びつけるのかという問題は残る。疫学研究の証拠としての利用に関しては、それに基づいて直ちに個別的因果関係まで認めることに懸念が表明されるも

---

11) 原田（1979）は、そのような理解から、公害裁判は「むしろ科学的判断そのものに立ち入ることを避けた判決」であって、「科学的事項に直接的な判断を示した科学裁判そのものではなかった」ことこそが公害訴訟の成功の鍵であったという。そうした考え方をもとにリスク防止型の差止請求や行政訴訟での科学的問題の審査では、専門家の行った安全審査のプロセスについて事後審査する手続論的審査方式をとるべきと主張しており、この考え方が広く受け継がれている。なお、津田（2004）などは、裁判において疫学を重視せず、疫学が基礎とする統計学について裁判所があまりに無理解であるとして厳しく糾弾している。

のの[12]、実際にその後の公害訴訟や薬害訴訟でも、疫学的研究が提出され、それを有力な証拠として、因果関係の判断に用いられるようになっている。

ただ、一般的に言えば、2章で検討したように、合衆国の毒物マス・トート訴訟（mass toxic tort）といわれる訴訟では、疫学こそが最有力の科学的証拠と評価されたのに比すると、日本の裁判では、それほどの位置づけは与えられてはいない。

その背景には、やはり四大公害病訴訟時代に、病理学等での解明ができなくても疫学的証拠があれば良いという発想が示しているように、科学的証拠としては、疫学より病理学のほうが価値が高いという認識が法の分野では浸透しているということ、そして、その理由として、疫学が統計学をベースとした確率的な証拠であることが大きいと思われる。

疫学は統計学的な思考をベースにしているが、そこで得られた、特定の物質への暴露と疾病との連関から、因果関係を認めるには、例えばヒルの判断基準と言われるチェックリストで評価する必要があり、その知見をそのまま受容できる絶対的な科学的証拠とはされない。疫学的手法の基礎知識をもとに、相対的危険度がどの程度の数値であれば一般的因果関係を認めるに足りるかを示したり（新美2014）[13]、証拠の中身にも立ち入って評価されることも（充実した検討例として瀬川1992）少なくない。疫学に関しては、科学者の知見だから素人である法律家は疫学の専門家の判断を尊重すれば足りるとの一般的態度はとられない[14]のは、こうした初期の公害訴訟での疫学的因果関係論の理解に加えて、疫学が自然科学の一分野ではあっても、因果関係を評価する際には、社会的知見等も含めて総合的な評

---

12) 稲垣（1982）など。
13) 例えば、新美（2014）は、それが絶対的ではないとしつつも、アメリカの連邦司法センターの科学的証拠マニュアルを参考に、相対的危険度2.0を一定の基準として示唆している。
14) 瀬川（1992）は、疫学的因果関係批判を、裁判例の検討をもとに再検討しており、批判の多くが実際に裁判で用いられている具体的な疫学研究のデータや手法、そこからどうやって因果関係の判断を導いたかを十分に吟味することなく抽象的な批判にとどまるものが多いことを指摘している。

価を要する学問分野であること、素人にも比較的了解しやすいことなども指摘できるだろう[15]。実際に、例えば吉田（1969）も指摘するように、因子が発病より前に存在することや、生物学的にも矛盾のない説明ができるなどの四条件などは、「日常我々が無意識に使っている考え方と多分に類似性がある」のであり、前章で見た証拠の全体説明型の評価方法に近い。法的に因果関係を認定する際にも、そうした全体説明型の評価をすることになるだろうが、その際に疫学での説明とは異なる要素を含めて検討することは妨げられないだろう。

もちろん、疫学的に因果関係を認めたとしても、それを法的に一般的因果関係および個別的因果関係の認定に結びつけるには、改めてその評価が必要となるのだが、疫学的因果関係論批判がそのことを強調しすぎると、統計学をベースとする疫学自体を軽視することにもつながる。

日本の裁判での疫学の評価には、そうした傾向もなお否定できない。事業者による化学物質の排出と公害病被害との因果関係を立証するにあたって、非常に重要な科学的証拠と考えられる「疫学」は、最近医療過誤訴訟での過失認定においても重要な役割を果たすようになっている。診療ガイドラインのベースであるEBMも一種の疫学的手法に基づいている。裁判官や法律家は科学者になる必要はないとしても、現代の科学の文法とも言われる統計学や疫学の基礎的な知識は、今や法律家としても最低限必要なのではないだろうか。後述するように、日本の裁判官はジェネラリスト裁判官であるとともに、いかなる問題についても正確に事実認定しうるとの立場をなお放棄してはいない。その裁判官像を維持するには、「豊かな一般常識」の一部として含まれるべき知識なのではなかろうか。

---

15) 例えば、著名なロスマンの疫学の入門書（Rothman2002）について、日本語訳として「科学的思考への誘い」との副題がつけられており、疫学の基本的な考え方が、現代において欠かせない統計学的思考に基づいていることを強調するが、他方で、疫学が政策から離れた科学共同体だけの営みではなく、価値判断や政策判断と不可分であることも指摘される（例えば、ルー2009）。科学は社会から隔絶した真空での営みではないのだが、なお、「固い科学」観が強く、疫学はそうした意味での科学という位置づけがされていないのである。

2　科学訴訟と司法のスタンス

　現代型訴訟と称される裁判は、訴訟を通じて新たな権利や法理を生み出すなど、政策形成に結び付く場合も少なくない。これは裁判に通常想定される、個別の事件において、既存の権利の存否を判断して紛争解決を行うという役割を越える面がある。よって、そうした役割を裁判所が果たすことが適切なのか、という司法の役割論とも密接にかかわる。

　この論点は、一次的には、他の政治部門との関係で司法がいかなる役割を果たすことが望ましいかという問題である。「科学訴訟」という切り口からは、冒頭で指摘したように、その専門性から、どの部門が主体的に規律していくべきか、という形で問われることにもつながる。

　日本の司法は、しばしば司法消極主義と評されており、特に政治性の高い争点に関しては、政治部門の判断を敬譲し、司法は判断を控える傾向が強い。四大公害訴訟が提起された1960年代後半は、自衛隊や日米安保条約の憲法適合性が争点となるような訴訟も係属していた。「司法の危機」といわれる時期でもあり、日本の司法消極主義の道筋がつけられたとも理解されている。他方で、この公害訴訟に関しては、むしろ裁判所が主導して積極的に被害者救済に乗り出し、当時の裁判所を表して、「最高裁には2つの顔がある」とも言われており、現代型訴訟と言われるような裁判では、疫学的因果関係論の採用も含め、それまでの不法行為法理を越えて因果関係や過失を認定していっており、そこには日本流の司法積極主義も見られる。当時の最高裁の民事局長だった矢口洪一は、のちに、公害事件を担当する裁判官が一同に介する協議会での議論が、疫学的因果関係論を認めていくことにつながったと回顧している（矢口1993：66）[16]。これも、疫学的因果関係を有力な科学的知見とみるのではなく、それによって因果関係を認める被害者救済のための論理として位置づけていたことを裏付けているが、ここでは、科学的証拠の評価のありようや、科学に関わるような事件

---

[16] しかし、住田（2011）の分析によれば、裁判官協議会での議論が疫学的因果関係論の採用に直接結び付いたという証拠はなく、むしろ疫学の採用には消極的な意見も多かったという。

の判断も、その時点の裁判所のスタンスを反映するものであることを指摘しておきたい。

　裁判所は、公害事件に関してはその後も、損害賠償については比較的積極的に認める立場を維持しながらも、差止めについては、大阪空港訴訟の1981年の大法廷での却下判決を契機に認めない方向に転じ、司法制度改革の波がくる2000年頃までは動きがなくなる。そもそも裁判所は、事後的救済を基本とするため、将来志向性の高い差止めには消極的になりやすく、次章で検討するリスク訴訟にはハードルが高くなるのはやむを得ない面もある。しかし、それ以上に、80年代以降の全面的な司法消極主義の潮流を受け、他の政治部門との役割分担が問題になる場合には、行政府や立法府の裁量を尊重し、必ずしもそれが問題にならない事案であっても、専門性の高い事件について裁判所は立ち入った評価を避ける傾向が高まった。国のエネルギー政策とも関わるという意味では原発訴訟は、政治性も専門性も高く、原告の請求が認められることは従来からまれであった。1992年の伊方原発訴訟最高裁判決以降はその判断枠組が、行政訴訟だけでなく、民事訴訟にも影響を与えていると言われる。伊方原発訴訟最高裁判決[17]では、行政機関の専門技術的裁量を広く認めた上で、原子炉設置の安全性に関する司法審査は、安全性を肯定する行政庁の判断に、現在の科学的見地から当該原子炉の安全性に本質的にかかわるような不合理な点があるかどうかという限度で行う、つまり審査過程についての審査を行うことが相当と判断した。その点の主張立証については、行政庁のがわ、行政庁の判断の不合理性の指摘に対して、自己の判断が不合理でないことを主張立証すべき義務を課している。専門技術的裁量を広く認めて、行政庁の審査を敬譲する判断を行ってはいるが、裁判所は、行政機関の判断について、その判断の時点ではなく「現在の科学的見地」から審査を行うべきとしたことや、情報や専門知の遍在を前提に、公平性の観点から、行政庁に「事案解明義務」を認める点（例えば竹下1994）では、裁判所における審査過程を、科学技術の問題についての情報開示をもとに、公開法廷で議論する場、

---

17) 最判平成4年10月29日民集46巻7号1174頁。

つまりフォーラムとして機能させうる可能性にも開く判断でもあった。

原発訴訟に対しては、2011年に福島第1原発で事故が生じた直後には、これまで裁判所も原発の安全性を認めてきたとして、原発訴訟を担当してきた裁判官に対する批判も起こった（例えば新藤2012・斎藤編2013・磯村・山口2013）[18]。この事故をきっかけとした新たな原発関連訴訟が数多く提起されている。2014年には、大飯原発について、福井地裁が、原発差止めの請求を認容する判決を出して注目された[19]。だが、その後は、むしろ再び行政判断の敬譲傾向が高まっている。原発容認に向かうような判断を誘導するために、特殊な裁判官人事が行われたとも指摘されている。

原発に関しては、その構造など科学技術的な部分だけに絞っても非常に専門性が高く、理解するのが困難である上に、事故発生等については、地震や津波など本来的に不確実性の高い自然事象を扱う他の分野の専門知も必要である。疫学研究のように、門外漢でも基本的な考え方については了解可能で素人でも比較的評価しやすい科学とは異なり、裁判官にとって的確な評価をするにはハードルが極めて高いため、行政部門での専門家の判断の敬譲につながりやすい。

もっとも、原発訴訟についても、科学技術の問題がその核心部分を占めるという意味で典型的な科学訴訟でありながら、そのようなラベルで認識されることは比較的まれだったといえよう。原発訴訟は、反原発運動と原発推進者の戦いであり、そこで用いられる専門家証人も、原告側の市民科学者と被告側の御用学者という党派的な対立構造に沿った科学者と目される傾向が強かった。それゆえに、そこで争われた科学的知見が科学的にはどう評価されうるのかを問う機運が十分に芽生えなかった。

つまり、一般的には、科学的な真実の存在に対する基本的な信奉はあるのだが、こうした裁判での科学的な事実をめぐる争いは、市民がわの科学者　対　権力側の科学者の対立と最初から政治的なとらえ方がされる傾向があり、こうした訴訟での科学の問題は、本来の科学の問題として理解さ

---

[18] 新藤（2012）は、これを裁判官の科学の無理解としてだけでなく、官僚的な日本の司法の構造的問題の所産として批判し、司法改革を提言する。
[19] 福井地判平成26年5月21日判時2228号72頁。

れなかった。そのような経緯もあり、原発訴訟だけでなく、公害訴訟や薬害訴訟などの大規模被害の救済を求めるタイプの訴訟では、鑑定はあまり利用されず、当事者が選任する専門家証人の利用が一般的である。訴訟では専門家証人に対する交互尋問を通じた攻防が繰り広げられる。よって、アメリカと同様に、専門家証人の党派性のために科学的に妥当な事実が裁判所に提示されるのが妨げられるとの批判が生じてもおかしくない。しかし、科学訴訟という理解がされていないため、そうした批判も少ない。ある意味では、科学的知見が訴訟を通じて構築されるという、構築主義的な事実観が当然のように受け容れられているとも言える。

　本節で見た、公害訴訟での疫学的因果関係論と、原発訴訟での専門技術的裁量論は、日本の司法のスタンスとしては、一方は被害者救済のための日本的司法積極主義の現れ、他方は他の政治部門の判断を尊重する司法消極主義の流れに位置づけられ、対極的な例ではある。ただ、科学技術の問題という点に関しては、いずれも被告側に情報や専門的知見が遍在するタイプの訴訟であり、疫学的因果関係論の採用も、伊方原発最高裁判決で、被告側に事実解明義務を課すような判断を示したことも、裁判において当事者間の衡平を実現しようとするための法理の提示という点は共通する。この点は、次に見るルンバール事件での判示にもみられる。

Ⅳ　医療過誤訴訟への注目と専門訴訟パラダイム

1　ルンバール判決の問題提起

　日本の議論では、医事訴訟を科学訴訟の典型例として捉えることがまま見られる。そうした認識に大きな影響を与えたのが、1975年のルンバール事件最高裁判決である。合衆国のドーバート判決に相当する判決が何かと問われれば、おそらく、このルンバール判決を挙げることになろう。

　2章で検討してきたように、ベンデクティン訴訟ではその薬品の催奇性について科学的研究ではほぼ否定されるに至ったにもかかわらず、その催奇性を認めて原告を勝訴させた判決が少なからず出て、科学的知見に反す

る判決との批判を受けた。このルンバール判決も、多数の鑑定が採用され、その多くがルンバールの実施が原告の急変の原因とは考えられないという意見であったにもかかわらず、ルンバールと障害の因果関係を認めた点で、医学的知見を無視した判決との批判がなされているところである。

他方で、ルンバール事件の最高裁判決は、科学訴訟と言われるような事件で科学的ないし医学的証拠をいかに評価するかという点でのリーディングケースという意味で、科学的証拠の許容性判断基準を示したドーバート判決に匹敵するが、それにとどまらず、民事訴訟一般についての証明度の基準を設定した判決とされており、その射程範囲はドーバート判決以上に広い。

その判示部分を比較すると、ドーバート判決が、科学共同体で受容されるような科学的妥当性の判断を裁判官に求めたのに対し、ルンバール判決は、科学共同体での評価をそのまま法的な評価にするのではなく、通常人をその判断主体とした評価を求めている。

ルンバール事件での証拠評価の詳細については、日本の民事訴訟における事実認定のあり方の問題と絡めて、後に検討することとする[20]が、ここでは、法と科学という論点で必ず触れられる、最高裁判決での科学的証明と法的証明を対比した部分に焦点を当てる。

最高裁は、「訴訟上の因果関係の立証は、一点の疑義も許されない自然科学的証明ではなく、経験則に照らして全証拠を綜合検討し、特定の事実が特定の結果発生を招来した関係を是認しうる高度の蓋然性を証明することであり、その判定は、通常人が疑を差し挟まない程度に真実性の確信を持ちうるものであることを必要とし、かつそれで足りるものである」として、原審の判決を、経験則違背・理由不備であるとして、差し戻した。複数提出された鑑定の結論と必ずしも一致しない因果関係の判断に至った[21]。

---

20) 第6章Ⅲ参照。

2 科学的証明と法的証明

ルンバール判決で示された証明論は、周知のように、医療過誤訴訟だけでなく、民事訴訟全般における訴訟上の証明のあり方についての法理を示すものと理解されているし、法実務や法学者の間ではおおむね好意的に受け止められ、「法と科学」「科学訴訟」という文脈での研究で必ず言及される先例でもある（例えば、亀本2014、笠井2014）。

そこで、ルンバール判決での判示に改めて目を向けてみる。本件では、まず、自然科学的証明を、一点の疑義もない客観的真実を明らかにするものと評価し、自然科学の事実解明制度としての権威を認めている。そのうえで、法的証明は、通常人が疑いを差挟まない程度に真実性の確信をもちうるものであればよく、その限りの事実を、事実として扱うことを示している。法的な証明における事実の認識主体として、「通常人」を基準としているのである。一般に、この判例は、民事訴訟での証明は、自然科学的証明よりも緩やかなもので足りる、という法的証明で要求される証明度を示唆するものと考えられている[22]。

しかし、自然科学は一点の疑義も許されない事実を明らかにしうるのだろうか。科学においても不確実性が解消されるわけではない。1つの事象を解明するにも様々な方法論や理論がある。同じ方法論に基づいても同じ結論に達するとは限らない。ある科学的事実も、仮説に対して実験や調査、検証を経ながら一定の科学共同体のなかで徐々に創り出され、その時点における蓋然性の表明に過ぎないのである。

実際に、医療過誤訴訟や公害訴訟において、現代の自然科学や科学技術の限界、その見解の不確実性は十分すぎるほど認識されている。むしろ、

---

21) 最判昭和50年10月24日民集29巻9号1417頁。この差戻し審では、この最高裁判断を受けて、因果関係があることを前提に、ふたたび2名の鑑定人が選任されて過失について判断を行い、控訴人の請求額の約3分の2を認容し、ようやく事件が終結に至った。東京高判昭和54年4月16日判時924号27頁。
22) この判決をもとに、民事訴訟での証明度の基準は「高度の蓋然性説」が通説となっている。

科学的な事項に関する不確実性に対処するために、「通常人が疑いを差挟まない程度」という基準で事実認定を行っているのである。

つまり、自然科学を事実解明制度として、その権威を認めるかのようでありながら、実際の自然科学や科学技術については、「一点の疑義も許されない自然科学的証明」を達成していないことを理由に、その権威を結局は否定する形をとって事実認定が行われているのである。この判決では、法的証明を「通常人」の判断としているのに対し、自然科学的証明は、科学共同体の判断ではなく、「一点の疑義も許されない」判断として対比させている。よって、そもそも、実際の科学、科学共同体、科学者の専門的判断という、実際に訴訟で問題となる「科学」と法の関係についての言及とはなりえていないのである。

日本でも一連の公害裁判や医療過誤訴訟、製造物責任訴訟など科学的な証拠の評価が問題となる訴訟は急増しており、判例やその評価の蓄積もある。それにもかかわらず、法的証明において、実際の科学共同体の見解をどのように汲み取り、事実認定していけばよいかということについては十分に詰められてこなかったし、原田（1979）の問題指摘にもあるように、日本では、科学的な事項に関しては正面から判断することを回避する形をとって、問題解決していく傾向が強かった。

しかし、実際には科学共同体の判断に権威があるような事項について、その裏付けに欠く事実認定を行うと、法的事実はその正統性に疑問が提起される危険がある。科学的な事実が、一応の社会的権威をもって法的事実とは独立に存在しうる以上、法的事実はその正統性のためには、科学的事実を無視できない。ルンバール判決も、少なくとも表面的には、事実を解明する上での自然科学の権威は認めている。

それゆえ、今一度、「一点の疑義も許されない自然科学的証明」との対比ではなく、現実にある科学共同体とそのなかで醸成される科学的事実との関係で、法的証明と科学的証明の関係を問い直す必要があるだろう。

3　科学訴訟としての医療過誤訴訟

日本では、「法と科学」という論点においては、必ずルンバール判決が

言及される影響もあり、医事訴訟が科学訴訟の典型として考察対象になる場合もある（例えば中野編1988）。1で見たような公害訴訟や、薬害訴訟、また何らかの科学技術の利用の是非を問うような現代型の典型的な科学訴訟は、法的に問題とされる科学技術の種類や、争点にかなりのばらつきがあり、医事訴訟ほどのまとまった件数で提起されるわけではなく、散発的である[23]ため、医療過誤訴訟のほうが分析しやすい面はある。しかし、医療過誤訴訟での医学的知見の扱いを、科学訴訟全体に敷衍して考察することには限界もある。

　医療は、自然科学の一分野と分類されるが、医事訴訟では臨床での具体的な医療実践そのものが問題とされる。その場合、医療専門家はいわゆる一般的な自然科学者とは異なり、具体的な患者に対し、日々診断や治療上の判断をしており、そこに一定の価値判断を伴っていることや、その判断に一定の責任を持つことも役割上織り込まれている。

　よって、医事訴訟では医学的な価値判断を法的判断と区別しつつ、どう読み替えるかが問題となるのに対し、科学訴訟全般では、科学裁判所構想に見られたように複合的な要素から、科学的に言える部分のみをいかに切り出し、科学的判断に純化できるかに焦点が置かれる場合が多い。科学では一般的にその社会的影響等に科学者が直接責任をもつことが想定されておらず、純粋に科学的な真実を探求する営みであると考えられてきた[24]。科学者の専門家としての判断と、科学的知見とは異なるのである[25]。

---

23) もっとも、中村（2014）が指摘するように、こうした現代型科学訴訟も、実際には、60年代から70年代の公害・薬害訴訟ほどの多数でなくとも、同種の事件を弁護士が連携して各地での裁判を分散させて複数提起していることが多く、先行する事件での証拠や専門家証言の尋問結果を利用しつつ、裁判所側の判断も積み重ねられる中で、法解釈や法発見がなされていく集団的な意思形成過程である。よって、科学訴訟を単発の訴訟だけに着目して分析するのでは不十分だが、だからといって、医事訴訟、労働訴訟、知財訴訟というような専門訴訟の区分に「科学訴訟」を一類型として加えて対応をしていけるような類型ではない。

24) それゆえに、これまで社会との接点の乏しかった他の科学技術の分野を社会的な存在として位置づけ、その適切な相互作用のあり方を模索しようとする科学技術社会論がようやく展開してきているのである。それに対し、医療社会学は別の学問領域としてすでに一定の確立をみている。ただ、その両者には重なる部分もある。

よって、医療は、他の科学技術との関連性も深く、自然科学の一分野と位置づけられるものの、本章が冒頭で問題提起したような、幅広い科学技術と裁判の問題を扱う場合に、その典型例として医事訴訟を扱うことには限界があり、不適切な部分もある。

それでも、科学訴訟の在り方を考える上で、医事訴訟をひとつのモデルとして考察することには意義があると考える。

第1に、裁判で、その科学的問題を扱おうとする場合には、その専門性からくる困難がつきまとう。よって、医事訴訟への専門訴訟としての対応は、その専門性の中身に違いがあるとしても、科学訴訟全般への対応のためのヒントを提供していることは確かである[26]

第2に、現に科学訴訟の典型として医事訴訟が想定されているという事実は否定できず、そのことの意味にも配慮する必要があろう。その点については、事実認定のあり方として、究極的な事実解明の形として、「自然科学的証明」という固い科学観を示し、法的証明がそれとは異なるという固有性を主張しつつも、可能なら自然科学的証明を目指すことを否定してはいない。このような科学観や法的判断の固有性についての議論は、科学的な事柄が問題になる訴訟が正当性を得るための何らかの要素を示唆している。この点については、第2部で改めて検討することにしたい。

4　科学訴訟と専門訴訟

以上のように、日本では科学訴訟の一部として医療過誤訴訟をむしろ典型例のように扱う場合もあるが、近時の司法改革においては、医事訴訟は、

---

[25] しかし、実際にはこの二者は混同されがちであり、特に、科学者が科学の範囲で言えることを越えて何らかの政策判断に至ることへの懸念が表明されている。例えば、影浦 (2012) は、専門家は知っている人で、科学者は知らない人であり、新たな出来事を目にしたときに、それを「想定外」とせずに、その出来事も科学的知見に取り込むという態度をとる人を科学者とする暫定的な定義を示して、東日本大震災後の専門家の言説を揶揄している。

[26] その専門分野の特質や何をどのように問題にしようとしているかに常に配慮しながら、その妥当する範囲に留意する必要がある。よって、専門家が関与する場合には、そうした文脈的な知識の供与も不可欠となるだろう。

専門訴訟の一類型として、対応が検討された。

「専門訴訟」とは、専門的知見を要する事件の略称で、司法制度改革審議会での議論を通じて初めて本格的に検討されるようになった。専門訴訟としては、医事関係事件のほか、労働事件、建築事件、知的財産関係事件などがあげられ、それぞれについての対応が講じられた。大別すると、その事件類型に応じた新たな審理方式や特別な手続で、裁判所の専門化を進めていくという方向と、専門家の協力体制の強化という方向が追求された。医事訴訟に関しては、2001年には最高裁に医事関係訴訟委員会が設置され、鑑定人リストの作成が行われるなどして、専門家の協力体制の強化がはかられた。主要都市部の地裁には医事訴訟の集中部が設置され、2003年に民事訴訟法が改正され、鑑定手続の改正と専門委員の新設もされた。

こうした民事司法改革立法から10年あまりを経た現在のところ、専門分野ごとの専門性を反映するような種々の手続創設による裁判所の専門化に対しては、おおむね好意的な評価がされている。

労働審判制度[27]は、今期の司法改革全体の中でも高い評価を得た改革の1つである。知財高裁については、知財事件の提起が減少していることや最高裁によって覆されるケースが散見されるなど、精査すべき現象も見られる[28]が、おおむね良好な評価を得ているようである。

こうした裁判所内での専門分野に応じた手続的対応や専門化はもはや不可避の趨勢でもある。そこで、科学訴訟一般についても、同様の方向性を追求していく可能性が問われうる。アメリカで60年代に導入が検討された、「科学裁判所構想」の是非ということになる。その点ではアメリカで検討されてきたように、裁判所外で科学的問題のみを審理するような科学裁判

---

27) 労働審判制度は、ADR として理解されることもあるが、審判から裁判への移行も予定されているほか、職業裁判官の関与による法的な解決への期待が高いことからも、裁判システムの中での専門性に特化した新しい手続と理解したほうが適切だと思われる。労働審判制度の利用者調査結果について、佐藤 (2011)。

28) 宮脇 (2015) は、知財高裁が予見可能性の高い規範を採用する一方で、最高裁が総合考慮型の規範を採用するという、アメリカの CAFC と連邦最高裁の間で見られるような分かれ方をするものがあるとする一方で、その逆の現象も見られるという。

所構想は、分離主義の弊害が妥当する。他方で、裁判所内での専門化という点についても、医事訴訟をのぞくと「科学」という幅の広いくくりで専属管轄化することには無理がある。また、裁判官が多少、一定の科学的素養を備えていたとしても、それだけでは不十分であり、さらにいかに専門知を取り込むかも問題となろう。

こうした専門訴訟の問題提起については、第2部で詳しく取り上げることにする。本章でとりあげた、「科学訴訟」は、当然、専門的知見を要するという点で、専門訴訟の一部ともいえるのだが、科学については、単純に専門家の判断で足りるとは割りきりにくく普遍的で絶対的な真実を提供するものであるという、固い科学観が根強いという点、他方で、リスク評価を伴う、科学的不確実性をはらむ課題をどう扱うのか、という現代的課題への応答、そして医療過誤訴訟などと異なり単発的に訴訟で問題になるために裁判所として組織的対応も難しい領域での科学的知見の導入のあり方をどうするのか、といった固有の課題を有する。そのため、「裁判の専門化」の一類型として科学訴訟を位置づけることは困難である。しかし、専門訴訟という発想が、裁判は、問題となっている専門領域の知見を反映したものでなければならないという現代的な要請から来ていると考えれば、科学訴訟も、科学共同体でおよそ承認されている知見に基づいている必要があるという点では、同様の要請に応える必要はある。

V　フォーラムとしての裁判

本章で見てきたように、日本ではこれまで、科学が問題になるような訴訟全般について、科学訴訟としてよりも、「現代型訴訟」という枠組で分析、検討され、訴訟過程に対する新しい理解を開いてきた。そこで、最後に、そうした研究成果を踏まえて、こうした訴訟が科学技術に関するフォーラムとしてどのような意味を持ちうるか、それが適切に機能するための条件について若干の考察をしておきたい。

Ⅰで見たように、現代型訴訟は、通常注目が集まる訴訟の結果ではなく、訴訟過程と、それが社会的に与える影響に目を開かせた。嫌煙権訴訟など

は、訴訟提起や、その後の訴訟手続過程が、当事者同士の対等で整序された対論を実現した。社会にも問題を問いかけ社会的議論をも喚起し、判決では原告は敗訴したが、実質的には訴訟を通じて嫌煙権を社会に認知させ、その世論喚起をバネに国鉄の禁煙車両の設置という目標も勝ち取った。こうした訴訟が果たしたフォーラム形成機能とも言うべき役割に光が当てられたのである。

　また、紛争解決説が通説化していた民事訴訟目的論に対しても、訴訟での対論過程こそが、訴訟の本質であるという新たな視角を開き、手続保障説へとつながった。その流れをつくったのが、いわゆる手続保障の第3の波の議論（例えば井上1988）だった。両当事者と裁判官の三角形で理解される裁判での手続過程のうち、当事者同士の水平的な関係を中軸に据え、その対論過程に紛争解決過程の本質を求める。

　訴訟というフォーラムで、当事者・代理人・裁判官・専門家が水平的な対論を行っていくというアイデアは、科学技術社会論が構想する科学についての社会的意思決定のための場をいかにつくるかという論点にも重要な示唆を与える可能性もあった。

　第3の波の、当事者の生の声を重視し、法律家をはじめ専門家の特権性を否定する考え方からは、科学が問題となる場合も、科学者に科学の特権的知識があるという扱いをせず、その専門家もともに、膝をつき合わせて議論をするというプロセスを志向することになるだろう[29]。しかし、専門家の特権性を否定すると、その専門性に着目する議論に結びつきにくくなる。

　そもそも、第3の波の議論は、その考え方を徹底すると、裁判官による判決という裁判の制度上本質的な部分を過小評価し、裁判が裁判であることを自己否定することにもつながる。そこで、この考え方の延長線上で、

29）筆者が、90年代後半に第3の波の議論に対し、重要な論点において科学的な事実が明らかになった際に「膝をつき合わせて話し合う」だけでは問題は解決しないという発想の下で、科学的証拠の扱い方について論じようと考えたと発言した際に、井上正三先生が「科学者も含めて膝をつき合わせて話し合うことを織り込んでいる」と簡単に論破された。

裁判という手続過程自体の特質に応じて、専門家の関与の在り方を建設的に構築していくのは理論上も困難だった。

ただ、アメリカと同じく科学技術にかかわる大規模被害型の現代型訴訟を経て生まれた議論の1つとして再評価すると、第3の波の見解は、科学技術の問題を政治的、道徳的問題から分離しようとする科学裁判構想が依拠する分離主義に対して、そうした問題も含めて対論過程を積み重ねるという、いわば融合主義に立っていたとも言える。このような科学観は、科学論としては、社会構築主義にたち、科学技術の絡む公共的意思決定に際し専門家の特権性を否定し、市民参加を推奨する立場に親和的であり、本書もそうした市民参加論からも示唆を受けている。

しかし、専門家の特権性をただ否定する立場に立つと、科学的知見の性質や専門家の関与のあり方が視野に入りにくい。科学論のほうでも、最近は科学技術に関する極端なポピュリズムを戒め、専門家の専門知にもとづく見解の特権性を認めつつ、そのことの意味を明らかにしようとする新たな潮流がみられる（コリンズ2011）[30]。科学訴訟における専門知の活用という課題に正面から取り組むには、このように、専門家であることや専門知、専門家にゆだねるべき問題がいかなる問題かといった問いを改めて意識的に問い直す視角が必要だろう。

なお第3の波の議論では、手続過程の要諦として、「膝をつき合わせる」という表現がしばしば使われるように、訴訟過程での弁論の活性化を重視するが、その手段として2当事者の対立的な攻防という形は必ずしも重視しない。その点で裁判手続の基本構造とは相容れない部分も大きく、訴訟理論としてはその後、空中分解したとも評される（田中2014：86）が、こうした議論が学会や実務でそれなりの共感をもって受け止められたことからも、日本的な意味で、理想のフォーラムの在り方を、組み込んでいたとも考えられる[31]。よって、例えば司法内での科学裁判所構想の議論に見られるような、手続的正統性の確保のためアドバーサリーシステムの要素を維持する必要性は日本では薄いということになろう[32]。

---

30) ちなみに、このような新たな潮流は、科学論の「第3の波」と呼ばれている。

フォーラムとしての裁判の意義を重視しつつ、そこで問題となる専門知の性質をふまえて科学的知見の扱いをどのように組み込んでいくべきなのかを考察する必要があろう。この点は、第2部で本格的に展開したい。

31) 佐藤 (1994)。また、裁判を「議論・交渉フォーラム」ととらえる田中 (2014) は、アメリカでの議論を踏まえつつ、裁判における手続的正義について、第3の波の議論は手続的公正のみを重視する議論であると整理し、裁判官の中立性・公平性や、第三者および当事者たちに対して理由づけられた議論と決定を要請する手続的合理性の確保も必要であると指摘している。

32) 他方、立場に忠実であるならば、裁判での紛争解決の制度的限界から、より適切な紛争解決過程の実現を目指す方向に向かうのが自然である。例えば和田仁孝は、医療事故紛争に関して、当事者による対話調整型の ADR として、医療メディエーションの提唱と実践を進めている。訴訟はあくまで、法的紛争に決着をつける場として設計されており、裁判の対審構造は、必要以上に相互の違いを強調し、対決を深める効果をもつため、「対決ではなく感情への手当を含む対話」を実現できるような ADR が望ましいという (和田2008: 685)。
　このような議論や取り組み自体は意義深く、実際に医療現場で成果をあげてもいる。ただ、こうした裁判役割限定論の強調は、第3の波の、裁判のフォーラムとしての役割評価を十分に展開することなく葬ってしまうことにもつながる。

第4章

科学的不確実性と裁判
：フォーラムとしての裁判の可能性

I　リスクをめぐる裁判を問題にすること

　現代はリスク社会といわれる。科学技術が発展してきた一方で、そうした技術が深刻な被害をもたらしうる。チェルノブイリや福島第一原発の事故でも明らかになったように、危険が現実化すると、被害は非常に広範かつ深刻なものとなり、損害賠償によってすべてを補填するのはもはや不可能となる。そこで、リスクはその現実化の防止が何よりも重要になるが、実際には、どういう危険がどのような確率で生起するのか、何を社会的に問題と捉えるのかが必ずしも定まっていない、非常に不確実性の高い問題を伴う場合も多い[1]。そうしたリスクのある科学技術の利用をめぐっては、社会的な論争となることも少なくないほか、危険性のある施設の建設や、施策の実施をめぐっては関係者や付近住民等との深刻な紛争を生み出すことになる。

　本章では、主として、リスクの中でも、科学的不確実性にかかわるリスクをめぐって生じる紛争において予防的に訴訟で争われる場面を一つの典型例として、リスクをめぐる裁判の可能性と課題について論じていく。リスクをめぐっては、既に起こってしまった問題に対する損害賠償請求訴訟

---

[1] リスクは、後述するように、狭義には、「ある有害事象が起こる確率」と捉えられているが、ここでは不確実性と同様に広く解する。

の中で争われることもあるが、リスクの性質上、本質的には、被害が現実化する前[2]に、被害の発生を食い止めるために訴訟を提起するという形で行われることになる。よって、裁判としては、典型的には仮処分や差止め請求などの将来志向型の訴えとなる。

科学技術の負の側面が認識されるようになる一方で、紛争の処理についても法的な手段によらざるをえないという法化が進む中、リスクをめぐる争いが裁判に持ち込まれていく場面が増えていくのは、自然な流れとも言える。しかし、こうした問題に対処するのに、裁判は適していないといわれてきた。

第1に、損害賠償型も含め、科学的不確実性を伴うリスク問題については、そうした科学的な専門知識や専門知識を導入する資源に乏しい、裁判官や裁判というしくみで扱うのは困難であると考えられてきた。この問題は、かねてから「科学訴訟」の問題として論じられてきているが、近年では「専門的知見を要する事件」として、その対策が検討されてきた問題でもある。

第2に、リスクは、よくても確率としてしか把握できず、後述するように、現在の最先端の科学的知見をもってしても、確率としても把握するのが困難なものも多い。ところが、法は、大雑把に言えば、科学は確実な知見を提供するものという固い科学理解から脱し切れておらず、第3章でも見てきたように、科学的不確実性にすでに直面してきたにもかかわらず、それを科学的不確実性の問題として受け止め、それとして向き合うという姿勢をとってこなかった。結果として、現在、利用可能な範囲での科学的な根拠に基づいた判断を目指すことが難しくなっている。

第3に、裁判は、一般的に現実化した危険に対して、回顧的に、現に被害を受けた個人に主として金銭賠償の形で救済を与えることを主機能としており、まだ危険が現実化していない段階で危険と思われる行動を差止め

2）リスクのこのような性質上、事前配慮原則や、予防原則等の法理が展開してきており、重要な論点ではあるが、本稿では直接的には、これらの理論については扱わない。

ることは、近代法の主要な役割である市民の自由保障機能からの離脱ともなり、本来の役割を越える。よって、損害賠償型以上に、請求が認められにくい。リスクの回避のための規制には、司法よりも行政や立法によるほうが適合的であると考えられてきた。そこで、リスクをめぐる裁判では、一般に広く立法裁量、行政裁量が認められる。福島第一原発事故以降、批判の対象ともなっているこれまでの日本の原発訴訟では、行政府の専門技術的裁量をおおむね広く認めてきた。人格権侵害を根拠とする差止め訴訟も、その請求が認められることはまれである[3]。

　そのような司法の現状を念頭に、およそリスクをめぐる紛争を裁判で扱うことには消極的な意見が多い。たとえば福井（2008）は、訴訟を中心とする従来の紛争解決方法は、「紛争の原因である具体的権利・利益侵害を特定し、有責な加害者にその侵害によって生じた損害を回復させるというモデル（損害回復モデル）に依拠」しており、しばしば決定者と被影響者のリスク評価のギャップに端を発するリスク紛争にとって、従来型の紛争解決方法で対処することは適切とは言い難いという[4]。

　このように、リスク問題の専門性の高さや、損害救済モデルを基本とする司法の自己抑制から、リスクをめぐる予防型・将来志向型の訴訟は、イレギュラーな裁判で、予防的な措置が認められることは困難であるという認識が広く共有されてきているように思われる。しかし、それを理由に、こうした紛争において裁判の限界を指摘し、訴訟を使うことを差し控えることを推進していくべきなのだろうか。

3）原発事故以降について、大飯原発訴訟で、福井地判平成26年5月21日判例時報2228号72頁で、人格権に基づく差止め請求が認められ、大きな注目を集めたが、その後は高浜原発の仮処分申立について、大津地判平成28年3月9日判例時報2290号75頁が請求を認めたものの、その控訴審や抗告審では認められていないし、その他の地域での裁判でも棄却判決が主流化している。

4）福井（2008: 44）。そこで、福井は、リスク評価のギャップから生じる紛争については、予防的コンフリクト・マネジメントを、リスク評価のギャップに触発されて深刻化している紛争については、ケア的コンフリクト・マネジメントという方式で、当事者同士の修復的なコミュニケーションによる解決が好ましいと論じており、注目される。

リスク問題の専門性の高さに関しては、少なくともそれ自体が裁判所の判断対象とすることを控える理由にはならないし、裁判所も専門性の高い事件に対しては特別な対応が必要とは考えても、そうした事件を扱うことができないとはしない。司法制度改革審議会以降の民事司法改革において、専門訴訟への対応という枠組みで積極的に種々の取り組みを進めている。それがどこまで成功しているかは詳細な分析を要するし、さらなる対応の必要性もあるが、そうした取り組みによって専門性に対応した裁判は実現できると考えられている。

　ただし、本章が対象とするリスクの問題は、専門性が高い問題を含むものの、専門家に聞けば確実な解答が得られるという種類のものではない場合が多い。そうした問題の分類については後述するが、こうした広い意味での科学的不確実性に対して裁判がどう扱うべきかについては、これまでの裁判での蓄積も踏まえた上で、さらなる検討が必要である。科学に問うことはできるが、科学だけで答えられない問題群、いわゆるトランス・サイエンスの領域で、いかに社会的意思決定をしていくべきなのかについては、近年、科学技術社会論（STS）で積極的に論じられ、研究が進められてきている。そうした議論の示唆を、裁判論としても参照し、裁判論に活かしていくことも考えられる。逆に、裁判も、社会的意思決定の一つの仕組みであり、そうした仕組みとして歴史的に手続を練り上げてきていることからは、裁判外での意思決定に対しても示唆を与えうる面もあろう。

　将来志向型裁判の可能性については、裁判が損害賠償を中心に訴訟手続を展開させてきたことは事実だが、それが、差止め請求をマージナルなものにしなければならないことを論理的に帰結するわけではない。むしろ、「差し止めが原型であって、更にそれでどうしても、なお当事者なりバランスが保てないというときに、補完的に損害賠償もあわせて命ずるというのが、素朴な感覚に合致している」（井上2001）[5]として、そうした要望に対して裁判制度としてどこまで応答しうるかを問うべきだろう。

　5）座談会「差止と執行停止の理論と実務」（2001: 21）井上治典発言。

リスクをめぐる問題について社会的意思決定をするのに最適な機関が裁判所であるとはいえない。しかし、リスクをめぐる問題についての一つの決定機関として裁判所が一定の役割を果たすことは不可避であり、また必要でもある。よって、裁判が、その役割を果たす上で、最適な形をとるようそのあり方を変えていくことも視野に入れた検討が必要だろう。

II　科学観の転換と意思決定モデル　　：STSの問題提起

　原発の安全性、遺伝子組み換え食品や電磁波が生体に与える影響など、科学技術に伴うリスクにかかわる紛争を解決するにあたっては、たとえ専門家でも答えを見いだせないような不確実性の高い問題であっても、なお科学技術的な知見に基づいた検討が必要であるという意味で、科学技術的知見が重要な鍵を握ることになる。そこで、まずは科学技術のあり方や、科学的不確実性に対する視角を持つことが求められる。

　科学的な問題に対しては、科学によって、確実な形で答えが得られる。そして、科学は専門性が高い分野であるため、そうした問題に対しては、優れた専門家が確実な形で答えを提示することが好ましい。そうした科学観は、固い科学観などといわれているが、なお社会的に一定程度受容されている。たしかに、福島第一原発事故以降、日本でも科学者への不信は高まっているが、その不信の内実は、本来確実な答えを出せるはずの科学者が、確実ではない科学しか提示できていないことに対するいらだちという面が強いのではないだろうか。

　しかし、もはやこうした科学観のみでは科学を語ることはできない。言うまでもなく、科学技術の発展は、研究室の範囲を越えて社会に大きな影響を及ぼしてきているし、また科学技術も社会からの影響を免れない。科学的な知も社会的に構築されるものなのである[6]。そうした現実に目を向

　6）たとえば、藤垣（2003）は、構築主義の立場から、科学的な専門主義がいかに生み出されているかを描き、科学にかかわる社会問題の科学的合理性にもとづく決定への志向から、社会的合理性の確保へと向かう諸条件へと向かっている。

け、科学技術を社会的文脈に位置づけて、科学技術と社会の境界線から、その相互の関係を分析し、両者の架橋を試みようとするのが科学技術社会論（STS）である[7]。

両者の架橋という点では、科学コミュニケーションの必要性も説かれるが、そこでは、これまでの「知識のない市民に、専門家である科学者が知識を供与して理解を求める」という欠如モデル[8]に立ったあり方では、不十分であり、双方的なコミュニケーションの必要性が説かれるようになっている。

科学技術がいかなる文脈で問題になるのか、という議論の枠組みは専門家が予め設定できるものではなく、非専門家のローカルな知識や認識枠組みが、問題解決の鍵となる場合もある。また、「科学によって問うことは出来るが、科学によって答えることの出来ない問題群からなる」トランス・サイエンス（小林2007）については[9]、これまでのように閉じた科学者集団だけでは決定は出来ない。そこで、市民の参加を求めるという流れとなる。リスクコミュニケーション、科学技術アセスメントの手法については、急速に研究が進められつつある。たとえば、サイエンスカフェ、コンセンサス会議のほか、討論型世論調査[10]など、最近の原発問題でメディアにも取り上げられるようになり、認知度が高まっているものもある。

その一つであるコンセンサス会議[11]は、社会的に争点のある具体的な

7）日本では、2001年に科学技術社会論学会が設立されている。法社会学と同様、学際的な研究分野である。

8）科学の公衆理解について、専門家と非専門家を対置し、科学的知識を有する専門家が、科学的知識を欠いている非専門家に対して、情報を提供することで非専門家の知識を向上させるというモデル（藤垣編2005: 263）。

9）トランス・サイエンスの定式化を行ったワインバーグの引いた例として、原子力発電のすべての安全装置がすべて失われた場合に深刻な事故が起こることについて専門家の意見の不一致はなくても、すべての安全装置が故障する確率、そしてそれに対する対応の必要性については、専門家の意見は一致せず、科学の領域を超える（トランス）問いとなるという。

10）2012年にエネルギー・環境政策について政府が実施している。3日間の合宿で、ランダムに選ばれた市民が専門家などに質問しながら自己の意見をまとめるという手法で、2017年には韓国でも同様の取組みがなされている。

科学技術に関して、専門家と市民の対話を通じて、市民による科学技術の評価や提言をまとめる会議手法であり、日本でも遺伝子治療や、遺伝子組み換え農作物の是非について、コンセンサス会議が開催されたことがある（小林2004）。現在のところ、こうした市民参加型の科学技術アセスメントについては、科学と社会の対話のための社会活動として進められている。こうした議論の結果が直接に政策形成に結びつくような形で制度化されているわけではない。

科学技術のリスクをめぐって争われる裁判も、科学だけでは答えることの出来ない問題を含むが故に、紛争が根深いものとなって訴訟に至っているケースが多いと考えられる。そして、裁判も、専門家も関与しながら、当該問題への関心だけでなく利害関係も有する当事者が参加し、その対論を軸として組み立てられた手続であり、一種のリスクコミュニケーション、参加型の科学技術アセスメントの場としての意味合いも有していると言える。

それでは、こうしたSTSの問題提起や、STSが開発してきた科学者と市民との対話の手法などを、司法はどう受け止める可能性があるのだろうか。

まずは、参加型の科学技術アセスメントなどの成果を、裁判で資料として利用したり、社会的事実の一部として参照することで、裁判を通じた法形成につなげていく可能性がある。通常の裁判の枠組みのなかで、当事者が自らの立場を裏付ける証拠として、そうした成果を活用することには特段の制約はない。

そして、裁判官が、その争点について判断を下す際に、例えばコンセンサス会議の成果についても、「社会通念」などの法的概念を通じて、司法的法形成にくみ取っていく可能性がある。科学技術をめぐる「社会通念」

11）コンセンサス会議は、デンマークで開発され、その後世界に広がっている。運営委員会がテーマとスケジュールを決めた上で、専門家を選定し、市民パネルを公募等で選ぶ。ファシリテーターが会議の司会を行い、市民の質問に専門家が答えるというやりとりを経て、最終的には市民パネルがコンセンサス文書を作成し、公表する。小林（2004: 2）。

として、単純に科学者の専門的な意見に依拠したり、逆に裁判官自身の考え方をそのまま組み込むのではなく、こうした取組みの成果を参照し、科学者とそれ以外のコミュニティの相互理解を「社会通念」評価の一材料としていくことで、司法判断の質が高められる可能性はある[12]。もっとも、これまで裁判所は「社会通念」などの法的概念の内実について十分に検討しておらず、その判断の際に、社会科学の成果等を十分に参照していない。よって、安易に「社会通念」アプローチをとることには問題があり、社会通念によるにしても、その根拠を明らかにしていく必要がある渡辺 (2011)[13]。最近の STS の研究で、Jasanoff & Kim (2009) は、科学者ではない素人のアクターによる、科学技術に対する認識に焦点を当て、「社会・技術的想像力 (socio-technical imaginaries)」を析出し、それを組み込んだ政策論議が必要であることを説くが、社会通念を提起する際も、単なる方便ではない、こうした研究からの示唆もくむべきである。

　もっとも、これは、コンセンサス会議などの科学技術をめぐる市民参加の統治論としての位置づけにも関わる。例えば、中山 (2008) は、科学技術をめぐる市民参加論は、市民参加の名において利害関係者の各自の特殊利益を行政に直接反映させ、一般的な公益を体現した法律による行政という民主主義原理と対立しうると指摘する。それに対し、司法については、そうした主張がたとえ、利害関係者の特殊利益であったとしても、裁判自体がそうした当事者性を軸に組み立てられたしくみである。裁判を通じた

---

[12] 違憲審査の文脈での「社会通念」の分析として、渡辺 (1993)。

[13] 現に最近の原発訴訟では、「社会通念」をリスクの受忍限度の判断基準とするが、その社会通念そのものについての評価はない。たとえば、高浜原発大阪高裁決定大阪高決平成29年3月28日判例時報2334号3頁では、「一般に、科学技術の分野においては、絶対的に災害発生の危険がないという「絶対的安全性」を達成することはできないと考えられており、科学技術を利用した設備、機器等は、何らかの程度において人の生命、身体、健康、財産等を侵害する危険を伴っているが、その危険性を、当該設備等の品質や安全性についての規制等により一定程度以下に管理し、管理された危険性の程度が社会通念上容認できる水準以下にとどまると考えられる場合に、いわば「相対的安全性」が認められるものとして、その利用が許容されている」というものの、その「社会通念」そのものを独立して評価はしていない。

法形成も、伝統的には裁判官の権限を越えるという批判はあるものの、社会的に生起する問題の新規性や社会規範の変容に柔軟に対応して一定の規範を提示することは司法の正当な役割の一部としておおむね認められてきている。

　では、次に、一歩踏み越えて、STSが編み出してきた、対話の手法や考え方を、司法過程に応用していく可能性はあるだろうか。

　第1に、開発されつつある科学コミュニケーションや参加型アセスメントの手法などは、これまで裁判という仕組みが蓄積してきた手続や決定のための諸ルールを、その原理・目的に照らした上での意味を問い直すための、手がかりとはなるだろう。例えば、医療過誤訴訟で、医師のカンファレンスのやり方を応用したカンファレンス鑑定が導入されたのと同様に、コンセンサス会議などの手法が、特に科学技術に関する社会的なコンセンサスを形成するための手法として考案されていることからは、それを最も適合的な方法として、裁判過程において応用する可能性はあるだろう。他方で、裁判が蓄積してきた手続についての考え方や手法を、逆に社会的な意思決定の場面で応用していくことも可能かもしれない。裁判は社会的に生起するありとあらゆる領域における紛争を、一定の法的原語に翻訳しながら判断を導くしくみであり、様々な領域を「架橋する制度（bridging institution）」の神髄（Jasanoff 1995: 220）なのである。

　第2に、科学技術の文脈で説かれる市民参加の考え方と、近時の司法における市民参加論の異同について検討してみる余地もある。科学技術の問題も、裁判も、専門家だけに任せておくことが望ましくないという発想では共通する。それゆえに、裁判においても、一人の科学技術の専門家の意見を鵜呑みにする形の判断手法は不適切と考えられる。しかし、それは、科学技術が問題となる事例で陪審制を導入すべきという結論を導くわけではない。確かに、これまで科学技術の専門家とされていた人にだけ、その領域の知識があるわけではなく、素人のローカルナレッジのなかに、重要な情報が含まれている可能性もあり、特に科学的不確実性の高い課題においてこそ、市民参加が科学的知見の生成にとって本質的に要請されることになる（尾内2017: 177）。たとえば診療ガイドラインの策定に患者団体の意

見を入れるなどの取り組みもなされている。しかし、裁判は、もともと当事者性が高く、当事者ならではの情報や見解を取り入れる仕組みをとっており、それ自体市民参加の仕組みでもある。よって、裁判において新たに市民参加の仕組みを組み込むことが想定されるにせよ、これまで、裁判が科学にどう向き合ってきたのかを踏まえた上で、今後のあり方を検討することが有益だろう。

Ⅲ　裁判は科学にどう向き合ってきたか

3章で概観したように、裁判では、すでに科学的な問題を扱い、科学的な証拠の評価もなされてきている。そこで、これまでの検討を振り返りつつ、この問題が本章で焦点を当てる「科学的不確実性」という課題に対して、どのような対応がなされてきたか、またなしうるかについて問題を整理したい。

1　法的証明との対比としての科学的証明

科学的証明と法的証明を対比する際に、必ず言及されるルンバール判決がある。訴訟上の因果関係の立証を、「一点の疑義も許されない自然科学的証明」に対比して、「経験則に照らして全証拠を総合検討し、特定の事実が特定の結果発生を招来した関係を是認しうる高度の蓋然性を証明することであり、その判定は、通常人が疑を差し挟まない程度に真実性の確信を持ちうるものであることを必要とし、かつ、それで足りるものである」とした[14]。この「一点の疑義も許されない」という科学観は、固い科学

---

14) 最判昭和50年10月24日民集29巻9号1417頁。また、それより古く刑事事件であるが、「元来訴訟上の証明は、自然科学者の用いるような実験に基くいわゆる論理的証明ではなくして、いわゆる歴史的証明である。論理的証明は「真実」そのものを目標とするに反し、歴史的証明は「真実の高度な蓋然性」をもって満足する。言いかえれば、通常人なら誰でも疑を差挟まない程度に真実らしいとの確信を得ることで証明ができたとするものである。」最判昭和23年8月5日刑集2巻9号1123頁も、科学を論理的に「真実」そのものを追求する営みというとらえ方で、訴訟上の証明と対比している。

観といえる。しかし、結局のところ、司法判断の目的においては、その「固い科学」には到達できないし、する必要もないということが強調される。法的判断の固有性を強調する際の対比として、「究極の真実究明」として科学を持ち出すが、そこでの科学は、理念的な存在として位置づけるにとどまっている。

　このようなフレーズは、以後の裁判でも繰り返し用いられている。自然科学についての記述は単なる修飾句に過ぎず、法的には意味はないが、こうしたフレーズが繰り返されることで、科学は「固い科学」であるべきとの信念を再生産しているという点では、科学が本来的に不確実性をはらんでおり、その不確実性への対処が必要であるとの認識を生み出しにくくしているように思われる。

　もっとも、法的に重要なのは、そうした科学的証明に対して、法的証明は、「高度の蓋然性」による証明で足り、その判定は、裁判官が、通常人を基準として、証拠の総合評価によって行われるという部分である。その範囲で法的証明の固有性も示されている。裁判は、いかに専門性の高い事案であれ、最終的には法の専門家であり、ジェネラリストである裁判官による判断にゆだねられ、むしろそのほうが、常識的で妥当な判断ができるとも考えられてきた[15]。この基準によって、科学的不確実性に適切に対処できると考えることもできよう。

　しかし、ここでの常識的判断の優位性を固い科学観と結合させてしまうことで、確実な知見に到達できていない不確実性をはらんだ科学の場合には、法は、その知見を尊重する必要はないという極端な考え方につながる危険性もある。そこで、科学には不確実性があることを正面から認め、専門家共同体での了解事項やそこでの不確実性の種類や程度等についての共

---

[15] 民事事件でも陪審裁判が広く行われている合衆国では、科学的な証拠の評価を伴う訴訟でも陪審裁判がなされる。その場合、事実認定を陪審にゆだねることになるが、この場合、事実については、裁判官の判断に優位性はないということが強調される。事実については、一般人の通常の評価によって適切に判断されるという考え方であるが、裁判官による科学的証拠の評価についても、同じような発想での正当化がなされることが多い。

通理解の形成を試みた上で、不確実性に対する評価・判断を行うしくみを整備する必要があろう。

2　科学的証拠の評価

　科学裁判には、いわゆる「科学鑑定のジレンマ」[16]がつきまとう。1の固い科学観も影響して、前述したように「科学」と認められればその証拠の価値を高く評価し、「科学」として足りないと判断されればその価値を正当に評価しないという態度になりやすい。たとえば、日本の裁判所では一般的には科学性が怪しい声紋鑑定やポリグラフのような証拠でもこれまで科学的証拠として許容し、その結果をおおむね尊重してきた一方で、科学的に一定の承認がなされているような方法論に基づいた証拠でも、例えば統計や疫学の証拠については、その証明力を控えめにしか評価しない傾向があった（渡辺2010）。

　しかし、いずれの場合でも、科学的証拠の必要性については認識され、そうした証拠を得るために専門家証人や鑑定手続等を用いて専門家の知見を導入し、専門的知見に基づいた裁判のための努力は積み重ねられてきた。そして、科学的な事実が争点の一部となっているような事件については、それらの専門的知見を踏まえて、少なくともその事件を解決するのに必要と思われる範囲で科学的な根拠にもとづく形をとって判断を行ってきている。その際には、科学的不確実性に直面せざるを得ず、科学的不確実性をどう捉えるかについては、事件によっても、かなりのばらつきがある。しかし、少なくとも刑事事件や一般民事の損害賠償請求事件の判決においては、「科学的根拠に基づいて事実認定を行い、適正な判断を行った」形で判断理由が述べられている。

　当然のこととはいえ、そうした事件の判決文を見る限りは、科学鑑定のディレンマなどという問題は、存在しないかのようである。それゆえに、

---

16)「裁判官に専門的知識を要求することができないために鑑定が行われているのに、出てきた鑑定結果を評価し取捨するためには、それだけの専門的知識を要するというジレンマ」と中野（1988）が定式化している。

少なくとも、不確実な状況にあっても、その分野での専門的知見に基づいて適正に事実認定を行い、それに基づいて判断を行うことに、裁判としての正義を求めてきたと言える。そして、これは一般的な裁判に対する期待とも合致していると言えるだろう。

3 「予防的科学訴訟」における消極性

他方で、本章が特に対象にしているリスクをめぐる裁判は、リスクが現実化していない時点での裁判が基本となる故に、人格権に基づいて差止め請求をしたり、行政処分の取消を求めるなど、訴訟自体が、将来に向かって何らかの請求をするタイプの訴訟となることが多い。早期の救済を求めて、仮処分の申立がなされることもある[17]。「予防的科学訴訟」（大塚2010）[18]とも言える類型となる。もっとも、請求そのものは将来に向かう形ではなく、通常の損害賠償請求訴訟であっても、科学的な事柄が問題になって何らかの規範形成、政策形成を求めていくような裁判もあり、広い意味ではこうした訴訟もリスクをめぐる裁判といえる。

このような事例では、争点において、科学的不確実性が問題になる場合が多い。ここでの不確実性は、起こってしまったことの帰因のレベルではなく、「起こりうること」の不確実性、それらの生起確率、その双方のいずれも定まっていない場合も少なくなく、損害賠償請求の際の因果関係の立証以上に大きな困難を伴うことになる。そして、こうした問題の場合には、Ⅱで見たように、特定の専門家だけに判断を仰ぐことが好ましくない。裁判という枠組の中では、この問題は基本的には専門家の協力のあり方や

---

17) リスク問題に焦点を当てているものでないが、仮の地位を定める仮処分が、本案の代替的な機能を果たし、それにより、当事者にとっても満足のいく解決が可能となる例があるという瀨木（2003）の指摘は、興味深い。
18) この用語は一般化してはいないが、大塚（2010）が①施設の稼働の結果生じる環境への影響についての科学的知見が不明確で②影響がいったん発生すると不可逆または深刻な損害を発生させる可能性がある③科学的知見の証拠が偏在している④施設が稼働前であるような場合での施設稼働の差止め訴訟を、「予防的科学訴訟」としており（大塚2010: 685）、本稿も、同様の意味で用いている。

第4章 科学的不確実性と裁判：フォーラムとしての裁判の可能性　139

科学的証拠の評価の問題に帰着する。

それに対して、こうした予防型、あるいは規範形成を求めるような訴訟の場合、司法は、自らの機能を限定的に捉え、専門性司法消極主義とも言える立場に立ち、判断を控える傾向が強い。

民事の差止め請求では、大阪国際空港訴訟の控訴審でかなり踏み込んだ判断があったものの、最高裁（最大昭和56年12月16日民集35巻10号1369頁）で不適法却下とされてからは、冬の時代が続いた。今世紀に入る頃から尼崎や名古屋南部の大気汚染訴訟で、その適法性は認められるようになり、道路等、社会的に有用性が高いものでも、人の健康被害が生ずる蓋然性の高い場合には、差止が認められるべきという点も承認されてはきているが、裁判を通じて芳しい成果をあげるのはなお容易なことではない。

原発訴訟は、かねてから科学裁判といわれ、司法が科学問題にどこまで裁判所が踏み込んだ審理を行いうるのかという観点から論じられ、人格権侵害を根拠とする民事裁判でも原告の請求が認められることはまれであり[19]、行政事件については、行政庁の専門技術的裁量[20]を認める形で、原告の訴えを退けてきている。

こうした将来志向型の裁判における消極性は、通常の刑事事件や損害賠償請求事件では、科学的証拠の評価の文脈で一種の司法万能主義をとっているようにみえることと比較すると、奇異にも映る。しかし、逆にそれとの相違から言えば、この専門性消極主義も、高度に専門的な問題であるこ

---

[19] 原発訴訟に関して、行政規制の存在を前提に、民事の不法行為訴訟でその基準の是非を問うことや、その存在と関わりなく生活生穏権等を媒介に差止めを認めることは問題であり、行政訴訟でも基本的には行政庁の科学技術的裁量を尊重すべきとの見解（高木2015）が有力に主張されている。もっとも、その見解は学説の主流ではなく、なお民事差止めの必要性を説く声も強い。たとえば大塚（2016）。

[20] 伊方原発最高裁判決（最判平成4年10月29日民集46巻7号1174頁）では、裁量という言葉を用いずに、「専門技術的な調査審議及び判断を基にしてなされた被告行政庁の判断に不合理な点があるか否かという観点から行われるべき」という表現が用いられている。そのことに格別の意味を見いだす学説もあるが、結局は「専門技術的裁量」を認めたものとも評価されている。たとえば、座談会「伊方・福島第二原発訴訟最高裁判決をめぐって」（1993）での阿部泰隆発言など。

とを理由に判断するのを控えているのではなく、司法が行政府や立法府の判断に異をとなえることを控えるという一般的な司法消極主義の延長と考えられる。

　また、そのことにも関連するが、そもそも司法作用は、犯罪にせよ不法行為にせよ発生した負の結果をもとに、刑罰を科したり、損害賠償によって救済するなどの矯正をはかることを主たる役割としており、まだ生じていないことを回避するために統制を加えたり、行為強制することには謙抑的であるべきと考えられてきた。よって、こうした司法の消極性は、たとえ請求そのものは将来に向かう形でなくとも、科学的な事柄が問題になって、何らかの規範形成がなされることを求めていくような裁判についても共通する面もある。では、こうした消極性は、司法の正当な自己抑制なのだろうか。

4　裁判批判の焦点

　さて、以上概観してきたように、裁判は、これまでも科学的不確実性に関わる問題を扱ってきたが、裁判が適切にそうした問題を扱い、応答してきたわけではない。むしろ、裁判への批判や不満は高まりつつある。

　一方では、2でも指摘したように、今期の司法制度改革の前後から、当該専門家から見た、専門訴訟批判が強まっている。その内容は、判断結果が、専門分野から見て非常識なものであるという点と、対審的手続への違和感・不満に集約される。

　つまり、裁判が、対審的な手続をとることから、専門家証人が、的外れな交互尋問にさらされ、その結果を、専門分野の素養のない裁判官が自由心証主義のもと判断を下すという手続を通じ、専門分野からみると非常識な判断に至っているといわれる。

　対審的な手続での証人尋問は、専門家にたいする人格攻撃を伴うこともあり、証人となった専門家にとって苦痛が大きく、専門家が裁判への協力をためらう原因にもなっていると言われてきた。そうした批判を受けて、鑑定人に対しては尋問から質問という形式がとられる法改正も行われたが、当事者が選任する専門家証人については、従来の交互尋問方式となる。尋

問は一問一答方式で、尋問のフレームを専門家が選ぶことができず、科学の状況依存性を無視し、科学者が答えられる範囲外の問いと答えを強要されると指摘される（たとえば本堂2010）。対審構造により、現在、特定の条件下でのみ認められているような科学的知見の妥当範囲を超えた回答が求められる。それにより、科学的証拠の合理性を失わせているという。

　これらの批判が、裁判に求めているのは、その問題に関する専門分野において一定程度了解のある知見を適切に導入し、その知見を踏まえた判断を実現することである。この要望は、少なくとも科学的証拠の評価の文脈において、これまで司法当局が実現しようとしてきたことと違わない。司法制度改革で提言された改善方法としては、①裁判所側の専門性の強化②専門的知見の導入のための手続の整備だが、これらが科学的不確実性の問題への対応として、どこまで機能しうるのかについては次節で検討したい。

　他方で、原発事故後の原発訴訟批判の高まりに例証されるよう、3で指摘した、大規模訴訟や予防的科学訴訟における司法の消極的な態度に対する批判も強まっている（例えば新藤2012）[21]。それに対し、原発問題は、国のエネルギー政策に関わる課題であることに加え、その専門性の高さから、裁判が扱うべき守備範囲を越えるとの主張もみられ、裁判役割論の再構築も必要となっている。

Ⅳ　科学的不確実性をめぐる裁判過程のあり方

1　「専門訴訟への対応」型の改善可能性

　Ⅲ2で見たように、全体としてみると、科学的に不確実性のある問題に対しても、裁判所は、科学的証拠や証人、鑑定などの手段を用いることで、

---

[21] 新藤（2012）は、こうした消極主義の背後には、司法官僚制の問題があることを指摘する。そして、裁判官の専門性の欠如が、その消極性をさらに促進することから、原発問題についても知財高裁のような専門裁判所型での対応が必要であると説く。専門化により、官僚システムでの指揮命令系統が緩和する可能性はあるだろう。10章参照。

その専門的な知見を導入し、それに基づいて判断を行ってきた。しかし、不確実性が残る問題について、どのように評価し、判断につなげていくかについては、その不確実性から来る不利益を原告・被告のいずれに課すのが公平かという観点からの検討が中心で、「不確実性」の程度や種類に応じた対応を講じるという志向性は不十分だったように思われる。

　もちろん、立証責任の配分や、最終的な評価基準による対応は、訴訟手続にとって本質的な課題である。こういった訴訟では、原告と被告の双方が、十分な資金と専門性を備えて争っているわけではない。通常、原告のほうが、それらにおいて劣位にたたされているにもかかわらず、原告側に因果関係や過失などの主要な要件についての立証責任が課されている。そこでどのような証拠をどちらが提出し、どのような基準で因果関係等を認めていくかというルールの設定や修正は、立証過程や勝敗を大きく左右する。専門的な情報の偏在の問題については、被告側にも情報提供を求めたり（事案解明義務）、立証責任の転換などの法技術を駆使することで、実質的な対等化をはかりうる[22]。そして、最終的な判断基準として、たとえば疫学的因果関係論のように、比較的緩やかな基準を用いる場合がある。

　もっとも、疫学的因果関係論の承認は、被害者救済に向けた画期的な成果とされる一方で、個別的因果関係の問題が残り、疫学による証明から直ちに、因果関係を認めるという形では定着していない。疫学的因果関係論を、原告の証明負担の緩和のための法理と理解して、疫学的研究の成果を必ずしも重視していない法の対応に対しては、疫学の研究者からは、現在における科学の文法である確率に対する基本的な法の側の理解不足の問題として批判されている（津田2012）。これは、不確実性は残るが、科学的に現時点では最も有力とされる知見を過不足なく受け止めるための手段を、法が十分に開発してこなかったことに対する批判と言える。こうした批判に対しては、立証責任の分配等の法技術の開発の必要性もさることながら、

---

[22] そのほかにも、原告には因果関係そのものではなく、相当程度の可能性の証明を求め、それに対して被告側に反証を求める方法や、因果関係を分割してその一部について被告側に証明責任を課すといった方式もある。

それ以前に、不確実性を伴う科学的知見の含意や射程を、まずは一定程度理解していく必要性、つまり法の側の科学理解の底上げも必要である。

近年の「専門的知見を要する事件への対応」は、専門家の協力体制を整えること、そして、可能な範囲で、裁判所側の専門化（5章・10章で検討する）をはかることで、対応を試みてきた。科学的に不確実性を伴う、リスクをめぐる問題についても、裁判所側の専門性の強化と、裁判での専門家との協働体制の改善という、この2つの枠組みで、一定程度対応していくことは可能だろう。

しかし、科学共同体においてもコンセンサスが得られない、あるいは未解明な部分が大きいような不確実性を伴うような問題については、一人の専門家の知見を導入するだけでは、その不確実性を把握することは困難だろう。また、裁判所の専門化による対応も、こと科学的不確実性が問題になるような事件での応用は困難である。合衆国で頓挫した科学裁判所構想もさることながら、科学的不確実性という課題の射程の広さ、問題となる事件の多様性から、そうした課題を集約して裁判所の専門部や特別な手続で専門的対応をはかるということは難しい。

そこで、この科学技術時代において、まずは科学的不確実性という普遍的な問題の存在や性質についての裁判所の一般的な理解を促進できるよう、裁判で争われる当該課題に関わる専門家や利害関係者が適切に裁判に関与できるような手続体制を構築することが求められる。

2　科学的不確実性への視点

これまで述べてきたように、法専門家は、これまでの固い科学観から踏み出し、科学の不確実性について、より細やかな理解をしていく必要がある。単純な分類は慎むべきだが、不確実性にもレベルがあり、それぞれの性質に応じた対応が必要である。「リスク」は、狭い意味においては、生起しうる結果とその発生確率のいずれも既知のものを意味する。その場合、リスクアセスメントが可能である。しかし、実際には、起こりうる結果は分かっていても、それがどの程度の確率で生じるかが未知であるという意味での「不確実性」（uncertainty；狭い意味での不確実性）、どういう結果が

生じるかの判断のフレームについて意見の一致を見ない多義性（ambiguity）、危険性があるかどうかもまだ分かっていない無知（ignorance）などに分類される（竹村和久ほか2004)[23]。

　不確実性といっても、それが狭義のリスクなのか、フレーミングについて争いがある多義性なのかによって、それを前提とした意思決定のありようは大きく異なる。Stirling（2010）は、不確実性の種類や性質に対する理解を求め、そうした性質に応じて、意思決定の枠組みを変える多元的・条件的なアプローチを提唱している（不定性マトリックス　図を参照。この図の分かりやすい説明として中島2017: 112）。政策決定などの場面において専門知識の供与を求められる専門家は、不確実性を認識していても、分かっていないことを、計測可能なリスクに還元してしまう傾向がある。これは、明らかに誤った知識に基づいた「踏み越え」を侵すことになる（Stirlingの提唱に即した検討として、吉澤・中島・本堂2012）。特に、トランス・サイエンス課題においてこれは深刻な問題である。そこで、こうした課題に関与する人が、そうした問題に気づき、現実に学術的・専門的に了解できている範囲のことを理解するための手がかりとして、こうしたマトリックスが提示されている。こうした裁判に関与する法律家は当然これを踏まえるべきであり、これまでの固い科学観が想定しているように、「良い科学を導入すれば、正しい答えが出る」とは言えなくとも、現在のところ科学者によって答えうるのは、どういう課題に対するどこまでの射程と妥当性を有する解答なのかを了解する努力が必要である。

---

[23]　平川（2017）では、国際リスクガバナンス・カウンシルの報告書に沿って、複雑性・不確実性・多義性の3つの分類が説明されている。本章では、不確実性という言葉を、こうした概念の総称として使っている。一般的な概念として通用しているためであるが、こうした概念群の総称として「不定性（incertitude）」という概念もあり、本来は不定性概念で、その下位概念の一つとして不確実性を位置づける方が望ましいということは留意を要する。

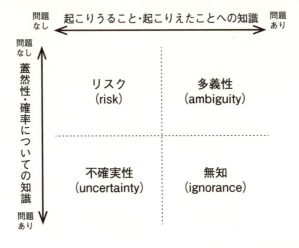

　第2に、そのためにも、裁判におけるより適切な情報の収集、吟味のための手続を洗練していく必要性がある。例えば、上述の「踏み越え」を抑制するために、科学共同体のピア・レヴューの考え方をとり入れ、複数の専門家のディスカッションに基づいて専門的知見を導入するという方法も考えられる。これにより専門家の相互のモニタリングが実現し、議論の中で、何が問題となるかについて裁判所や当事者も含めて相互に理解を形成していくことが可能になる[24]。医療過誤訴訟でのカンファレンス鑑定なども、その方式に近いが、不確実性を伴う課題こそ、このような方法で専門家の関与を強化すべきであろう。

　確実性の高い科学的問題や、狭義のリスク下での意思決定については、

---

[24] このような発想をとりいれたオーストラリアのニュー・サウス・ウェールズ州で導入されたコンカレント・エビデンスという手法については、8章で検討する。複数の専門家を選出して、事前の議論をふまえて作成された報告書をもとに、法廷で裁判官の主導により専門家に議論させる形で専門的知見を裁判に導入している。対質の応用とも言え、日本の訴訟法上も実施は可能であるが、対審構造における交互尋問方式から外れ、当事者による専門家証人へのコントロールが低減する（そのことが、こうした方式のねらいではあるが）し、職権主義的な手続とることから、当事者からは受け入れにくいとも言われる。

ある程度専門家にゆだねることも可能である。しかし、そうでない場合には、専門家以外の利害関係者も関与した形での意思決定の方法に合理性が出てくるだろう。もっとも、一体何がどこまで分かっていて、今問題にしているのが、狭義のリスクの問題なのか、多義性のレベルなのか、それとも無知なのかは、予め決まるわけではない。裁判過程において、それが明らかになったり、レベルが移行する場合もある（中島2008）。よって不確実性を予め分類して、専門家の関与の仕方を決めておくというのでは硬直的に過ぎる。むしろ3で提案する公共的救済モデルとしての裁判のあり方を考察する中で、専門家の訴訟過程への参加形式を検討していくことが有益だろう。

3　リスクをめぐる問題について誰が決めるのか

以上の検討から、「だから裁判所が科学的不確実性を伴うような課題を扱うのは無理なのだ」という結論を導くこともできる。そこで、リスクをめぐる紛争、問題を扱い、一定の意思決定やルールを形成していく機関として、裁判所は不向きであるという命題をここで改めて検討したい。

リスクをめぐっては、何重もの意味で、「裁判に不向き」と言われてきた。第1に、科学的不確実性という非常に技術的専門的な事柄を扱うことの困難がある。第2に、リスクの問題は、たとえば原発問題を一つにとっても、その影響を受ける範囲が非常に広く、当事者を画定するのが困難であり、裁判の結論も訴訟当事者の範囲を越えて影響を与える点で、本来2当事者間の紛争を解決することを主たる役割とする裁判の役割を超えている。第3に、まだ現実化していない危険性を扱う、プロスペクティブな観点からの決定を伴うため一定の規範形成につながるが、裁判によって規範形成や政策形成を行うことは、司法の機能の範囲を越えるという問題がある。よって、こうしたリスク問題は、基本的に、紛争当事者が提出する限られた証拠に基づいて、科学技術の素人である裁判官が、法的な判断を下すという枠組で行われる裁判では、適切に扱うことはできないということになる。確かに基本的にはその通りである。

では、どの機関がどのように意思決定を行うことが望ましいのであろ

か。同じく、科学技術の問題が絡むことの多い、生命倫理にかかわる分野においては、裁判所が、司法判断を控える際に、「立法的解決を望む」といった意見をつけることがみられ[25]、立法的解決への志向が強い。また、通常、こうした専門技術性の高い問題は、行政機関による専門知の調達による規律こそが望ましいと考えられ、行政機関には「専門技術的裁量」が認められている。

しかし、それに対しては、たとえば田中（2008b）は、「司法では無理でも、立法や行政ならば抜本的解決が可能と考えるのは、法の役割を過大評価するリーガリズム的思考であり、不適切」[26]という。専門技術性を理由とした消極主義に対しては、「専門的な知識や技術は、行政組織の内部ではなく、公的組織・私的組織の境を超えた社会システムにおいて蓄積発展する」（山本2006: 12）のであり、専門知の調達可能性をもって、直ちに、行政組織による決定の優越性は導けないだろう。司法の方が、政治的な利害関心から距離のある決定システムである点で、むしろ望ましい場合もある。

裁判は、ある程度一般的な要件を命題として共有したうえで、法廷での弁論を展開したり判決を理由づけたりするという役割を果たしており、そうした過程を通じた一種のルール形成を行うこともすでに広く認められている。

他方で、田中（2008b）は、ルール形成に関しては、立法、行政、司法という国家の3権における権限分配という視点だけでは不十分であることも指摘する。田中は、尊厳死の文脈で、延命治療の中止のあり方についての基準・手続の整備は、第一次的には、医療専門職責任の問題として、医療専門職団体の自治的規律にゆだねるべきという見解を示している。代理出産の是非など、社会的にも注目を集めるイッシューについて、立法的解

---

[25] たとえば、死後生殖の規律や、代理出産で出生した子の親子関係について、「早急な立法的解決を望む」という異例のコメントが判決文の中で最高裁判事から出されている。

[26] 田中（2008b: 19）。

決を求める声も強いが、専門性に加えて、適時に修正等の対応ができる柔軟性から、医療専門職の自治的規律等、自治型法による統制に優位性を求める議論も有力に主張されており（樋口2005）、注目される。

科学技術に関しては、Ⅱで概観したように、近年STSが、科学者だけではなく、市民と協働して決めるということを強く提唱するようになっている。医療問題とは異なり、科学技術の問題では、科学者コミュニティによる自己規律での対応は困難であると考えられている。コンセンサス会議などの社会実験は、まさにそうした問題意識から取り組まれている。こうした取り組みは、立法や行政機関での意思形成への応用も視野には入るものの、それとは別の公共的な意思決定のあり方を目指すものでもある。そこで、これらの多元的なフォーラムによる意思形成、ルール形成の位置づけについても、再び国家的ルール形成に関与する、立法、行政、司法との距離や、それらの間での権限分配の議論に帰着しうる。司法は、一方では当事者性や利害関心をドライブとした決定機関であり、他方では、社会通念などを媒介にした漸進的な法発展が可能であるという点で、立法府や行政府に対する一定の優位性もあると考えられる。司法でのルール形成のなかでこそ行われるような、こうした自治的規律への配慮、尊重がない限り、悪しきリーガリズムからの脱却も困難なのである（山本2011: 53）。

司法制度改革審議会意見書（2001）でも、「司法部門が、政治部門と並んで「公共性の空間」を支える柱とならなければならない」とうたわれている。リスク問題に関しても、そうした柱の一つとなるべく、裁判のあり方を検討すべきである。

4　公共的救済モデルに向けて

以上見てきたように、将来に向かってリスク回避を求めるような訴訟に対しては、裁判所は、消極的な態度に終始してきた。しかし、他の決定手段がかならずしも適切に、この問題を扱うことが出来ない場合に、司法が消極主義に徹することは不適切である。

他方で、司法が、こういった問題を扱う際に適切な手続や手段を備えていないという問題があることも確かである。それに対しては、裁判の本質

論とも関わるが、リスク問題に関して、規範形成等をすることも裁判に求められる重要な役割であることを一応是認した上で、それに適合的な手続モデルを構想することも可能であろう。訴訟過程を通じて救済を形成していくことを裁判の主要な機能ととらえ、それを通じて社会的な意思形成や規範形成につながっていくことも志向する手続モデル＝「公共的救済モデル」がその一つの形として考えられる[27]。

　かねてから民事司法の本質を「救済」に求めることを主張している川嶋（2001）によると、差止めによる救済こそが、「保護されるべき価値自体の存在を認めて、それを直接的に保護することを目的とした本来的救済」[28]と発想を転換できる。こうした救済法の考え方は、エクイティの伝統を持つ合衆国における裁判所による救済形成を範にとっている。谷口（1984）は、救済を、実体法、手続法とは独立した法分野と位置づけ、権利生成の基盤となりうると指摘している。

　ここでは、そうした救済過程を、裁判の正統な理論として定式化したSturm（1990）の公共的救済モデル（legitimate model of public law remedies）の議論に注目したい。公立学校での人種別学制度の解消を求めたブラウン事件などに見られるように、合衆国では、「制度改革訴訟」などと称される訴訟では、裁判所が、差止めによる救済形成や実施に関与し、司法が政策実現に積極的な役割を果たしている。他方で、こうした審理は、損害賠償請求等への回顧的な判断を基本的な形式とするアドバーサリーシステムから逸脱するとの批判も根強い。本章で見てきたリスク訴訟への消極説と一部共通する批判である。

　それに対し、Sturmは、そうした批判に対し、もはや、問うべきは、裁判所が救済的な役割を果たすべきかではなく、いかに果たすべきであるかであるという。そして、裁判が裁判としての正統性を保つための基本的な裁判過程の形式についてのFullerなどの考え方そのものは維持したうえで、救済モデルに合致するような方法を提唱している。Fuller（1978）

---

27) 従来型の訴訟モデルとの対比からは、訴訟内ADR化と言える方向性でもある。
28) 川嶋（2001: 44）。

は、正当な裁判過程の規範として、参加・不偏性、理由づけられた決定という3つの要素をあげ、それを実現する基本形式がアドバーサリーシステムにおける党派的な主張立証構造にあると考えている。そこで、将来志向的で多中心的な論点を含む政策形成訴訟などは、裁判の正統性を損なうと考える。

それに対して、Sturmは、裁判所による救済過程に、その決定に影響を受ける関係者（関心のあるグループや組織の代表）が参加できるようなしくみを取り、あるべき救済について、信頼できる事実上の基盤に基づいて、合理的な議論を通じて決定を導くことで、正統性問題はクリアできるという。公開の法廷で、関係者や専門家が意見を出し合う中で、決定に至るプロセスは、理由づけられた分析や議論がなされ、信頼できる事実上の基盤に基づいたものとなると考えられる。アドバーサリーシステムが想定している、受動的で、当事者から距離を保つという意味での裁判官の独立性への要請に対して、救済過程では、裁判官の積極的な関与が必要となる[29]が、これも関係者の関与と役割分担、相互作用によって、バイアスを小さくするという意味での中立性、独立性の確保を可能にするという。

合衆国と同様、日本の民事訴訟でも、合衆国と同様、対審構造をとる。手続保障の議論も、その公開性や対審性の確保を基礎として論じられることが多く、合衆国と同じ問題が妥当しうる。しかし、日本における手続保障の考え方は、反論の機会保障そのものよりも、当事者の納得のいく対論過程の確保に力点がおかれる傾向にある[30]。よって、関係者が広く関与して、裁判を通じて対論を重ねていくという参加形態に力点をおく公共救

---

29) 本章のもととなった2012年の日本法社会学会学術大会でのミニシンポジウム「リスク配分をめぐる法と正義」での「リスクをめぐる裁判の可能性」と題する報告時には、「裁判官を信頼しない方がよい」との意見をいただいた。確かに、こうした救済過程を実現するには、裁判官の科学理解の向上だけでなく、適切かつ積極的な関与を必要とする。先に触れたオーストラリアのコンカレント・エビデンスも、職権的な証拠調べとも言え、専門家の関与を強化することで、当事者による統制が難しくなり、当事者主義からの批判が当然に生じる。しかし、本章では、対審構造だけが当事者主義の形ではなく、関係者の積極的な参加、関与を促すことで、訴訟過程全体としては、当事者の主体性が強化されうると考える。

済モデルは、アドバーサリーシステム信奉の強い合衆国よりも、日本においての方が、その受容の素地は本来的に備わっていると言えないだろうか。Sturm も言うように、救済過程への司法の関与は、その妥当性への問いを脱し、いかにすべきかに力点を置くべき時に来ているのである。

　では、こうした救済モデルを前提にすると、科学的不確実性の問いについて、どのような審理過程による応答が考えられるだろうか。関係者の広い参加形態を軸とする救済モデルは、専門家の参加形式についても柔軟かつ多様な関与を許容するものとなる。救済過程を特に対象とした議論ではないが、例えば安西（2009）のいう「全員集合型手続への専門家の巻き込み」という方式も考えられる。「巻き込み方」については、審理を通じて明らかになってきた不確実性のレベルに応じた参加様式を開発していく可能性にも開かれている。政策決定レベルにおける科学者の関与のあり方についての研究も十分に展開しているわけではないが、専門家による科学的助言や情報の供与のあり方は（こうした研究として有本・佐藤・松尾2016）、行政過程だけでなく司法過程も含めた検討が求められるところである。また、参加者として、訴訟当事者を基本としながらも、いかに広くステークホルダーの関与を認めるかという論点も重要となる。

　以上のように、第1部では、主として科学技術の問題を裁判でどう扱ってきたかについて、日米、そしてそこで対象となる問題領域に応じた検討を行ってきた。日米ともに、裁判という場が、科学技術に関する社会的意思決定のためのフォーラムとして、すでに一定の社会的機能を果たしてきたことは否定できないし、今後もそうした役割から完全に自由になることはないだろう。裁判がそうした問題に適合的でないと指摘することは簡単であるが、そのための独立した機関や機会を新たに作ることは容易ではない。むしろ、科学技術の問題についての社会的フォーラムとしての裁判所

---

30) 手続保障の第三の波の議論では、当事者を対等に扱い、証拠を出す機会を平等に保障することの意義を強調しつつも、機会を保障することで足りると考えるのではなく、裁判官と当事者の相互作用的、共同作業を通じて解決を形成し、納得していくことに重点が置かれる。

の役割を再確認した上で、そうした役割を果たすのに適合的な手続のありかたを改めて検討していくことが必要であると考える。そこで、第2部では、近時の司法制度改革で、その対応が検討され、実務上、また制度上様々な対応が試みられてきた「専門的知見を要する事件」すなわち専門訴訟という問題設定や、それに対する対応が、これまで裁判に求められてきた役割に何らかの変化をもたらしていく可能性について考察した上で、そうした裁判における専門家の関与のあり方についても検討していくことにする。第2部は、専門訴訟という枠組みでの検討になるため、いわゆる科学訴訟を中心とする考察ではないが、専門家の関与の仕方という共通の課題を扱う。またその典型例として医療過誤訴訟を扱うため、かなり重なる要素を含む。

第2部

訴訟における専門知

第5章

専門訴訟パラダイムの問題提起

I　平成の司法改革と「専門訴訟」という課題

1　司法制度改革と日本社会の変容

　1999年に内閣に司法制度改革審議会が設置され、2年の審議の結果、2001年に意見書が提出され、それに基づいて大がかりな司法制度改革が行われた。本章では、この司法制度改革が総論的に目指していた争訟化という意味での「法化」の中心舞台である民事司法改革と、そこで対応が求められた「専門訴訟」の諸課題に目を向ける。

　この司法制度改革は、全体としては、日本社会の秩序形成制度として司法の役割を強化していこうとする、司法化という意味での「法化」を推進し、その条件作りをしようとするものだった。意見書でも、「今後、ますます複雑・多様化するわが国社会においては司法機能の充実が不可欠になる」という認識を前提に、司法が政治部門と並んで「公共性の空間を支える」柱となり、「国民にとって、より利用しやすく、分かりやすく、頼りがいのある司法」の実現を目指した。民事司法については国民が「利用者として容易に司法へアクセスすることができ、多様なニーズに応じた適正・迅速かつ実効的な救済が得られる制度」となるべく、審理の内容の充実と審理期間の半減を目標として掲げた。これは、川島武宜が目指してきた「生ける法の近代化」、すなわち日本でいまだ十分に根付いていないとされる近代法を浸透させ、それに応じて当然表面化する訴訟利用のニーズ

に応えるための改革だった。

　他方で、司法は現代社会において生起する多様かつ複雑な問題にも応える必要がある。今期の司法制度改革で検討された「専門的知見を要する事件（以下専門訴訟と省略）」への対応は、まさにこういった新たな要請への対応だったと言える。では、なぜ今、このような要請が改めて司法に向けられることになったのだろうか。というのも、民事司法は、この司法制度改革を待たずして、90年代初頭から、民事訴訟提起の低迷等も受け、裁判所のほうでも、審理の充実、促進に向けて活発な議論や取り組みがなされ、96年の民事訴訟法改正という大きな改革をしたばかりであったが、そのときには、専門訴訟への対応はほとんど問題にされていなかったのである。改正から5年も経ずして新たな対応が迫られたというのは、奇異にも感じられる。

　その点については、司法制度改革をめぐる比較的短期的な政治的・社会的動向の影響が大きいと思われる。今期の司法制度改革論は、60年代の臨時司法制度調査会での法曹一元制導入や、80年代後半からの司法試験改革のように、司法関係者内部から出てきた改革論ではなく、政財界からの要望という面が強かった。こうした議論は「規制緩和的司法改革論」とも称されてきたが、たとえば97年の「グローバル化に対応する企業法制の整備を目指して」では、経済同友会が総論としての司法の拡充とともに、専門化、複雑化を反映した紛争増加に備えて、それぞれの専門分野に限定して適正な司法判断を下せる「専門裁判官」の登用を提案しているし、98年の経団連の「司法制度改革についての意見」では、特に知的財産をめぐる紛争について、この分野に精通した裁判官の養成や特許裁判所の設立などを求めている。知的財産権については、当時の小泉首相も国策として「知財立国」を掲げ、知財裁判所構想もその中に位置づけられた。また、後述するように、司法制度改革審議会が設置された99年は、医療事故が社会的に耳目を集めた年でもあり、患者の権利運動の流れも受けてその後、医療過誤訴訟の提起が急増したため、その対応をせざるを得ない状況となったのである。このように、専門訴訟への対応は司法の外部からの司法に対する要望という点で、「社会的法化」がすでに潜在的に進展していて、それが

この時期に表面化したということだろう。そこで、このような課題が、司法に突きつけられていることの意味をもう少し俯瞰すると、以下のように整理できよう。

第1に、科学技術の発展、社会の複雑化、専門分化を反映して、訴訟に提起される問題の内容も当然に、複雑、専門化する傾向があり、必然的にそうした専門分野の知見をどのように扱うのかという問題に司法が直面している。司法制度改革審議会意見書にもそうした認識が書かれている。

第2に、これを広い意味の争訟化という流れに位置づけると、これまで訴訟外の各専門領域での対応がなされていた分野でのトラブルが、訴訟に持ちこまれるようになった故に、訴訟の側がそれに対応する必要が生じてきたとも整理できる。医療過誤訴訟の提起の増加は、この文脈で捉えることができよう。

しかし、ここでは、特に次の点に注目したい。すなわち、第3に、そうした多様な専門分野を背景にもつような問題を訴訟で扱うにあたっては、その専門分野における専門知を反映したような手続ないしは判断を実現することが裁判に要求されるようになってきているということである。近代法の浸透の結果の争訟化ということを越えて、現代法において、法の実質化が進み、法以外の領域の論理に開かれ、あるいは開かれるべきとの要望が高まり、それに対して司法制度が応答しなければならなくなっているのだ。専門裁判官への要望が、経済界からなされているのは、その例証だろう。

司法制度改革論議においては、専門訴訟について、基本的には、専門的な知見が訴訟に導入されることで通常の事件に正規化することを前提としており、通常事件と区別される、新たな訴訟パラダイムという問題設定がされているわけではない。しかし、専門訴訟という枠組みで問題を切り出すこと自体が、司法への新たな視角を開いたという面があり、実際に訴訟に専門家が関与していく場合には、審理のあり方が複合化し、訴訟の形式や正当性にも変容を迫る可能性がある大きな問題提起となる。

つまり、現在の日本の司法には、従来型の近代法の枠組みを基礎とする裁判機能の強化と、それにはとどまらない新たな法的ニーズを裁判の中に

取り込む必要が生じており、それは当然の前提とされてきた近代法的な裁判のあり方をも変容せざるをえないというディレンマに直面しており、専門訴訟への対応は、そうしたディレンマに応えようとする営みという見方ができるのではないだろうか。よって、本書では、「専門訴訟」という問題設定を、1つのパラダイムとして、「専門訴訟パラダイム」と呼ぶこととする。

本章ではⅠで、今次の司法改革が、専門訴訟をどのように問題として認識し、どのような対応を図ろうとしてきたのかについて概観する。ただし、「専門訴訟」というのは総称に過ぎず、具体的には個別の専門領域ごとに適合的な手続や専門的知見の導入をはかっていくことがその課題への処方箋となる。つまり、専門訴訟という問題枠組み自体が、総論的に「専門訴訟」への対応を検討するだけでは足りないということを含意していると考えられる。よって、Ⅱでは、専門訴訟の一類型として、医事訴訟での取組みの経過について検討していくことにする。

2 「専門訴訟」という課題設定

第1部では、主として「現代型訴訟」として分析されてきた訴訟の「科学訴訟」としての部分に焦点を当てて検討を行ってきたが、何に注目するかによって、問題とされるべき事柄も、目指すべき手続のあり方も異なってくる。たとえば、医療過誤訴訟についても、現代型訴訟のメルクマールである、原告と被告の資源の差に注目するか、あるいは、「人格訴訟」として感情的なもつれが問題となる事例としてとらえるか、「科学訴訟」として科学的証拠を要する事例として扱うか、それぞれにおいて対応すべき問題の焦点は変わってくる[1]。

専門訴訟は、社会の技術化や専門化の進展に伴い、訴訟で高度に専門的なことがらについて審理を行う必要が高まっているという、現代において世界に共通する問題への対応ではあるが、日本の今期の司法制度改革で扱

---

1) フェルドマン（2004）は、医療過誤訴訟を専門訴訟とカテゴライズし、鑑定制度の改善をその改革の主眼とすることは、司法へのアクセスを拡充して医療事故の被害者救済を有効に行っていくことには結びついていないことを指摘する。

われるに至った課題としては、第1部で扱った、一見同様の問題枠組みにみえる「科学訴訟」とは異なる問題枠組みをとっている。

専門訴訟は、90年代後半の司法改革の動きの中で、政財界からの批判を受け、知的財産訴訟への対応を主たる問題領域として検討がはじまった。その意味で一種の「外圧」を受けての取組みにはなったが、その基本的な問題認識は、従来から重んじられてきた実体的真実の重視と、訴訟の迅速化であるため、陪審制などの論点に比べると裁判所側からの抵抗も少なく、最高裁としても早くから積極的な取組みがなされた。

たとえば、司法制度改革審議会の論点整理に向けた議論が行われていた1999年12月の第8回の審議会で最高裁が提出した報告書「21世紀の司法制度を考える－司法制度改革に関する裁判所の基本的な考え方－」では、「我が国では，諸外国に比べ，伝統的に，裁判において，法論理及び事実の認定について精密さが要求され，紛争や事件の真相の解明（真実の発見）に強い関心が置かれている。」という基礎認識を示し、それゆえに当事者主義を取りつつ実体的真実を追求するには人的な体制強化も必要とし、特に専門紛争に対応する力のある法曹の育成や専門参審制の導入には積極的な見解を述べつつ、他方で事実認定の精密性という点で、一般市民が参加する陪参審制には慎重な立場を取っていた。

司法制度改革審議会意見書では、専門訴訟は、専門家の適切な協力が得られずに審理が長期化していることが問題の中心とされ、「様々な形態による専門家の紛争解決への関与を確保し、充実した審理と迅速な手続をもってこれらの事件に対処」[2]することが提言された。具体的には、専門委員制度の導入、鑑定制度の改善が解決策として提示され、この点については2003年の民事訴訟法改正に盛り込まれている。意見書ではこのほかに、法曹の専門強化の必要性も説かれ、さらに知的財産関係事件、労働関係事件への対応強化も専門的知見を要する事件の類型として個別に検討が加えられていた。知的財産関係事件については、専門裁判官構想も論じられたが、一審についての東京・大阪地裁への専属管轄化を進め、2005年には東

2）司法制度改革審議会意見書（2001）。

京高裁の特別支部として、知的財産高等裁判所を発足させたものの、専門裁判官の制度導入まではなされなかった。労働関係事件については、新たに労働審判制度を導入し、労働審判員として労使それぞれの専門家を配することになった。これらの事件類型では、特別な手続を創設して裁判所のほうの専門分化を進める形での対応が図られた。

もっとも、意見書の記述からも明らかなように、専門訴訟の最大の問題は、審理の長期化とされた[3]。計画審理や証拠収集の拡充といった通常の民事事件における審理の促進の取り組みの延長線上の問題と位置づけられた。専門家の協力をはかることを改革の主眼としているが、これまで専門家の協力がなかったために正確な事実認定ができなかったことを正面から問題とはしていない。

そして、第2に、この問題に対しては、基本的に、専門的知見を専門家の意見を通じて獲得することで対応するものとされている。専門家の協力体制の強化に主眼があり、専門家と、専門家が提供する専門的知見を区別するという視角はない。また、専門家が提供する専門的知見をいかに取捨、評価するのかという問題も取り上げられていない。

これらの点で、専門家証人の見解をふまえて判事がいかに事実認定をするかという、専門家証言の評価と同様の問題でありながら、それとは異なる問題設定として区別される。

1章で概観したように、アメリカでは、ジャンクサイエンスが科学的証拠として訴訟に導入され、訴訟結果をゆがめていることが問題視され、1993年にドーバート判決において、裁判官が、科学的証拠のゲートキーパーとしての役割を担い、科学的証拠の科学的妥当性を判断すべきことを宣言し[4]。その後、クムホ判決[5]で、科学的証拠だけではなく、あらゆる専門家証言についても同様の責務を裁判官が負うことが確認され、裁判官は

---

3) たとえば司法研修所（2000）。裁判の迅速化に関する法律（迅速化法）8条にもとづき、最高裁判所は裁判の迅速化にかかる検証を行い、その報告書を、2年に1度公表している。2017年には第7回報告書が出されている。
4) ドーバード判決とそれをめぐる議論については、1章参照のこと。
5) Kumho Tire Co. v. Carmichael,119S.Ct.1167（1999）.

自分が本来持ち合わせていない専門分野についても、その専門分野における評価に即した妥当な評価を行うことが求められるようになっている。

そこで、アメリカでは専門的証拠の判断基準をいかに裁判官の実際の判断基準として実現可能なものにしていくかについて活発に議論がなされてきた。また、クムホ判決を経て、専門分野ごとの論理や方法論についての理解も裁判官に求められつつあり、専門的知見の性質による分類と、その妥当性の判断基準を抽出する作業も行われているが、なお専門証言の科学性の判断が中心的な問題になっている[6]。

それに対し、専門訴訟という問題設定は、「専門家の適正な協力」を問題にし、専門家の提供した専門情報や意見を形成するために依拠した方法論の科学性や妥当性の判断は問題にしていない。専門家の協力を得ても、その意見を踏まえた上で裁判官がそれをいかに評価し、判断していくのかという更なる問題が残るはずであるが、専門訴訟という問題枠組みでは、あえてそれを問わない。あらゆる専門家の意見を咀嚼して適切な法的判断を下すことが出来るという裁判官の一種の全能性を前提にしているようである。他方で適切な専門家の協力が得られれば、その意見が依拠する方法論等にまで立ち入ってその妥当性を判断する必要まではないという発想とも考えられる。

また、専門的知見が必要となる事件類型として、「知的財産関係事件、医事関係事件、建築関係事件、金融関係事件等」と、等をつけているものの類型を限定している一方で、そこで問題になる専門性には質的なばらつきがあることも特徴として挙げられる。

特に、その専門性について異論もありながらも、専門性強化が図られた分野として、労働関係事件がある。意見書では「労働関係事件については、雇用・労使関係の制度や慣行等について、各職場、企業、あるいは各種産業の実情に基づき判断することが求められ、これを適正・迅速に処理するためには、科学・技術的専門的知見とは異なる意味で、そのような制度や

---

6) Kumho 判決は Daubert の基準を技術的な専門証言にも応用することを認めるものであり、その科学性が専門家証言の許容性判断の軸になることには変わりない。

慣行等についての専門的知見が必要になる」とされ、労使関係についての専門的知見を有する者を審判員に加えた労働審判制度が導入されている。ここでの専門的知見は、いわゆるプロフェッション（専門職）の基本特性としての専門性の質として指摘される、抽象的で体系性のある専門的学識とは異なり、抽象化や体系化にはなじみにくい経験知に近いものと考えられる。

よって、専門訴訟全般について、科学的証拠における科学的妥当性のような判断基準を示すことは困難である。冒頭で指摘したように専門訴訟というカテゴリー自体が、それぞれの専門領域の個性を当然に前提としている。よって、専門的知見を要する事件という問題の立て方は、抽象的には「専門的知見」を要する事件だが、その具体的検討にあたっては当該専門分野に応じた対応が不可欠となる[7]。

意見書でも知的財産関係事件と労働関係事件は別途対応が講じられたし、その後もたとえば医事関係事件、建築関係事件について、それぞれに検討が行われている。分野ごとに適合的な紛争解決手段の模索へと向かうものであり、従来の裁判から、裁判外紛争処理機関への拡散化、インフォーマル化が進行することも予測される（高橋2000）。そして、それぞれの分野での審理も、従来の裁判の形式からはずれる、異なる諸要請に応える必要も生じ、望ましい訴訟手続のあり方にも変化が生じるであろう。ここでは検討対象とはしていないが、ADRの促進論でも、専門紛争への対応が強調されているし、労働審判制度も、司法内部で訴訟の形式を緩和して新たな形を導入するという意味での一種のADR化を進めるものでもある。

専門訴訟という問題の立て方は、一見新たな抽象的で総合的な検討を要する事件群を提示したように見えるが、実際は事件を実体問題ごとに細分化し、分野ごとの特別裁判所の設置への方向性を持ち、一般的にあらゆる

---

7) この点は、専門訴訟についての議論でも言及されているところである。たとえば笠井（2002）、専門家の関与のあり方については、それぞれの専門性の種類に応じて個別に導入のあり方を検討すべきと指摘しているし、山本（2000）も、事件類型により取り組むべき課題が異なることから専門訴訟の各論が必要不可欠であるという。

問題を扱ってきた民事司法のあり方そのものを大きく変容する可能性もある。訴訟の専門化については、第3部でも改めて取り上げるが、専門訴訟パラダイムが、個別の専門領域ごとの対応を求めるものであることからも、「専門訴訟」をひとくくりにした検討には限界がある。

そこで、次には、専門訴訟の一大分野である医療過誤訴訟における近年の対応とそれをめぐる議論を概観したい。

II 専門訴訟への対応：医療過誤訴訟の動向から

1 医療／司法をめぐる変化と医療過誤訴訟

1990年頃より、医療において患者の権利運動の影響、インフォームド・コンセント概念が日本でも徐々に浸透してきたこともあり、医療過誤訴訟の提起が増え始め、1999年に横浜市立病院患者取り違え事件や、都立広尾病院事件が報道されると、一気に医療不信が高まり、提訴数が急増していった。特に、都立広尾病院事件は、医師法21条に定める患者の異状死の届け出義務違反が刑事事件とされたこともあり、その後医療機関側が念のために警察に届け出をする事例が増え、医療事故の刑事での立件も増加した。

医療過誤訴訟は、債務不履行または不法行為訴訟として提起される。そこでの因果関係や過失は、訴訟を通じてその判断基準が明らかにされてきた。医療水準論など、訴訟を通じて法理が形成され、法創造・政策形成訴訟としての機能も果たしてきた。

医療過誤訴訟での医師の民事責任の法理は、直線的に、医師の裁量重視から患者の権利重視の流れへと変遷してきたわけではない。医師に無過失責任を問うものと評された輸血梅毒事件最高裁判決[8]から、医療水準論[9]の定着を経て、現在は医療水準という言葉が使われない判決も増えてきて

---

8) 最判昭和36年2月16日民集15巻2号244頁。
9) 未熟児網膜症の治療に対して、光凝固法がいつどういった医療機関で「医療水準」となったと言えるかという文脈で、医療水準を、医師の過失の基準とした最高裁として最判平成7年6月9日民集49巻6号1499頁。

いるが、インフォームド・コンセントへの意識の高まりとともに説明義務違反を問う事例も増加している。特に、司法制度改革の流れの中、医療事故をめぐって、2000年前後から、最高裁も矢継ぎ早に患者の救済がわに傾斜した注目すべき判決を出し、四大公害訴訟時代からの、日本的司法積極主義をも印象づけた。

　しかし、医療過誤訴訟については、後述するように、医療と法という2つの専門職・専門領域がせめぎ合う場でもあり、医療側の法的責任を認めていくと、それに対する医療側からの訴訟への抵抗は非常に強くなる。前置胎盤の産婦が出産に際して大量出血で死亡した事件を刑事立件した福島大野病院事件[10]への医療側からの反発をきっかけに、裁判による「医療崩壊」キャンペーンが広がり、民事の訴訟提起は2004年をピークに落ち着き始める。最高裁が注目を集めるような新しい判決を出すことも減っている。それに加えて医療安全の重要性が認識されるようになり、医療内部でのリスクマネジメントが政策的にも追求され、そうしたせめぎ合いの中で、2015年より医療事故調査会制度が発足するなど、法と医療のせめぎ合いの場自体に変化も生じてきている。

　なお、今期の司法制度改革では、民事での「争訟化」の進展を前提としていたが、予想ほどには訴訟提起は増加しておらず、司法全体としては、裁判員制度導入への対応で刑事部門に資源の傾斜配分が行われた。民事については迅速化法の影響が最も強く、90年代から目指してきた「審理の充実と促進」の「充実」は置き去りに、促進側の改善改革のみが進められている感がある。医療関連訴訟もそうした司法制度後の大きな動向の中に位置づけてみることも必要だろう。

2　専門家の協力体制づくり

　第1部でも検討したとおり、医療過誤事件は、その審理が困難であることは、かねてから指摘されてきた。医療行為の専門性、密室性に加えて、

---

[10] 福島地判平成20年8月20日判時2295号3頁。刑事訴追されたものの、裁判では無罪判決となった。

医療の閉鎖性から特に原告側にとっては証拠収集をはじめ医師の協力を得ることが難しく、被告側の過失を立証することは極めて困難である。また、鑑定が利用された場合、その審理の長期化はより深刻なものとなる上、推論過程が必ずしも明確でない鑑定結果をそのまま鵜呑みにした鑑定依存型の判決も少なくなかった[11]。

そこで、医療過誤訴訟における「専門訴訟」の問題としては、適切な鑑定人を確保することが困難であることと、そのために鑑定を利用すると時間が非常にかかることが問題とされた。鑑定は、その専門分野で通常大学病院の教授クラスの人を選任するが、そうした人は非常に多忙である上に、鑑定人をすることに金銭的にも社会的にもメリットが乏しい。鑑定人は、中立的第三者として裁判所に専門的知見を供与するために選任されるものの、通常の証人を同じ扱いを受け、鑑定人尋問が行われる場合には、両当事者代理人からの交互尋問を受けることになっていた。不利な鑑定意見を出された当事者からは、その鑑定意見の信頼性を削ぐために鑑定人の人格を攻撃するような尋問がなされるため、非常に不快であるとも指摘されていた。

専門訴訟への取り組みの中で、医療事件に関しては、鑑定人の確保を円滑化すべく医療関係者との意見交換を踏まえ、2001年には、最高裁に、医事関係訴訟委員会を設置、医療関係者、法曹関係者と一般有識者による医事関係訴訟の運営に関する一般的問題についての審議や、鑑定人候補者の選任を行っている。また、東京地裁・大阪地裁には、2001年に医療事件の集中部が、設置された後千葉、名古屋、福岡など都市部の地裁にも集中部が設置された。

これらの取り組みからも、専門訴訟は、専門家の関与により専門的知見が導入されれば通常の事件に正規化するという単純な図式では把握しきれないことが読み取れる。ここでは、様々な対応策のうち、二つのやや相反する方向性に注目したい。それは、医療過誤訴訟において、専門家の協力を円滑化する方策が模索される一方で、専門家の協力を得ることなく裁判

---

11) 6章参照。

を運用することがモデル化されていくという方向性である。

　専門家の協力を円滑化するという方向としては、鑑定人候補者の推薦システムの整備のほかに、医師がひきうけやすい新たな鑑定方法が編み出されてきた。民事訴訟法改正においても、鑑定人尋問は通常の証人に対するのと同じ交互尋問方式に代えて新たに鑑定人質問の方式が導入された（民事訴訟法215条の2）。

　各地で試みられた鑑定方式として、アンケート方式[12]、複数鑑定、口頭鑑定、カンファレンス鑑定などが報告されている。たとえば、複数鑑定は、同一の鑑定事項について同一の時期に専門領域を同じくする複数の鑑定人を指定して鑑定を行うものであり、千葉地裁の医事部で実施されている[13]。鑑定人が複数であることから、その公平性、客観性を高めることができ、その説得力、信頼性が高まるとする。カンファレンス鑑定は、「医療機関において数人の医師が自由に口頭で議論を交わして最良と考えられる結論を導き出して患者の治療または手術を行っているという手法を鑑定にも応用しようとするもの」[14]であり、東京地裁で行われたカンファレンス鑑定は、医師の間でも法律家の間でも比較的好評であったとされる[15]。

　これらは医師が協力しやすい方法という観点から取り入れられた方式であるが、口頭鑑定やカンファレンス鑑定などは鑑定の口頭化という形をとり、民事訴訟法改正期に民事司法が目指してきた口頭弁論の実質化の流れ、とくにインフォーマルな話し合いの中で争点を浮かび上がらせる方式とも親和性を有する。

　12）神戸地裁での試みについて、赤西ほか（2000）。
　13）千葉県医事関係裁判運営委員会複数鑑定制度検証小委員会（2011）。
　14）東京地方裁判所医療訴訟対策委員会（2003: 43）。3人の医師を鑑定人に指定し、鑑定人がそれぞれ事前に鑑定事項に簡潔な意見書を提出しておいた上で、法廷で口頭で鑑定意見を述べる方式による鑑定である。
　15）2003年1月から実施され、医師からは時間的、精神的負担が小さいこと、裁判所からは心証がとりやすいとの感想が出ている。それに対し、原告側の代理人からは、事前準備ができず当事者の攻撃防御権が十分に保障できない点に批判がある一方、患者側の納得が得られるという評価もなされている。東京地裁医療集中部における訴訟運営に関する協議会（2003: 49）。

また、カンファレンス鑑定は、医療実践での判断形成過程を、鑑定手続という訴訟手続に取り込んでおり、医療文化の取り込みという側面もある[16]。もっとも、かつての医療過誤訴訟でしばしばみられた鑑定依存型の判決、すなわち医師の判断を絶対のものとして鑑定結果を鵜呑みにしてきたのも、ある意味では医師の判断の特権性という医療文化を反映したものでもあった。それが受け入れられなくなった背景には、医療そのものや医療に対する社会的な見方が変化してきたことがある。これまでの鑑定依存型の判断も、鑑定人に交互尋問を強要してきた以前の訴訟手続も、医療と法がそれぞれの専門分野の特権性にもとづくことで許容されていた側面がある。よって、現在の新しい実践は、そうした両者の専門性を問い直しつつ、望ましい審理のあり方を築きなおす過程でもある。現在の新たな鑑定実務は、対審制を緩和し、インフォーマルな話し合いという形の口頭化を組み込みつつ、鑑定人の複数性でその客観性、中立性を担保しながらも、審理の充実促進になじみやすい形で医療文化を取り入れようとしている。

3　医事訴訟での専門家関与の動向

　そうした注目すべき新たな取組みが見られる一方で、医療過誤訴訟については、鑑定の回避がより望ましい審理のあり方として実務上追求されている。東京や大阪をはじめ、医療集中部での訴訟手続の変化は、「鑑定依存型漂流訴訟からの脱却」であり、鑑定の件数は減少傾向にある[17]。2016年で全国で7％程度となっている[18]。

---

16) カンファレンス鑑定について、「カンファレンス式の鑑定というよりは、まだカンファレンスに偏っている」との医師による評価がされている。座談会「医療訴訟と専門情報②」(2003)。

17) 鈴木（2003年）。東京地方裁判所医療訴訟対策委員会（2003）によれば、医療集中部での鑑定実施率は平成13年4月1日から平成14年9月30日までの既済事件の7％、未済事件の4％で、平成14年の全国データにおける27,8％に比べて非常に低い数値である。大阪地裁でも、平成13年4月1日から平成15年3月31日までに既済となった事件の1,6％、未済事件の3,3％である。大阪地方裁判所専門訴訟事件検討委員会（2003）。大阪ではその後、実施率は上がったようであるが、東京ではカンファレンス鑑定のみということもあってかむしろ低下している。

18) 最高裁判所（2017）。

この理由としては、充実した争点整理と集中証拠調べの結果、鑑定を行うことなく心証をとることができるようになったこと、鑑定の必要性については十分検討を行った上で採用していることなどが要因とされる[19]。

　医学文献と担当医師の尋問、また私的鑑定書などにより、争点を明確化でき、十分に専門的知見に基づいた判断ができると考えられているのであり、鑑定が用いられる場合でも、その依頼に際しては、法的評価である因果関係や過失の有無を直接問うような鑑定事項は避けるべきことが共通認識として形成されてきている[20]し、また推論の不十分な鑑定の結論をそのまま受容する判決は、最高裁でも破棄されている。

　このように鑑定をできるだけ利用しないことが望ましいとされる理由としては、第1にはそれにより審理の無用な長期化が避けられることにある。人証実施率も減少しており、2016年度については43.9％となっている[21]。

　また、当事者にとっても、付加的な費用が避けられ、いかなる鑑定が出てくるか分からないというリスクを避けるメリットもある[22]。

　しかし、こうした対応の背景には、医療という専門分野が問題になる事例においても、関連する医学文献などの専門情報を根拠として裁判官が十分に医療分野についても理解し、判断することが可能であり望ましいという全能性の想定に加え、そうした裁判官による規範的判断のほうが望ましいという、法的判断の固有性と正当性の認識もあると思われる。

　専門訴訟は、専門分野ごとに個別の対応が迫られる問題提起であり、そのことは一般的に是認されてきてはいるものの、他方で、なお裁判が全社会に向けられたものであることから、単に当該専門分野でのみ妥当する判断ではならない（伊藤2003）。そして裁判官には、「法廷に提出された専門的知見を相対的に評価して合理的なものを採用する」[23]という専門性が求

---

19) その背後には、専門調停の利用による争点整理の活用も指摘されるものの、その割合もさほど高くはない。東京地方裁判所医療訴訟対策委員会（2003: 42）。
20) 座談会「医療訴訟における鑑定人への情報提供のあり方」（2003: 23）。
21) 最高裁判所（2017）。
22) 座談会「医療訴訟における鑑定人への情報提供のあり方」（2003）。
23) 伊藤（2003: 15）。

められるのであり、当該領域の専門家になることを求められているわけではない。そこで、問題は、法という専門性をおびた領域における法的判断が、どの程度その専門領域の知見に開かれ、またその知見を反映する必要があるのか、そして法的判断の固有性を正当化するとして、その実質は何であるのかである。

　鑑定を回避する法実務は、専門的知見については、専門家による判断ではなく、文献による裏づけに重点を置いている。これは裁判実務における従来の書面証拠主義にもなじみ、伝統的な日本の民事裁判での真実発見の方法を基本的に踏襲している。専門訴訟であっても従来の裁判と特段変わるところはないという扱いをしている。また裁判官はこれらの専門情報を咀嚼して当該専門分野においても妥当と思われる判断を下すことが可能であるという、裁判官の全能性も想定されているように思われる。

　では、こういった想定は妥当といえるだろうか。仮にある程度は妥当であるとしても、こうした実務は特に集中部において浸透しているようである。つまり裁判官の一定の専門分化がこうした実務を支えているのである[24]。たしかに、裁判官が専門的知見を有することと、導入された専門的知見を咀嚼、評価することは別問題ではあるが、やはり法の専門家でしかない裁判官が当該専門分野においても妥当する判断を行うのには限界がある。裁判官には「あらゆる専門家をコーディネイトし、自らも専門家としての説明責任を実践するスーパー・プロフェッション（佐藤2001）」たることが期待されるが、それは困難であり、特定分野における専門的知見の特定裁判所への集積という司法政策が推進されている。その方向を否定したうえで、ある種の全能性を主張しつづけることは難しい。もっとも、医事集中部については、裁判は通常の配転を受け、専門裁判官となるわけではないし、そもそも専門部ではなく、集中部にすぎず、専門化の程度はさほど高くない。集中部の裁判官に高度の専門性を期待することも、専門性を標榜することも望ましくない。

---

24) 東京や大阪では弁護士がわの専門化が組織的に進んでいることもそれを支える大きな要因と考えられる。

もともと訴訟上の立証に関しては、古くルンバール判決をはじめ、当該専門家の判断ではなく、通常人が疑いを差し挟まない程度に真実性の確信をもちうるものであることを要求し、裁判官の判断は「全人格的判断」であることがかねてから説かれてきた。ここでいう「通常人」や「全人格的判断」が、専門訴訟においては、「専門家」や「専門分野の内部においてのみ妥当する判断」と対比されることで新たな意味合いを帯び、かつ法的判断の正当化理由として重要性を増すのではないかと考えられる。現在の司法改革のひとつの大きなテーマが、裁判員の導入に見られるように、健全な市民的常識を反映する裁判の実現であることからも、訴訟を閉鎖的な法の専門性に閉じ込めていくことも望ましくない。棚瀬（2001b）は、裁判における社会科学の援用を、当事者そして広く国民のがわからの裁判における法形成への参加要求を担った働きかけと見るが、日本の専門訴訟での専門領域からの異議申し立ても、そうした市民常識の一部である。裁判が全社会にも向けられたものであるからこそ、当該専門分野においても妥当する判断が必要で、そのために専門的知見の導入が要求されているというのが現段階であると思われる。しかし、それを超えた市民レベルで通用する常識もあり、法の専門家である裁判官にはそうした市民常識を代表することも求められつづける。

　このように、医療事件を例にとっても、全体としては専門訴訟における訴訟手続の細分化という民事司法の大きな流れのなかにある。しかし、実際には、鑑定人リストの整備や専門委員の選任などの方法によって、医師の協力要請を進める一方で、実務上は鑑定や専門委員の任用は必ずしも多くなく、実際の専門家関与を回避するという、専門訴訟への基本的対応には適合しない方向での対応が見られる。そして、そこで扱う専門的知見のあり方も、カンファレンス鑑定のように医療実践を取り込みつつ、口頭主義化が進められる一方で、従来型の書面主義に親和的な証拠である医学文献の尊重という、真っ向から対立するとも言える傾向も強まっている。

　こうした多様でかつ相反するとも思われる対応は、日本社会に浸透させるべきとされる近代裁判の枠組み強化と、専門訴訟において求められる新たなニーズや正義への対応が混在し、時にはせめぎあうために生じている

とも考えられる。

　あらゆる分野で専門化がすすみ、専門的知見にもとづく判断が求められていく一方で、健全な市民的常識を反映する判断も法に求められている。

　専門訴訟は、今のところ訴訟手続の細分化によってこの課題に応えつつあるが、これは専門分野のある種の閉鎖性を是認するもののようにも思える。しかし、他方で、裁判において専門分野を批判的に問い直し、よりオープンなものにしていく可能性もある。藤垣（2003）は、専門主義と公共性を対置し、公共の空間で専門性を再構成することを提案するが、裁判同様に公共空間と位置付けてその専門性を問い直す場となりうる。そうしたフォーラムとして、様々な社会的決定の場面を訴訟に取り込み、あるべき訴訟のあり方を再考することが必要になろう。また専門分野をひとつの社会領域として、そこでの知の産出過程を批判的にとらえなおす社会科学の知識をもつことも専門分野の理解の一助となろう。

第 6 章

医事訴訟における専門家と専門知

　前章で見てきたように、司法制度改革審議会において、専門的知見を要する事件への対応という項目で、専門的な知見を訴訟において利用可能にする諸方策が検討され、様々な改革が進められてきた。

　本章では、医事訴訟を、医療と法という2つの専門領域のせめぎ合いの場として捉え、そこでの専門的知見の導入とその評価のあり方を分析し、医事訴訟が、医療において妥当とされる専門知を導入し、そうした知見に則した判断を行うという意味での専門訴訟の目的を達成することが困難となっているメカニズムを、Abbott（1988）の専門職論において提示された「管轄権（jurisdiction）」概念を手がかりに、明らかにしたい。

　5章で検討したように、専門訴訟への対応という枠組みでは、専門家（expert）は、専門知を有することは前提とされているものの、専門家と専門家が提供する専門的知見（expertise）はあまり区別されてこなかった。しかし、Abbottの専門職論では、専門的知見の性質や、いかに専門的知見を駆使してプラクティスが行われているかを分析している。そうした研究成果を受け、専門職の社会学の分野でも最近では、専門家と専門的知見を区別する必要性も説かれている（Eyal2013）[1]。実際の裁判を分析するには、専門家の関与という場面と、専門家の提供する専門知の質やその評価のあり方については区別することでより細やかな分析が可能となる。

　訴訟に専門家が関与する場合、そうした専門家には審理に必要な専門的

1）ここでは、expertise に専門的知見という訳をあてているが、専門職社会学での議論では、専門技能という意味合いで使われている。Eyal は、専門家の間や他のアクターの関係を結ぶネットワークという機能的な定義を行っている。

知見を提供することが求められるが、専門家が専門知識を背景とする職業であるとしても、専門家のプラクティスと、提供する専門的知見がそのまま直結するわけではない。医事訴訟の場合、判断対象となるのは、医療専門家のプラクティスそのものとなるが、訴訟で、実際に必要とされる専門的知見は、法的な争点やそのための判断材料として必要な範囲での知見ということになる。よって、医療の現場で専門知識を背景に行われる診断や、推論過程や処置といった専門家のプラクティスの中核部分についての知見とは、ずれが生じやすい。

そこで、本章ではまず、鑑定が用いられたケースでの鑑定書と判決文をテキストとして、医療の論理と法の論理がどのように交錯し、互いを構築し合っているかを分析する。その際に、特に、医療の問題として鑑定事項にあがりやすい因果関係の問題と、法の問題として鑑定人に判断を求められることが少ないのに対して、鑑定の中であえて言及されることの多いインフォームド・コンセントに焦点を当てることにする。

医療過誤訴訟においては事実的因果関係自体が重要な争点となることが多く、それは医学的な問題であるために、鑑定人による判断が求められやすい争点でもある一方で、因果関係自体は、それが事実的因果関係であっても法的な要件であるため、法的な評価の対象となる。学説上、因果関係の問題における事実＝政策二分論は維持されていないことが論じられている（例えば水野2000）ほか、こと医療過誤訴訟においては、事実的因果関係の問題も過失の判断と切り離すことはできないことはすで指摘されている[2]。

よって、因果関係が、医学的な問題に深く関わることは当然としても、それらに関する裁判での判断は、規範的な問題、つまり法的な問題であるとされる。医学の専門領域に深く関わる事実的因果関係に関して、その判断があくまで法的な判断であるとすると、その固有性はいかなるものなのかが、問題となり得る。専門家は、管轄権を拡張し、自律性を高める行動をとるものであるという視点に立てば、たとえ専門的知見を要する事項で

2）稲垣（2000）など。

あっても、規範的判断であると固有性を強調することは理解しやすいが、それが望ましい形であるかどうかは別問題である。専門的な医学領域に関わる問いに対して、いかに法が妥当な判断を下しうるのかを、より文脈に則して、つまり専門的知見の性質やそのプラクティスに則して分析していくことが必要だろう。医学的知見については、特に近年の EBM の浸透による専門知のあり方の変化も視野に入れることが望ましいと考えられるため、Ⅳでは、その点についても若干の考察を行いたい。

Ⅰ 専門家のプラクティスと専門知

1 法＝医療の境界活動

　日本では訴訟の数は少ないと言われる。医療過誤訴訟の提起もその背後にある医療事故の全容に照らせばごく一部と考えられるとはいえ[3]、この20年で提起数は急増しており、他の分野に比べると訴訟化の意味での法化[4]が進展している分野である。

　その背景として医師＝患者の間の信頼関係の喪失、患者の権利意識の向上、といったことが指摘されるが、そもそも、社会において医療現象として捉えられる領域が増大してきたことに比例して、「医療過誤」と捉えられる問題群も相対的に増加したとも考えられる。いわゆる「医療化[5]」である。例えば、医療過誤訴訟の提起は産科での事故が最も多いが、それが「医療過誤」と認識される背景には、お産の医療化がある。医療過誤訴訟

3）アメリカの研究でも、医療紛争の裾野は広く、提訴に及んでいるのはごく一部で、過剰な訴訟という現象はないと診断されている。ハーバード大学の研究グループの行った医療事故の実地調査について、樋口（1992）に紹介がある。手嶋（1992）は、このハーバード大学の研究プロジェクトの研究成果の他に、1970年代にアメリカで行われた医療過誤法にかかわる法理の変化が、提訴に与えた影響に関する経験的研究を紹介している。日本についての最近の研究として Ramseyer（2015）。

4）法化については多くの議論があるが、さしあたり馬場（1994）田中成明（1996）の第1章は、現代の民事訴訟の位置づけを法化概念の整理とともに行っている。

5）医療化に関しては、進藤（1990: 172-）の整理を参照。

の増大は、その限りで法化と医療化が重なり合って生じた事象と言うことができる。医療過誤訴訟は、ある問題を医療の問題として把握した上で、それをさらに法の問題として評価しなおす過程である。それでは、ある問題が医療の問題として定式化されるとはどういうことであり、法の問題として定式化されるとはどういうことなのだろうか。その1つの手がかりとして専門家社会学の専門職化（professionalization）の議論が参考になる。

医療も法もそれぞれ医師、法律家という高度な専門知識を有する専門家によって担われている領域である。それゆえ、医療化も法化も、そのうちに「専門職化」を含んでいる。専門職化には2つの側面がある。第1には他の職業が担ってきた領域を自己の専門領域の問題として再定義していくこと、そして第2には今まで社会の自律領域において処理されてきた問題を専門家が扱うべき問題として再定義していくという側面である。

第1に、職域との関係では、医療化と法化が競合すると、ある問題をそれぞれの専門領域の問題として構築してせめぎあうことになる。Abbott（1988）は、専門職が主として隣接職に対して自らの職域を主張することを、管轄権（jurisdiction）の主張として彼の専門職論の中核に位置づけている。普通、管轄権の主張は、興隆しつつある隣接専門分野（例えば、弁護士と司法書士、医師と看護職）間でなされ[6]、医療と法という異分野において管轄権の主張のせめぎあいが問題となることは少ない[7]。本章が対象とする医療過誤訴訟は、医療の問題を法の問題として再定義して、顧客を医療から奪うようなものではない。医療に関して生じた紛争を解決する限りにおいて、医療行為を法的に問題とし、一定の法的判断を加える場であるにすぎない。それでも、医療問題に法が関与することに対する抵抗は非常に強い[8]。訴訟を忌避する傾向は、医療に限らず、日本社会全般に見られる傾向であるが、これまで医療専門職の自律的領域とされてきた、医療

---

6) Abbottは、弁護士について、ビジネス分野の興隆期の非弁活動への抵抗を例にしたケーススタディーを行っている。
7) 主として問題となるのは、逸脱行動の医療問題化により逸脱した行為者が法による処罰から治療の対象となることで、裁判所の役割が脅かされているという刑事法の分野においてである。Conrad & Schneider（1992），フリードソン（1992）など。

専門家が処理しうる問題領域に法が介入して影響を与えていることへの抵抗もあろう。医事訴訟は、当該紛争を法が処理する紛争として扱うという意味においても、法的判断を示す中で医療側を規律する規範形成に関わるという点においても、医療専門家の専門職としての自律性を制約ないしは弱めるように働く[9]。それゆえ、個々の医療過誤訴訟の過程にも、医療と法がある問題の定義づけにおいて相克し、それぞれの管轄権の主張を行っていく場としての側面がある。それは、法の自己定義の改訂を伴いうる。

他方、専門職化の第2の側面からは、専門家―依頼者関係における専門家支配の強化、素人の無力化という帰結を生じる。医師―患者関係と弁護士―依頼者関係はしばしば対比されるが、医療過誤訴訟においては、被害者たる原告が医療専門家と法専門家からの二重の専門家支配を受けて疎外される危険性をはらんでいる[10]。患者は、自分の身体へのコントロールを医師に移した時点で、その医師の専門性から受ける専門家支配の下にある。そこで何らかの事故や悪しき状態が生じた場合、もはやその問題を自分で同定し、対処することはできない。その状況を打開すべく提訴に踏み切ったものの、今度は弁護士にその問題のコントロールが移るだけで、専門用語と複雑な手続に満ちた裁判に主体的に参加することはできず、再びその専門性から疎外されてしまう恐れがある。

---

8) 医師に対して行った意識調査の結果、医事紛争が生じることについては、「それが結局正しい良心的な医療の発展につながるのだから、患者や家族が冷静に考えて必要だと信ずる限り医療訴訟をおこすのもいたしかたない。」を選んだ医師は36.5%、「日本における患者の権利意識は現状でもう十分だ。これ以上強くなると、医療の民主化よりはむしろ医療の萎縮につながる。」を選んだ者のほうが、63.5%と多い。医療過誤訴訟を、防衛的医療と結びつけて否定的な見方をする者が多いことを示している。辻村編（1987）。他方、アメリカの例では、ハーバード大学での医療過誤と医療過誤の意味についての医師へのインタビューでは、被告経験のある医師は、情緒的な落胆、専門家による統制の喪失感、不法行為への拒否感、医療への介入に対する不満を示している。Marjorbanks & Peterson（1996）.
9) 例えば内田（1988）15頁では判決が事後的決定としてよりも、医療に対して行為水準を示す点に医療過誤訴訟の特色を指摘する。
10) 例えばフリードソンは、医療化を専門家自身が専門家の支配領域拡大のための権力行使の結果と捉え、この専門家支配、素人の疎外を批判的、悲観的に捉えている。フリードソン（1992）。

ただし、この第2の意味の専門職化に対しては、対抗現象として脱専門職化、ギデンズやベックの言葉によれば再熟練化（re-skilling）の過程も進行することが指摘されている[11]。すなわちいったんは素人の手を離れ、専門家のものとなった専門知識を専門家との相互作用において再専有していくのである。よって、医療過誤訴訟の当事者＝二重の専門家支配の被害者という位置づけを与えるだけでは不十分である。脱専門職化の流れも視野に入れ、そうした可能性を探る必要もあろう。

　医療過誤訴訟の提起にあたっては、少なくとも患者や遺族が生じた問題を医療過誤として認識し、それを訴訟において争うという主体的な働きかけが必要である。専門家の専門知識や権威を前に声をなくしているだけの素人を固定的に想定するのは適切ではない。医療過誤訴訟の提起により、患者と医師は原告と被告として訴訟制度上は、対等な立場に立つ[12]。医療において生じた問題を、法の問題として再定式化することそのものが脱医療化の意味を持ち、さらにその過程を通じて医療専門知識を再専有し、専門性のギャップを埋めることを可能ならしめるとしたら、訴訟過程のもつ新たな機能に光を当てられよう。

　つまり、医療過誤訴訟での具体的な営みのなかに、医療と法の管轄争いと、専門家支配―脱専門職化、という専門職化の2つの面が複合的にたち現れうる。そして、それが法や訴訟の新たな意味付けを再帰的に作り出していくのではないか、という仮説が立てられる。

　次節では、そのような営みの一部として、個々の医療過誤訴訟の中で行われていることを示すデータとして、判決文と鑑定書を用いて、具体的な訴訟に現れる医療専門家と法専門家の織り成す相互作用のなかに、そうした手がかりを探求、分析していく。医療と法が専門職の境界ないし管轄を

---

11) 例えばアンソニー・ギデンズ（1996）では、ギデンズやベックの指摘する素人の「再熟練」の議論から、フリードソンの受動的な素人像を念頭に置いた医療化概念を批判的に検討するものとして、Simon & Calnan（1996）。
12) この点、吉田（1994）は、裁判所外においては、弱く自己決定できなかった存在だった患者が、裁判において医師と対立関係にたち、「強い人間像」が妥当する関係へと変容する可能性を示唆する。

どのように主張していくのかを分析するには、専門家が、自らの専門知をどのようにプラクティスの中で用いていくのかというミクロな過程と、それが専門職の管轄維持にどのように働くのかについての視角が必要である。そこで、ここではAbbottの専門職論と、それをベースにした近時の専門職の社会学の展開の示唆を参考にしたい。

　第1部で検討した科学者も専門家であり、科学者のプラクティスを対象とした科学社会学の知見の多くはここでも妥当する。特に、科学と非科学を分類する「境界活動（boundary work）」[13]とここでの管轄権の争いという視角はほぼ重なる。しかし、医療専門職については、科学的知識をその専門知のベースとしている点で共通するものの、伝統ある確立した専門職としての自律性を備えていると考えられ、かつそのことが望ましいとの職業意識をもってきたこと、また、科学者とは異なり、法律家と同様に、具体的な個人（患者／依頼者）の問題に対してその専門知を用いて対処することを本質的な仕事としている点に違いがある。法／医療との対比においては、そうした伝統的な専門職間での管轄権争いとして、その中核となるプラクティスに目を向けることが不可欠ということになる。

2　Abbottの専門職論と医療過誤訴訟への示唆

　Andrew Abbottが1988年に出版したSystem of Professionは、専門職の社会学の1つの画期をなし、その後の専門職研究にも大きな影響を与えてきている。専門家のプラクティスに注目し、専門家が専門家たりうるメカニズムを明らかにしようとする。Abbottは、いわゆるプロフェッションを、何らかの抽象的な知識を特定の事例に適用することを業とする職業集団、と広く定義付け、ある職業が専門家として行う仕事、およびそれによって自らの職業を他の職業に対して専門家として維持するプロセスに注目する。ある専門家が自らの仕事の対象とする領域を管轄（jurisdiction）と呼び、専門家はこの管轄をめぐってせめぎ合い、仕事の領域を維持、拡

13）Gieryn（1983）が提示し、科学技術社会論では基本用語として参照されている。藤垣編（2005）など。

大しようとしていると捉える。

　専門家が扱うのは個人の疾病や紛争などの問題であり、専門家は、そういった問題に診断（diagnose）を下し、それに対していかなる対応をすべきかの推論（infer）をもとに、処置（treat）する。Abbottは、こういったワーク（work）に注目するが、プロフェッションの特徴として、これらのワークを支える形式化した抽象的な知識システムを有していることを挙げる。知識システムは、専門家としての力や威信を支えているが、その抽象性、論理的一貫性、合理性、体系性、科学性が専門家の仕事を正統化する。知識システムは、専門家が行う具体的な診断、推論、処置に対して情報を与え、またそこから与えられた情報をもとに成立しているが、知識システムの抽象性、体系性を維持するのはそういった実践とは区別される学術的な基礎研究であり、それ自体で一応完結している。この整理自体は、法や医療にとって特に新しいものではない。医療について、医療実践と医学研究は一応区別されうる。Abbottの議論は、これらを分節した上で、それぞれの専門性がいかなるものとして維持可能かを明らかにしようとした点にその独自性がある。

　現実のプラクティスである診断、処置を結ぶのが推論であり、診断と処置の対応関係が不明瞭な場合に駆使され、この部分が専門家のプラクティスの核となる。専門家の秘技に当たる部分であり、この部分があまりないルーティンワークでは他の職業の攻撃を受けやすくなるし、逆にすべてが個性ある推論を要求するものであるとすると、社会的非難を免れない。プロフェッションが管轄を維持するには、その診断、推論、処置の部分もある程度客観的で一般化可能であることを必要とするが、あまりにその程度が高いと形式的に過ぎ、他の職業の参入を許すし、あまりに具体的個別的だと、専門職としての正統性を維持できない。抽象性と具体性の均衡点に、専門家としての仕事の成功点があるという。

　つまり、専門家の仕事の専門性を維持するのは、必ずしもその背後の客観的体系的な専門知識だけではなく、それを個別事例に当てはめるプラクティスの部分でもあり、その部分においても全くの個別的、直観的な判断では専門性を維持できないという。

以上が、Abbottの議論の簡単なまとめである。Abbottの議論は、専門家の範囲を広くとらえているが、専門家のモデルとして医療専門家や法専門家を念頭においていることは容易に見て取れる。そこでいう成功とは、専門家としての管轄の維持、拡大であり、疾病の治癒、紛争解決といった仕事の成果ではない。しかし、医療過誤訴訟での医学的知見の用い方を分析するにあたっては、非常に示唆に富んだ視座を与えてくれている。

　まず、医療専門家のプラクティスを分節し、専門知識もそれとの関係で位置づけることにより、その専門性や排他性の所在を細やかに分析することが可能になる。医療過誤訴訟において必要となる専門的知見は、医療専門知識と目される傾向があったが、実際には個別事例に対する医療専門家の診断や推論、処置といったプラクティスの部分であることに自覚的であるべきだろう。実際に、訴訟で具体的に問題となる医師＝患者による医療行為の中心をなすのは、診断、推論、処置の部分である。その部分は、専門知識に比すると客観性が薄く、外部からのアクセスが困難となるが、他方で、事実認定とその法規範への当てはめ、法的判断という法プラクティスの中核とも重なることも否定できない。

　また、こうしたプラクティスの部分は、形式性、客観性が薄く、外部からのアクセスを困難にするが、しかし、それは全くの「秘技」としては存立しえないし、そこで行使される専門性は法的に尊重すべきものであるとも限らない。例えば、専門家＝素人関係における専門性や素人の疎外は、専門知識そのものよりも他の専門家とのコネクションの示唆や患者の声の無視といった要素に強く現れているとの研究もある[14]。診断は患者から提供される情報に依拠していること、さらには専門知識の形成にも素人が関与している場合があり[15]、決してその中核は専門家の排他的判断で成り立っているわけではない。法－医療による管轄争いという局面でもそのことを意識して検討する必要があろう。

　例えば、専門家が専門家たりうるために必要な専門知識の一般性、客観

---

14) 弁護士＝依頼者関係の文脈では、たとえばFlood（1991）.
15) たとえば、Busby,Williams and Rogers（1997）.

性をてこに、法律家を含む医療専門外からのアクセスは可能となる。実際に、最近の医療分野でのEBMの推進や、それを基礎においた診療ガイドラインの策定などは、そうした動向として理解できる。Abbottは、プラクティスの部分についても専門性の達成には客観性と具体性のバランスが重要であること、それを達成するための診断や推論の標準化が常に外部からのアクセスの危険にさらされる、危ういものであるが、専門家は、自らの仕事の正統性を維持するために専門知識の体系化、仕事の客観化の要請に答える必要があるとも指摘している。

そこで、Ⅱでは、鑑定が用いられた医事訴訟の鑑定書と判決文を素材に、鑑定事項―鑑定結果―その判決での言及・判断のあり方を分析し、その特徴を描き、医療の側に、その専門領域での判断を求めることの多い「因果関係」をめぐる言説に着目し、医事訴訟が、医療側が必要と考える以上に高度な専門知を求めている可能性があることを指摘する。他方で、Ⅲでは、そもそも訴訟での因果関係の判断は、規範的な評価を伴い、医療でいうそれとは異なる固有性を有するといった主張がされることに着目し、どのような評価が法的な評価ということになるのかを、最高裁判例を例に若干の検討をしたい。

Ⅱ　判決における鑑定評価の分析

1　医事鑑定への視角

司法制度改革審議会が設置された1999年は、都立広尾病院事件や横浜市立大学患者取り違え事件が起き、医療過誤が社会的に注目された年でもあった。その後に医療過誤訴訟の提起が急増したこともあり、審議会では、医療事件への対応も1つの主眼として専門訴訟への対応が講じられていったという経緯がある。

その際に問題とされたのは、前章で見たように、「専門家の適切な協力を得られなければ、適正な判断を下すことができないばかりか、往々にして手続の遅滞を生じる」ことであった。そこで、その後、専門家の協力体

制の強化や、鑑定手続の改善や専門委員の新設も行われた。

では、この頃までの医事訴訟では、どのように医学的な専門的知見をもとに判決を出してきたのだろうか？　ここでは、以下のような視角で、医療過誤訴訟において用いられた鑑定書とその判決文を素材として分析を行う。

第1に、どのような事柄が鑑定事項とされ、それに対してどのように鑑定がなされているのか。そして第2に、当該鑑定は、判決においてどのように用いられているか。その際、特に鑑定結果の実質的な用い方と、「鑑定」への言及の仕方に注目した。データとしては、医療事故情報センターの発行している医療過誤訴訟の鑑定書集[16]の10巻（1999）までに登載されている鑑定書、および、そのうち公式の判例集にその判決が登載されている37件についてはその判決文も利用した。

鑑定は、裁判官の判断能力を補充するために、特別の学識経験に属する経験法則その他の専門知識や意見を陳述させる証拠調[17]である。裁判官の知識の補充と、当事者の攻撃防禦方法の1つという二面性を有する。医療過誤訴訟では、医療の素人である裁判官が医療の専門的な事柄について事実認定を行わなければならないため、鑑定が裁判官の判断補助として果

---

16) 医療事故情報センター「医療過誤訴訟　鑑定書集(1)－(10)」。10巻が出版されたのが1999年であり、1997年ころまでに書かれた鑑定書のサンプルが収録されている。この鑑定書集は、医療過誤訴訟に取り組む弁護士に呼びかけ、鑑定書を作成した医師の承諾の元に、鑑定書を集めて編集された、初の鑑定書集である。各巻20～25件、全部で222件の鑑定書が登載されている。とくに選別がなされたわけではないが、医師の承諾があること、医療事故情報センターを利用する弁護士は原告側に立つものが多いこと、などからも比較的原告の勝訴の解決に至ったケースが多く、裁判で用いられた鑑定をランダム・サンプリングしたものではない。しかし、ここでは鑑定と裁判での勝敗の関係を統計的に明らかにすることを目的とするものではなく、その点は特に問題とならないと考える。以下、例えばこの鑑定書集の3巻の2番目の事例を引用する際「鑑定書集3-2」のように表記する。なお、医療事故情報センターは名古屋弁護士会の加藤良夫弁護士を中心として1987年に設立準備会が発足し、1990年に発足した、医療事故の被害者救済、患者の人権の確立をめざす機関である。鑑定書集の編集、発行のほかにも、医療過誤訴訟に取り組む弁護士に、カルテの翻訳や医学資料の提供、協力医の紹介などを行っている。

17) 新堂（2011: 643）。

たす役割が大きく、その結果が訴訟の帰趨にも大きな影響を与えると言われてきた。もっとも、最終的には裁判官がその採否や評価を行うことになる。そこで、裁判官に専門知識を要求できないために鑑定が行われているのに、鑑定結果の評価のために専門知識を必要とするというディレンマ＝「科学鑑定のジレンマ[18]」に直面せざるを得ない。

　鑑定は、証拠方法の１つとして、当事者の申し出に基づいて鑑定が申請され、裁判官によりその採否が決定される。職権鑑定は許されていない。ただし、裁判官が鑑定申請を促すことは行われている。鑑定の申請に対し、裁判所が鑑定人を指定する。当事者が申請の際、鑑定人を推薦することもある。

　鑑定の結果が書面で報告されたものが、鑑定書である。当事者からの意見も受けて、裁判所から鑑定を求められた事項に対する回答としての結論部分が、鑑定主文として示され、結論に到達した判断過程の説明が鑑定理由として示される。鑑定の評価は、裁判官の自由心証による。

　鑑定は、医療専門家の見解を得るために求められ、鑑定人は、それが法的責任の判断の前提として用いられることを念頭に鑑定を行っている。そこで、鑑定事項は、問題となっている医療行為のなかで法的に意味があると思われる点について、医療専門家が知っていて、かつ答えることができると裁判所や当事者が考えている事柄から成り立っている。鑑定人は受動的な立場にあり、回答の際には、当然それが法的な責任の判断の前提となることも意識している。しかし、だからこそ、医師の鑑定は、単に医療の事柄に関する単なる中立的な回答ではなく、医師が自ら法と考えているものと無関係ではあり得ない。つまり、鑑定事項や、鑑定書の判例での採否は、法にとっての医療を描写するものであり、それに対して医師がいかに回答するかということは、その医師による「医療」の問題の構築であるとともに、医療に対してあるべき法的判断の示唆も含む。

　判決は、個別的な事件について、事実を認定してその事実に法規範を適用して一定の法的判断を下す、その過程と結論を記したものである。判決

---

18) 中野（1988: 27）。

は全体として、結論を正当化し、当事者や社会に対してその判決が正当であることを説得していく言説を構成している。よって、鑑定事項―鑑定結果―判決は、ある意味では法専門家と医療専門家の相互作用過程をなしており、判決も訴訟過程の一部と位置づけられる。もっとも、判決は、鑑定人たる専門家に直接向けられた言説ではなく、一次的には当事者および社会一般に向けて裁判所の判断を正当なものとして理由づける言説である。

通常、判例評釈等では、判決の、判断を導いた法理の部分に焦点が置かれ、そこに至る具体的な訴訟過程とは切り離されて扱われる傾向がある。光が当てられるのは裁判官のモノローグのみであり、判決に先行する裁判の過程には意が払われない。逆に訴訟過程に注目した訴訟理論では、判決を含む訴訟過程を紛争解決の一里塚にすぎない[19]と見るため、判決は過小評価される傾向にある。しかし判決も当該訴訟過程の一部であり、かつその訴訟過程も、判決の正当性を担保しているのだという視点も忘れてはならない。

そこで、専門的知見の活用とその評価の実態として、医事鑑定を、判決に至る手続過程の資料として用いることで、判決を鑑定と連続的な訴訟過程として見ることとする。もちろん、鑑定‐判決の流れは、訴訟過程のごく一部ではあるが、それでも医療との関係における法の意味付けを検討するには鍵となるデータである。

なお、ここでは鑑定書を医療の言説、判決を法の言説ととらえて、判決での事実認定を医療的判断の法的翻訳である、という見方はしない。むしろ鑑定書も、裁判所側から提示された鑑定事項への医師の回答、という医療と法との相互作用の一部として捉える。

また、その鑑定書が用いられた判決文も、法による応答の形で、その相互作用の延長線上に位置づけることができる。その意味では、鑑定も、法的言説の一部を構成していると見ることができる。

もっとも、ここでの分析対象は、あくまで1999年以前の鑑定書であるため、司法制度改革期以降についても妥当するとは言い切れないこと、また

---

19) 井上（1984）など。

医療事故情報センターが収集した鑑定書をサンプルとしているため、量的な整理については参考程度の意味しかないことはお断りしておきたい。

2　医事鑑定の分析

(1)　全体的な分析の整理

1) 　鑑定事項―鑑定

鑑定書については、特にフォームがあるわけではないので、その記載スタイルもかなりばらつきがある。もっともオーソドックスなのは、鑑定事項として提示された事項をはじめに列挙した上で、それぞれについて、理由を示しながら判断を下す、または鑑定の判断を下した上で、理由を後に付記するというものである。

鑑定事項は、当該事件についての判断を求める個別的事項と、「ヨード過敏症の予知について確立した検査方法はあるか[20]」のように、当該事件のみでなく、一般的な医学的知識を求める一般的事項に分類し得る。全体としては、個別的な判断、しかも法的な争点である因果関係や過失の認定に直接かかわる事項についての判断ないし評価を求めるものの方が圧倒的に多い。本鑑定集に登載されている鑑定書については、鑑定事項が明らかな208件のうち、個別的な鑑定事項が1336項目、一般的な医学的知識について問うものが337項目であった[21]。個別的な判断と一般的知識を問うものの組み合わせからなるものが多いものの、個別的事項のみからなる鑑定が85件と全体の4割以上もあるのに対し、一般的知識のみを問う鑑定は、1件にすぎない。そして、多くの鑑定において、当該医師の行った処置の適否の評価を直接求める項目が含まれている。「本件患者の状態が急変するまでの間に被告の行った手技等は適切であったか[22]」といったものか

---

20) 鑑定書集3-1。
21) 鑑定事項の数や書き方は鑑定書によりかなりばらつきがあるし、一つの項目の中でも個別的な判断と一般的な医学的知識を問うものの両者が含まれている。その場合には、個別的事項と一般的事項の両者でカウントしている。また、区別が判然とはしにくい項目もあり、項目の分類や数え方についてはかなり筆者の独断が含まれていることをお断りしておく。
22) 鑑定書集10-17。

ら、「Aの死は被告の診療行為上の過失に起因するか（主として麻酔医としての観点から）[23]」というように、「過失」そのものを問う鑑定事項も見られる。医療過誤訴訟での鑑定は、一般的な医療専門知識を得ることよりも、個別の事例について、医師による専門的な判断を得ることを目的としていることが多いことが分かる。

　他方、鑑定は、必ずしも鑑定事項への直接の回答のみで構成されているわけではない。鑑定事項に対する意見や留保、鑑定事項にはない事柄についての意見、前書きや付記がついているものも少なくない。また、鑑定事項の一部を無視したり、批判したり、また鑑定事項に直接に回答するかのようでありながら論点をずらしたりしているものも多い。そのような鑑定は、本章での関心からは興味深い素材を提供している。なぜなら、そのような場合、医療の側からの、裁判での問題の立て方への抵抗、また医学的問題の再構成のありかた、そして医療と法の間の互いの問題領域の主張、すなわち管轄権の主張を鮮明に読み取ることができるからである。このような例の中には、医療の見地から、鑑定事項に対して異を唱えたり、ダイレクトな回答を避けるという形をとるものと、特に求められていない規範的評価に明示的に踏み込んで何らかの意見や判断を加えるものがある。このような場合には、医療についての法の側の理解を問い直して、医療のがわからみた規範的判断を提示するものと把握できる。

　鑑定事項が、個別の事例についての固定的で断定的な判断を求めるのに対し、その回答は断定を避け、医療が不確実性をはらむものであることを強調するものが多い。例えば、階段から転落して運ばれてきた患者が特に処置を施されないまま数時間後急死した事例で、その患者の直接の死因を問う鑑定[24]では、「腹部内臓損傷による出血性ショックが起こっていた可能性は高いが、内臓損傷の存在は推測の域を出ない。」「しかし……脳に何等かの病変があって急死した可能性を全く否定することはできない。」のような表現が用いられる。

---

23) 鑑定書集3-21。
24) 鑑定書集2-24。

このように確定的な回答を行わない[25]理由には、もちろん法的証明に比して、医学的証明にはより厳密性が求められることが挙げられる。しかし、それを越えて、医療の側の、法が医療について持つイメージへの抵抗や裁判の行い方への批判が含まれているのである。
　それが最も端的に表現されている鑑定書の前書きを紹介する。
　「……目をみはる発展を遂げているが、医学はたえず未完成である。……医学は永遠に未完成であるという認識をこの鑑定の根本思想として採用すべきであると感じた。何故なら、被告申立分、原告申立分、また訴訟記録のなかに採用されている鑑定の内容は現在の医学ないし医療を確立した完成品としてみる考え方に支配されている。そして完成品の一部にいささかの欠陥も見落とさじとの姿勢が充満している。……医学未完成論を掲げ、次に具体的な鑑定事項について、科学的医学的に鑑定する[26]。」
　より具体的には、結果からは非が認め得るが、その時点の判断として不適切であったとまではいえないというものが多い。臨床医がその時点にある情報をもとに、将来志向的に判断するのに対し、鑑定人が裁判の回顧的判断という時間構造の中で、臨床医の行為や判断についての評価を求められることに対する異議である。「遡及的には本症が考えられるとしても……あくまで遡及的にみた場合であり、結果論である。臨床の実際では主治医は常にこのような症例を手術に回すべきか否かの判断に迫られており、……主治医が、結果論だけで責められることは適当でないと考える[27]。」
　また、医療において個別の症例に対して、回顧的に因果関係を判断するためには、解剖による所見を不可欠とする。医療において「因果関係」を回顧的に判断するのに必要とされる解剖所見その他のデータを欠いていることが判断の不確実性の要因とされているものも見られる。

---

25) ただし、かなり明快な判断を示す鑑定も少なくない。上記のような不確実性を断りつつ、鑑定事項に対する判断は明確に示している鑑定も多い。この点、東京地裁における訴訟記録から医療過誤訴訟での鑑定の実態を調査した、石川・服部（1988）。
26) 鑑定書集8-10。
27) 鑑定書集1-23。

「遺体の解剖が行われなかったことは明確な死因の決定がなされ得なかった最大の原因であり、現時点において、外傷と死亡との因果関係もまた明らかにすることはできない[28]。」「鑑定全項目について病理解剖所見がないため臨床症状から推測される両症例の体内諸病変に関し絶対的な確診は得られないことを予めおことわりしておく」という具合である。

　通常、鑑定を求められるのは、被告と同じ専門分野にある大学病院の教授クラスの医師であることが多く、代替的な臨床的判断が求められている。それに対し、鑑定では、単に「因果関係」あるいは、「医学的な因果関係」が問われることが多い。医療側では、病因の解明には、解剖が不可欠とされている。もちろん、訴訟上の立証と医学的立証は異なるため[29]、臨床医の代替的な判断を法的な因果関係の立証の根拠として十分との判断があろう。しかし、臨床医からは、そうした推測をもって医学的な因果関係を明らかにできるとは考えられない。

　このような齟齬は、医学的因果関係と法的な因果関係の概念についての相互の誤解によるものと言える。しかし、医事訴訟において事実的因果関係の判断の正当化にあたっては、医学的に妥当と言える因果関係概念に依拠することが必要であるからこそ、このような齟齬が生じているのである。よって、その要請に正面から応えようとするなら、因果関係の立証に解剖学的な知見を要求することになりうることには留意が必要である。

　なお、専門訴訟への対応が講じられる中で、その後、鑑定事項の立て方についても検討されている。一般的な医学的知見だけを問う鑑定は少ないが、そもそも一般的医学的知見を鑑定事項に入れることは不必要であり、「真正面から専門的医学的知見、経験則を当該事案に当てはめた場合の結論を問えばよい（中本ほか2007: 17)」という。一般的な医学的知見については、医学文献等の収集で明らかになるという見解であり、一般的知見そのものは、専門家の協力なしに得ることのできる知識という位置づけがされている。その上で、少なくとも鑑定人については、一般的医学的知見を

---

28) 鑑定書集2-24。
29) 最判昭和50年10月24日民集29巻9号1417頁。

背景に、Abbott のいう診断等の当てはめを行う部分にその専門性を求めていることが分かる。因果関係・過失を直接問うような鑑定事項が多く見られたが、そのような法的な要件について直接問うような鑑定事項は適切ではないとされる。そのような認識が浸透したからか、最近の鑑定においては、「因果関係」や「過失」を直接問うような鑑定事項を立てることは少なくなっているようだが、「○○の原因は何か」と、原因の特定を求める事項や、「○○は不適切だったか」「○○に不適切な点はないか」と、間接的に因果関係や過失を問うような事項は立てられている。法的概念と通常の用語とを明確に区別し、法律家が決めるべきことと、医療者の専門的知見を問うべきことを区別した問い方をするようになっているが、なお通常の単独書面鑑定の場合の鑑定実務に、本質的な変化があったとまでは言い難い[30]。

２）鑑定―判決

次に、判決における鑑定結果の用いられ方を検討する。中野貞一郎がかつて鑑定の採否について、受容型、排斥型、取捨型に分類して分析を加えている[31]が、実際には鑑定の採否が直接問題となる訴訟は少ない。本稿で検討した37件のうち、鑑定の採否を問題として排斥したケースはなく、27件はほぼ鑑定結果を尊重した判決である。残りの10件のうち、7件は鑑定の結果を部分的に排斥する取捨型であり、残り3件は、鑑定結果をどのように考慮したかが判決文の中から読み取ることが出来なかった[32]。取捨型の判決についても、鑑定の意見を排斥した部分以外においては、かなり鑑定書に依拠した判決も多く、医療過誤訴訟において鑑定結果が判決に与える影響の大きさを物語っている。裁判官にとって、医療過誤訴訟において鑑定が出された場合、その医療専門家の提供する医学的な知識や当該

---

30) 2015年、2016年に発刊された鑑定書集26、27巻登載の鑑定書の多くで、原因や医師の行った診療行為の適切性を問う事項が立てられている。
31) 中野（1988）。
32) ここでは、鑑定結果を尊重しているものを尊重型、取捨しているものを取捨型、鑑定結果が判決に及ぼす影響が読み取れないものを無視型として分類した。尊重型のうち、特に結論をほぼ鑑定に依拠して導出しているものを依存型としている。

事件に関する判断と異なる判断を示すことは難しいようである。

しかし、このことと、判決においてどのように鑑定を用いているかは異なる。判決は、当事者に対してのみならず、社会一般に対してもその判断の正当性を示すものである。そこで、判決文で鑑定にどのように言及しているかを別途検討する必要がある。37件のうち、判決文の中で「鑑定によれば」といった表現を用いて鑑定書の存在を明らかにした箇所が1つでもある判決は、26件あり、残りの11件では「鑑定」への言及が全くなかった。しかし、鑑定への言及がまったくなかった11件のうち、7件については、判決での判断そのものは鑑定結果を尊重したものであり、鑑定に言及のあるものと比べて特別に鑑定尊重型の判決が少ないわけではない[33]。鑑定に記載されている医学的知識や判断をそのまま引用しているものもある。例えば、無痛分娩による分娩後に、産婦が不完全子宮破裂により失血死した事例[34]では、分娩誘発剤アトニンOの使用の適否という争点について、判例において参照されたアトニンOの投与と子宮破裂の関連性に関する調査結果の記載は、鑑定に記載されていたものの全くの引き写しであったが、「鑑定」への言及はない。鑑定で提供された医学知識や専門家の判断に依拠していても、そのことを判決の正当化根拠として明示しない判決がかなりあるのである。

それでは、「鑑定」に言及する判決では、鑑定にどのように言及しているのだろうか。そのことを検討するために特に「鑑定によれば」というフレーズの使い方を中心に「鑑定」の言及の仕方を検討してみた。すると、いくつかのパターンがあることが分かった。

最も典型的なパターンは、「鑑定の結果によれば」との記載につづいて、比較的一般的な医学的知識や見解を示し、それを当該事件の事例に当てはめて判断を導くものである。鑑定事項では個別的な事例についての評価を問うものが多いのに、判決において「鑑定」に言及され、鑑定結果が引用されるのは、むしろ一般的に通用する医学的知見や医学上の調査結果の方

---

33) 鑑定に言及がないものでは、6割強、言及があるものでは7割強で尊重型である。
34) 東京地判昭和63年12月27日判時1333号109頁、鑑定書集3-15。

なのである。

　そして鑑定結果を尊重していても、判決の記載においては、鑑定による判断が決め手になったという書き方をしないのが一般的である。一例を挙げる。

　転倒して関節脱臼骨折した患者にギプス固定による保存療法を長期にわたり実施したところ、脱臼部分が転移して関節固定術を受けざるを得なくなり関節の機能障害が残った事例では、鑑定における患者の脱臼の分類、その症例に対する治療法や注意点についての記述、および医師がレントゲン撮影をもっと頻回に行うべきであったとの評価についても、ほぼそのまま判決において用いられている。しかし、「鑑定」に言及があるのは、鑑定の中のギプスの固定に不十分な面があったという部分に対して、「控訴人の主張に副う右各証言及び鑑定の結果の各一部は、いずれもたやすく採用し難い」と、鑑定を採用しないという部分のみであった。このような判決では、医療過誤訴訟での法的判断の前提たる事実認定を正当化するのは、医療専門家の個別事例についての判断ではなく、一般的な医学的知見である。裁判官は、鑑定人の助けを借りずしてその専門的知見を獲得し、それに基づいて医学的にも適正な判断を行っているのだ、という裁判官像を示そうとしているようである。その限りにおいて、医療過誤訴訟においても、伝統的な、全知全能型の裁判官像が維持され、それが判決を正当化する形がとられていると言える。

　他方、鑑定への依拠をそのまま判断根拠にする明示的な鑑定依存型の判決も存在する。依存型の判決には、鑑定のみに依拠するものと、鑑定以外の専門家の意見を参照するものがあるが、後者には２つのタイプがある。１つは、鑑定を含めて複数の専門家の見解を併記して、結論を正当化する場合であり、もう１つは複数の対立する専門家の意見や証言がある場合に、鑑定結果に依拠することで、それら他の見解を排斥するものである。この二者はもちろん、複数の専門家の見解が比較的近いか、対立しているか、という事件の個別の事情の相違による部分が大きいだろう。しかし、専門家の見解に対しては若干異なるスタンスを採る。前者の場合には、鑑定や専門家の意見を並べ立てることで判断を正当化しており、それぞれの見解

に対する評価が殆ど含まれない。医療専門家の判断であることを正当化根拠としており、専門家依存型の判決と言える。それに対し、複数の専門家証言や意見を並べた上で、鑑定に依拠する場合には、専門家の意見の対立と、そこでの鑑定の優越性の2つを示している。鑑定人は、当事者の立てる専門家証人とは異なり、中立性を要請され、それを実現できるよう裁判所から選任を受けていることから、他の専門家の意見よりも鑑定意見を優先するという判断を正当化しているものと思われる。この判断が妥当かどうかはさておき、このような判決は、鑑定という手続の権威に依拠した判決と言える。

　このような正当化様式は、本分析の中でも少数であり、医療過誤訴訟に特徴的なものとは言えないが、実際には鑑定結果を尊重した判決が多いことから言えば、鑑定への依拠を正当化根拠とする判決は、実情に即している面がある。

　以上のように、全体として鑑定結果を尊重する判決が多いが、判決での鑑定の参照の仕方にはいくつかパターンがあり、最も一般的なのは、「鑑定の結果によれば」のあと、一般的な医学的知見を示していて、本来鑑定人に期待されている個別事例に関する意見の部分について、そのまま鑑定結果によるような記載はされない形である。一般的知見への当てはめ、つまりAbbottのいう診断−推論という専門家のプラクティスの中核部分について、実際には医療専門家の判断を求め、それに依拠していても、判決での記載ではその部分は強調されない。同じく当てはめを専門的プラクティスの中核とする法律家は、一般的な知見を獲得できれば個別事例への当てはめを行う作業は専門分野外でも可能かつ望ましいという認識を有していると思われる。このことは、近年、医学的情報へのアクセス向上を理由に、鑑定利用が減少していることとも符合する。

　専門職の社会学の観点からは、これは、医療専門家と法専門家の「診断をめぐる争い（diagnostic struggle; Liu2013）」であり、法専門家が、一般的知見における個別事例への当てはめは、医学的な事柄であっても、法専門家のプラクティスの範囲として管轄権を拡張しようとしているのだと整理することもできる。しかし、専門職のプラクティスの専門性の中核が一般

的な専門的知見を個別の事例に当てはめて判断を行っていくことだとすると、隣接専門領域とは言えない、法専門家がその部分を、専門家の助力なしにできると考えることには問題があるだろう。とりわけ、当該専門領域で妥当と考えられる判断を実現することが求められている、専門訴訟の要請とは抵触するものと言えよう。

3 「因果関係」をめぐる言説

2でも概観したように、医療過誤訴訟において、事実的因果関係は、法的な要件であるものの、その判断においては、医療の専門的知見を要するととらえられている。前述したように、鑑定事項としても、かつては因果関係を直接的に問うものが多く見られた。因果関係は医療専門領域の医療専門家が答えるべき問題であるとの法専門家の意識を反映していると言える。

それに対して、鑑定では、明確な回答を避け、または因果関係について判断することができないとするものが多い。しかし、その理由は必ずしも医学的証明が一点の疑義も許されない自然科学的立証が必要であるためばかりとは言えない。

まず、必要な診療録、看護記録、必要な検査結果（例えばCTスキャンやMRIなど）がないために判断することが困難になっているケースが少なくない。これには、そもそも必要な記録や検査が行われていないという医療側の不作為が問題になりうる場合と、鑑定の依頼に際して必要な情報が添付されていない場合がある。後者については、鑑定を依頼する側の問題であり、その改善も求められるところである。また、両方の問題にまたがるものとして、因果関係の問いに対して、解剖所見がないために死亡の原因を明らかにすることができないという回答も複数あった。病理学的な因果関係を念頭に置くと、医療の立場からは解剖所見なしに見解を述べるのは難しい。では、因果関係についての医療の論理に則した判断を確保するために、剖検を勧めるべきなのだろうか。この点は、医事紛争の解決という目的を越えた、公衆衛生も含めた政策的課題であり、別途検討の必要な論点ではある[35]。しかし、実際上は、医事紛争が訴訟に持ち込まれた段

階では解剖による死因解明は不可能になっていることが多いほか、患者の側に医師への強い不信が生じた場合、遺族は解剖の申し出に対して否定的になりやすいと言われる。そして、法専門家も、それを前提として因果関係について尋ねている以上、解剖学的な所見を求めているわけではなかろう。このように、因果関係をめぐる法の論理と医療の論理の相違は、統計学でいう有意度の差のようにある程度数値で把握しうる程度の差として捉えられるものではなく、質的に異なるアプローチでの把握を許容するかどうかというものなのではないのだろうか。

　ただし、先述したように、法的なアプローチは、医療が因果関係を認める場合に求める厳密性を何らかの意味で緩和するというものなのか、という点についてはさらなる検討を要する。鑑定のなかには、因果関係にかかわる問いに対して、なすべき医療行為との対比から答えるものが見られることに注目したい。

　交通事故で運び込まれた病院で外傷の治療のみを受け、退院後骨折の治療を開始したものの遅きに失して右足に後遺症が残ったという事例で、「……治療と原告の後遺症との間には因果関係があるか」との鑑定事項に対して、「因果関係あり」と答え、その理由として「……距骨骨折は可能な限り解剖学的な整復を行うのが治療の原則である」と、治療の原則を怠ったことを第一の理由としてあげた後、資料から判断できる後遺症の内容にばらつきがあるために「最も重要な日常生活上の後遺症が……（治療）とどの程度の因果関係にあるかは不明である」とする。ここでは、因果関係の判断を、なすべき治療行為との対比において行っている。この事件は、判決では、鑑定から医師の過失を認めた上で、鑑定に言及して「因果関係を否定する趣旨ではない」と、鑑定尊重型の判断をしている[36]。

　また、盲腸炎の診断が遅れて、汎発性腹膜炎を起こし、手術をするもお

35）この点については、その後モデル事業により医療関連死の解剖事業が進められるなど、一定の対応がなされたが、医療事故調査会の発足によってモデル事業を引き継いだ解剖事業も終了しており、死因の医学的解明という方向での改善は限定的なものにとどまっている。
36）浦和地裁川越支部判昭和60年1月17日判時1147号125頁。

そらく敗血症を起こして不穏状態に陥り死亡に至った事件[37]で、初診の際に「虫垂炎を発見することは可能であったか」との鑑定事項に対して、医療では患者が命を失うような状況を回避することを目指すので、腹痛を訴える以上、その原因が虫垂炎か胃炎かといった鑑別することよりも、腹膜炎の可能性を考えて外科的な治療法を選択肢に入れることが必要である旨回答する。

　この事例では、不穏状態は敗血症性のショックと考えられるかどうかという問いに対しても、「これらが単一の原因に起因するとの前提に立ち、敗血症によるか、あるいはそれ以外かについて鑑別、特定し、確実な判断を下すことは、不可能とするのが常識的な判断であると考える。しかし本事項で重要な点は、原因の同定を為し得たか否かではない。問題となっている状態に対して、その原因として想定し得る不特定多数の原因のうち、より重篤なもののいくつかを治療医が念頭におき、これらに対して十分な監視体制をとり、その監視結果に基づき臨機応変に加療を施したか否かが争点とされるべきである」。ここでも死因が敗血症かどうかについては、血液培養の結果では明らかでなく死後の剖検もなされていないから確定できないが、敗血症を想定して診療に当たるべきであったことは明白であるという。この場合、事実的因果関係の問題設定が、医療実践に対する医療者からの評価とは対応していない。不確実な状況のもとで診断、治療法の選択に迫られている医療実践における問題に則して明らかにすべき真相は、医療過誤訴訟で明らかにすべき要件に沿った事実とはずれており、むしろ法的要件として必要とされる事実的因果関係を明らかにしようとすることで、医療の側が必要とは考えない医学的により複雑かつ専門的な知見を要求することになっている。

　この事例では、判決においても、鑑定結果を引用し、虫垂炎の鑑別ができなくても腹膜炎の可能性を考えて手術適応を判断する注意義務はあったとし、診療の際には重篤な疾病を予測して重篤な結果を回避するように治療方針を立てていくべきという見解に基づいて医師の注意義務違反を認め

[37) 鑑定書集7-13。

ている[38]。このように、この事例は鑑定にかなり依拠した受容型判決である。鑑定書の指摘を受けて、厳密な死因特定にこだわらず医療行為の問題点をもとに医師の過失を判断している。

　ただ、この鑑定で指摘されるように、法律家が立てた因果関係という鑑定事項は、医療側としては医師の行為を評価するのに必ずしも必要のないものであったとも考えられる。もしこの鑑定が鑑定事項に忠実に、「利用できる情報からは死因の特定は難しい」という鑑定意見であった場合には、それに基づけば判決での結論は逆転していたおそれがある。実際に、可能性の高い原因を挙げつつも死因を特定することができないという鑑定結果に基づいて、因果関係を否定し、原告の請求を棄却した事例も少なくない。左肺動脈弁狭窄症の既往歴のある妊婦が陣痛時に脳内出血を起こして死亡した事例において、「本件脳内出血の原因として考えられるものは何か。」の鑑定事項に対して、「本件脳内出血の原因として考えられるものは高血圧性脳内出血（妊娠中毒症性脳内出血）と、脳動静脈奇形または脳動脈瘤の破裂の可能性が最も高いが、両者のどちらであるかを確定することは不能である。」と結論を出した上で[39]、理由中では「本症には極めて急速に増悪した重症妊娠中毒症が存在した可能性が高い。」とも述べられている。判決はそれを受けて、「本件においてはＣの脳内出血が重症妊娠中毒症から発症したものと確定することはできないのであるから、右予見義務があったとしても、その義務違反とＣの死因とは因果関係はないことになる」と因果関係の存在を認めなかった。

　これらの事例から、読みとれることを試論的に述べておきたい。

　第1に、因果関係を問う鑑定事項が多いことからも伺えるように、法専門家は、医療過誤訴訟における因果関係の問題を医療の領域の事柄として、鑑定人の判断に譲ろうとする傾向が見られる。その際、鑑定人たる医療専門家には、一般的医学的知見をもとに、資料に基づいて個別事例について確定的な回答ができるものと想定している。

---

38) 横浜地判平成6年12月26日（判例集未登載）。
39) 鑑定書集7-1。

しかし、第2に、鑑定事項に対して直接、医学的に答えるためには法医学や病理学的な検討を要するため、訴訟の時点で利用可能な情報からそれを明らかにするのは困難なことが多い。そして、この困難について通常、医学上の証明と訴訟上の証明の対比で説明され、訴訟上の証明についてはその要件の緩和が検討されてきた。これは、従来、医療の専門性、医学的証明の厳密性の問題への対応として、医療に原因があるとされてきた問題である。

　ところが、第3に、鑑定のなかには、因果関係として解明を求める死因や被害発生の機序の解明は医療行為の評価にとっては付随的な問題であるとするものや、なすべき医療行為がなされなかったために起こった被害には、厳密な証明抜きに因果関係を認めるような鑑定意見も見られる。つまり、医療の論理からはその追求が必ずしも不可欠ではない、病理学的な、その意味で厳密な因果関係の解明を求めてきたのは、法の側だったのではないだろうか。

　その後、最高裁が2000年に、医師の診療行為に過失が認められる場合に、因果関係が証明できなくとも、医療水準にかなった医療が行われていた場合に、その患者の死亡時点で患者が生存していた「相当程度の可能性」の存在が証明できれば、医師は不法行為による損害賠償責任を負うべきとの、いわゆる相当程度の可能性論[40]が提示され、その後の医療過誤訴訟での下級審裁判所の判決に大きな影響をもたらしたが、この法理は、こうした不法行為の要件が、医療事故の評価に際して医療の論理に適合しないことへの対応という意味合いもあろう。

4　インフォームド・コンセントをめぐる医療と法

　因果関係は、最終的には法的な評価の対象となるとしても、鑑定人に尋ねるべき、すなわち医療の専門領域内の事柄と位置づけられるテーマであったが、今度は逆に、鑑定事項に挙げられることは少なく、たとえ医療者

---

[40］最判平成12年9月22日民集54巻7号2574頁。ただし、この法理による場合は、損害額が低く見積もられることが多く、医学的に問題とされる医療行為への評価とは必ずしも相関しない。

が鑑定で言及しても、その見解が判決に用いられることは少ない事項として、「インフォームド・コンセント」を取り上げたい。

インフォームド・コンセントないし説明と同意は、法的には説明義務として構成され、その違反は不法行為を構成する。医療過誤訴訟において悪しき結果を招来したことについて医師の過失を問うとともに、説明義務違反も争点とされる場合は多い。「インフォームド・コンセント」は、患者の権利、特に自己決定権の確立と絡めて論じられ、医療の側では特に、法が、医師に対して過重な負担を課すものとの認識も見られる。説明に関する鑑定事項に対しても、日本はまだアメリカの域には達していないので、それほどの説明は必要ない、といった法や患者の求めるインフォームド・コンセントに対する抵抗を示す鑑定もいくつか見られる。

しかし、実際には、説明義務違反が事件の争点となっていても、鑑定事項で説明の適否を問われることはまれである。鑑定書集から分かる範囲[41]で、訴訟において説明義務が争点となっている事例は27件あったが、鑑定において説明のありかたを問うような鑑定事項があるのは7件のみで、のこりの20件については鑑定事項では説明については触れていない[42]。それに対し、鑑定書においては鑑定事項にないにもかかわらず、当該事件の真の問題はインフォームド・コンセントや患者の自己決定の問題であると指摘するものがかなり見られる。若干の例を示す。

未婚の陥没乳頭の女性に乳頭の形成ないし増設術を施した結果、乳頭壊死などに至った事例がある[43]。鑑定では、比較的一般的な医学的な知識や判断が求められている。「本件でとられた術式は、乳腺腫瘍の摘出と陥没乳頭の形成術をかねる場合の術式として適切か」という問いへの回答の最後に、「しかし、患者は自身の主であるから、それが患者の意思であれ

---

41) 鑑定書集では、各鑑定書ごとに、当該事件での争点が付記されているため、そこで説明義務違反が問題となっている事例を抽出した。しかし、必ずしもすべての争点が網羅的に挙げられていないので、実際には説明義務違反が問題となった事例はもっと多く存在している可能性がある。
42) 名古屋地判平成4年11月26日判夕818号117頁。
43) 鑑定書集9-5。

ば、かような手術も許されないわけではないだろう。したがって本問は、かかる患者の同意があったか否かにかかる」。また「乳頭の壊死について、原告の体質は影響しているか。」という問いに対し、「……瘢痕ができやすい体質であるかもしれない。しかし、もし体質が壊死や瘢痕形成に関係するのであれば、あるいはそのように医師が考えるのであれば、そのことは手術前に患者に説明し、患者がその危険を冒しても手術を希望するかを確認しなければならない。その責務を果たさずに、結果が出たあとで患者の体質を問題にすることは許されない。その説明と確認は医師みずからが行うべき責務であって、看護婦が行うべきことではない。」と、インフォームド・コンセントの必要性およびその内容について説く。実際に、この判決では、医師の説明義務違反も争点となっているのだが、鑑定の引用はその部分ではなされておらず、「鑑定の結果によれば」の記載があるのは、「一般に繊維腺腫の一部に乳癌が合併している危険があるので、摘出した繊維腺腫は肉眼的観察では足りず顕微鏡検査が必要であり、顕微鏡標本として保存するものであると認められる」「重度な陥没乳頭でも乳管を温存する改良術式で乳汁分泌を確認した例も認められるので」といった鑑定事項へのダイレクトな回答部分に限られる。

「インフォームド・コンセント」は、医療と法の間で、互いに自己の領域の事柄として定義付けようとする、管轄権の争いのある分野であることが分かる。法の側は、インフォームド・コンセントの問題については、鑑定人の意見によらずして判断しうると捉えている。説明を要する事柄や説明の行い方、といった説明義務の内容の確定は、裁判官がその判断において行うべきであり、医療専門家の専門的な知識や判断を必要としない、むしろそれを排斥しようとしているのである。

他方、鑑定書で指摘されているインフォームド・コンセントの問題は、医師が理解している臨床医にとってのインフォームド・コンセントがどのようなものであるかを示すものであろう。鑑定事項で直接問わないにもかかわらず、インフォームド・コンセントを問題にした鑑定から、若干の考察を加えよう。

大腿主幹動脈損傷の手術後、壊死が生じ、悪化、転院したが後遺症が残

ったという事例の鑑定では、前文で、「患者に対する説明も単にみずからの診療行為の正当性のみを主張するのではなく、経過にてらして想定されるあらゆる状況を説明し、その確証を得るための努力を惜しまない謙虚な態度によって患者と医師との信頼関係を高めて、その後の治療に大きな役割を果たすことになる[44]」と述べられ、医師と患者の信頼関係づくりに重点を置いた上で、危険性の説明の必要性を説いている。

髄膜炎に罹患していた小児を、熱性けいれんと診断して特別な処置を施さなかった前医と、重症になった後の転院先で、緊急処置をとらずにショック死を招来した後医の過失が問題となった事例[45]では、「本件に関連した医学上の問題」という鑑定事項に対して、「本件には純粋な医学上の問題とは別に臨床医にとって重要な問題を含んでいる。それは最近問題となっている患者さんの立場に立った説明と同意の問題である。」と回答する。

「B医師は父親の髄膜炎に関する心配に対して十分に説明し、納得のいく処置、説明を行わなかったこと。」「D小児科では家族が救急車を希望したのに対して必要性について十分に説明した上での納得が得られなかったこと（医師は自家用車で十分であるとして救急車での搬送を否定した）。髄膜炎を疑って送ったのに受け入れる側の担当医に対して依頼・確認の電話がなかったこと。外来で母親が心配しているのに対して受付の看護婦は医師への報告や家族への説明など十分な対応を行わなかったこと。E医師は本件患児の診察をせず（視診は除く）、十分な説明がないままCT検査を優先したこと、などがあげられる。」ということを列挙して、「上記の対応がなされていたならば、ご家族の心の傷は少しは和らげられたと考えられ、結果も異なっていたと思う。医療に関わるものとして、反省すべき事項が多々ある事件と考えられた。」と、本件で「説明と同意」が不十分であった点を挙げる。

最初に挙げた事例のように患者の自己決定権の尊重、という文脈でインフォームド・コンセントが引き合いにだされることもあるものの、多くは、

---

44) 鑑定書集6-9。
45) 鑑定書集9-4。

法的に議論される場合の患者の自己決定の前提としての説明とは異なり[46]、一般的に医師と患者の信頼関係づくりのための、患者側とのコミュニケーション、という意味あいが強い。そして、これが医師の診療上の過誤を積極的に認めるためではなく、むしろ紛争や争点とされる過誤が生じた根元的な問題を指摘するために論じられている。このような記載の多くは、鑑定事項になく、訴訟でも直接に争点となっていないにもかかわらず、指摘されているのであり、インフォームド・コンセントへの言及は、医師の診療上の過誤にばかり集中する鑑定事項や訴訟の争い方への批判という面がある。

　しかし、ここで指摘される医師と患者のコミュニケーションの向上と信頼関係づくりに重点があるインフォームド・コンセントのあり方は、患者が求めるものとも近いのではないだろうか。しかも、説明事項として治療法の意義や結果や危険性などについての理解をはかるべきことが示されており、説明義務違反を争ったこれまでの裁判例が示してきた説明の範囲の基準も一定程度、医師と患者の関係づくりにおける医師の行為準則に影響を与えてきているものと思われる。このようなインフォームド・コンセントが実践されれば、患者が自分になされる医療行為について理解を深めることもでき、素人の再熟練化も促されよう。

　もっとも、法のがわでは、「説明義務の範囲についての判断は、自己決定権の保障という優れて法的・規範的な判断で、裁判所が行うべき判断事項であって、鑑定人に判断を求めるべき事項ではない」（中本ほか2007）と明確に、法律家が自らの評価において判断しうる法の領域の事柄と位置づけている[47]。

　確かに、説明義務は法的な概念であり、その設定を医療実務に委ねると

---

46) ただし、樋口範雄（1998）のように、自己決定権を、従来の契約モデルから信託モデルに位置付けなおそうとする試みもある。

47) ここでの鑑定での指摘のように医師＝患者のコミュニケーション不足そのものを、説明義務違反という法的責任の枠組で捉え直すことの是非は別途論じる必要がある。説明義務違反を争う事件で、その争点については鑑定を不要との立場が一般的ではあるが、説明義務を構成する具体的事実については、鑑定を要する場合も少なくないとの指摘もある。長屋（2009）。

いうのは筋が異なるが、鑑定のなかで医療専門家からなされるこうした指摘については、鑑定事項や医療過誤訴訟での争い方を問題視する、まっとうな意見であり、医療過誤訴訟が、真の争点とは異なるところで、医療の専門知識の応酬を繰り広げているとすれば、そうした手続過程を反省する必要も出てくるだろう。

Ⅲ 因果関係評価の構造と規範性

　前節では、鑑定＝判決において、医療専門家と裁判官が医療の問題と法の問題をどのように切り分けて考えてきたのかの一端を描いてきた。医事訴訟において、当該事件で生じた悪しき結果の原因というような意味での事実的因果関係については、その概念規定からも事実／法（政策）の二分論では事実の問題とされ、その専門性から医療専門家の判断を必要とするという理解がされており、鑑定人の判断が求められることも多かった。

　他方で、近年、医学的因果関係と法的因果関係は別のものであり、たとえ事実的因果関係の問題であっても、規範的判断の対象となる、つまり法的な因果関係の判断は、医学のそれとは異なる規範的判断を含むとの見解が有力に主張されている。事実の評価を規範的判断であるというのは、どのようなことを意味するのだろうか。特に、わが国では、事実認定について特に、「精密さ」「実体について真実の発見という強い要請がある」（最高裁判所1999）といわれており、それは、いわゆる事実レベルでの正確さを意味し、その規範性という場合には、ややそうした価値観とは異なることを含意しているようにも思われる。

　そこで、次に、そのような見解を導くきっかけとしても影響が大きかったと思われるルンバール事件の最高裁判決と、この事件での証拠評価、事実認定のあり方について検討したい。

　第１部で検討したように、ルンバール事件最高裁判決では、「訴訟上の因果関係の立証は、一点の疑義も許されない自然科学的立証ではなく、経験則に照らして全証拠を総合検討し、特定の事実が特定の結果発生を招来した関係を是認しうる高度の蓋然性を証明することであり、その判定は、

通常人が疑いを差し挟まない程度に真実性の確信を持ちうるものであることを必要とし、かつそれで足りる」として、複数提出された鑑定書の結果を尊重して因果関係を否定した原審を差し戻している。

　この判決は、民事訴訟における因果関係の証明度についても、また医学的証拠や科学的証拠の評価基準としても現在に至るまでリーディングケースとしての地位を保っており、その判示のもつ、判例法理としての意義と、この事件での実際の証拠評価のあり方は、関連するものの、一応区別して分析したい。

1　ルンバール事件最高裁判決における鑑定評価

　この事件は、当時3歳の男児が化膿性髄膜炎に罹患し、東大病院に入院し、ペニシリンの腰椎穿刺（ルンバール）等の治療の結果、軽快していっていたところで、ルンバールの施術を受けた15分から20分後に突然嘔吐、けいれん等の発作を起こし、その後右半身けいれん性不全麻痺、性格障害、知能障害、運動障害等を生じ、重度の知能障害や運動障害が残ったという事件である。ここで問題になったルンバール施術は、それが禁忌とされる食後すぐに、しかも泣き叫ぶ患児に馬乗りになって、針がなかなか入らずに何度もやり直すという、問題のある方法でなされていた。そして、本件では、ルンバール後の発作とその後の病変が、ルンバール施術を原因とする脳出血によるものなのか、化膿性髄膜炎の再燃によるものなのか、という医学的な因果関係が最大の争点となった。複数の鑑定書が提出され、その多くがルンバールとの因果関係を認めなかったものの、東京地裁[48]では、ルンバールと病変の因果関係を認め、過失を否定、東京高裁[49]では、因果関係についても否定し、その上告審での判断がいわゆるルンバール判決であり、地裁で提出された4種類の鑑定結果で、ルンバールと病変の因果関係を明確に認めたものはなかったにもかかわらず、最高裁はその因果関係を認めている。

48）東京地判昭和45年2月28日民集29巻9号1449頁。
49）東京高判昭和48年2月22日民集29巻9号1480頁。

それゆえに、例えば中野（1988）は、このルンバール判決に対し、鑑定意見の多くと全く反対の事実認定を行ったのは上告審の機能範囲の逸脱であると批判している[50]。確かに、鑑定の結論部分を重視すれば、化膿性髄膜炎の再燃説のほうが若干優位でもあり、またここで摘示した食事後のルンバールや患児への押さえつけと脳出血との関連性については否定されているため、科学的医学的な因果関係についての意見である鑑定結果を無視して、規範的判断から、因果関係を法的には認めたともいいうる。もっとも、この事件の原告代理人は、鑑定の表現は、断定を避けた微妙な書き方となり、必ずしも化膿性髄膜炎の再燃という結論に達していたわけではないこと、また、原告代理人としては、当該事件におけるルンバール施術が異常な状態で行われたことを重視していたことを指摘している（萩沢1988）。また、溜箭（2007）は、鑑定所見からは、当該後遺症の原因が、ルンバールによる可能性、化膿性髄膜炎の再燃による可能性、他の要因による可能性のいずれも、十分に高くなく、こうした一般的可能性に加えて、この事件の個別的な事実に照らし合わせると、ルンバールによる脳出血を原因と考えることが可能であると分析しており、必ずしも科学的、医学的な可能性を無視して法的な因果関係を認めた例とも言い切れず、「少なくとも因果関係の認定において、価値判断の介在した部分は決して大きくない」（溜箭2007: 87）という。しかし、その程度はともかく、この事件を1つの典型例として事実の問題とされる「因果関係」であっても、その評価には規範的・評価的評価を含むとの見解が有力に主張されている[51]。

　この最高裁判決では、鑑定結果を根拠にルンバール実施と病変の因果関係を否定した原審の事実認定に対して、当患児に対して発作直後から脳出血の治療が行われてきたことや、鑑定人のうちの2人の意見を摘示して、本件発作の原因として脳出血と考えることに問題がないことと、「本件発

50）上告審の権限違背という批判は、木川・生田（2003）でもなされている。
51）本件の判例解説としては、米村（2014）。米村は、不法行為の実体的要件としての因果関係が規範的要件であるとの立場をとる。水野（2014）は、本件解説として、「通常人」による評価というフィルターにおいて規範的評価が介在するという見方を示している。

作は、上告人の病変が一貫して軽快しつつある段階においてルンバール実施後15分ないし20分を経て突然に発生した」という時間的近接性に注目し、化膿性髄膜炎の再燃の蓋然性は低いという一般的な医学的知見とそれを覆す特別の事情が存在しないことを確認し、このような「事実関係を……総合検討すると、経験則上本件発作とその後の病変の原因は脳出血であり、これが本ルンバールに因って発生したものと言うべく、結局上告人の本件発作及びその後の病変と本件ルンバールとの間に因果関係を肯定するのが相当である」とする。その他の専門家証人や鑑定結果については、法廷意見では「仔細に検討すると、右結論の妨げとなるものではない」とするのみだったが、補足意見[52]において、鑑定それぞれと専門家証人の意見を、個別に評価をしている。各人の意見を、本病変について、化膿性髄膜炎の再燃によるものか、脳出血によるものとしているのかで二分して、どの意見も、脳出血によるという結論を否定しないレベルであることを確認している。この二分法では、脳出血が原因である場合は、化膿性髄膜炎の再燃という説が否定されるという前提に立っているが、法廷意見で言及された市橋鑑定の中では、脳出血による障害である可能性を認めつつも、その原因としてルンバールの施術によるものとは考えにくいとされている。しかし、そのことには触れずに、脳出血原因説＝ルンバール原因説と分類して、ルンバールを原因とする見解と評価をしており、「法廷意見や補足意見を個々の鑑定書の所見と照らし合わせると、いずれも鑑定意見のうちで立論に便宜な部分をつぎはぎしているとの印象はぬぐいきれない」溜箭（2007: 83）。

　それでも、法廷意見と補足意見の中では、専門家証人および鑑定それぞれについて評価をした上で、患児の障害の原因を、化膿性髄膜炎の再燃よりも、脳出血によるものと考えることが妥当との結論を補強する理由付けをしている。よって、ルンバール判決の法理は、証拠の個別評価型と全体説明型の対比では、まさに全体的説明型の事実認定を行い、かつそれを推奨するものと評価できるが、科学的証拠の評価という文脈に限定すると、

---

52) 大塚喜一郎補足意見。

個別の証拠の評価の積み上げ型の推論を行っているように読み取れる。

最高裁判決のいう「一点の疑義も許されない自然科学的証明」が本ケースで具体的に何を意味するかについては、ひとまず、腰椎穿刺が一般的に脳出血を引き起こしうるとの医学的知見が存在することと、本件において他原因は考えられないという明確な鑑定結果があることだと仮定すると、それがないというのが、ルンバール判決の抽象的な判示の本件への当てはめの結果ということができるかも知れない。

他方で、ルンバール判決の重点は、むしろ「経験則に照らして全証拠を総合検討し、特定の事実が特定の結果発生を招来した関係を是認しうる高度の蓋然性を証明すること」である。この部分については、この判示と、本件での具体的な判断がどのように対応するのかについて、かなり議論があるところである。

専門家ではなく通常人を判断基準設定の主体とし、医療過誤訴訟の事実的因果関係の推認や肯定のためのメルクマールとしては、①医療行為と悪しき結果との時間的接着性②原因となりうる医療行為上の不手際③他原因の介在否定④統計的因果関係が析出されている[53]。

④の統計的因果関係については、先に見たように鑑定意見の中での脳出血による可能性の評価に集約されるとして、それ以外の要素については、ルンバール施術と患児の急変との時間的な近接性と、ルンバール施術を本来避けるべき食後すぐ行ったこと、穿刺のやり直しや、泣き叫ぶ患児に馬乗りになって押さえつけての実施といった不手際を示す諸事実および患児の出血傾向といた事情から、ルンバールのため脳出血を来たして病変が生じたというほうが、急変当時、化膿性髄膜炎は軽快して、発作後も髄液所見は好転していたこと、発作後の治療も脳出血に対する治療だったことから、化膿性髄膜炎の再燃よりももっともらしいストーリーであるとの判断がなされたと考えられる[54]。このストーリーには、素朴な説得力がある。

そして、これが鑑定などで提示された医学的知見と明らかに矛盾しない

---

53) 川井健＝春日偉知郎（1976）。近年では④の統計的因果関係の重要性が増していることも指摘されている。中村哲（1994）も参照のこと。

のであれば「高度の蓋然性」で証明できたといって差し支えないという判断と思われる。一般には、この判例は、民事訴訟の証明度に関するリーディングケースと理解されているが、当事者の紛争を公平に解決し、被害者救済を目的とする民事訴訟では、このような因果関係の立証で十分かつ適切と好意的に評価されている。

　このように、ルンバール事件での、この事件における事実経過や各種証拠の評価・鑑定結果の評価、そして最高裁判決で示された証拠法理は、それぞれリンクするものの、かなり異なる要素を含んでおり、整合的な説明や評価をするのは容易ではない。例えば、鑑定については個別積み上げ型の証拠評価をしており、ここでの「高度の蓋然性」は、例えば、6割から7割といった確率評価として読むことも可能である。しかし、本件での最終的な事実判断に則していうと多様な要素を総合的に評価した、全体説明型の事実認定に相当すると考えられる。そして、このように、事実的因果関係の評価において、ルンバール施術の不手際という過失の評価につながるような要素が加味されているような部分があることから[55]、この事件での事実的因果関係の判断に、価値判断を含む規範的要素が加味されているといわれ、事実的因果関係といっても、医学的な因果関係概念とは区別される法的な要件であり、規範的評価を要するとの見方につながってきたのである。

2　その後の鑑定評価事例

　司法制度改革期前後、医療過誤訴訟では、医療実践や訴訟実務に影響を

---

54) 最高裁の調査官解説をどう評価するかという問題はあるが、このルンバール事件の調査官解説では、鑑定の個別の評価ではなく、判示にある本件の事情の摘示によって因果関係を認めるものとして、判決要旨も解説も組み立てられている。牧山 (1975)。
55) もっとも、こうした判決文には現れない考慮が働いていることも否定できない。たとえば、被告は当初脳出血であることを争っていなかったのに、後になって化膿性髄膜炎再燃説を主張するに至ったということが、脳出血説を補強する材料になった可能性がある。また、本件では東京大学病院の医師が被告となっていることから、鑑定人の引き受け手を探すことが難しく、引き受けた医師にとっても被告に対して厳しい鑑定書を書くことにはためらいがあったのではないかとも言われる。

与えるような最高裁判例が次々に出されており、鑑定の評価に関しても、1997年に出された顆粒球減少症事件判決[56]と1999年の顔面けいれん事件判決[57]が出されている。

(1) 顆粒球減少症事件

本件では、原審での鑑定に基づいた事実認定に経験則違反があるとした。ただし、これは原審での鑑定書の読み方に対して異を唱えた判決であり、鑑定結果を排斥するかたちで事実認定を行ったルンバール判決とは異なる。

風邪の治療のため複数の薬剤が投与された後、Aが何らかの薬剤がひきおこしたと考えられる顆粒球減少症にかかって死亡したという事件について、多種薬剤の投与と、死亡との間の因果関係の認定に、鑑定が用いられた。原審では、Aの顆粒球減少症の起因剤を鑑定をもとにネオマイゾンと特定した。他の薬剤について、それぞれ個別的に起因剤であるか否かの検討を行い、「リンコシンは、……起因剤としての蓋然性は低い」「ラリキシン及びソルシリンによるアレルギー反応、ケルヘチーナによるアレルギー反応並びにオベロン、バファリン及びPL顆粒によるアレルギー反応により本症が発症する可能性はあるが、……から、本症発症の原因としての蓋然性は低い。」「ネオマイゾンが、……起因剤としてはもっとも疑わしい。」とした上で、「以上によれば、本件鑑定を採用して、Aの本症は、ネオマイゾンによる過反応性の中毒性機序により発症したものと認定すべきである。」と、もっとも疑わしいとされたネオマイゾンを単一の起因剤として特定したものである。

それに対して、最高裁では、「本件鑑定は、同被上告人によりAに投与された薬剤を原因として4月13日よりも前に本症が発症していた可能性を一般的に否定するものではないが、このことを科学的、医学的に証明できるだけの事実を見出すことができなかったという趣旨のもので、Aの本症発症日をどこまでさかのぼりうるかについて科学的、医学的見地から確実

---

[56] 最判平成9年2月25日民集51巻2号502頁。
[57] 最判平成11年3月23日裁判集民192号165頁。

に証明できることだけを述べたにとどまる。」「以上によれば、本件鑑定は、Aの病状のすべてを合理的に説明し得ているものではなく、経験科学に属する医学の分野におけるひとつの仮説を述べたにとどまり、医学研究の見地からはともかく、訴訟上の証明の見地から見れば起因剤及び発症日を認定する際の決定的な証拠資料ということはできない」とする。さらに、訴訟上の証明は自然科学的証明ではないので、薬剤のうちの1つまたはその複数の相互作用が本症発症の原因であったという程度の事実を前提として被上告人らの注意義務の有無を判断することも可能であるという。

このように、鑑定では、「可能性は低い」「蓋然性は低い」「疑わしい」というように、仮説として意見が述べられることが多い。それらの表現について、法的な評価を下す際に、それぞれ、「ではないと認めるべき。」「ではないと認めるべき」「であると認めるべき」というような読み替えを行っていったのが原審の事実認定であったといえる。本判決では、それを「鑑定のみに依拠して、ネオマイゾンが唯一単独の起因剤であり、Aの本症発症日を4月13日から14日朝とした原審認定は、経験則に違反したものというべきである。」とするが、この表現はいささかミスリーディングである。なぜなら、鑑定書でも、ネオマイゾンがもっとも疑わしいと述べられているのみで、ネオマイゾンを唯一単独の起因剤と結論付けたわけではないからである。よって、鑑定のみに依拠したのではなく、鑑定に依拠して安易な読み替えを行ったことが経験則違反とされたと解すべきである。

この判決は、ルンバール・ショック判決を踏襲しながらも、鑑定結果に対して原審以上に合理的、実質的評価を行うことを求めたものと言える。

他方で、当該鑑定については、「経験科学に属する医学の分野における一仮説」ととらえ、「医学研究」の見地においては妥当性を認めうることも含意している。つまり、因果関係の問題を、科学的、医学的な研究領域で解明されるべき問題として位置づけている。

(2) 顔面けいれん事件

本件は、Bの顔面けいれんに対して行った脳神経減圧手術と、その後死亡原因となった脳内血腫との因果関係が問題となった。

手術部位と血腫の位置がきわめて近接しているわけではなかったため、手術が血腫を引き起こしたとは言えない、と結論だけを記したわずか一頁からなる鑑定書の鑑定結果に依拠し、「本件手術操作の誤り以外の原因による脳内出血の可能性が否定できないことをもって」因果関係を否定した原審に対し、破棄差し戻しを命じた。その根拠として、原審が採用した証拠、間接事実も詳細に検討して、その合理的説明を追求する。

　顔面けいれんは「それ自体、生命に危険を及ぼすような病気ではないところ」、脳神経減圧手術は「生命にかかわる小脳内血腫、後頭部硬膜外血腫等を引き起こす可能性がある」ものであり、実際に小脳内血腫を起こしており、その他の脳の病変も手術操作を行った側である小脳右半球に強く現れていること、死亡の他原因と考えられる高血圧性脳内出血を起こすような素因が認められないこと、「以上のようなBの健康状態、本件手術の内容と操作部位、本件手術とBの病変の時間的近接性、神経減圧手術から起こりうる術後合併症の内容とBの症状、血腫等の病変部位等の諸事実は、通常人をして、本件手術後間もなく発生したBの小脳内出血等は、本件手術中の何らかの操作上の誤りに起因するのではないかとの疑いを強く抱かせるものというべきである」。それに対して、原審は、手術中に偶然動脈硬化等による血管破綻が生じた可能性についての具体的立証がなされていないにもかかわらず、「本件手術操作の誤り以外の原因による脳内出血の可能性が否定できないことをもって」Bの脳内血腫が本件手術中の操作上の誤りに起因することを疑わせる諸事実を軽視し、「具体的な脳ベラ操作の誤りや手術器具による血管の損傷の事実の具体的な立証までをも必要であるかのように判示して」おり、事実評価を誤っているという。

　さらに、手術記録にある出血量の記録では、本来止血済みで出血がほとんどないはずの時間に150ミリリットルの出血量が記録されていること、鑑定人の証言や診療録にも、血腫が手術部位に近い部分にも存在することが示されていること、また鑑定人や専門家の証人の証言の中には血腫は手術部位から離れた部位に発生することもあるとの部分もある。これらを根拠に、血腫の原因が本件手術にあることを否定した原審の判断には経験則ないし採証法則違背があるとする。

特に鑑定に関しては、「鑑定は、診療録中の記載内容等からうかがわれる事実に符合していない上、鑑定事項に比べ鑑定書はわずか一頁に結論のみ記載したもので、その内容は極めて乏しいものであって、本件手術記録、BのCTスキャン、その結果に関する……各記録、本件剖検報告書等の客観的資料を評価検討した過程が何ら記されておらず、その体裁からは、これら客観的証拠を精査した上での鑑定かどうか疑いがもたれないわけではない。したがって、その鑑定結果及び鑑定人の証言を過大に評価することはできないというべきである」という。

本件ではルンバール判決の「訴訟上の因果関係の証明は……」の表現は用いられていないが、「通常人」を判断主体として、手術と病変の時間的、部位的近接性を含む上述の諸事情から、その因果関係の肯定へと方向づけている。その上で、鑑定書の内容について他の証拠資料との整合性を検討して評価を加えている点で、顆粒球減少症事件をさらに踏み越えて、裁判官による医学的証拠に対する合理的な評価を求めている。

(3) 法的事実評価の規範性、固有性

このように、顆粒球減少症事件、顔面けいれん事件は、ともに、ルンバール判決を基本的に踏襲しながらも、通常人を基準とする時間的接着性や他原因の不存在などの基準による判断は、因果関係を認めていくための大きなふるいとしての機能を持たせるにとどめている。そして鑑定書の合理的な検討、診療録など他の医学的証拠との整合的解釈をも裁判官に求めており、法専門家が専門家の見解や医学的証拠に対しても合理的な評価を行った上で、その妥当性を判断することに、法固有の判断のあり方を見いだしていく方向を示していると言える。

ただし、そのことによって、かえって「科学鑑定のジレンマ」問題が浮き彫りになることも否定できない。第1部で見たように、アメリカ合衆国でも、1993年に出されたドーバート連邦最高裁判所判決において、科学的証拠の許容性の判断基準として、証拠の科学的妥当性を提示し、その判断を裁判官に求めるようになっている。これらの最高裁判決について、ルンバール判決での基準よりも、鑑定に対して、医学的にも妥当な範囲で評価

を行うことを求めているものと解すれば、同様の要請が日本の裁判官にも求められつつあると言えるかもしれない。そのように解すれば、第1部で参照したような合衆国での議論は、日本にも一定程度妥当する可能性もある。

例えば、Brewer（1998）は、非専門家が専門家の証言を評価する際に用いる推論メカニズムにまで踏み込んだ上で、決定プロセスは知識上（epistemic）の観点から恣意的であってはならない、という規範＝知的デュー・プロセス（intellectual due process）の要請があり、それに応えうる評価を求める。

日本の最高裁も、鑑定や医学的な証拠に対して実質的な判断を行うことを裁判官に求めていることから、基本的には科学的証拠への実質的判断を要求してきていると言える。先に見たように、これまでは鑑定依存型の判決も少なくなかったし、顆粒球減少症事件、顔面けいれん事件の原審は、鑑定書の実質的評価を行うことなく、選任の際のスクリーニングで事たりとして鑑定結果にそのまま依拠する形の判決だったといえる。よって、今後は非専門家が用いることのできる推論メカニズムを前提にした評価の基準や評価方法を編み出していく必要があるだろう。

顔面けいれん事件では、鑑定書の中の矛盾やその他の証拠との整合的説明を根拠に、鑑定に対する評価を行っており、そこに法的判断の固有性と合理性を求めていこうとしているように思われる。

Brewer（1998）のいう科学的証拠に対する合理的、実質的判断でないと知的デュー・プロセスの要請を満たすものと言えず、法の支配の理念にもかなわないという考え方は、専門訴訟パラダイムの要請でもある。

しかし、他方で、ルンバール判決で見られたような、因果関係判断における規範的要素の介在のように、法的判断の固有性も常に説かれるところである。例えば Kester（1995）は、科学における因果関係概念と法における因果関係概念は、同じ言葉を用いていてもその内容は異なるため、科学における因果関係の主張がいかに行われ、科学的知識がいかに構築されているかという科学の営みに目を向ける必要があることを指摘する。

もっとも Brewer も科学的知識を問題にする場合も、実際上は専門家に

より提供される、正当化された信念であることをはじめに指摘している。この時点で、判断対象を専門知識から、専門家の推論も含めた判断に焦点が移されているのである。このことは、程度の差はあれ、専門家への概括的な信頼を判断の正当化根拠に組み込んだことも意味する。概括的な信頼は、不可避的に専門家のふるまいや認証の判断に向かう傾向を持つ一方で、専門家の提供する情報の文脈に応じた位置づけの評価を省略させる方向にも働くおそれもある。顆粒球減少症事件の原審での鑑定書の結果の受容も、鑑定結果の表現を強引に法的なオール・オア・ナッシングの形に読み替えを行おうとしたものであった。

　医療が患者の問題への対応を中心とする医療専門家のプラクティスからなることに注目すれば、医学的知識に焦点を絞るよりも、医療専門家のプラクティス全体に目を向けた上で、逆に必要な専門知識の意味を探る必要がある。比較的最近の最高裁判決では、少なくとも鑑定の結論のみを受容するのではなく、鑑定の形式や内容についても、実質的に再評価した上で、その証拠価値を判断するよう裁判官に求めており、その点では、合衆国でのドーバート判決の示唆と通ずる部分もあるが、科学的妥当性の判断基準の明確化には至らなかった。むしろ、個別事例への当てはめは法律家の領域として、医学文献情報つまり一般的な医学的知見の導入により、医療専門家の具体的な関与がなくても法的判断が出来るという方向性での対応が進みつつある。その背景には、医学的知識の編成自体の変化も指摘できるため、本章の最後に、そうした最近の動向を踏まえて、医事訴訟での専門知の活用のあり方についての課題を整理したい。

Ⅳ　医学的知識の標準化と規範形成

1　医学的知識の標準化と過失基準の設定

　Ⅲでは、医療過誤訴訟において、最終的には主として事実的因果関係についての判断の固有性を主張することで、訴訟での専門的知見の導入や評価における管轄が法にあることを再確認するというプラクティスに焦点を当ててきた。本章では十分に検討できなかったが、いわゆる未熟児網膜症事件の最高裁判決で確認された、医師の過失の判断基準としての「医療水準論」も、それが法的な過失を評価する、規範的な概念であることを強調する点で、同様の意義を有する。

　他方で、医療水準の設定について、「当該医療機関の性質、所在地域の医療環境の特性等の諸般の事情を考慮すべき」という判断をした平成7年6月9日未熟児網膜症事件の最高裁判決（民集49巻6号1499頁）以降、医療水準が医師の過失の判断基準として定着するかに見えたが、その後、医療水準に言及する最高裁判決が減少してきていることが指摘されている。その代わりに、規範的意味合いの薄い「医学的知見」や「医療上の知見」という概念が用いられる場合が増えていることが指摘されている[58]。それが、専門訴訟への対応を進めてきた司法制度改革以降の傾向であることは、専門訴訟への対応が、当該専門領域での専門的知見を反映した判断を要するものであるという認識のもとに進められており、当該専門領域で通用する専門的知見とは異なる規範的概念を媒介に、法的判断の固有性を主張する機運が弱まってきているという解釈も可能かもしれない。

　また、医療の側の専門知の産出のありようが変化してきたことも見逃すことはできない。従来の、臨床における直観的な判断の積み重ねで構築される医療プラクティスから、EBM（evidence-based medicine、根拠に基づい

---

[58]　小谷（2012）は、医療水準は、すでに過失判断基準そのものと解されていて、規範的評価の対象となるのに対し、「医学的知見」「医療上の知見」などは、専門的知見の総称として、規範的評価を必要としない概念であると指摘している。

た医療）への転換は、医療におけるパラダイム転換とも言われることもある。科学的根拠、すなわち臨床研究にもとづくエビデンスに基づいて最適な医療・治療を選択、実践していくことが求められるようになっているのである[59]。こうした動向は、医療水準が、その地域性や医療施設の規模等を勘案して設定される、ローカル・ルールとしての意味があったのに対し、ユニバーサルな画一的な基準への変化であり、それゆえに裁判例も「医療水準」概念から離れてきているという面もあろう。

　EBM の浸透に伴い、医学研究の収集や、それにもとづく診療ガイドラインの整備も近年急速に進められている。診療現場でも、ガイドライン医療が浸透してきている。日本でも、公益財団法人日本医療評価機構が厚労省からの委託事業として EBM 推進事業として MINDS という取り組みを行い、診療ガイドラインの策定、情報提供の支援を進めている[60]。

　これは患者にとっても法律家にとっても医療実践を評価するツールを与えるものであり、管轄権を脅かしうるものであるが、他方で、医療側が提供する専門知を広げて患者とつなぎ、またその専門知の産出にも患者団体の協力を得るなど、専門知の構築の仕方、使い方にも変化をもたらしている。MINDS の事業目的がいうように、診療ガイドラインは、「患者と医療者を支援」することを目的としている。ガイドライン作成にあたっても、患者の参加を求め、患者の価値観を反映することを要請しており[61]、治療の標準化だけでなく、患者の医療参加を促進する。Eyal（2013）の言葉

---

59) EBM は、エビデンスにもとづく医療を提唱するが、臨床上の判断は、エビデンスだけから導かれるものではなく価値判断を伴うものであること、エビデンスとしての有用性にはヒエラルキーがあることを考え方の原則とするという（Guyatt & Rinnie;古川ほか訳2003）。
60)「本事業の目的は、質の高い医療の実現を目指して、患者と医療者の双方を支援するために、診療ガイドラインと関連情報を提供することです。
　　具体的には、患者と医療者が、充分に科学的合理性が高いと考えられる診療方法の選択肢について情報を共有し、患者の希望・信条や、医療者としての倫理性、社会的な制約条件等も考慮して、患者と医療者の合意の上で、最善の診療方法を選択できるように、情報面からの支援をするものです。」https://minds.jcqhc.or.jp/s/about_us_overview（last visited on 2017. 09. 24）。
61) Minds フォーラム2017「患者・市民のための診療ガイドライン」2017年1月28日。

を用いると、このようにともに生み出された専門知自体は、強化され、そのネットワークも広がる。

ただし、診療ガイドラインの策定に当たっては、当初から医療過誤訴訟での活用への懸念が強く表明されてきた[62]。

この点に関しては、例えば、合衆国のメイン州では、診療ガイドラインに合致した処置を実施した医師に免責を与え、医療過誤訴訟の抑制にガイドラインを使おうという動きがあり（この点の紹介として手嶋2002）、ガイドライン作成が基本的に医療専門家主体であることに鑑みれば、医師の過失の基準設定において医療側に主導権を与える効果を生みうるものでもある。もっとも、診療ガイドラインは、当初、医療側に過失水準設定の主導権を与えて、その遵守を理由に免責を可能にして医療側を守る safety harbor となりうることを想定していたが、実際には、そのようには機能せず（Mehlman2011）、いわば過失基準設定をめぐる管轄権の争いが繰り返されているといってよい。

医療過誤訴訟の歴史をひもといてみると、医療がわの専門性を尊重し、専門家による医学的知見にもとづいた判断と、そうした専門性を踏まえつつも、最終的には法的な規範的な判断であることを根拠に、医学的知見とは多少距離のある基準での評価をするという、専門性への敬譲と法的判断の固有性の主張の２つの極を揺れ動きつつ、その時点での医療過誤訴訟をめぐる社会的環境等に応じた基準設定の試みが続けられてきた。その２つの極のなかのどこに最適解があるのか、ということはここで容易に断じることはできない。ただ、現在は、専門的知見の名の下に、専門家を活用しないで法律家が手近なガイドライン情報をもとに医師の過失を判断していくという方向に向かっている。これは、一方では、医療側に過失の基準設定の主導権をもたらす可能性もある。他方で、医療過誤訴訟では、ガイドラインを有力な書証とする、文献証拠中心の審理を促進し、結局は法律家

---

[62] たとえば、日本外科学会雑誌での2007年の特集「癌診療ガイドラインが臨床現場に与えた影響」では、多くの学会で、ガイドラインが司法判断で用いられることを策定者が意識して、記述を具体化したり、本ガイドラインと異なる治療法をすることを規制するものでないとの記述を加えるなどの工夫をしていることが窺える。

の不十分な理解で、以前の鑑定依存型ならぬ、ガイドライン依存型の判断に向かってしまう恐れもある[63]。ガイドラインは法的責任判断の前提として策定されているものではなく、診療行為の選択のための目安であり、コミュニケーションツールとして用いられることも目的としている[64]。ガイドラインの指示が、専門家の実践部分の代替ではないことに鑑みれば、EBM やガイドライン診療の浸透によって、医事訴訟での過失の基準設定にはそうした文献資料によることで足りるということに直ちに結びつくわけではないだろう。

　医療行為の規律、という観点に立ち戻ると、こうした診療ガイドラインよりもむしろ、生命倫理分野にも関わるような、新規医療の実施や終末期医療に関するガイドラインを主な対象として、法制化での硬直的な規律がなじみにくく、自己規律による統制が望ましいと考えられてきたゆえにガイドラインによる規律を一次的な規制方式としてきた経緯もある（田中 2005; 飯島 2016）。他方で、生命倫理分野のように、伝統的な診療行為以外の部分は、医療専門家の主たる守備範囲を外れる部分があるため、こうしたところでの規律は、ある意味で Abbott のいう管轄権の拡張とともに他の領域の進出という側面もある（美馬 2014）。診療ガイドラインとは異なる性質を有するものの、こうした規律策定の主体、そしてその規律の仕方と、訴訟を通じた活用や訴訟を通じた規範形成との交錯という点では共通し、今後、多角的な検討を要する課題である。

---

63) 最近は、医事訴訟におけるガイドラインの扱いは、重要なトピックとなっている。2016年の第9回医曹界と法曹会の相互理解のためのシンポジウムでは、ガイドラインの取り扱いがトピックにされた。しかし、現時点では、その扱い方について明確に判断した最高裁判例はない。他方で、医薬品に関しては、添付文書の記載を重視するような判決が出ている。たとえば、最判平成8年1月23日民集50巻1号1頁、最判平成14年11月8日判時1809号30頁。

64) 医療過誤訴訟の法的構成全体も診療契約構成と位置づけ、ガイドラインが基本的に診療行為の事前のコミュニケーションツールであることからも、診療契約の内容の中に、ガイドラインに沿った診療を行うことを含めるとする考え方から、法的責任の中に位置づけるものとして、平野（2017）。

2 医事訴訟における専門知の活用と規範形成

　本章では、Abbott のプロフェッション論が依拠する管轄権概念を手がかりに、医事訴訟を法と医療の管轄権争いの場として描くことで、裁判での専門知を導入方法や評価のあり方について分析を試みてきた。

　専門訴訟への対応が叫ばれていた司法制度改革前後までは専門知を導入する方法として、鑑定人の選任という方法が一般的で、その評価のあり方が1つの焦点だった。しかし、情報技術の発達からも、医療情報へのアクセスが劇的に向上し、医療界においても EBM の流れの中、医学的知識の標準化が進められていること、他方で、法曹人口の増大から医療過誤訴訟に携わる弁護士の専門性も高まってきたことなどからも、最近では、一般的な医学的知見については、文献を書証として提出することで足りるともいわれている。また、医事訴訟実務では、当事者のほうで選任した協力医による意見書の提出が推奨されており、鑑定人の選任率は低下している。医事集中部のある地裁では、それぞれ医学的知見の導入方法や鑑定方式に様々な工夫がなされており、東京地裁のカンファレンス鑑定など興味深い取組もあるが、2017年現在、その利用は年間数件にとどまる。

　医事訴訟は、医療をめぐる社会状況にも左右され、医療側にかなり厳しい義務を課し、患者救済を進めていく傾向と、医療側のプラクティスを敬譲する傾向とが比較的短期間の変動を繰り返している分野でもある。訴訟での専門知の導入のあり方については、迅速化の要請の程度、当事者主義化の徹底と職権主義的な訴訟運営の傾向、書面主義と口頭主義など、訴訟運営政策の影響も受けることになる。医事訴訟での法理形成と訴訟運営のあり方は直接にリンクするわけではないが、いずれにおいても医療実践における医療専門家の考え方や方法論を重視するのか、法的判断や手続の固有性を重視するのかという共通軸で評価することもできる。

　ただ、一般的医学的知見や診療ガイドライン等を入手すれば、それを当該事件の事実に当てはめて法専門家が的確な判断を下すことができるという想定については、プロフェッションの専門知をめぐるプラクティスの性質に照らすと、慎重な評価にならざるを得ない。一般的な専門知識を、当

該事案に当てはめていく、一定の暗黙知に支えられた推論部分にこそ専門家のプラクティスの核がある。その部分について、非専門家が代替的な判断を行うことは容易ではなく、管轄権の主張、法の境界活動としては了解できても、知的デュー・プロセスの要請に応えるものとは言えない。医事訴訟においては、因果関係や過失の基準は、あくまで法的な概念で、その判断は規範的判断であり固有の意味を有するのだと主張するだけでは、その要請を回避することはできないだろう。

　専門的知識の標準化は、非専門家による専門知へのアクセスを容易化するという点では、当該専門領域にとっては脅威になりうるが、第1部でも検討したように、訴訟における専門知は、訴訟を通じて再構築されるのであり、それがいかに行われるのが適切なのかという観点から検討すべきである。専門訴訟への対応は、訴訟への専門家の関与を強化し、異なる専門領域での専門知をその文脈において導入していこうとするものであった。専門家とのコミュニケーションの強化は、裁判員制度など市民参加のしくみを想定して主張された目標ではあったが、専門知の活用という場面においても妥当し、審理に実際に専門家が参加し、コミュニケーションをはかる形をとることが望ましいだろう。専門文献を、その文脈抜きに利用して、法律家の判断で評価し、医療から見て妥当とはいえない判断を規範的評価と言い切ることで正当化を図ることは適切ではないだろう。専門家へのアクセスは、専門訴訟の適正な運用にとって不可欠である。

第7章

非専門訴訟における
専門的知見の利用と評価

I 問題の所在

　5章では、近年の専門訴訟への対応の要請を前提に、それに対する医療過誤訴訟の文脈での対応を検討したが、そこで指摘したように、「専門訴訟パラダイム」の問題提起は、今期の司法制度改革等で専門訴訟として類型化された事件群だけにとどまらない射程を有している。つまり、その要諦を、裁判は、専門的な事柄が問題となる事件においては、その専門領域の知見を反映した判断をする必要があるということだとすると、当然、専門領域の分化に伴った対応が必要であり、そのためにはあらゆる領域で当該専門領域の知見を十分に導入できるしくみが訴訟に求められるということになるはずである。

　そこで、本章では、通常「専門的知見を要する事件」とは考えられていない事件類型において、専門的知見を利用することの意義を、セクシュアル・ハラスメント事件を例に検討したい。

　ジェンダーに関わる問題が裁判で争われる場合、しばしば、裁判官の理解不足や自らの知識経験にのみ基づいて事実認定を行うゆえに、女性のしかるべき主張が認められてこなかったという嘆きが聞かれる。ジェンダー問題に応答性のある司法の実現は、女性の人権の伸張にとっても喫緊の課題とされ、日本に対しては女子差別撤廃委員会からの最終勧告でも裁判官をはじめとする法曹への意識啓発の取り組みの強化等が要請されている。

今期の司法制度改革でも、その理念として、これまでの消極的で受動的な司法を脱却し、より応答性の高い司法への転換が求められており、ジェンダーの問題に限らず、応答性を高めるために、多様な知に開かれた柔構造を有する司法の実現が必要となっているといえよう。

多様な知を司法に導入する、伝統的な窓口として、個別の事件における専門家の意見書の提出や専門家証言という方法があり、実際にこれまで、現代型訴訟ないし政策形成訴訟といわれるような裁判においては、法学者の意見書をはじめ、医学者、心理学者、社会学者など多様な専門分野の専門家による意見書や専門家証言が出されている。しかし、そうした専門家の意見や知見が、実際に裁判でどのように利用され、どのように評価され、判決やそれを通じた法理の展開に影響を与えてきたかについては、判決文の中で通常言及されず、明らかではない。そうした研究は未開拓である。

今次の民事司法改革の中でも、「専門的知見を要する事件への対応」は、重要な課題とされてきた。しかし、「専門的知見を要する事件」としては、「知的財産権関係事件、医事関係事件、建築関係事件、金融関係事件等」と、「等」がつきつつも、ここに列挙された事件が念頭に置かれており、そうした類型以外の裁判については、専門家の協力や、裁判所がわが専門化して事件に対応すべき分野とはされなかった。専門訴訟との対比において、それを通常訴訟と呼ぶことができるが、本章ではそれを「非専門訴訟」と称することにする。それにより、裁判の基本形は、「非専門訴訟」であるとの一般的な認識に焦点を当てる。専門訴訟という言い方には、専門的知見を要するものの、適切な専門的知見を調達できれば正規化され、裁判官が自らの経験と法的知識に基づいて事実認定および法的判断を行うことが基本であり、それにより妥当な判断を導くことができるということが前提とされていると考えられる。

実際には、専門訴訟に列挙されるような類型の事件でも、専門的知見を導入する公式の手続である専門委員や鑑定手続が活発に利用されているわけではない。例えば、医事関係事件でも、私的鑑定の利用のほうが一般的であり、医学文献などの書証の活用によって多くの事件が処理されており、時間も費用もかかり、どのような結果が出るか予測できない鑑定の利用は

当事者にとっても利用のメリットは薄く、裁判所もその活用には消極的である[1]。その意味では、日本では、実は、専門訴訟／非専門訴訟を問わず、当事者による立証活動の中での、専門家の書いた意見書や専門家証言の活用こそが、専門的知見の導入方法の主流なのである。ところが、専門的知見の導入という場合には、鑑定など、中立的第三者と想定される専門家による専門的知識の供与に焦点が当たり、当事者提出型の専門家証言の利用や評価について、特別に検討されることは少ないし、それが検討されるにせよ、対象はいわゆる専門訴訟が中心で、非専門訴訟における専門的知見の利用の意義については、意識されることが少なかった。しかし、応答的かつ、当該領域での専門的知見に即した裁判を実現するためには、非専門訴訟においても、積極的かつ的確に専門的知見を導入、評価し、判断に反映していく可能性を追求していく必要がある。

　本章では、その手がかりとして、ジェンダーにかかわる問題への対応が不十分と言われている日本の裁判所の中では、比較的積極的に、裁判がその法理の展開を牽引してきたと考えられるセクシュアル・ハラスメント訴訟を対象に、裁判での専門的知見の活用のあり方について検討する。

　セクシュアル・ハラスメント訴訟は、その萌芽期においては、その概念の社会的認知を高め、裁判をしながら、運動を進めていったという意味では、典型的な「政策形成訴訟」「社会問題開示型訴訟（長谷川1988）」であった。そこでの専門的知見の利用は、法理の展開を支える事実＝立法事実を明らかにしていくという意味もある。さらに、その後、セクシュアル・ハラスメント訴訟では、被害者の行動理解において、性暴力被害についての知見や、被害者の状況を法廷で説明するフェミニストカウンセリングの協力が、裁判でのセクシュアル・ハラスメントの事実の認定や被害の評価に貢献するようになる[2]。

---

1) 医学情報については、書籍・論文・インターネットなどが有力な手段となっているとされる。また、患者側代理人にとって協力医による意見書や証言が重要であることも指摘される。大橋・新間（2012）。

II　セクシュアル・ハラスメント訴訟の展開と専門的知見

1　「現代型訴訟」としてのセクシュアル・ハラスメント訴訟：福岡事件

　今では、すっかり日本で定着した「セクハラ」であるが、アメリカ生まれのその言葉が日本で広く知られるようになったのは、1988年の女性雑誌「MORE」での特集記事にさかのぼると言われる。そして、セクシュアル・ハラスメント訴訟が初めて日本で提起されたのは、1989年であり、「セクシュアル・ハラスメント」がその年の流行語大賞を獲得したのも、この訴訟提起の影響があったと考えられ、その意味でも、この訴訟には社会問題開示の意義があったといえる。

　職場や学校での性的嫌がらせがこれまでなかったわけではない。今まで社会問題として認識されていなかったことに言葉を与え、社会問題として構築したことによって、法的にも対応の必要な問題として認知されるようになったのである。この言葉は、1970年代にアメリカのフェミニズムによって考案され、職場におけるセクシュアル・ハラスメントを雇用における性差別の問題としてとらえることが提唱され、1980年代半ばに、セクシュアル・ハラスメントを性差別の問題として取り扱うようになった。

　そうした状況について、日本でも紹介され、80年代後半より、不法行為訴訟を通じてその法的救済が模索されていく。1号事件とされる福岡セクシュアル・ハラスメント事件[3]は、出版社に勤務する女性Aが、職場で性的な事柄についての噂をされるなどの上司による嫌がらせ行為に耐えかねて、直談判に及んだところ、それが職場の和を乱すとしてAのみが退職に

　2）「性暴力被害によるPTSDの罹患」が主張されることも増えている。PTSDの診断の評価では、精神医学の専門知識を要する。その意味では、非専門訴訟と考えられてきたセクハラ訴訟が、部分的に「専門訴訟」化するとも言えるが、PTSDについてはその医学的判断と司法判断の区別の必要性が説かれており、医療や科学における事実と法的な事実の相違という問題を深めるうえでも重要な論点となっている。

追い込まれたという事例である。

　Aは、加害上司と会社に対して不法行為責任を問い、1992年4月に原告勝訴の判決を得る（福岡地判平成4年4月16日判時1426号49頁）。この事件は、当初より、女性問題に取り組むことを目指して設立された女性弁護士事務所が、事件を受任し、全国的な訴訟支援組織を結成し、社会運動と連携して訴訟が進められた。この裁判は、1人の原告の訴えであるが、セクシュアル・ハラスメントは多くの女性の問題であるということを示すために、裁判所宛のはがきを配布して、女性の声を裁判所に届けるという活動や、セクシュアル・ハラスメントの実態を明らかにするための大規模なアンケートを他団体と協力して行い、その結果をまとめて出版された『女6500人の証言』を証拠として裁判所に提出もしている。これらの活動は、「裁判をめぐるインフルエンス活動」（棚瀬1972）と評しうる。裁判の公開性に対して、原告を守るために、匿名性を保持する試みも行い、訴訟過程に対する一種の政策提言も行ったが、Aが後に名前を明らかにしており（晴野2001）、こうした訴訟に付随する支援グループと当事者との緊張関係もみられる。

　この地裁判決では、165万円という十分とは言えない賠償額ではあるものの、原告の請求が認められ、その後のセクシュアル・ハラスメント訴訟の展開への道を切り開いた。訴訟プロセスだけでなく、判決としても、新たな法理を提示し[4]、その先例化、権威づけがはかられ[5]、後続訴訟に影響を与えた裁判であった。

　セクシュアル・ハラスメントは、上司＝部下、教師＝生徒など、社会的

3）いわゆるセクハラ事件として、最初に判決が出された事件としては、1990年に判決が出されたニュー・フジヤホテル事件の静岡地裁浜松支部判決平成2年12月20日判例タイムズ745号がある。もっとも、この事件では、「セクシュアル・ハラスメント」という言葉は用いられていない。他方で、日本で最初の「セクハラ」事件として、ダンサーをしていた女性が西船橋駅で襲いかかってきた男性を払いのけた際、よろけて線路がわに転倒した男性が死亡した事件での正当防衛の成立が争われた西船橋事件が言及されることも多い（原山2011）。これは、上司＝部下、教師＝学生などの関係における支配・従属関係を背景に性的な行為の強要や嫌がらせを行うという意味でのセクハラとはかなり異なる。

な権力の格差を背景として生じる。裁判もそうした構造的な差のある当事者間の訴訟となる点で、現代型訴訟固有の性質も備えている。

　こうした裁判では、社会運動と連携しながら、社会問題を世に問うこともねらいつつも、やはり一次的には裁判官への説得のために、種々の訴訟戦略が講じられる。その一環として、訴訟では、専門家の意見書や専門家証言などが利用されることが多い。福岡事件でも、社会学者や法学者の専門家証言も重要な役割を果たしたとされる（職場での性的嫌がらせと闘う裁判を支援する会編1992）。法学研究者の林弘子、山田省三の意見書では、欧米でのセクシュアル・ハラスメントの論議も踏まえた上で、不法行為責任や債務不履行責任を認める理論を提示し、本件にその理論を当てはめた上で、セクシュアル・ハラスメントとして法的責任が問われるとの結論を出している[6]。これらの法学者の意見書が、判決に直接どのように影響したかをはかることは困難ではあるが、本件での人格権侵害の構成は、林の意見書の中でも言及されており、法理の形成に一定の寄与をした可能性がある。しかし、判決文の中では、これらの意見書に直接言及はされていない。

　裁判が、社会運動の一部として遂行される場合、訴訟に提出される専門家の意見書は、訴訟戦略の一部であり、裁判官も、社会運動や裁判が与えた社会的な認識の変化も読み取りながら、最終的な判断を導いていると考えられる。よって、裁判に顕出した専門的知見が個別に裁判官の判断にどのような影響を与えたかをはかることは困難であるし、あまり意味はないとも言える。積極的に社会科学的な証拠が用いられ、時にそれが新たな法理の展開に結びつけられたと考えられることの多い、合衆国の連邦最高裁

---

4) もっとも、本件では、現象としてはセクハラの違法性が争われたものの、判決の重要な部分においては、これまでの名誉感情の侵害の有無に焦点を当てているし、適用面では性的な言動や職場環境の悪化といったセクハラの核心となる部分が後退しており、法理としてセクハラが認められたとは言いにくいという評価もある（大村2010）。

5) 棚瀬（1972）では、こうした権威付けによる裁判の権力の強さは、国民による裁判の役割についての位置づけに依存し、日本の裁判が非政治的と受け取られているからこそ、裁判がこのように社会運動に利用されることになるという。

6) これらの意見については、いわゆる正式な鑑定手続ではなく、当事者が証拠として提出する意見書であるが、鑑定書・鑑定意見書という位置づけで紹介されている。

判決においても、法理の展開を支えると考えられる科学的証拠の採否や評価のあり方には一貫性がなく、判決での言及も散発的であるといわれる（Eric & Simon1998; Ancheta2006）。

　しかし、日本の裁判では、アメリカよりも裁判の非政治性が強調され、証拠に基づいて適正な事実認定と法的判断がなされることでその正当性や権威を得てきたはずである。よって、むしろ日本においてこそ、こうした法理の展開を支える事実という意味での立法事実についても、できるだけデータや社会科学的な証拠についても明示してその妥当性についての判断を示すべきではないだろうか（渡辺2011）。専門的知見にもとづいた判断が必要と正面から考えられるようになってきた昨今、そうした要請は強まっている。そして、こうした訴訟を提起していく側の訴訟戦略としても、今後専門家証言の信頼性や妥当性に対して、よりきめ細やかな評価を行っていく必要があることを意識する必要がある。

2　レイプ・トラウマとセクシュアル・ハラスメント訴訟：京大事件

　福岡事件はセクシュアル・ハラスメントを人格権侵害と構成し不法行為訴訟として損害賠償請求を行いうる問題と認めて、一定の成果を出したが、次には「何がセクシュアル・ハラスメントとなるのか」という範囲やその被害の程度をどう認定するかが問題とされるようになる。

　セクシュアル・ハラスメント訴訟のもうひとつの画期となった事件として、京大セクシュアル・ハラスメント事件が挙げられる。この事件は、国際的にも著名な京都大学のY教授が加害者として告発されたこともあり、社会的な注目度も非常に高い事件であった。Y教授による複数の相手に対するセクシュアル・ハラスメントが問題となったが、その中でも反復的に性行為を強要したとされる、被害者Bに対する行為の事実とその評価が、重要な争点となった。もっとも、判例集にも登載されている有名な裁判例は、Y教授のセクシュアル・ハラスメントへの対応をめぐって小野和子氏が執筆した京大新聞での論評記事をめぐって、Y教授がわが小野氏に対して名誉毀損を根拠に提起した損害賠償事件であり、いわゆるセクシュア

ル・ハラスメント訴訟ではない[7]。しかし、その事件でなされた被害者の証人尋問結果が、その後のセクシュアル・ハラスメント訴訟でもそのまま利用され（甲野2001）、ここでの認定が他のセクシュアル・ハラスメント訴訟にも影響を与えたと考えられることから[8]、ここでは、この名誉毀損事件での事実認定を、基本的にセクシュアル・ハラスメント事件での事実認定として検討する。

　このタイプのセクシュアル・ハラスメント事件では、性行為に被害者の合意があったかが問題となる点、密室での出来事で他にめぼしい証拠も乏しいことから、原告と被告の供述のいずれを正当と見なすかが重要なポイントとなる。これは、強姦や準強姦事件等の刑事事件における事実認定とも共通する課題である。

　本件の判決[9]では、名誉毀損の認定の前提として、「レイプ」「セクシュアル・ハラスメント」は、強姦や不法行為としてではなく、日常用語としてのそれらに当てはまるかどうかという観点から事実認定がなされている。ホテルでの性的関係の強要を、「原告（Ｙ教授）の威圧の下にＢの意に反して行われたものであるから『レイプ』というべきものである」とし、その後の７年間に及ぶ原告とＢとの継続的な性的関係についても、発言力・人事権を握っていた教授と、その教授の下で研究を行いたいという希望をもつ学生ないし非常勤講師であるＢとの関係の「構図のなかで、暴力的行為を伴いつつ、形成、維持されてきたものであった」のであり、その関係の形成・維持は、「『情的な言動または行為によって相手方の望まない行為

---

7) 小野和子氏の書いた手記・文書が、加害者たる原告の名誉を毀損するかどうかが問題となる裁判であるため、その文書が原告の社会的評価を低下させるかどうかが問題となった。そこで、「セクシュアル・ハラスメント」についても、それ以前の判例で蓄積された法的概念ではなく、日常用語としての理解が問われており、その点では、セクハラに対する損害賠償請求を認めるかどうかという通常のセクハラ訴訟で問われる「セクハラ」とはとらえ方が異なる面は否めない。

8) 当初、Ｂは、裁判ではなく人権救済申立を行ったが、それに対してＹ側が、名誉毀損で小野氏やＢたちを提訴してきたことで裁判闘争が始まる。Ｂが証言台に立ったのは、この名誉毀損訴訟であり、そこでの証言が他の裁判でも援用されることとなったという。

9) 京都地判平成9年3月27日判例時報1634号110頁。

を要求し、これを拒んだ者に対し、職業、教育の場で人事上の不利益を与えるなどの嫌がらせに及ぶこと』というセクシュアルハラスメントに該当するというべきである」と、判断している。その際、最初のレイプにおいて、Bが逃げ出さず、着衣を自ら脱いで2度の性交渉を拒まなかったことについては、原告の罵倒や暴力によって驚愕混乱したことによるもので、それをもって合意があったとは言えないとし、その後の継続的な関係も、研究者をめざすBにとって、その関係を拒むことの出来ない精神状態になっていたとみるのが合理的であると根拠づけた。その際に、「強姦の被害者が意に反した性交渉をもった惨めさ、恥ずかしさ、そして自らの非を逆に責められることを恐れ、告発しないことも決して少なくないのが実情であって、自分で悩み、誰にも相談できない中で葛藤する症例（いわゆるレイプ・トラウマ・シンドローム等）もつとに指摘されるところであるから、原告と性交渉を持った直後或いは原告の研究室を退職した直後にBが原告を告発しなかったことをもって原告との性的関係がその意に反したものではなかったということはできない」とした。

　この裁判でも、裁判の支援組織が形成され、専門家による意見書が証拠として提出されている。セクシュアル・ハラスメント被害の告発が困難な社会的構造を説く社会学者の江原由美子氏の意見書や、フェミニストカウンセラーの立場から、性暴力被害者のPTSDや心理状態による知見をもとに、加害者から逃げることなく黙って性的な関係を長期にわたって継続したことを説明する井上摩耶子氏の意見書が提出されている（小野1998）。本判決では、日常用語としてのセクシュアル・ハラスメントを認定するという際に、社会学におけるセクシュアル・ハラスメント概念に言及している。また、Bの心的外傷体験の深刻さ、PTSDに罹患していてなお回復できていないこと、Bが逃げず早期に告発しなかったことが不合理とはいえないとしつつ、井上がそうした結論とともに根拠として示した欧米での研究、ハーマンのトラウマ研究や、グラハムのストックホルム症候群についての知見についても、裁判におけるセクシュアル・ハラスメントの認定に貢献したと言える。

　本件でのセクシュアル・ハラスメントの認定は、その後のセクシュア

ル・ハラスメントに対する損害賠償請求訴訟での事実認定にも影響を与えたと考えられている。平成 7 年に横浜地裁で、上司によるセクシュアル・ハラスメント行為について、上司に身体を触られたりキスされた際に、抵抗したり悲鳴を上げたり逃げたりしなかったこと、冷静な対応をしていたこと、供述に変遷があることなどから、原告の供述は信用できないとして、セクシュアル・ハラスメントの事実を否定した判決が出された[10]が、平成 9 年の控訴審判決では、証拠として提出されていた米国での強姦被害者の対処行動の研究を引きながら、被害女性の供述内容が不自然ではないと評価し、「当該行為が相手方に対する性的意味を有する身体的な接触行為であって、社会通念上許容される限度を超えるものであると認められるときは、相手方の性的自由又は人格権に対する侵害に当たり、違法性を有する」[11]として不法行為の成立を認めている。フェミニストカウンセラーによる専門家証言とその内容にも明示的に言及して、セクシュアル・ハラスメントの事実と、その被害についての損害賠償を認める事例も見られる。例えば、熊本地裁平成 9 年 6 月25日判決（判時1638号135頁）では、「強姦の被害者は、一般に、神経の高ぶった状態が続き（過覚醒）、被害当時の記憶が無意識のうちに生々しく再生され（侵入）、被害を思い出さないように感情が麻痺して現実感を喪失する（解離）外、……このような状態は強姦の被害者としては通例であり、特異なものではないこと」と、アメリカの精神医学会の診断マニュアルによる PTSD の症状、アメリカの心理学者オクバーグによる犯罪被害者の心理についての研究に言及して、専門家証言の信用性を評価している[12]。

　これまで、上司等からの望まない誘いや性的接触を正面から拒絶したり逃げたりせず、その被害についてもすぐには告発しようとしない被害女性の行動や供述は、「不自然」で信用できないと考えられることが多かったが、フェミニストカウンセラーなどの専門家の支援により、それが性暴力

---

10) 横浜地判平成 7 年 3 月24日判時1539号111頁。
11) 東京高判平成 9 年11月20日判タ1011号195頁。仙台高裁秋田支部判平成10年12月10日判時1681号112頁も、同様に、被害者の行動や供述を不自然とした地裁判決を覆して、セクハラ被害を認めている。

の被害者にとって自然で合理的な行動であることが認められるようになってきたし、PTSD被害が認識されるようになると、その被害の深刻さにも一定の評価がなされるようにもなった。セクシュアル・ハラスメント被害の現実について正確に認識するには、こうした専門的知見の利用が必要なのである。

しかし、一般的にはセクシュアル・ハラスメント訴訟は、専門的知見を要する事件として認識されてはいない。日本の民事裁判では、証拠の許容性はほとんど問題にならないため、専門家による意見の提出等には制限もなく、比較的自由に証拠として専門家の意見書や証言を利用することはできるが、その必要性について裁判所が認識しているとは言い難く、またそうした専門的知見の評価のあり方も不明である。非専門訴訟においては、裁判官が経験則に則して、常識的良識的な判断を行うものと考えられている。セクシュアル・ハラスメント訴訟に専門的知見の利用は不要と考える場合には、そうした証人調べには消極的になるだろうし、たとえ専門家の意見や証言が出されても、その信用性の評価が低くなる危険性も否定できない[13)14)]。これまでの社会通念や、常識的判断に対抗するべく適切な専門的知見を裁判で活用、評価することの意義を改めて検討する必要があろう。そこで、次節では、「フェミニズムカウンセリング」という、場合に

---

12) 比較的新しいところでは、山形ストーキング・レイプ・セクハラ事件　山形地判平成17年9月5日（判例集未登載事件）では、被害者である原告が、被告のしつこい誘いに「今度の機会に」と言ったり、性的な関係がつづいている期間に被告に迎合的なメールを送っていることについて「心理学専門のカウンセラーである証人井上摩耶子の供述によれば……原告が被告による心理的監禁状態においてこれに服従して義務的にメール応答しているという側面と、被害者の無意識的な自己防衛として積極的に恋人気取りの迎合メールを送っているという側面とが共に認められ、この間の原告の心理状態は、前記認定の通り、心理学上ストックホルム症候群として説明することが可能であると認められる」と、被害を認めている。

13) 現に、平成23年には最高裁は、セクハラ訴訟同様に、被害者と被告人の供述が対立した刑事での強姦事件で、被害者が逃げたり助けを求めなかったのは不自然であるとして、地裁・高裁での有罪判決を破棄して無罪判決を出している（最判平成23年7月25日裁判集刑304号139頁）。この事件では最高裁事の常識で了解できる経験則（それは、しばしばレイプ神話と言われるものでもある）にもとづいた判断と批判もされている（杉田編著2013）。

よっては、その専門性や、その知見の客観的中立性に疑いが呈されかねない専門的知見を取り入れて、セクシュアル・ハラスメント被害を認めた京大事件で、いかにそれが可能とされたのかについて更に若干の検討を行いたい。

　もっとも、日本では、当事者に対して専門家の支援の利用可能性が十分に開かれていないことのほうが重大な問題かも知れない。本章で検討した、福岡事件や京大事件では、弁護団や裁判の支援組織を立て、そうしたコネクションを通じて専門家の支援も得ることができて、セクシュアル・ハラスメント被害を裁判所も認めた。しかし、賠償額も決して高額とは言えないセクシュアル・ハラスメント訴訟において、そうしたフル装備の訴訟でなければ、主張を認められないということでは、「国民にとって、より利用しやすく、分かりやすく、頼りがいのある司法」とは言い難い。対策が講じられつつある専門訴訟においてすら、なお適切な専門家の協力を得ることは容易ではないなか、非専門訴訟においては、より一層困難な課題であることは間違いない。専門訴訟だけでなく、こうした非専門訴訟も含めての専門家証人の利用可能性の向上も、司法へのアクセスの課題の一部と位置づける必要がある。

III　セクシュアル・ハラスメント訴訟における専門的知見と事実認定

　京大事件をはじめ、性暴力被害を伴うセクシュアル・ハラスメント訴訟では、フェミニストカウンセラーの意見書や証言が、重要な役割を果たしてきたとされる。法と心理学の協働については、近年その必要性が認識されつつあるものの、臨床心理学のなかでも、かならずしもメジャーとは言えない、このフェミニストカウンセリングという専門知は、どのようなものであり、その知見が、裁判でどのように評価されたのだろうか。

---

14) これは、刑事の強姦事件での判断であるが、最高裁判決であることもあり、後続する同様の刑事の性被害事件だけでなく、民事のセクハラ訴訟での事実認定への影響も懸念され、実際に、セクハラ訴訟でも、被害を否定するような判決が出始めているとも言われている。

1 専門的知見としてのフェミニストカウンセリング

フェミニスト心理学ないしセラピーは、アメリカで展開し、日本では、「フェミニストカウンセリング」として成長してきた（河野1991）。1960年代のフェミニズム運動の興隆のなかで、アメリカのアカデミックな心理学が女性を無視してきたということが指摘され、そうした学問状況を変革し、女性の現実に結びつけることを目指してきた。1969年には、女性心理学会（Association of Women in Psychology）も結成される。フェミニスト・セラピーは、フロイト派を中心とする従来の心理分析に対して、「個人的なことは政治的である」という命題を念頭に、意識覚醒グループ（CR）などによる取り組みを行う。女性の病理について、女性の内的な問題だけでなく、その外的な源、つまり社会的政治的文脈に注意を払う。力の不均衡を認識し、平等な関係を促す。個人的・社会的アイデンティティを尊重し、開拓する。女性の観点に価値をおくことで、女性の生きている経験、アイデンティティ、個人的な強さを評価するといった角度から、女性の問題に対応する。しかし、こうしたフェミニスト心理学をめぐっては、従来の心理学からは、政治的で科学的でないなどの反発も生じている。また、子ども時代に受けた性的虐待被害によって抑圧された記憶を記憶回復療法という心理療法によって回復した者が、この回復した記憶に基づいて訴えを起こすのに対し、逆にその記憶が誤りであることがあるという「偽りの記憶」を主張する論者との論争も展開している[15]。

アメリカで開発されたフェミニストカウンセリングを日本に取り入れてきた河野（1991）によると、日本では、1980年での開業カウンセリングが最初で、その後、公立の女性施設での相談事業にも参入するようになる。そして、そうした実践者たちで1994年に連絡会を結成し、2001年には日本フェミニストカウンセリング学会を発足させ、「フェミニストカウンセリング研究」という学会誌も発行している。福岡事件を支援したグループも、その後、フェミニストカウンセリングで活躍を続けているとも言われている。

京大事件では、「フェミニストカウンセリング」が、被害者の被害の認

定において、非常に重要な役割を果たしたが、その後も、フェミニストカウンセリングは、セクシュアル・ハラスメント訴訟や刑事の強姦事件などでの被害者のアドヴォケイト活動の一環として裁判支援もしている。

京大事件や熊本事件などで意見書を出して、被害者勝訴の判決を得るのに大きな役割を果たした井上摩耶子は、フェミニストカウンセラーの仕事の一部に明示的にアドヴォケイト活動を据えている（井上編2010）。民刑事を問わず、レイプやDVが関わるような裁判において、専門家としての意見書を書き、専門家証言を行うという活動を積極的に行っており、事件後早い段階からカウンセラーとして関与し、裁判を闘ったケースの多くは勝訴をおさめてきたという。

フェミニストカウンセリングの方法論は1つではないが、井上は、認知行動療法／ナラティヴ・アプローチを採用している。ナラティヴ・アプローチでは、男性中心の社会や、女性や強姦などについての「支配的な物語（いわゆる強姦神話など）」に対抗して、被害女性の経験に即した「もう1つの物語」を構築していく。被害者のストーリー（外傷物語）を組み立て、そのストーリーで、被害者の認識を改めていくことを通じてトラウマからの心理的回復を目指すのである。

裁判は、そうしたトラウマカウンセリングの最終段階において必要に応じて行われ、アドヴォケイト活動は、そうした裁判での意見書提出や専門家証言による支援を行うのである。裁判におけるセカンド・レイプの問題

---

15) 1992年には、性的虐待で告発された側が、「偽りの記憶症候群財団」を設立して大論争となった。日本では、矢幡（2003）が、ハーマンの『心的外傷の回復』に対する、ロフタスによる偽りの記憶の主張をベースに、偽りの記憶の立場から日本でのPTSDブームを批判している。この論争に対する批判的検討として、周藤（2004）。しかし、PTSDは、すでに損害賠償の対象となる被害や、刑事における傷害としても認められるようになってきており、その診断基準も精緻化してきている。PTSDのように目に見えない損害を、深刻な損害として認めていくことには意義があるし、非専門訴訟とされてきたセクハラ訴訟のような訴訟で、精神医学的証拠が用いられて、その被害をより客観的に評価し、その深刻さを損害賠償等に反映することは、専門訴訟化の流れとして評価しうる。我々が論ずべきなのは、PTSDという概念そのものではなく、精神医学上の診断と、法的な判断の違いを認識した上で、いかに専門的知見を活用していくかだろう。

は深刻であり、安易に裁判を勧めることはできないものの（井上2013）、被害者は、裁判での証言や活動を「サバイバー・ミッション」として遂行し、尊厳を回復しうるとし、井上は裁判に積極的な意味づけを与えている。

セクシュアル・ハラスメント裁判において、二次被害を防止し、「支配的なストーリー」に対抗して確固とした「もうひとつのストーリー」を示すためにも、裁判に至る前のできるだけ早い時期からカウンセラーが関与して外傷物語の構築を行うことが重要であるという。セクシュアル・ハラスメントや強姦、DVの被害者は、最初から自分を強姦やDVの被害者で、悪いのは相手であると認識していない場合も多い。そこで、被害者の話を聞いて、女性が被害者だと判断できれば、「あなたは悪くない。悪いのは加害者だ」と明言し、認識を変えていくことがトラウマカウンセリングの一部として行われていく[16]。

裁判において提出される意見書は、そうしたカウンセリングそのものではなく、性暴力被害によるPTSDの発症の機序や症状、強姦神話についてや、性暴力被害を受けた後の被害者の行動についての研究成果にもとづく知見を柱に、それをBの事例に当てはめた所見を加える形で書かれている（小野1998）。このように、一般的な専門的知見の提示と、当該事件に当てはめた場合の見解を示すというスタイルは、意見書として比較的一般的といえる。

2　京大事件の事実認定と専門的知見

裁判官が事実認定を行う過程は、種々の証拠資料の証拠価値を吟味し、

---

[16] これは、事実が客観的に存在し、それを確認するという実証主義的な考え方とは異なり、まさに、事実を構築していく作業でもあるゆえに、「カウンセラーによる被害事実のねつ造である」との批判にもつながる。偽りの記憶の主張にもつながりかねない。しかし、これは後述するように、裁判における事実認定そのものの構築性ともつながるのであり、フェミニストカウンセリングをもって、それをジャンクサイエンスの名で片付ければ済む問題ではないだろう。他方で、フェミニストカウンセリングの専門性については、確かに、一種の専門的知見と評価できるものの、そもそもその出発点において、専門家＝素人という権力関係を否定する脱プロフェッショナリズム運動の流れにあることからも、その専門性の意味について問い直す必要もあるだろう。

取捨選択しながら、その価値の高い資料から過去の事実関係を推論する過程と言われるが、自由心証主義をとる我が国では、そうした心証形成において用いることの出来る証拠方法や経験則を限定せずに、裁判官の自由な選択に任せている。心証形成に用いることができる資料は、適法に訴訟に顕出された一切の資料や状況で、当事者の態度など「弁論の全趣旨」も含むうえ、その弁論の全趣旨がどういうものかについて判決で記載を求められない。「通常人の常識に照らして考え得る判断でなければならない」（例えば新堂2011: 598）という制限はあっても、本来的に、裁判官の裁量の余地が非常に大きい構造となっている。そして、提出された個別の証拠の証拠価値を評価して、その評価を積み上げていく個別評価方式よりも、提出された証拠全体を総合的全体的に評価していく全体説明型の評価方式に傾斜しやすい。これは、第3章でも検討したアメリカで事実認定モデルとして提示されるストーリー・モデル（Pennington & Hastie1991）とも親和的である。

なお、元裁判官や現職裁判官による著書でも、「事実認定とは、単なる知的な分析や論証にとどまるものではなく、証拠を手がかりにして、私たちの現実の社会生活の実情にあうようなストーリーを、想像力を駆使して、苦労しながら作り上げていくことにほかならない」（土屋・林2010: 37）と言われる。記述モデルとしてのストーリー・モデルを越えて、そうしたストーリー構築型の事実認定のあり方を、規範モデルともされている。

さて、京大事件では、井上の意見書で言及された知見を基本的に受け入れて、レイプやセクシュアル・ハラスメントの事実を認めている。井上の意見書は、証拠（甲47号証）として提出されているが、判決では、「証拠甲1～6、乙1・2、3の1ないし11、43ないし47、48の1、2、49の2、50ないし54、55の1ないし4、55の1ないし3、55の6ないし9、56、57の1および2、59、60号証、証人○山○子、甲野乙子（B）、○澤○子、○△良博、被告本人の証言及び弁論の全趣旨によれば、以下の事実が認められる」と、包括的に証拠に言及し、そのうちに、井上の意見書も含まれる形となっている。そして、これは、自由心証主義をとる民事訴訟法に基づいた事実認定の判決の記載のあり方として、一般的に受容されているス

タイルでもある。

　この記述からは、井上の意見書そのものがどのように評価されたかは明らかではない。ここで言及されている、B本人の証人尋問での証言の真摯な態度や、被害の深刻さの訴えが、強い説得力を持ったことも確かであるが[17]、判決文で指摘されるレイプ・トラウマについての記述や、Bのとった行動がそうした心理状況のもと不自然でないとの評価は井上の意見書の内容を受け入れた上でなされたと考えられる。フェミニストカウンセラーが関与して構築していった「もうひとつのストーリー」が、Bの証言と、それを裏打ちする専門的知見によって認められている。

　それが、たやすかったとは決して言えない。しかし、曲がりなりにもそれが奏功した理由の1つとして、その専門的知見の専門性を尊重したというよりは、井上が行ってきた「ストーリーの構築」が、3章でも検討してきた、裁判における事実認定のモデルとしてのストーリー・モデルに適合していたことも影響しているとは言えないだろうか。つまり、ストーリー型の専門的知見は、説得力のある事実の構築に寄与し、それが裁判官による証拠評価において影響力を持ったとは言えないだろうか。

　しかし、それは、実際にそうした見方が妥当かという問題もさることながら、もし妥当するとして、そのことをどう評価するのか、という新たな問題提起にもつながりうる。アメリカでは、フェミニズムによる証拠法に対する種々の提言、批判の議論が展開し、ストーリー・モデルのような全体説明型の事実認定モデルの規範性がそうした文脈の中で説かれることがある。また、3章でも見たように、一般的にストーリー・モデルは、裁判官の事実認定に対する陪審の事実認定の記述モデルとして提示されることが一般である。そこで、次に、主としてジェンダーにかかわる問題における証拠評価の問題に関連する範囲で、事実認定のストーリー・モデルの持つ意味について改めて概観し、日本の民事裁判での事実認定の特徴と課題の整理につなげたい。

---

17) これについて、甲野（2001）に詳しい。そして、証人尋問の後、Bは、大きく心理的回復の一歩を踏み出すことが出来たとされ、まさに「サバイバー・ミッション」を達成できた例と言える。

Ⅳ 事実認定の専門性と物語性

1 被害のストーリーと証拠法：フェミニズム法学の示唆

　アメリカで展開してきたフェミニズム法学は、様々な法の文脈において、これまでの近代法の枠組みや、近代的な合理人の想定が、主に白人成人男性を基準とており、女性その他のマイノリティを疎外してきたという主張をしてきた。「セクシュアル・ハラスメント」も、そうしたフェミニズムの問題提起によって社会的な問題と認識され、マッキノンなどフェミニズム法学者によって法的な問題として構築され、その法的対応が講じられるようになった（マッキノン1999）。1990年代以降、証拠法に対しても、フェミニズムの観点から再検討が行われ、様々な改善策が求められている。フェミニズムからの問題提起は、本章が扱っているセクシュアル・ハラスメント訴訟などでの事実認定のあり方についての提言にとどまらず、裁判での事実認定全般への批判的検討にもつながっている。

　フェミニズム法学からの証拠法学への問題提起の主たる対象は、性暴力被害やドメスティック・バイオレンスに関係する証拠法理である。それにより、レイプ・シールド法[18]の制定や、レイプトラウマについての証言の許容性を認めるなどの改革が行われ、一定の成果を挙げてきている。

　法は、女性に抑圧的な社会システムを反映しつつ、それを作り出すものでもあり、何が真実かについての基本的な理解を構築するものである。そうした法の表出機能に着目すると、証拠法も、何を信用し、何が理性的かといった社会的観念を反映するルールとして、そこに内在する様々なバイアスに目が向けられることになる（Taslitz1999）。

　例えば、DVの被害者の「バタード・ウーマン・シンドローム（BWS）」をめぐっては、その概念を認めて、暴力をふるう夫を殺害した女性の正当

---

18) レイプ被害者の過去の性的関係についての証拠を許容しないとするルールで、事件の争点を、女性の貞節ではなく、加害者の行動に置き、被害者をプライバシー侵害から保護することを目的とする。

防衛を成立させるための証拠として BWS の診断が利用できるかどうかについての一連の論争がある。BWS は、フェミニスト心理学者レノア・E.ウォルカーによる言葉で、パートナーからの繰り返される暴力により、女性の自発的意志が減退し、消極的になり、無力化し、男性から逃げ出せず、自ら従属する、「学習された無力感」に陥るという状況のことを指す。思いあまってパートナーを襲撃した場合に、それまで逃げなかったことの合理性、また襲撃が急迫した危険から逃れるために必要と考えたことの合理性を証明するために、BWS 罹患の証拠の許容性が求められ、多くの州ではその許容性を認めてきた。

他方で、この概念に対しては、後述するようにその科学的妥当性を疑問視する声もある (Beecher-Monas 2001: 115) ほか、フェミニズムからの強い反発も見られる。つまり、この概念によって、弱く、混乱した女性像を生み出してしまう。他方で、そのゆがんだ認知の元でありながらも、自分や自分の子どもの身を守るために去らないという選択をする自律的な存在としても描くこともできる。法の構築、表出機能を重視する立場から、BWS によって描かれる女性像を固定化することへのフェミニストたちからの懸念である。

それに対し、Mahoney (1991) は、BWS に代わって、別離脅迫 (separation assault) という概念で被害者ではなく加害者をとらえる。加害者は、女性が関係から離脱しようとするのを感じると、激情してさらに支配を強めようとしてしまうということである。男性が支配をしようとする手段に焦点をあてることで、被害女性の行動を理解可能なものとする。それにより、女性を合理的な存在として描き、かつ女性への抑圧構造を持続させるメカニズムに焦点を当てることができるという。

BWS という見方と、別離脅迫という見方は矛盾するものではない。別離脅迫とみることは、法の構築的な役割に着目し、DV における暴力行為の核心にある権力をめぐる争いを明らかにし、法と文化を同時に変えていくための戦略であるという (Mahoney1991: 93)。論者は、こうした主張を裏付けていく際に、報道された事件や知人から聞いた逸話を、社会的事実の証拠として用いて、その説得力を強化しようとする。構築主義的な事実

観に加え、逸話を意識的に用いての論述が試みられる。このように、「物語（narrative）」を使った事実の構築が、構築主義や文化フェミニズムの立場からの証拠法学の1つの流れを形成している。

同様に Scheppele（1992）も、アニタ・ヒルの公聴会[19]でのエピソードを用いて、セクシュアル・ハラスメント被害の事実の理解について論じる。被害報告が遅くなったり供述が時間とともに変遷しうるのは、セクシュアル・ハラスメントによるトラウマによるものであり、十分に治療が得られるまでは、関係を修復し、ノーマルな状態にしようとする説明をしてしまうのだという。

Scheppele は、より一般的に、出来事の説明は、解釈の枠組みに影響を受けた「物語」であるとする。このような「物語」アプローチは、構築主義的フェミニズムの立場から、積極的に支持される傾向にある[20]。この立場は、事実認定のあり方としての、ストーリー・モデルとも符合する。ことに、ストーリー・モデル的な全体的な証拠評価を規範モデルとする日本の事実認定モデルとも親和性が高く、こうしたフェミニズム法学の戦略は、事実認定における主流の考え方にアピールするともいえる（Park&Saks 2006: 1008）。

もっとも、ストーリー・モデルは、一般的には、素人である陪審の常識的な事実判断のモデルであり、証拠に加えて、自らの経験や常識等を駆使して了解可能なストーリーを構築することも含んでモデル化されている。そこで、フェミニズムが訴えかけようとする「物語」は、もうひとつの常識などにもとづく主流の物語に対抗して説得力を得るために、「専門家証言」による補強も必要と考えられていることに注目しなければならない。

しかし、こうした場合の専門的知見の利用については、リアリズムの流れをくんだ実証主義的な立場から社会科学的証拠を、科学的証拠として利用を進める立場とは相容れにくい。1章でみたように、1993年の連邦最高

---

19) 連邦最高裁判事の候補だったトーマスの公聴会で、かつてトーマスからのセクハラ被害にあったというアニタ・ヒルの証言の公聴会。
20) 棚瀬も、こうした批判的な議論の示唆を受け、法の構成的性格を正面から据えて、法理論を展開している（例えば棚瀬2001a）。

裁で科学的証拠の許容性についての判断基準を示したドーバート判決[21]では、裁判官が、その証拠が基づいている原理や方法論の科学的妥当性について判断することを求め、その判断基準として、検証可能性や、ピア・レヴュー、公表、誤差、一般的受容性といった複合的な基準を提示している。その後、科学的証拠以外の専門的知見についても、このドーバート基準による検討を要するとの連邦最高裁判決も出ている[22]。この基準で、フェミニストカウンセリングなどを含む専門家証言の許容性が判断されると、許容性が否定される危険性が高いため、この枠組みで証拠を判断することに対しては警戒の声もある（例えば、Antczak2011）。

他方で、Beecher-Monas（2001）は、専門家証言の科学性を重視する司法の流れを受け入れつつ、DV 被害の状況を正しく裁判所に認定させる方法を提示している。つまり、個別の事件における社会的な文脈についての証言と、PTSD の罹患という部分に分けて、社会的文脈について、データに基づいた専門的証言が必要であるという。専門家証言の機能として、事実認定者への教育という側面を重視する。専門家証言の基礎となる理論やデータの検証が求められるようになる中、それを拒否するだけでは有効な対応とは言えないだろう。Beecher-Monas のいうように、社会的文脈についてのデータに裏付けられた証拠や証言を専門家証言として出していくことが必要だろう。

フェミニズム証拠法学の議論は、具体的な証拠の許容性をめぐって提案されるものと、あまり詳細なルール化を求めず文脈的な物語から力を得ようとする議論があり、それらは時には対立する要請ともなりうる。また、具体的なルールを提案し、それが認められても、証拠法上での対応は、手続き上の課題に答えるだけであるゆえに、それが裁判でどのような効果を生むかについて正確に予測できないという問題もある。それゆえに、様々な議論が展開しているのに比すると、実際上の改革は、比較的効果が予測しやすいレイプ・シールド法などの限定された領域の個別の改革にとどま

---

21) Daubert v. Merrell Dow Pharmaceuticals, Inc.113S.Ct.2786（1993）.
22) Kumho Tire Co. v. Carmichael. 526U.S.137（1999）.

っているとも指摘される。

　日本では証拠の許容性が問題にならないこともあり、Scheppele が論じるセクシュアル・ハラスメント被害者の告発の遅れや供述の変遷の評価については、同様に問題とされるものの、証拠の問題として論じられることは少ない。しかし、これをもって、アメリカよりもジェンダー問題に応答性の高い証拠法実務が実現しており、種々の専門家証言にも障壁はなく問題ないと評価することは適切ではないだろう。証拠の実質的な評価のあり方が見えず、裁判官の裁量にゆだねられる構造に内在する問題を明らかにしていく必要もある。そこで最後に、日本の民事訴訟における事実認定のあり方として通用しているストーリー・モデル流の全体説明型の事実認定モデルと、そこでの専門的知見の利用や評価のあり方について課題を整理したい。

2　事実認定モデルと専門的知見

　ストーリー・モデルは、陪審の事実認定モデルとして理解されることが一般で、裁判官による事実認定については、それとの対比でベイズ理論を使ってモデル化する議論もみられる。陪審制をとらない日本では、事実＝法問題の区分や、陪審の事実認定のあり方と、裁判官の事実認定のあり方を区別したモデル化は必要ない。特に、民事においては、証拠の許容性はほとんど問題にならず、自由心証主義の枠の中で、あらゆる証拠を総合的に評価して事実認定を行うため、要件ごとに事実認定がなされるとはいえ、その前提となる証拠評価は、顕出した証拠の、要件に対する証明力を個別に評価して積み上げていくという分析型の評価よりも、全体としての評価という説明がなされ、そのことに対して異論が出されることも少ない。むしろ、前述したように、ストーリー・モデルこそ適切な事実認定の姿と了解されており、規範モデルとも位置づけられる。日本でもベイズ理論等を用いて、個別要件ごとの蓋然性の評価により事実認定を行うモデルも有力に提唱される（太田1982）が、実務的には、最終的には総合的な評価を行って、事件全体のストーリーを構築することによる評価の必要性が説かれており（河村2012）、証拠を全体として評価してストーリーを構築するとい

うモデルが記述としてだけではなく、規範的なモデルとして通用している。それは、素人による常識的判断というよりは、専門職の職人的な勘所によった「スワリの良い」事実の評価と考えられ、丁寧で真実により接近しうる事実認定モデルとと考えられているようである。しかし、陪審の事実認定のモデルとしてのストーリー・モデルと、職人技によるストーリー構築を厳密に区別することは難しい。一般的には、ストーリー・モデルは、真実発見の至上命題からは問題があるととらえられている（例えば Griffin2013）。ストーリーの構築は、ヒューリスティックな直観的判断による部分が大きく、認知のゆがみや誤りを招起しやすい。もともと持ち合わせている裁判官の認知枠組みや、好み、信念などに影響される面が強いのであり、そのことから来るゆがみにも十分に注意を払う必要がある。

　本章で検討したセクシュアル・ハラスメント訴訟などは、まさに、これまでの職場の常識やレイプについての一般的な観念によって事実を評価すると、その問題性や被害の事実について理解が難しい事例である。そこで、こうした裁判では、そうした認識を改めるために、専門家の関与が是非とも必要となる。専門訴訟において、専門的知見は、裁判官に欠ける知識を補うために用いられるが、ここでは、「裁判官に知識を供与し、その認識を変容する」という意味まで含みうる。その意味でも、裁判で受容されにくい専門的知見と考えられるが、ストーリー・モデルを規範モデルとして位置づけるなら、裁判官の目に見えない認識の狭さやゆがみを矯正するためにも、そうした専門的知見がより必要となることは指摘しておきたい[23]。

　ストーリー・モデルでは、より完全な物語を作るためには、できるだけ豊富な情報を得ることが望ましいという考え方につながりやすい。実際に、証拠の許容性を広く認める実務は、そうした考え方とも符合しており、フ

---

[23] 今回、事例として扱った京大セクハラ事件などは、フェミニストカウンセリングが利用されて、男性の想定するセクハラ被害者像が現実とは異なることを裁判官に示すことに成功した事例であった。しかし、そうした認識が裁判官に定着していない以上、その意味での教育者としての専門家の関与を進めるほか、やはり裁判官の意識向上やそのための研修の強化も進める必要があろう。渡辺（2012）参照。

ェミニストカウンセリングの知見なども裁判に導入はされ、ストーリー・モデルとの親和性も一般的には高いとは言えるが、個々の裁判官がそうした知見をどのように評価するかについてはなおブラックボックスであり、こうした専門的知見の必要性については改めて認識する必要があると思われる。

　他方、こうした専門的知見を導入する手続はどう評価できるであろうか。日本では、専門訴訟では、裁判所委託型の中立的な専門家の関与を求めるという考え方をとっており、アメリカ型の党派的な専門家証人の枠組みとは異なると考えられている。しかし、実際上は、専門訴訟でも当事者が、専門家の意見書や専門家証人をたてて訴訟活動を行っていることが多く、非専門訴訟も含めて、当事者提出型のしくみが主流となっている。当事者提出に関しては、証拠の制限や、評価についてのルールも少ない。専門家証言についての特別なルールもないことから、場合によっては、専門家証言に関しては、アメリカ以上に、当事者主義的な訴訟活動がなされているとも言える（本堂2010）。日本でも、多少はそうした党派性が専門家の意見書に影響を与えていることは認識されているが、それは「堕落形態」（石川ほか2004: 15など）ととらえられ、専門家の意見がそうした偏りがあることを当然の前提とはされていない。専門家の出す意見書や、専門家証言については、法的には通常の証拠や証言の扱いとなるが、そうした意見を「私鑑定」と評価し、鑑定に準ずるものとして理解されている面もあることからは、中立的客観的データの提供者が想定されていると考えられる。

　しかし、実際には、専門的知見は、たとえ裁判所委託型の手続を利用したとしても、予め中立的客観的なものとして存在しているわけではない。その上に、党派性が想定される当事者の証人、証拠として専門的知見が導入されていることを直視するならば、なおさら、その中立性・客観性を措定することは困難である。それを前提に、専門訴訟／非専門訴訟を問わず、目指すべき専門的知見の導入の仕方についても改めて問い直す必要がある。そこで、次章では、特に専門訴訟に焦点を当てながら、専門訴訟で求められる手続保障の考え方と、専門的知見の導入のあり方について検討していくことにする。

本章は、非専門訴訟での専門的知見の必要性という観点から、セクシュアル・ハラスメント訴訟を素材に考察を行ったが、逆に、セクシュアル・ハラスメント問題に対するよりよい法的対応のあり方という観点からは、非常に迂遠な検討のようにも見えるだろう。
　セクシュアル・ハラスメントの予防、救済において、裁判が果たせる役割には限界がある。セクシュアル・ハラスメント訴訟は、ほとんどの場合、被害女性はその職場から去った後、あるいは去ることと引き替えに裁判が提起されていて、真に目指すべきなのは、セクシュアル・ハラスメントが生じない環境作りと、そうした問題が生じた場合に、早期に職場や学校内での調整によって問題を解決することであるといわれる。そのことには、異論はない。
　しかし、裁判で闘い、自らの主張を裁判官に認めてもらうことで、被害者が尊厳を回復することもある。井上が指摘するように、裁判は、それを通じて社会的承認を得るだけでなく、同じような被害者が生まれないよう社会を変えていこうとする仕事としてとらえることができる。そのような意味では裁判は、被害者の心理的回復を助けるものともなる。少なくとも、法学者が、そのことを意識せずに、「こういった事案は裁判には向かない」ということから、裁判を改善しようとしないことは許されないだろう。当初のセクシュアル・ハラスメントが、裁判を通じて社会的に問題開示に向かったように、裁判の社会的インパクトも無視できない。裁判での解決は、裁判外での紛争解決のあり方にも影響を与えうる。こうした裁判の意義を過小評価すべきではなく、必要な場合に、司法にアクセスし、そこで適正な審理を受けられるようにするには何が必要なのかは、つねに問い続ける必要がある。
　そして、そのためには、裁判が、フェミニズムも含む様々な知に開かれ、そうした知を取り入れ、応答性の高いシステムとして機能する必要がある。専門的知見の利用は、そうした柔構造の裁判を実現していくための重要な窓口であり、そうした専門的知見の利用や、適切な評価を目指すことは、決してマージナルな論点ではなく、非常に重要な課題なのである。

第8章

専門訴訟における専門知の導入と手続保障

I 問題の所在

　専門訴訟とされる訴訟類型では専門知を導入すれば、通常訴訟化がはかられるという想定のもとに、専門家の協力体制の強化を軸に対応が進められてきたが、専門家の協力を得るという場合、裁判のどの部分にどのような範囲で協力を得るのか、また専門家の協力が必要なのはどのような場合で、どのような協力のあり方が望ましいのかについては、必ずしも十分に検討されてきたわけではない。また、司法制度改革期にはかなり重点的な対応が行われたものの、その後、そうした取組は、全体として退潮しているともいわれる。例えば、医療過誤訴訟について言えば、迅速化の要請もあり、専門文献等により一般的な専門的な知見が導入されれば十分に審理に耐えることが出来ると考えられるようになり、当初てこ入れが試みられた鑑定利用は減ってきている。それが何を意味するのかも含め、そもそも裁判は何を実現すべきものなのか、という根本的な問いに立ち返りつつ、専門訴訟への対応の要請に応えられる専門知の導入のあり方をについて検討する必要があるのではないだろうか。

　第2部では、司法制度改革期に新たに問われるようになった専門訴訟への対応の要請を、伝統的に実体的真実への志向性が高い日本の裁判に求められてきたことの延長線上の要請と位置づけつつも、専門化の進展の中、その専門分野において了解可能な知見を反映させた裁判の実現への要請という新たなパラダイムへと切り開く可能性があるものとして、検討を進め

てきた。合衆国での科学的証拠をめぐってドーバート基準が出されたのも、背後に同様の要請、Brewer（1998）の言葉を借りると「知的デュー・プロセス」の要請があっての対応と考えられ、科学技術時代、専門分化が進む現代において、裁判が直面する普遍的課題とも言える。特に、第1部で検討してきたように、裁判が、科学技術の進展のフロンティアで生じうる問題や、それに対する懸念を発端に利用され、その問題について論じられ、一定の規範形成をも担うフォーラムとしての機能を果たすことが求められることを前提にすると、そうしたフォーラムにおいては、専門分野において了解可能な知見が十分に取り込まれるように訴訟過程を組み立てていくという要請は一層高まるだろう。これも知的デュー・プロセスの一部と考えられよう。

　これまでの考察からも明らかになったように、単純に、専門知識を有する専門家から、当該事件に関して意見を得るだけで、専門領域で一定程度妥当と解される程度の専門性を反映した裁判が実現できるわけではない。他方で、特別な専門的知見を要するとは考えてこられていない、非専門訴訟であっても、裁判官が予め有する常識による判断に委ねるだけでは、裁判官のバイアスや無理解をそのまま反映した事実認定や判断に陥る場合も少なくない。そもそも、専門訴訟は、その領域について、特別に専門性が高い領域との客観的評価から、専門訴訟とされたという面もあるものの、むしろ特定の領域の事件類型で、専門性を反映すべきだという外部からの批判に対応する形で、その対応が検討されるに至った。つまり、「専門」のカテゴリー化は、法専門家が、何をみずからの常識を越えて当該専門領域の専門知を要する事柄として認識するか、という内部的な認識と外部からの批判の双方に規定される。

　もっとも、裁判は、その性質上、医療や他の自然科学のように、健康上の改善や客観的事実との適合性のように、後からその評価や判断の妥当性が検証されるわけではない。その当否の批判はあれ、裁判所の判断を正しい判断ということにして、それに対して法的効果を与える社会制度である。それゆえに、専門訴訟パラダイムと称しても、その専門領域において了解可能な知見に則した裁判の実現をあくまで目指そうという機運は、内発的

には、生まれにくい。今期の司法制度改革において、専門訴訟への対応は裁判所も比較的積極的だったとはいえ、知財事件の審理などに対する経済界からの不満という外的要因に応答する形ではじめて取り組まれた。専門訴訟への対応は積極的に試みられたと言えるが、法的判断の固有性が強調されることも少なくなく、時間のかかる専門家の具体的な協力を省略して専門文献を証拠として利用するような審理が一般化するなど、外部からの専門性の要請に対しては、それに対抗して法律家中心・書面審理中心の従来型の訴訟への回帰も見られる。それが直ちに問題というわけではないものの、専門訴訟への対応を真剣に考えるのであれば、その取組の検証については司法や法律家の内部的な評価だけでは足りず、外的な検証も必要だろう。

　専門訴訟への対応の要請は、裁判や法が扱うべき領域が拡大しつつあるという法化の進展に伴って生じており、当該問題に関しての専門的な観点からの知見を反映した応答性の高い判断への要請だと整理できる。それを前提にすると、こうした訴訟において、実現すべき価値や要素はいかなるものであり、裁判が裁判として正統性を維持、主張しうるには現在、何が求められるのかについて改めて検討する必要がある。専門訴訟で求められることは、これまで訴訟で実現しようとしてきたことと何らかの違いがあるのだろうか。そうした目的を実現するには、どのような手続の整備が必要なのかを視野に入れると、そうした手続の利用可能性を当事者に保障することが、手続保障の一要素となると考えられよう。

　本章では、そうした問題関心から、専門訴訟において、実現すべき正義とは何かということについて若干の試論を行う。それを踏まえた上で、専門訴訟で、その専門領域に応じた専門知を導入していくために、どのような手続が望ましいかについて、最近の東京地裁でのカンファレンス鑑定や、オーストラリアでのコンカレント・エビデンスの取り組み等、複数の専門家が口頭で意見を出すという新しいタイプの専門家の関与の仕方について、検討したい。

II　裁判の形式と手続保障

1　裁判という秩序形式とその価値

　裁判において実現しようとする価値や、手続保障についての考え方は国によっても、訴訟類型によっても異なる。

　本書で比較対象としてきた合衆国では、アドバーサリー・システムが訴訟の中核として信奉されており、専門家証人の党派的な攻防に対して批判が高まっても、その基本構造を変更しようという提唱はそれほど強い力を持たない。より職権探知主義的な手続の導入に対しては、真実の解明を追求する代わりに手続保障を減殺することになるという見方がされることがある（例えば、Seiver2014）。そして、そもそも決定方式として、こうしたアドバーサリーシステムを前提とした裁判形式への信頼も強い。

　「裁判」のあり方について、日本でもしばしば参照される Fuller の議論はひとつの手がかりとなる（Fuller 1978）。Fuller[1]は、証拠を提出し、理由付けをともなう議論（reasoned argument）を行うという参加を裁判特有の形式とする。また、そのために裁定者の中立性が必要となる。適正な裁判においては、裁定者の中立性、当事者の参加、そして理由付けをともなう議論が、要求される[2]。そして、こうした裁判の決定形式は、裁判特有の形式であるだけでなく、裁判以外の場面でも、公正な決定方式との認識も強い[3]。後述する Mashaw（1983）は、裁判が権利実現の場であるという制度的前提のもと、中立的第三者による判断に収斂する裁判の決定方式を、「道徳的判断」モデルと位置づけている。このような裁判の形式自体

---

1) Fuller は、秩序形成方式の他の方式として、契約と選挙を挙げている。
2) 田中（2003a）の、手続的正義の内容とする①第三者の中立性、公平性②当事者の対等化と公正な機会を保障する手続的公正③第三者および当事者に対し理由付けられた議論と決定を要請する手続的合理性という整理も、これにほぼ対応している。
3) アドバーサリーシステムのやり方、また裁判システムへの依存度の高さは、アメリカの分散的な政治文化や政治構造にも根ざすというより広い政治学的分析として、Kagan（2001）。

の手続的価値を重んじる考え方は、科学的問題を司法制度や政治システムとは分離して扱い、科学的問題のみを扱う独自の機関として設立が提唱された科学裁判所構想が、手続としては裁判形式をとる提唱であったことにも反映している[4]。

こうした合衆国での議論は、日本でも裁判の目的として手続保障を重視する議論ではしばしば参照されてきたが、手続保障を重視する立場でも、日本での裁判観や、手続保障についての日本的な志向性はFullerの議論とは位相が異なる。

日本は、大陸法の影響の強い裁判制度を有しており、合衆国の当事者主義に比すると、職権主義的な要素が強い上、従来から実体的真実の発見に対する要請が強いと指摘されてきた。訴訟利用者調査によれば、訴訟利用者の訴訟利用動機としては、「公の場での議論」や「裁判官との対話」のような手続的な要素よりも、「権利の実現」や「公正な解決」といった要素の比重が高く、これらは当然に正確な事実認定の上に成り立つと思われるため、正確な事実認定への要請も存在していると言える（佐藤・菅原・山本編2006）。

もっとも、日本では訴訟利用は回避される傾向にあり、決定方式としての訴訟手続へのなじみや信頼度が合衆国におけるほど高くないことも確かである。訴訟手続自体も、大陸法をベースとしていて合衆国のそれとは異なる。また、紛争解決という文脈においても訴訟よりも、調整型の調停が好まれ（川島1967）、司法政策としても、訴訟提起が増えると訴訟外での解決を促すような取組やADRの設置等が進められる傾向がある。今期の司法制度改革でも、民事司法改革の中で、ADRの拡充が行われてきた。専門性の高い紛争への対応としても、ADRへの期待が高いといえる（高橋2000）。

本書では、専門訴訟への要請は、これまで裁判に求められてきたことに

---

[4] もっとも、第1部で検討してきたように、アドバーサリーシステム自体が真実発見のための制度との理解もあるが、専門訴訟の一種とも言える科学訴訟では、アドバーサリアルな専門家証人の攻防は、正確な事実認定にはむしろマイナスに働くとの理解も一般化している。

対して一定の変更を加える可能性があるという想定から検討を行っているが、そのためにはこれまで通常の裁判に何が求められてきたのかを整理し、裁判以外の決定手続や紛争解決手続のあり方も参考にしながら、専門訴訟で実現すべき審理のあり方を検討していくことが望ましいだろう。

2　日本における手続保障論の展開

日本では、訴訟利用は少なく、訴訟の決定方式自体へのなじみも薄く、裁判の目的としても権利実現や紛争解決といった結果の獲得に重点が置かれてきた。しかし、Fullerをはじめとする合衆国での議論の影響や、訴訟過程そのものに独自の意義があるような現代型訴訟の登場も受け、手続保障を訴訟の一次的な目的とする議論も有力に主張されるようになった。

日本での、民事訴訟における手続保障論は、周知のように、第1の波から、第2の波、そして第3の波で手続保障自体を民事訴訟の目的とするという発想にまで至ったあと、手続保障を重要な要素とすることは共有しつつも、訴訟目的論として手続保障を最優先する議論は退潮し、現在は紛争解決や権利実現といった実質的な結果を重視する議論へと収斂している。また、一口に手続保障と言っても、その意味するところは立場によっても論者によっても一様ではない。「手続保障」自体を訴訟の中核とする思考自体が、日本の裁判論の主流にはなり得ていないものの、逆に手続保障の内実については、例えば第3の波の主張は、日本社会で理想とされてきた決定プロセスに近いとの指摘もあり（佐藤1994）、合衆国でのアドバーサリーシステムを前提とした手続論との相違は注目に値する。

第1の波の代表論文として、1961年の山木戸克己「訴訟における当事者権」が挙げられる。「訴訟をその公正を保障し合目的性ないし合理性を確保するために法的に規律されている私人の利益追求の場もしくは訴訟主体間の角逐の関係としてみる」（山木戸1961）が、主として非訟手続との対比による訴訟における当事者権に焦点があり、裁判所に対する当事者の権利が中心に置かれていた。訴訟手続における手続保障を1つの理念系として捉えて、訴訟以外の手続で、どこまで当事者権を保障するのか、という発想は、最近の家事審判手続における手続保障の議論にも通じる。その後、

公害訴訟等の提起が増える中、新堂（1968）の「民事訴訟法理論はだれのためにあるか」との問いに対する答えとしての「当事者のための訴訟」という発想が第2の波とされる。裁判所側から当事者のためになると考える訴訟手続のあり方を構想していき、そのための当事者の行為規範を手続保障の核とする。特に判決効を及ぼすために必要な手続の保障に重点が置かれていた。

　一方、1980年代後半より主張されるようになった、いわゆる第3の波は、より当事者の主体性を重視し、「当事者による訴訟」をスローガンに、当事者の水平的な相互作用を中心とした手続過程を手続保障の軸とする。「訴訟の始まりから終了に至る当事者間のやりとりとそのルールづくりが手続保障の中身であり、そのような論争ないし対話のルールが訴訟そのものを支えまた手続を貫く基本原理として位置づけられる」（井上1988: 83）。抽象的な当事者ではなく、具体的な、個別のニーズや背景を有する当事者に目を向け、そうしたニーズも踏まえた対論過程を重視し、それゆえに法的判断として出される判決は、そうした対論過程の「一里塚」に過ぎず、それを1つの素材に訴訟の内外での対論が継続していくという見方をする。

　こうした議論の背景には、嫌煙権訴訟など、訴訟では原告の主張は認められなかったものの、訴訟過程において、当事者間の対論が促進され、社会問題開示機能を果たし、社会運動としても成果を挙げた訴訟の例から、訴訟の結果よりも過程の持つ機能に目が向けられるようになったという事情もある。また、80年代から90年代にかけて、実務上広く行われた弁論兼和解という手続が、裁判官と当事者が裁判官室などで、ひざを突き合わせて議論をすることで争点整理や和解勧試がスムーズに進むとして注目されたこともあり、訴訟の結果と切り離された訴訟手続自体の価値や、手続過程における水平的な対論の実現が審理の充実にもつながると認識されるようになったという事情もある。ちょうど民事訴訟法改正論議の時代で、審理の充実、促進の名の下で、実務上も様々な取り組みが行われ、口頭弁論の活性化や、集中審理の試みも積極的に行われた。よって、第3の波の議論も、真空の中での議論というわけではなく、そうした実践を前提に、審理の在り方を提示するという意味合いがあった。

ここでは、手続保障としても、アドバーサリーシステムにおいて、中立的で受動的な裁判官を前にした理由付けによる参加という形式よりも、訴訟手続の場で、具体的な当事者の状況に応じて、裁判官が適宜調整役を試みながら[5]、水平的な対論を実現することを目指しており、それにより、当事者の「納得」が期待できると考えられる。佐藤（1994）は、こうした納得志向は、関係主義的倫理の存在と現実的な関係の継続性を背景としてなり立ち、18世紀以降の日本社会において理想の社会決定過程と目されてきたものとの相同性があると指摘する。

　こうした第3の波の議論は、訴訟外での交渉過程ないし決定手続と訴訟を連続的なものと見て、訴訟のメルクマールとも言える裁判官による法的判断を過小評価するため、その立場を徹底すると、訴訟手続である必要性も希薄となる。こうした裁判を脱中心化する考え方に対しては、なお裁判が裁判官＝両当事者の三者関係のなかで、最終的に判決が出される公権力行使の場として、その他の紛争解決過程の指令塔としての役割を果たすべき（田中1996）との批判や、第3の波は訴訟と訴訟外の区別すらなくなり、訴訟理論として破綻しているとも指摘される（山本1997）。

　具体的な当事者像と、対論過程自体を重視する議論を徹底し、訴訟手続と訴訟外の手続の連続性を徹底すれば、訴訟手続にこだわる必要はなくなり、参照すべき規範も手続においても柔軟性の高いADRでの解決を志向することにつながる。第3の波と親和的な議論を展開してきた法社会学研究者は、その後、裁判手続の限界を指摘し、対話自律型の裁判外での紛争解決手続による解決を目指す議論へとシフトする（たとえば和田2008）。そして民事訴訟法学でも、手続保障の重要性は共有しつつも、「当事者による訴訟」と対論過程を最優先するような第3の波は引いていった。

5）第3の波の批判では、第3の波の議論を本書のように裁判官のパターナリスティックな介入を進める議論として理解するのではなく、むしろ裁判所・裁判官不在の議論であると評価している。実際に、第3の波の論者は、「当事者による訴訟」として、当事者の自律性をより強調する傾向があるが、そうした対論を実現するためには、裁判官による積極的な介入が必要であり、それを一定程度容認する議論と理解できる。

3　ポスト第3の波の手続保障論

こうした議論を経て、現在は、手続保障は民事訴訟手続のあらゆる場面で指導理念として働くものとなっており、裁判所－当事者の垂直関係での手続保障、水平的な当事者間の手続保障の双方を取込んだ「当事者による十分な情報や資料の提供とそれに基づく裁判所の手続運営や判断過程の透明化」が要求されるという（本間2011: 121）。そして、こうした手続保障は、審尋請求権、フェアな手続を求める権利、当事者平等の原則、公開原則などを取り込んだ憲法に根拠を持つ概念という理解もされている。

山本和彦（2015）は、手続保障という言葉がマジックワード化、インフレ化することを危惧し、敗訴者に判決効を及ぼすために最低限保障すべき手続という意味での形式的手続保障と、民事訴訟のあり方としてどのような水準の手続保障が望ましいかという実質的手続保障を分け、そうした実質的手続保障の重要性を説く。

山本和彦（2008）は、民事訴訟自体が、「手続保障の連鎖」で観念できるとしつつも、実質的手続保障としては、自らの主張を展開するのに必要な情報や証拠の取得、それに基づいた反論や法的討論の展開の機会まで保障することを要するとする。こうした実質的手続保障論は、第3の波が主張してきた「当事者による訴訟」を具体化する手続の構想につながるが、当時の議論のように、訴訟と訴訟外の手続を連続的な過程として、裁判官も含めた当事者との水平的な対論過程を想定するような議論とは一線を画する。

Fullerの議論に示唆を受けつつも、日本の裁判の文脈で、裁判での手続的正義のあり方を提唱する田中（2003a）は、第三者の中立性、公平性と、当事者の対等化と公正な機会を保障する手続的公正に加えて、「理由付けによる参加」を、当事者による理由付けだけでなく、裁判官が提示する、当事者や第三者に対して行う判断理由も含めた、理由づけられた決定を手続的合理性という概念として提示しているが、裁判官のプレゼンスが高く、判決と判決自体の理由付けに重点を置く整理となっている。

4 訴訟手続以外の手続における手続保障論

このように、通常の民事訴訟における手続保障論が展開してきている一方で、なお手続保障論は、一般民事手続以外の諸手続において必要とされる手続のあり方、という文脈で論じられることも多い。

最近の家事事件手続法制定に当たっては、手続保障の拡充がなされ、手続保障に関する議論も盛んになされている。非訟手続は、一般に国家による後見的な解決、公的性質から弁論主義が後退し、職権探知主義がとられ、対審・公開も必要のない手続とされる。よって、当事者の関与をどこまで保障すべきかが、手続保障論の中心となる。

専門訴訟は、基本的に通常訴訟の枠組のなかで、専門家の協力や、場合によっては裁判官の専門性強化等を図るというものであり、非訟手続における手続保障論が妥当するわけではない。しかし、専門訴訟への対応の要請として、その専門領域において妥当とされる知見を裁判に反映させる必要性を重視すると、専門知の取り込みや、専門家の関与の在り方については職権探知主義に近い形がとられることも想定されるため、一定程度、非訟手続における手続保障の議論の射程が及ぶことも考えられる。実際に、専門化の要請への対応として導入された労働審判制度は、非訟事件の一種とされ、職権による事実の調査や証拠調べも可能となっている[6]。また、専門委員制度の導入に当たっても、当事者の手続保障が大きな論点となったことも留意される。

---

6) 笠井 (2016) は、職権探知主義は、公益または第三者の保護という観点から、裁判の基礎としてどの事実や証拠を用いるかについて私的自治による当事者の処分を無制限に認めることが出来ないことから導入されているとしつつも、不意打ち防止の必要性や、当事者主義的な運用の可能性を示唆する。

III　専門訴訟への対応と手続保障

1　日本の裁判における手続保障と専門訴訟への問題提起

　以上の整理を前提にすると、日本の裁判も、Fullerのいうような秩序形式をもつものの、その在り方には相違があることが分かる。こうした日本の審理の充実促進や、手続保障論に見いだせる裁判の在り方と、専門訴訟において留意すべき論点については、裁判の形式論に則して次のように整理できよう。

　第1に、当事者の実質的な参加に関しては、それが公正な裁判の1つの条件であることについては争いがない。ただし、対審構造での参加は、アメリカでは真実発見のための最も有効な方法としても支持されてきたのに対し、日本では参加＝真実発見という思考図式は通常取られない[7]。むしろ、裁判官の関与度が高く、職権主義的な手続のほうが、実体的真実の解明には資すると考えられてきたと言える。また、対審構造での参加は、個人の尊厳という価値実現よりも、当事者の満足や納得といった要素が重視され、逆にそれを実現するシステムとして、当事者主義を徹底した対審構造が最適であるとの認識はそれほど高くない。それが参加の在り方にも影響してきたと考えられる。

　最近は、対審構造における参加よりも、手続が当事者に可視的で了解可能であるという意味での手続の透明性に焦点が当てられ、選択される手続や手続進行に対する当事者の同意という強いものよりも、当事者への十分な情報提供が重視されるようになっている。

　専門訴訟の場合は、当事者の頭越しに専門的知見が裁判官にもたらされて判断に影響を与える危険性が高いため、特に、手続の透明性が重要とな

7）訴訟における真実発見のあり方をめぐる大陸法と英米法の思考の相違について、Damaška（1997）。なお、Damaškaも、近年の事実認定の科学化、専門家の意見への依存の高まりは、双方の法体系に共通の課題であり、これまでの証拠法の枠組に大きな変容をせまり、リーガルプロセスの細分化が進むことを指摘している。

る。医療など専門的な事柄について当事者が決定に参加する際のインフォームド・コンセントをモデルとすれば、合意の部分よりも説明に重点がおかれており、またそれ自体が理由付けによる議論をなしている。

第2に、裁判官の中立性については、日本では、当事者から距離をとるというよりも、当事者を対等化して公平な判断を担保するという意味合いのものとして捉えられる。パターナリズムがその特徴とされ、その問題性が指摘されつつも、不偏性を維持する限り、当事者への働きかけはむしろ裁判の公正さを高めると一般に考えられている。当事者の手続保障を重視する手続保障の第3の波の議論も、裁判官－当事者の垂直関係を弱めて、当事者間の水平関係を強化することを主張するが、それを実質化するために裁判官が関与することを否定するものではない。当事者と同じ目線で対論を活性化し、当事者をケアしていくことはむしろ推進されている。

他方、専門訴訟においては裁判官の中立性に加えて、関与する専門家の中立性・公平性の確保も重要な要素となる。それを実際にどうやって実現するかが、重要な課題となる。協力する専門家の候補者を整備することで質を保つということのほかに、カンファレンス式や複数鑑定のように、複数の専門家の関与によりその中立性や客観性を確保するという方法も有効であると考えられる。複数の専門家の関与や意見のすりあわせにより問題の所在を明確にし、推論過程を裁判官や当事者が把握できるようにすることは、理由付けを通じた議論を側面から支えることにもなるだろう。

第3に、実体的真実の解明への要請は、対審手続への参加に還元されないため、独立した要請として残ることになる。専門訴訟への対応が要請されたのも、真実発見の要請が基礎にある。そして当事者の参加を通じてではなく、裁判官の補助者を通じて専門的知見を導入することでそれを達成しようとする司法政策が取られた。

このように、日本の審理の充実・促進、そして専門訴訟における審理の公正さを確保しようとする動向は、当事者の理由付けによる参加と中立的裁判官による判断という裁判の形式のなかで理解することはできるが、その意味するところはかなり異なる要素を含んでいる。専門訴訟の場合は、専門家の関与とその専門性から、当事者の理由付けによる参加の実質はい

っそう希薄になる恐れもある。例えば、カンファレンス鑑定に対しては、専門家同士のやり取りに終始することで、当事者の参加の契機が失われる危険もある。また、理由付けも、当事者によるのではなく、専門家の理由付けに重点がシフトする。専門訴訟は、当然訴訟手続としての公正さを追求するものであるが、日本の審理充実のあり方の独自性に加え、専門的知見を要することから、Fuller がいうような訴訟の枠組におさまりきらない要請にこたえる必要があり、それが手続の公正さを別の側面から強化しつつ、他方で訴訟としての形式を弱めている面もあろう。

2　Mashaw のモデルからの考察

　以上の考察から、専門訴訟における手続保障のあり方を考えるためには、日本的な手続保障への要請に加えて、専門訴訟への対応という文脈で新たな対応が求められることと、それによってこれまでの訴訟の形式自体にも変容がありうることも踏まえた検討が必要ということになる。

　訴訟における手続保障は、訴訟の帰趨とは独立して要請されるが、訴訟が一定の決定を行う手続であることから、いったん訴訟手続という枠を外して、公正な「決め方」という広い観点から、あるべき手続を構想することも有益だろう。そうした考察の素材として、Mashaw (1983) が『官僚的正義 (Bureaucratic Justice)』で示した公正な決定の3つのモデルが参考になる。

　Mashaw は、障害者への社会保障プログラムの審査において、申請者の障害に応じた福祉受給の決定を行う、その決定の正当化をはかる考え方として3つのモデルを抽出している。それが、Fuller の裁判の形式にあたる道徳的判断モデル (moral judgment) と、立法者意思を効率的かつ正確に実現することを目指す、官僚的合理性 (bureaucratic rationality) モデル、そして相当する専門家の文化の観点から適切な支援や治療を与えられるような決定を目指す、専門家による処置 (professional treatment) モデルである (Mashaw1983)[8]。

　司法制度改革前の批判や、その時期に裁判所自らが等質性・画一性を称揚してきたことからも窺えるように、日本の裁判では、従来より「道徳的

判断」モデルのいうような訴訟の形式よりも、「官僚的合理性」の価値を重んじてきたといえる。「官僚的合理性」モデルは、政策の正確で効率的かつ一貫した実現を公正さの指標とする。決定は事実にもとづいた、技術的なものとなり、ヒエラルキー構造をもつ監視体制で、書面の内容にもとづいた決定を行う。日本の裁判での、迅速化のための、種々の取り組みは一般的にこうした合理化を推進する動きであり、専門訴訟への対応も、その目的としては、専門家の関与によりより正確で迅速な決定を実現することが掲げられているという点で、この官僚的合理性の要請にこたえることが主要な課題である。

　しかし、審理の充実・促進の中身も、専門訴訟での専門家の関与のあり方も、正確で効率的な決定を目指すということだけに還元できない質を持つことも確かである。そこで、参考になるのが、もう1つのモデルである、「専門家による処置」モデルである。これは、専門的訓練や経験のある専門家による検討をへた決定にその正当性を見出す。公正さや正確さを、詳細な規制や証拠規則によるのではなく、専門家の知識と、真実を決定する能力に求めるが、単純な科学志向、知識志向ではなく、医師患者関係にみられるような、人間関係、関係的なカウンセリング、また診断も、直観的な全体的な判断を伴う。その信頼関係も重要で、専門家の判断であるために、素人にはわかりにくいが、プロフェッショナリズムの理念にもとづき、その規範に服することから正当化されるという。「専門家の文化や規範を背後にもつ専門家の判断」であることと、「依頼者志向、ケア」という2つの質を持つことでその決定を望ましいものとしている。

　このモデルは、日本における裁判に対する、官僚的合理性に還元されない、もう1つの期待をいみじくも反映しているように思える。つまり、「専門家による処置」で指摘される内容は、審理充実の動向において裁判官＝当事者、そして裁判官の判断に求められるものと符合する。手続保障を重視する議論でも、裁判官＝当事者に、医師＝患者のアナロジーで考え

8）社会保障行政における、障害者に対する補助金給付決定を素材に、その決定過程の公正さを決めるメルクマールとして提示したものである。

られるようなケアの要素を含む対論形成が推進されてきた[9]。これは、田中成明の提唱する法の3類型モデルでの説明では、「自治型法」に近い。わが国の法の特質として、本来推進を目指すべき「普遍主義型法」への志向性が弱く、伝統的な「管理型法が自治型を囲い込む形で作動していた」が、現代の法化の進展に伴い、「管理型」法の飛躍的増大が見られるものの、なお管理型法と自治型法の結びつきが見られるとの分析とも一致する（田中1994: 99）。ただ、田中が従来型の共同体を想定した自治型法を抽出するのに対し、Mashawの「専門家による処置」は、専門家のコミュニティと、専門家＝依頼者という関係性に着目した議論である。それでも、自治型法へのニーズが、現代の文脈では、「専門家による処置」へのニーズとして立ち現れ、専門家によって運営される裁判手続においても、Fullerのいうような訴訟の形式の弱さを、こうした「専門家の処置」により補完する、日本的文脈での手続保障の形として理解できるように思える[10]。

　以上のように、Mashawの3つのモデルを参考に、公正な手続のあり方と、それを反映する裁判における手続保障の考え方を、日本の裁判に則して整理すると、裁判手続における手続保障という観点からも、当事者主義的裁判への参加保障という比較的狭い意味での手続保障を想定した道徳的判断モデルに加え、官僚的合理性・専門家による処置の3つのモデルとも、妥当しているように思える。Mashawは、福祉受給者の決定において、3つのモデルがいずれも必要ながら競合して弱めあっていることを指摘し、行政決定の性質に照らし、官僚的合理性を向上させる方向性を提唱するのだが、日本の、そして本章が対象とする専門訴訟においては、どの

---

9) 裁判官＝当事者の関係性だけでなく、弁護士＝当事者の関係性についても同じことが妥当する。
10) Simon (1983) は、同様にこうした福祉行政の場面を対象に、官僚的合理性を重視する見方に「対置する (opposed)」見方として、共有価値や信頼に基づく社会、有機的な社会規範と未分化な法による組織形態を融合させるクラスとして専門職（プロフェッション）を想定し、その役割に期待する議論を展開する。これは、9章で検討するParsonsのプロフェッション論をベースとしているが、ここでいうMashawの専門家の処置の議論にもつながり、それをむしろ肯定的にとらえることにもつながるだろう。

ように考えられるだろうか。

　Mashawのいう「専門家の処置」は、専門訴訟においては、法とは別の専門家の関与を想定するため、さらに複合的な意味合いを持ちうる。裁判官という専門家による判断であることがもたらす公正さとは別に、例えば医療の専門家による判断であることがもたらす公正さも求められることになる。その意味で、「専門家の処置」の観点から見ると、専門訴訟では、異種の「専門家による処置」が交錯し、場合によっては衝突しうる局面も想定される。

　確かに、専門訴訟への対応は、専門家の関与により、より正確な判断を実現することが求められており、専門家はエキスパートとして専門的技術的な情報を訴訟に提供することにその役割を限定すべきと考えられていると思われる。「官僚的合理性」向上のための仕組み作りを想定した議論であり、「専門家の処置」を、専門訴訟に関与する専門家についてまで広げて検討する必要はないとも言える。

　しかし、実際の対応に目を向けてみると、法と医療との協力体制づくりを行う中で、カンファレンス鑑定のように医療文化をも取りこむことが試みられ、それによりはじめて専門分野に則して妥当な判断が下せるという側面もあった。医療過誤訴訟の審理改善の動きの中で、医療の協力体制づくりをする一方で、鑑定を回避するという、相反する動きが見られるのは、前章まででも指摘したように、専門家の関与が必要ながら、専門家を、単に専門情報を提供するだけのエキスパートにとどめておくことが困難で、訴訟過程の中で専門家による管轄争いが生ずるのを避けようとするからでもあろう。今期の改革が、専門訴訟を例えば「科学訴訟」ではなく「専門訴訟」として「専門家」の関与を想定したフレーミングを行っていることからも、専門家には、単純に技術的な知識の供与だけでなく、専門家が専門家として培ってきた経験等も踏まえた、その事案に応じた評価等、その専門家としてのプラクティスの核に関わる部分も訴訟に取り込むことを含んでいると考えられる。よって、「専門訴訟」は、関与する専門家についても、「専門家の処置」の要素について、専門訴訟の公正さないし手続保障の一部として通常訴訟以上に求められうると言えよう。ただし、それゆ

えに、裁判官による「専門家の処置」との競合や、それによる手続的公正さの軸の変化にどう対応するかという新たな課題も出てこよう。

3　専門訴訟における手続保障に向けて

　以上のように、日本での手続保障の議論の展開と特徴を踏まえて、専門訴訟において求められることは何だろうか。それを実現するために、どのような手続が必要となるのだろうか。通常の訴訟手続として求められる手続保障を確保しつつも、専門訴訟の目的や性質に応じて必要とされる手続の構造を踏まえた上で、そこでの「手続保障」を新たに構想する必要があろう。

　専門訴訟は、専門的知見の導入が必要な訴訟であり、まずは、専門知識の調達方法が焦点となる。そこで、専門的知見へのアクセス保障が重要であり、その観点から手続整備等も考える必要がある。例えば、医療過誤訴訟では、特に患者側にとっては、専門的な事柄について助言や意見を聞くことの出来る医療専門家を見つけることが難しいと言われており、専門家や専門的知見へのアクセス可能性を考慮し、またアクセスが難しい場合に、その支援をいかに行うかも含めて検討する必要がある。他方で、アクセスが難しいから、専門家の意見が不要で文献情報で足りるという見解は、これまで検討してきたように、知的デュー・プロセスの要請に的確に応えるものとは言えず、改善に向かう機運にもつながらず、不適切である。

　一般的には、専門家の知見の調達方法としては、裁判所委託型と、当事者委託型があり（この分類について、杉山2007）、日本では、鑑定制度や専門委員制度といった裁判所委託型の手続が一次的な手段と目されているが、公害訴訟や原発訴訟なども含め、社会的・政治的にも様々な立場や見解にわかれ、コンセンサスがないようなイシューを含む裁判の場合は、当事者委託型の専門家証人や意見書が用いられる場合が多い。こうした事件では、争点の重要な部分に関する専門的知見についても、中立的な専門家を選任することを前提とした裁判所委託型の手続を用いることは事実上、困難でもある。ただし、専門家へのアクセスが、当事者によってかなり異なることを考えれば、当事者に専門家の選任の責任をすべて負わせるようなシス

テムで足りるとは言いがたい。

　すでに、ここまでの章で検討してきたように、医療を含め、「一点の疑義もない」真実を調達できると考えられてきた科学は、実は不可避的に不確実性をはらむ。むしろ、裁判においては、科学に関する問題であっても、「科学に問うことは出来ても、科学でこたえることはできない」事項が問われることも少なくない。「専門家であれば、その領域の知見についてほぼ正確に法廷に伝えることができる」ことは前提に出来ない。よって、裁判所委託型・当事者委託型の区分についても、訴訟構造との適合性という観点だけでなく、どのような専門知が問われているのか、という専門的知見の特質や、それを生み出す専門家や専門家集団のありようといった、専門家文化との観点からの検討も必要だろう。専門訴訟での手続保障の重要な柱が、その専門領域で妥当とされる専門的知見を適時適切に導入できることなのは論を俟たないが、「専門家の処置」への期待への応答も、その一部に含みうることも確認できた。そこで、専門訴訟において求められる公正さの形に配慮しながら、その訴訟の目的や性質に応じて、その専門領域において一応妥当とされる専門的知見を導入、了解、あるいは構築していくことの出来る方法を構想していく必要があろう。よって、専門家が完全に裁判官の役割を代行（裁判官代理型）しないまでも、判断者の一員となる判断者関与型も視野に入りうる。実際に労働審判制度はそうした形をとっており、判断者と当事者の関係性のなかで「専門家の処置」へのニーズが満たされる可能性もあろう。

　専門訴訟が、その専門領域に応じた対応を要請することを前提にすると、特定の方法論を一般的に提唱することは矛盾をはらみうる。しかし、90年代を通じておおむね了解されてきた手続保障や、審理の充実の方向性等をも踏まえ、裁判を一種の科学的課題に関するフォーラムとして機能させようとするなら、一定の汎用性のある専門家の関与の仕方も構想できる。複数の専門家が、党派的にではなく協力しながら、専門的知見を裁判過程のなかで確認、導入していく手続は、そうした要請への１つの応答の形として適合的であると考える。

　そこで、次節では、そうした手続や実践例として、オーストラリアで開

発されその導入が広がっているコンカレント・エビデンスという方法を中心に、カンファレンス鑑定その他の実務上の取り組みや、新たな提案について検討したい。

III　複数専門家の同時関与方式の意義と射程

　これまで検討してきたように、裁判が、科学技術を含む高度に専門的な事柄にかかわる問題を扱わなければならなくなり、これまでのジェネラリスト裁判官と訴訟手続では適切に対応しきれないという問題は、科学技術時代の現代、どの国の裁判所も直面している。

　アドバーサリーシステムをとるアメリカやオーストラリアなどでは、専門家証人の党派的攻防がもたらす非効率性や、専門的知見の歪曲が問題とされてきたが、人証手続について、戦後、鑑定人尋問も含めてアメリカ型の交互尋問方式を採用している日本でも同様の問題は生じている。それどころか、証拠法による制約の少ない日本の方が、場合によっては、その問題は先鋭に現れることすらある。中立的な専門家として選任された鑑定人に対して党派的な交互尋問がなされることの問題性については、司法制度改革期以降、多少改善されたが、逆に、単独の鑑定人の意見をそのまま受け入れる鑑定依存の問題も生じ、いかに専門家の妥当な専門知を訴訟に取り入れ、的確に判決に反映させるかが問われてきた。第1部で見たようにアメリカでも様々な手続や対応がなされてきたし、次に見るオーストラリアでも、90年代末のイギリスでの民事司法改革を反映して、様々な取り組みがなされてきたし、多様な手続を有している[11]。

　そのような中で、複数の専門家が同時に審理に関与して、裁判官や当事者とともに、問題となっている事柄について共通了解を形成する関与方式

---

[11] オーストラリアでの専門家証人を中心とする専門的証拠の規律について、プレストン（2016）参照。単一の専門家政策のあと、ニューサウスウェールズ州の土地環境裁判所では、コンカレント・エビデンスが導入され、その手続が他の裁判所の手続にも次々と導入されていったが、そのほかにも、裁判所選任の専門家、アセッサーやレフェリーなど様々な仕組みがあり、必要に応じて使い分けられている。

が注目される。具体的には、東京地裁の医療集中部で実施され一定の成果をあげているカンファレンス鑑定の取り組み[12]と、オーストラリアのコンカレント・エビデンスという新しい専門家証人の手続を簡単に紹介、その射程と可能性について検討したい。

これらの手続きは、複数の専門家が同時に審理に関与し、対立的ではなく協調的に、専門家として同意できる部分と意見が異なる部分を確認しながら進める尋問方式である。裁判という手続の中で、専門知をできるだけその専門領域に即して取り込むことができるということに加え、訴訟での口頭でのコミュニケーションの活性化を専門訴訟の文脈で促進しうる点でも、有望な方法である。2つの手続は、関与する専門家としては、鑑定人と専門家証人という相違があるが、複数専門家が同時に口頭で意見を述べる協調的手続という点では共通し、こうした手続が海を隔ててほぼ同時期に開発されていったことも、専門訴訟の要請への応答としては、一定の普遍性があるとも考えられるのではないだろうか。

1　東京地裁医療集中部のカンファレンス鑑定

医事集中部のある裁判所では、裁判所ごとに、独自の専門家関与の取り組みがなされているが、最も事件数の多い東京地裁では、2003年よりカンファレンス鑑定といわれる新しい鑑定方法が実施されている[13]。これは、医師たちが臨床の場面で日頃から治療方針を決める際などに行っているカンファレンスを鑑定方法として応用するという発想から生まれたと言われる。医療専門家のなかでの決定方式を、裁判手続に取り込んでいるため、医療者にとってなじみやすく受け入れやすいとも言われる。

---

12) コンカレント・エビデンスについてはすでに実務家による紹介もあり、そこではすでに東京地裁医療集中部のカンファレンス鑑定との類似性も指摘されているが（増尾2007）、その類似性ゆえにオーストラリアの新しい手続きから改めて学ぶ必要はないというニュアンスで評価されている。また、科学と法のあり方を考えるという大きなテーマの中で、コンカレント・エビデンスという取り組みは、トリビアルな手続き上の改革に過ぎないという見方もされるが、本書ではこうした取り組みの意義や可能性をもっと重視すべきと考える。
13) 東京地裁の医療集中部での鑑定はすべてこの方式がとられている。

13の大学病院と協力体制をとり、事件ごとに、それらのうちから選んだ病院に鑑定人の推薦を依頼し、通常は問題になっている分野と同分野の専門家を3名選任する。その鑑定人にあらかじめ簡単な意見書を提出してもらった上で[14]、期日に召喚し、その3名の鑑定人が並んで裁判官から一問一答形式で鑑定事項に答えていくという方式がとられる。複数専門家による口頭対話型の鑑定手続である（東京地方裁判所医療訴訟対策委員会2007）。
　これは、従前の単独書面鑑定では、医師にとって作成や単独で評価する負担、当事者や医師仲間から受ける非難の可能性などから、引き受け手が見つからないという問題に対応するために導入された。
　その結果、医師の負担軽減のほか、複数の専門医が同席して議論を交わすことにより問題点や意見の異同などが明確となるほか、口頭での1問1答式の方式であることから、複数の専門医による鑑定結果の形成過程も明らかになり、公正さ、専門性、客観性も担保されやすいなどのメリットが指摘されている[15]。裁判官にとっても、分からないことを直接複数の専門家に聞くことができ、専門家も裁判官に分かるよう心がけて話すため、専門的な事柄についてのやりとりが活性化しやすい。当事者にとっても、そこで知りたいという真相が、感情的次元まで含んだものであったとしても、目の前で3人の専門家が、問題とされる診療行為について、裁判官に分かるように説明されることで、納得しやすい[16]。「専門家の処置」で求められる対話的要素を一部取り込む手続とも言える。
　複数の専門家が関与することでその専門分野において当該問題がどのように考えられているかについてのおよその了解点を見いだしやすくなる。

---

14) 意見書提出までは、鑑定人同士でやりとりすることは禁じられている。意見書提出以降、裁判期日まではとくに禁止はしていない。
15) 東京地方裁判所医療訴訟対策委員会（2007）。また、単独鑑定の場合には、大学病院の教授クラスの重鎮が選ばれることが多かったが、カンファレンス鑑定では協力病院に依頼すると講師などの若手も選任されることが増え、選任の幅が広がったとの意見もある。
16) 筆者が傍聴したカンファレンス鑑定の原告代理人へのインタビューによる。遺族もこの鑑定を傍聴していて、疑問に思っていたことについて3人の専門家の意見が聞けて、納得できたようだという。

また、意見の形成過程が可視化できるという点では、最近の手続保障の形にも適合する。そのため、問題とされる部分が、どのような意味で問題と言えるのかといった文脈の情報、Abbott のいう専門家のプラクティスに向けた専門知のなかの、診断や処置に必要な暗黙知の部分も取り込みつつ、複数専門家によるピア・レヴュー効果もあり、科学・医療の問題といえる部分を確認し相互了解を形成するのに資する。

　他方、カンファレンス鑑定は、専門家に対する当事者からのコントロールは低減させ、当事者主義的な手続からは後退する。実際に、今までの単独書面鑑定以上に、裁判官にとっては心証をとりやすい手続ととらえられており、その点からの訴訟代理人からの懸念も見られる。そのこととの裏返しでもあるが、裁判官にかなり主導権が与えられるため、裁判官が十分に準備をし、この手続を適切に運営する必要がある。その意味でも、裁判官と当事者との関係でも、Mashaw のモデルからは、道徳的判断や官僚的合理性よりも、「専門家の処置」の比重が高い手続と言えよう。

　もっとも、この手続は、大学病院が集中していて協力医療者の確保が可能な東京地裁の医療集中部のみでしか導入されておらず[17]、その医療集中部の中ですら、その実施率は極めて低く、全体として減少傾向にある。2014年の既済事件134件のうち、鑑定の申請があった事件は4件、うち鑑定が実施された事件は1件で、実施率はわずか0.7%にとどまったという（近藤・石川2015）。医事訴訟における鑑定の実施率は、全国平均でも10%から15%程度で推移していてそれほど高いわけではないが、東京地裁のそれは、それをはるかに下回っているのである。

　その理由としては、裁判所による鑑定人選任の負担が大きいことや、私的鑑定人の意見書の提出率があがっていること、また医療情報の利用可能性が高まって、鑑定を利用しなくても十分に専門的知見を獲得できるよう

---

17) 東京以外では、そうした協力病院を確保するのが難しいという事情がある。大阪地裁でも1例実施例があったが、大阪で恒常的に導入するのは、困難と考えられているようである。また、京都地裁でも1件実施例があるが、よりローカルな地域で同様の実施を望むのはなお困難である。しかし、テレビ会議などIT技術を駆使することで対応も可能である。本章Ⅲ3参照。

になったことなどが挙げられている。しかし、ここまで検討してきたように、関連諸科学に即した事実認定が実体的真実志向の強い日本の専門訴訟での対応として求められている。よって、文献の医療情報だけで十分に専門的知見を導入することができ、専門的知見の裏付けのある判断が出来るというのは明らかに無理がある[18]。訴訟での専門家の関与を高めることが必要であるし、そのために専門家へのアクセスを拡充することも、司法アクセスの重要な一部であると考える。よって、専門家の関与方式として評価の高いカンファレンス鑑定方式を1つのモデルとして、そうした手続をより多くの事件で利用可能な手続としていくことが求められる[19]。

2　コンカレント・エビデンスの経験と応用可能性

オーストラリアのニューサウスウェールズ州の土地環境裁判所で導入されたコンカレント・エビデンスは、開始当初は比較的ローカルな取り組みだったところ、その後急速に適用範囲が広がっている。類似の方式が、ほぼ同時期に海を越えて開発されていることも興味深いが、カンファレンス鑑定よりはるかに広範囲で実施されていることからも、日本でもより広く口頭・複数型の専門家の活用を促進していくための条件等を抽出することもできると考えられる。

コンカレント・エビデンス方式は、土地環境裁判所で、当時長官だったPeter McLeran判事が主導的に導入した新しい専門家証人の尋問方式である[20]。その後、コモンロー裁判所でも用いられるようになり、オーストラリアのほぼ全州で採用、さらには香港やシンガポールでも導入され、イ

---

[18] 2017年9月22日にオーストラリアのニューサウスウェールズ州の土地環境裁判所長官のPreston判事を招いて行ったシンポジウムで、「文献情報によって裁判官は十分に判断できるので専門家証人の関与は必ずしも必要でないと言えるか」とういう質問に対して、「裁判官は専門家から意見を聞き理解することは出来ても、専門家ではない」ので、専門家の関与は必要との回答であった。筆者も、韓国やフランスでも調査を行ったが、医事訴訟で鑑定を用いないということはまずないとのことであった。

[19] カンファレンス鑑定の実施数が少ないことに対し、医事関係訴訟委員会では、もっと実施すべきであるとの意見も出ている。http://www.courts.go.jp/saikosai/iinkai/izikankei/l4/Vcms4_00000663.html（last visited 2016.09.17.）。

ングランドでも2010年に行われたマンチェスター技術建築裁判所（Technology and Construction Court）と、商事裁判所でのパイロット試験実施を経て2013年に民事訴訟規則が改正され、本格的な導入に至っている[21]。

これは、当事者が選任した専門家証人を、一人ずつ交互尋問するのではなく、複数に対して同時に（concurrently）裁判官が質問していくという方式での専門家証人に対する尋問方式である。この方式は、口頭・複数専門家関与型という点でカンファレンス鑑定と類似しているが、次のような点で相違がある。

第1の相違は、これは鑑定手続ではなく、当事者が選任した専門家証人であるということである。この点、カンファレンス鑑定が、裁判官が行う選任依頼等の手続の負担の大きさがその利用を妨げていることに鑑みると、利用可能性という点にも違いが生じうる。

第2に、導入目的が異なる。カンファレンス鑑定は鑑定の引き受け手を確保するため、医師の負担軽減が大きな目的だったが、コンカレント・エビデンスはアメリカと同様に、アドバーサリーシステム下での専門家証人の攻防が真実解明から遠ざかる要因となっていることへの反省から導入されるに至った[22]。

第3に、そのことを反映して、専門家証人は、厳格な行為規範[23]に服することになり、当事者によって選任されているにもかかわらず、裁判所に対して最優先の義務を負うとされる。その点で、専門家証人ではあるが、実質的には、鑑定人にも近くなる。

第4に、そうした目的の相違も一部反映して、期日前の手続に違いがあ

---

20) 2006年に統一民事訴訟規則、ニューサウスウェールズ州最高裁判所コモンロー部門のための実践指示書によって、規定された。
21) ただし、こうしたオーストラリアやイングランドでの改革も、この制度のみ単独で全く新規の制度として生み出されたわけでなく、それに類する方式が伝統的に実施された経緯がある。また、他にも裁判所選任の専門家等、専門家の関与方式の改革が進められた中での1つの改革であることには留意しなければならない。
22) 費用や時間の節減という目的も大きい。また、専門家の意見が出されると、判決に至らずに和解で終結する事例が圧倒的に多いという。
23) Expert Witness Code of Conduct.

る。カンファレンス鑑定では、裁判所から渡された記録を鑑定人が事前に読んだうえで、鑑定事項に応じた各自の意見書を裁判所に提出するのみで鑑定期日を迎えるが、コンカレント・エビデンスには、ジョイント・カンファレンスという手続が前置される。鑑定事項にあたるアジェンダの設定は、裁判官と代理人で事前に行われ、そのアジェンダと記録に基づいて、簡単な報告書をもとに、専門家証人のみでの非公開の会合を持ち、そこで同意できる部分と同意できない部分を確認し、ジョイントレポートを作成し、裁判所に提出する。ジョイントレポートでは、事実と意見を区別することが求められる。意見の相違は、実は前提とする事実認識の相違によることが多いという。この手続が、これまでの、対立する部分に焦点を当てるための専門家関与ではなく、専門家同士で合意できる部分を確認することを大きな目的としていることが分かる。

第5に、カンファレンス鑑定においては、裁判官が、鑑定人に一問一答方式で意見を確認するという流れで進行し、鑑定人同士で対話するということはほとんどないが、コンカレント・エビデンスでは、専門家証人同士で対話するということも珍しくないという[24]。

科学訴訟という文脈では、この方式は、複数の専門家による相互のピア・レヴューの効果があり、他の専門家に聞かれておかしいと思われるようなことは言えないため、法廷に出てくる科学的知見の質が向上する。最初は、実務家の抵抗もあったものの、この方式に慣れてくると抵抗は小さくなり、この方式に耐えられないような専門家証人は法廷から姿を消していったという。

3　課題と応用可能性

以上のように、カンファレンス鑑定とコンカレント・エビデンスは、鑑

---

[24] その点で、安西（2009）は、カンファレンス鑑定を、全員集合型の専門家巻き込み実践と評価するが、そのイメージとはやや離れた実践ということになる。もっとも、専門家は、同席している専門家の意見を聞いた上で、「○○先生と同様に」「（○○病院とは違い）うちの病院では」のように、裁判官を介在させる形で、専門家同士の対話に準じた議論が展開されるので、この違いは相対的な違いとも言える。

定と専門家証人という点で大きな違いがあるものの、実際上は、複数専門家に対して同時に行われる尋問方式という点で相当重なりのある手続である。また、コンカレント・エビデンスは、アドバーサリーシステム下での交互尋問を前提としてきた英米法実務において、専門家証人を当事者のコントロールから、裁判官へと移す方式であるとされ、そこにこの手続の本質があるとも指摘されており、選任段階でのコントロールに相違があるものの、いずれも職権的な手続として運用される点でも共通する。その点と表裏一体であるが、コンカレント・エビデンスがよりよく運用されるかどうかは、裁判官の資質や準備にかなり依存し、裁判官の負担は重くなる。もともと裁判官の権限が強いとされる日本の裁判所で、当事者主義をより実質化し弁論を活性化しようとする、審理の充実の方向とは逆行する部分もある。

　この方式が裁判官主導型であることと、これらの実施が主として特別裁判所で実施されていて、そうした裁判で比較的成功を収めていることからも、ある程度、その専門分野についての知識経験を有する裁判官の主導によることが成功の鍵とも考えられる[25]。

　また、そこでの専門家の意見の理解可能性や信頼性については、イングランドでのパイロット実施結果の Genn（2013）の研究によると、専門家が用いた技術的な手続の性質や範囲、限界についてよりよく理解できたとされる。全体として、選任された専門家の間で意見の不一致が大きい場合には、あまりうまくいかず、専門的な争点が限られていて、その専門家や専門的知見に対する信頼性に問題がない場合には、非常に有効な手続であると評価されている。よって、様々な科学技術がかかわり、科学者の間での意見の違いが大きいような争点については、この方式の利点が十分に発揮できない恐れもある。

---

25) よって、当事者による対論を裁判の主軸に据えようとした第3の波の議論からは、むしろ受け入れにくい手続かもしれない。しかし、そもそも第3の波の議論は、受動的な裁判官をモデル化したものではなく、むしろパターナリスティックに当事者の対話を促す裁判官像を前提にして初めて機能する議論でもあり、理論上はともかく、実践の上では必ずしも対立しないだろう。

しかし、訴訟が医療や科学技術に関する規範形成にもつながりうる１つのフォーラムとして機能する可能性に着目し、裁判という場においては裁判官という判断権限を有する存在が、整序された交渉過程を実現するための鍵だと考えると、専門家の専門知の性質や妥当範囲等について理解が進んだという部分こそが、裁判における専門家関与において重要といえる。医療や科学の専門家ではない裁判官が、司会者的な役割を担うという点で主導権を握りつつ、複数の専門家の意見の一致点と一致できない点を確認し、またその意見の相違が、方法論についての争いなのか、その前提となる事実についての争いなのか、または事実に理論や方法論を当てはめていく推論の部分についての争いなのかを確認していくという方式は、Abbott のいう専門家のプラクティスにそくした方法でもある。

　さらには、科学技術に関して、どこまで科学的にいえることなのかについて、ここで問題となっている文脈はいかなるものかも含めて、相互理解をはかる場の１つのモデルともなりうると思われる。

　Edmond（2009）は、コンカレント・エビデンスを、すでに科学社会学では過去の遺産とされているマートンの科学観[26]に依拠していると批判的に捉えている。つまり、科学者のエートスとされる共有主義、普遍主義、利害超越性、系統的懐疑主義的な見方を前提に、科学者の協力的なコミュニケーションと、相互的なピア・レヴューが促されると捉えているが、今や、科学技術の変化から、そうしたエートスには期待できないとの批判である。しかし、裁判という社会制度において、法とは異なる専門分野の専門知を活用しようという場合に、そうした専門家のエートスを前提とせずに、専門領域において妥当とされる専門知を導入できるような、専門家関与の在り方を構想することは困難である。

　コンカレント・エビデンスは、その意味であらゆる専門分野において応用可能な手続とは言えない。しかし、個人の専門家の判断を一種の秘技として受容する伝統的な専門知のとらえかたや、固い科学観と分離主義に立脚する単独書面鑑定型の専門家関与と、当事者の攻防から生まれたものこ

---

26) マートン (1961)。

そ真実であるという極端な構築主義に大きく傾いた専門家証人による交互尋問の間で、専門家の間でのコンセンサスを確認しながら、相互了解を形成していく営みとして、それが妥当する領域は現実的にも相当幅広く存在すると思われるのである[27]。

ただ、日本で、カンファレンス鑑定を、東京での医事訴訟に限らず、もっと幅広い分野で全国的に実施していくということは簡単には望めない。より安価で効率的と考えられ、実務上浸透している書面審理主義からの脱却には抵抗が大きい上、訴訟に協力する専門家の確保も容易ではないだろう。しかし、90年代以降の審理の充実を、専門訴訟において改めて積極的に推し進めるべきであり、それが裁判の質の向上にも資するものと考える。

他方、カンファレンス鑑定が、裁判所の負担が大きくて使いにくいという部分については、より軽量化する工夫も検討されよう。カンファレンス鑑定の場合、鑑定人の選任依頼、鑑定人のための資料の準備だけでなく、鑑定人を訪問して説明を行うなど、裁判所による事前準備の負担が大きい。専門家へのアクセスの十分ではない当事者にとっては、そうした手続の利用は、司法アクセスの実質化という点で非常に魅力的ではあるが、多くの人に利用可能とならないのであれば、専門家選任や事前準備について、当事者の関与やコントロールを高めることのできるコンカレント・エビデンス方式、つまり専門家証人を活用した、複数専門家による口頭での尋問方式の活用を積極的に検討しても良いのではないだろうか。この点、日本の医事訴訟でも仙台地裁で、原告および被告選任の専門家と、被告人である医師をラウンドテーブルで口頭で同時に尋問していくという座談会方式を実施し、非常にうまくいったという経験が報告されている。この方式は、当事者双方の合意がないと実施が困難で、実施例はまだ1例しかないようだが、ミニマムな複数専門家による証人尋問方式であり、日本でも受け入れられやすい「膝つき合わせての」対話方式であることから、広く実施し

---

[27] 筆者たちが、シドニーで調査をした際も、コンカレント・エビデンスを実施した経験のある裁判官、弁護士のいずれも、この方式が専門家証言の質を高めるという点では、従来の交互尋問方式よりも優れているという点では意見が一致していた。批判的な分析をしているEdmond自身も同意見だった。

ていくためには有望な方法であると思われる（信濃・寺田2003）。

　また、裁判所が選任した鑑定人1名と、両当事者がそれぞれ選任した専門家証人2人の計3名の専門家で議論するカンファレンス尋問という新しい専門家関与の方法の提案もある（平野2016）。この提案によると、鑑定事項に対する簡単な意見書をもちよった3人の専門家に対して、まずは専門委員がファシリテーターとして意見をすりあわせて合意できる点、合意できない点を確認した上で、第2段階では裁判官が主導して、当該事件で問題になっている専門的な事項についての尋問を行っていく。これは、いわば、カンファレンス鑑定とコンカレント・エビデンスのハイブリッド型の方式といえる。3人の専門家の選任が必要となる点では、専門家の数の点では重い手続ではあるが、単独の鑑定人関与を専門家関与のデフォルト・ルールとする日本の民事訴訟制度の基本形を用いつつ口頭での簡易な関与という点で鑑定人の負担を軽減できる点、カンファレンス鑑定に対してしばしば当事者から聞かれる、当事者によるコントロールができないという問題を回避できる点で、今後の日本の専門訴訟での新しい専門家関与方式として、発展可能性があるだろう。

　日本においては、専門家が訴訟に関与することへの抵抗感をどう克服しうるのかという問題が指摘されてきた。しかし、司法制度改革審議会意見書では、「統治主体・権利主体である国民は、司法の運営に主体的・有意的に参加し、プロフェッションたる法曹との豊かなコミュニケーションの場を形成・維持するよう努め、国民のための司法を国民自らが実現し支えなければならない」と、説いている。これは、主として裁判員制度を想定した議論ではあるが、科学訴訟への専門家の関与という場面でも、同様のことが言え、少なくとも現代社会における専門家の責務の1つとして位置づけることは、一般国民に対して裁判員裁判への協力を求めるよりは容易であるはずではないだろうか。

　また、現在は、まさに科学技術の時代であり、情報技術の飛躍的進歩から、情報機器を使えば、何も実際に専門家が出廷しなくとも裁判に関与することは可能である。実際に、コンカレント・エビデンスでは、当該争点にかかわる分野の世界的にも著名な専門家への尋問をスカイプなどを通じ

て行うこともまれではないという。こうした技術を利用せずに、専門家へのアクセスがないから、文献情報で足りるということでは、とても知的デュープロセスの要請に応えた裁判とは言えないだろう。

　口頭・複数関与型の手続は、専門家一人一人にとっては、これまでの単独鑑定や私的鑑定書作成に比べると、事前の準備の負担も少なく、審理の場面でもアドバーサリアルな尋問にさらされずに、専門家としての意見を述べられるため、参加した専門家の満足も得られやすく、専門家の調達も、これまでの制度よりは容易になることが期待できる。そして、同時に複数の専門家の意見を口頭で聞くことができるため、裁判官にとっても、当事者にとっても理解しやすく、専門家にとっても他の専門家の意見を聞きながら自らの意見を述べることで相互のピア・レヴュー効果が期待できる。そして、こうした手続は、かねてから目指されてきた審理の充実にも寄与し、科学技術に関するフォーラムの１つの形ともなりうるのではないか。

　本章での検討してきた専門訴訟における手続保障は、必ずしもここで検討したコンカレント・エビデンス型の手続に収斂するわけではないが、専門訴訟への対応で求められることと、日本社会で、裁判を含む公正な決定のあり方として求められてきたことを踏まえると、こうした手続の普及はかなり有望な方法のひとつと考えられよう。

第3部
科学技術時代における裁判と法律家

第9章

ポスト司法改革期における
プロフェッション概念の可能性

I　はじめに

　今世紀初めに取り組まれた大規模な司法制度改革は、現在、その検証期に入ってきている。このたびの司法制度改革は、「法の精神、法の支配がこの国の血となり肉となる、すなわち、「この国」がよって立つべき、自由と公正とを核とする法（秩序）が、あまねく国家、社会に浸透し、国民の日常生活において息づくようになる」（司法制度改革審議会2001）ことを目指していた。かつて川島武宜（1967）が目指した「生ける法の近代化」とも軌を一にし、近代化プロジェクトの一環としての日本社会の法化を推進するものであった。「過度の事前規制・調整型社会から事後監視・救済型社会への転換」のため、三権の一翼としての司法制度の強化、拡充を求め、その担い手である、プロフェッションとしての法曹には「国民の社会生活上の医師」として国民が自律的存在として多様な社会生活を積極的に形成・維持し発展させるのを促進することが求められた。
　つまり、法曹は、こうした法化推進の主要なアクターに据えられたのだが、他方で、今期の司法制度改革の背後にあった規制改革の対象でもあった。参入規制を緩和して法曹人口の大幅増大や、法律事務独占を定めた弁護士法72条改正なども同時に進められた。規制改革によって、事後救済型の社会へと転化が進むことと、司法アクセスの拡充によって人々が訴訟利用に向かうと想定されていたわけである[1]。プロフェッションとしての法

曹は、事後救済型の社会で、司法制度の中核である裁判、特に市民間の紛争を契機として利用される民事裁判という秩序形成方式を通じて、法の精神・法の支配を浸透させるという役割を担うことを期待された[2]。

　他方で、ここで用いられた「プロフェッション」は、70年代以降、日本の弁護士役割論の支柱とされてきた概念でもある。戦後の弁護士自治の確立とともに提唱された在野法曹モデルは、臨時司法制度調査会による司法制度改革期を経て、プロフェッション・モデルへと移行し、90年代の司法制度改革期には、1980年代の法サービスモデルによる批判を受けつつ、なおプロフェッション・モデルを維持する議論が主流だった。司法制度改革審議会意見書での「プロフェッションとしての法曹」という言葉づかいや、その後の法曹人口抑制論議をめぐって日弁連が2012年に出した「法曹人口政策に関する宣言」（日本弁護士連合会2012）のなかで、弁護士のアイデンティティとしてその「プロフェッション性」に言及するなど、現在も「プロフェッション」概念はなお健在である。

　他方で、司法制度改革後、弁護士の人数が増大したのに対して、その中心となる民事訴訟の提起は伸びておらず、その意味で法サービスへの需要不足が指摘されているが、弁護士業務も、裁判のありようにも変化が生じており、弁護士役割としても単純にこれまでの「プロフェッション」概念に依拠することはできなくなっているのではないだろうか。

　本章では、司法をめぐる大きな潮流として「専門化」に焦点をあて、法領域における専門分化が進展しているなか、弁護士がなおプロフェッションを標榜することにはどのような意味があるのか、また、こうした業務環境の変化の中で弁護士の「プロフェッション性」が何に求められるのかを問う。その際、プロフェッションがプロフェッションであるゆえんとされる、専門性や自律性という特性について改めて目を向けてみたい。

---

1) 法社会学で従来からおなじみのテーマである、訴訟回避傾向について、基本的には制度説に立っていたと考えられる。
2) こうした意見書での法の支配論は、裁判による秩序形成方式を想定した形で論じられていたが、これは「法の支配」の理解として問題との批判もあるが、本稿では、意見書での概念に沿って用いている。この点について、例えば田中（2008a）。

II　ポスト司法改革期の民事司法と弁護士

　今期の司法改革は、理念上は、司法制度を強化することで事前規制型社会から事後救済型社会への転化をはかる、すなわち「法化」のなかでも、田中成明の法の三類型モデル（例えば田中1994）によれば、自治型法や管理型法中心の法化から、問題への対処として裁判を一次的な制度として利用していく、「争訟化」により自立型法を浸透させるという意味での法化を推進するプロジェクトであったと整理できる。

　もっとも、今期の司法制度改革は、総体としてみると、争訟化という意味での法化を推進する改革が基本に据えられたわけではない。国民が直接に裁判に参加する裁判員制度の導入こそが最大級の改革であり、その具体化や実現に向けた各種の制度改革や取り組みに司法資源の多くが投入された。争訟化という点では、さほど大きな改革はなされず、むしろ民事司法改革のなかでは、脱＝争訟化、すなわちADRの拡充もその一部に含まれていた。

　争訟化に関しては、少なすぎる法曹を質量ともに拡充して司法へのアクセスが向上すれば、ある程度確実に進展すると見込んでいた。ところが、少なくとも現時点においては、そうした想定通りに訴訟提起は増えず、そうしたことも一因に、法曹人口の増加も当時の予定を下回っている。

1　法曹人口の増大と弁護士業務の多様化

　2018年1月現在、弁護士数は40069人、90年代の半ばより、司法試験改革が進められて司法試験の合格人数を増やしてきたが、1996年で15000人、司法制度改革審議会意見書が出された2001年で18000人強、2004年に2万人を突破し、法科大学院と新司法試験が相次いで始まり、意見書の時点からすでに2倍以上に急増している。このような合格者増に比して、裁判官や検察官の増員は限定的であるため、法曹人口の増加の多くは弁護士数の増加につながり、また若年層の参入が圧倒的多数であるため、30代の弁護士の割合が非常に多いという特徴もある。

80年代終わりからの司法試験改革では法曹三者協議によって司法試験合格者を設定するという方式がとられてきたが、司法制度改革審議会意見書は、その枠組を外し、「実際に社会の様々な分野で活躍する法曹の数は社会の要請に基づいて市場原理によって決定されるべき」とした。「国民生活の様々な場面における法曹需要は量的に増大するとともに、質的にますます多様化、高度化」することが予測され、事後的な法的救済方式へと秩序形成方式を転換するアクターとしても法曹を位置づけ、そのためにも人的基盤の整備として法曹人口の大幅増大が必要と考えていたと思われる。

　しかし、法科大学院修了生の司法試験の合格率が当初想定よりは低く設定されたことなどから進学を敬遠する動きや、逆に急激な合格数の増加が、新人弁護士の受け入れ事務所の不足、弁護士の供給過多をもたらすなどの弊害が指摘されるようになり、予定通りの増員に対しては強い異論が唱えられるようになった[3]。

　日弁連は2012年に「法曹人口政策に関する提言」、内閣府は、2015年に「法曹人口調査報告書」を発表、司法制度改革審議会意見書の計画を正式に見直し、年間1500名程度の合格者にとどめることになり、例えば2016年の合格者は1583人となっている。法科大学院の乱立と法曹人口の大幅拡大は、現時点では、今期の司法制度改革の中でも批判の大きい改革となっている。

　ここでは法曹人口の適正規模や、法曹人口抑制論の是非について直接的に評価はしないが、伝統的に弁護士業務の中核でもある民事訴訟業務に限定すれば、司法制度改革後に、過払金返還請求事件を除けば訴訟提起数が格段に増大するという現象は生じなかった。

　他方で、民事訴訟代理以外の業務への進出や開拓は進んでいる。すでに、90年代より企業法務の需要が拡大してきたと言われるが、東京を中心とす

3）若手弁護士の就職難が指摘され、いわゆるノキ弁やソク独など、十分に業務について教育を受ける機会がないまま弁護士業に参入するという問題も取り上げられることが多い。こうした指摘に対しては、ごく一部の弁護士についての問題であり、それをことさらに強調することは問題との批判も見られる。例えば、岡田・斎藤（2013）。

る企業法務や国際法務を中心に手がける法律事務所の規模が拡大し、100人以上の弁護士を擁する事務所も10に及んでいる。トップ4と呼ばれるような大規模法律事務所では民事訴訟代理は主要な業務ではなく、渉外法務や企業法務中心だ。

また、組織内弁護士の数も、近年急増している。2001年に組織内弁護士会が結成されたときには66人だった会員が、2017年には1900人にまで増加している。企業だけでなく、自治体や、大学、病院などの組織に所属する弁護士も増えている[4]。すでに多くの弁護士を雇用している大企業もあるが、任期制の公務員弁護士や、ごく最近になって初めて弁護士を試みに雇用したという民間の組織も少なくない。新たに雇用された弁護士自身が組織の中で法業務を自ら提案、開拓していくという面もある[5]。

他方で、法テラスが発足し、国選弁護が起訴前にまで拡充したことで、司法過疎対策や、民事法律扶助業務、国選弁護など、経済的な利益が小さく、これまで弁護士のプロボノ活動として理解されてきたような業務に、若手弁護士が多く参入するようになった。特に国選弁護は、若手弁護士の収入源のひとつにもなっており、私益性よりも公益のために奉仕することをプロボノ活動の定義とした場合、もはやプロボノとは言い切れない業務となっている。

また、新たな業務開拓も行われている。例えば、ニーズが高まっている社会福祉分野で、弁護士が福祉職と連携し、アウトリーチ、総合支援を行

4）企業内弁護士について、例えば室伏（2016）。ここでは、分析の対象とはしないが、組織内弁護士は女性弁護士が顕著に多いという特徴もある。ワークライフバランスから組織で働くことが好まれる面もある。一般的には、組織内弁護士については、その組織の論理のほうが、弁護士コミュニティの論理よりも優先するようになるということから、プロフェッション性の低下につながるとも言われるが、企業での勤務経験を経て企業内弁護士になった女性弁護士は、弁護士になってからのほうが、待遇も仕事での自由度も高まったともいう（「女性法曹の社会的意義を考えるシンポジウム」での若手女性弁護士の発言。2016年6月4日。早稲田大学）。

5）筆者は、大学や病院で組織内弁護士として働く女性弁護士数名にインタビューを行ったことがあるが、あらかじめ決まった業務があるわけでなく、自らが組織に潜在している法的な問題を指摘したり、新たな業務を提案したりしているとのことである。

う司法福祉と呼ばれる業務が挙げられる（濱野2016）。

　合衆国では70年代には、弁護士が顧客層、すなわち大規模組織を依頼者とする層と、個人・小規模ビジネスを依頼者とする層の2つの半球に二分化し、その後、さらに階層分化が進んで、その二層は交わらなくなっていると言われている（Heinz& Lauman1994）。日本ではそうした階層化には至っていないが、特定の業務を中心に業務を行う集中化、換言すれば専門化は一定程度進んでいるとされる。従来型の特定の専門分野を持たない、ジェネラリスト（一般型）ともいえる弁護士が層としてはなお大きいものの、大都市部を中心に、渉外・国際取引等の企業法務や、知財や独占禁止法など企業顧客を中心とする、企業顧客中心型と、家事や消費者・労働・医療事故等の原告側代理や刑事弁護などを中心とする個人顧客中心型、そしてその混合型というタイプに大別される。大都市部や若年層では、ジェネラリストは少なくなり、他のタイプの比率が高まるとも指摘されている（宮澤ほか2011）。司法制度改革以降、若年層の弁護士が育っていく中で、こうした専門分化は、日本でもさらに進んでいくだろう。2010年の弁護士業務の経済的基盤に関する実態調査[6]の二次分析によると、階層化とはいえないものの（武士俣2015）、弁護士の多くが集中分野を持つようになっており、一定の専門化は進展している（藤本2015）[7]。弁護士が徐々に、多様な分野を扱うジェネラリストから、一定の領域に集中するスペシャリストへと変容しつつある。

　このような弁護士数の増加、弁護士事務所の大規模化や、組織に所属する弁護士の増加は、弁護士コミュニティのあり方に変化をもたらす。これまでのプロフェション研究の多くは、他の職業と対比するに当たって、その専門家集団の組織原理に注目してきた。それが、プロフェッション性の重要な要素である以上、弁護士をめぐる業務環境の変化に注目する必要性は高い。

6）日本弁護士連合会（2011）。
7）企業法務を専門に扱う弁護士群が、他の弁護士層とは区別される形で形成されつつあるほか、39の業務分野のうち、少数ながらそれぞれの業務に特化した専門弁護士が存在しているという。

大ローファームの出現や組織内弁護士の増加と、それらと連動するスペシャリスト化という意味での弁護士の専門化は、なお弁護士全体からみると萌芽的な変化にすぎないが、弁護士像全体に与えるインパクトは小さいとは言いきれない[8]。

　では、司法制度改革が、その大きな見取り図として「プロフェッションとしての法曹」を主たるアクターとして期待した法の支配の実現の舞台である民事司法は、司法改革を経て、どのような社会の変化をもたらしているだろうか。

2　民事司法と秩序形成の変化

　日本が、事前規制社会から事後救済社会へと転換しつつあると言えるのかの評価は容易ではない。市民間の紛争解決に裁判が利用されるようになってきたかどうか、という指標からは、民事訴訟の提起は、過払金返還請求訴訟を差し引くと伸びておらず、過払金訴訟のピークが過ぎて、むしろ減少傾向にあり、そうした転換は進んだとはいいがたい[9]。

　今期の司法制度改革論議においては、総論では民事司法の活用を推進しているが、民事司法改革は、1996年の民事訴訟法改正の直後ということもあり大きな改革の対象にはならなかった。「国民にとって、より利用しやすく、分かりやすく、頼りがいのある司法」を目標に、裁判の充実・促進がうたわれつつも、その主眼は迅速化だった。2003年に迅速化法が制定、施行され、2年以内に一審判決を出すことが原則化され、過払金返還請求訴訟が急増したこともあり、迅速化こそが裁判所の至上命題となっている。

　今期の司法制度改革期に新たな論点とされた専門訴訟への対応も、その

8）合衆国でも、大ローファームの所属弁護士やインハウスローヤーの人数は、弁護士全体の人数から見ると、なお少数に過ぎないが、それでもそうした弁護士が弁護士像に与えるインパクトは甚大だとも言われる。

9）地方裁判所、簡易裁判所での第一審通常訴訟の新受件数は、それぞれ2004年に14万件弱、35万件弱だったが、2009年頃をピークに、2014年には2004年とほぼ同水準まで下がっている。その増減の主たる原因とされるのが過払金返還請求事件で、2009年にはその事件類型だけで地裁で14万件、簡裁で34万件にも及んでいた（日本弁護士連合会編2015）。

遅延が一次的問題とされたことからは、迅速化の一環という位置づけではあったが、その内実は、訴訟類型に応じた手続の整備や専門家の関与のしくみの充実化など、民事裁判の在り方にも大きな影響を与えうるものであった。あらゆる領域で専門分化が進展しているなかで、法化が進展し、法もそれぞれの領域の知や論理を一定程度受容していくことが求められ、その範囲で法の自律性が損なわれるという「非＝法化」も同時に進展していくことに起因しており、不回避的な対応とも言える。司法や法曹の専門化による、専門訴訟への対応に対しては、おおむね好意的な評価がなされている[10]。

専門訴訟では、その専門領域に応じた手続の構築や専門家の関与のあり方が追求されており、それは弁護士に対する専門性要求にもつながっている[11]。過払金返還請求訴訟の大量提起も、その専門事務所や弁護士がその処理を担ったことで可能となった面もあり、専門化の一様とも言える。医療過誤や労働事件などは、かねてから専門性が高い事件類型とされているが、こうした事件を多く手がける専門弁護士が見られる分野でもあり、専門訴訟への対応への動力にもなっている[12]。

法化は、争訟化だけを指すわけではない。現代の福祉国家の枠組みにお

---

[10] もっとも、こうした改革によって、専門訴訟の提起が大幅に増大しているわけではない。専門訴訟全体としてみると、事件数が伸び続けるかと思われたところ、いったん提起数が低下し、また微増して一定程度に落ち着いてきている。99年ごろより急増し始めた医療過誤訴訟も、2004年をピークに近年は800件程度で落ち着いてきている。新たに発足した知財高裁についても、2011年に100件を切ったが、再び増加に転じ、2014年2015年はそれぞれ138、137件と制度発足から比べると高い水準で落ち着いている。労働審判制度は、2009年に3000件を突破し、その後も増減はあるが3500件程度の提起数で安定してきている。総じていえば、想定したほどの増加傾向が続いているわけではないが、一定程度のニーズがその後も着実にあるといえ、裁判の枠組みのなかでの専門分化が定着してきていると言える。
　特に労働審判制度は今期の司法制度改革の中でももっとも評価の高い改革の1つであり、民事訴訟一般も労働審判方式を導入すべきとの改革案もあるほどである。
[11] ただし弁護士に関しては「弁護士事務所の法人化・共同化」がその具体的な内容であり、それ以上の踏み込んだ提言はない。司法制度改革審議会意見書。
[12] 例えば、専門委員制度の導入に対しては、医療過誤訴訟の原告側の代理人が強く反発し、その制度設計に大きな影響を与え、当事者の手続保障にかなり配慮した制度枠組みになったといわれる。

いて否応なく、政策実現のための道具として法が用いられる場面が増大するという法化現象の根本に立ち返ると、いわゆる管理型法への依存傾向を払拭することは困難である。事前規制から事後救済というキャッチフレーズが語られても、コンプライアンス重視から、規制そのものに変化がなくても、字義通りに従うことが強く要請されるようになっているとすれば、むしろ規制の拘束力は高まっているとも言える。

　また、それとも呼応して予防法務の重要性が高まっているし、民事司法改革も、民事訴訟を拡充するとしつつ、それと「同時に」ADRの拡充も進めている。仲裁法制の整備やADR法の制定により、紛争類型やニーズに応じた、紛争解決手続の多様化、多元化も行われている。手続主宰者も、法曹だけでなく、各領域の専門家や隣接法律専門職が参入している[13]。今期の司法制度改革は、裁判という秩序形成方式への転換を進めるとの総論の一方で、訴訟手続の専門化や、多様な手続や手続実施者を擁するADRでの紛争解決が促進されるなど、訴訟も含めて、事案類型ごとの専門分化を進めるという点で、裁判の基本様式からの変容をそもそも内包した改革案であり、それが実際に一定程度進展しつつあるといえる。

　このように見ていくと、ポスト司法制度改革期の現在、法曹においても民事司法においても、「専門化」という大きな潮流が見られることが指摘できる。法曹の専門化や、訴訟や紛争解決様式の細分化、専門化は、よりマクロな観点からは、形式的合理性の高い自立型法の浸透というよりは、法的な解決が求められる領域が拡大しているものの、他方でその解決のありようとしては、個別の領域の特質に応じた専門的な対応が必要とされるようになっているという点で、形式的法の実質化という意味での、法化と言える。法曹への役割期待も、こうした法化に連動して変化しつつあると

---

13) ADR法は、弁護士法72条の例外規定として、弁護士以外が紛争解決手続主催者になることを容認している。認証されたADRは、司法書士会や行政書士会などの隣接法律職団体が主催するものが多いが、医療ADRやソフトウェアトラブルについてのADRなど、当該分野の専門家が手続主催者に参加する専門分野対応型のADRも見られる。かいけつサポート http://www.moj.go.jp/KANBOU/ADR/index.html（last visited 2017.01.04）。

いえるだろう。

　では、こうした民事司法の専門化、弁護士の専門化の進展は、弁護士のプロフェッション性に何らかの影響を及ぼすのだろうか。本章では、この「専門化」を１つのキーワードに、プロフェッションとしての弁護士の、プロフェッション性がいかなるものとして再構築されうるのかについての若干の見通しを示したい。

Ⅲ　プロフェッションとしての弁護士

1　プロフェッション・モデルにおけるプロフェッション概念

　日本の弁護士論は、戦前の三百代言と揶揄された代言人制度を経て、検察の監督下から戦後の弁護士自治の獲得という長い歴史的な経過を反映し[14]、弁護士の在野性、在野精神の重要性が強調されてきた。プロフェッション論は、この在野性の主張を、統合しかつさらに社会的使命、社会的機能への自覚と地位を向上させていくための新たなる概念として1970年代以降に用いられるようになってきた[15]。その理論的根拠として大きな影響を与えたのが、石村善助の『現代のプロフェッション』[16]である。

　石村は、「プロフェッションとは、学識（科学または高度の知識）に裏付けられ、それ自身一定の基礎理論をもった特殊な技能を、特殊な教育または訓練によって習得し、それに基づいて不特定多数の市民の中から任意に呈示された個々の依頼者の具体的要求に応じて具体的奉仕活動を行い、よって社会全体の利益のために尽す職業である」と、定義付け、公共奉仕性、技術を支える一般理論に裏付けられた科学や高度の学識、サービスの開放性、非営利性、職業団体の存在と団体によるメンバーに対する倫理的自己規制、といった要素をプロフェッションがプロフェッションである要件としている。このように、ある職業がプロフェッションたるための条件を

---

14) 菊池（2000）など参照。
15) こういった経緯について、例えば宮川（1992）など。
16) 石村（1969: 25）。

抽出し、その条件の達成度合いから、プロフェッションとしての確立の程度を評価するアプローチは、特性アプローチと言われ、専門職の社会学の中心的なアプローチであった。そこで提示される特性は論者によって異なるが、典型的なプロフェッションとして医師、法曹が含まれることには異論はなく、特にそういった比較的限定された専門的職業を対象とするプロフェッション概念においては、基礎とする専門技能の体系性、専門職団体および倫理的規範の存在と、それを主体とする自己規律は重要なメルクマールとされることが多い[17]。専門職の社会学の黄金期といわれる1950年代には、こうした特徴の抽出と、そうした特性が社会でもたらす機能に焦点が当てられた。このように、プロフェッションとされる職業がどのような特性を具備しているかを明らかにしようとする研究はプロフェッション研究の中でも、「特性」アプローチと呼ばれる。この特性アプローチは後述するように批判や見直しが迫られているが、日本の弁護士論におけるプロフェッション・モデルは、この「特性アプローチ」を前提にしている[18]。

社会学的には、このアプローチは批判されてきた。これらの特性は、現実のプロフェッション内部における自己規定をそのまま記述したものに過ぎず、経験的な検証はなされていない。また、それぞれに必然的な関連性のない散発的な特徴付けであり、プロフェッションの不可欠の要素として十分な説明がなされていない。プロフェッションに付せられる個々の特性は、プロフェッションとされる職業が現に有する特性と、有することが望まれる特性を渾然一体に列挙した上で、これを正当化するものであり、社会学的な分析視角を欠いている[19]、といった批判である。

弁護士を「プロフェッション」と呼ばれうる職業にする、というプロフェッショナル・プロジェクトを越えて、現代社会の中で、特別な役割を担

---

17) プロフェッションの定義についての諸説の紹介として例えば太田（1993）18頁以下。Goode（1957）なども、同様のアプローチを採っている。
18) 六本（1986）も、プロフェッションについてこうした説明を行っており、利己的思考と利他的思考の緊張関係によって特徴付けられるとする。
19) Macdonald（1995: 3）.

うことを企図するのであれば、それぞれの諸特性の意味や関係についての考察抜きに、特性を主張するだけでは不十分である。その後、日本でも、棚瀬孝雄（1987）が、プロフェッション概念を厳しく批判していった。

2　プロフェッション批判と弁護士役割論の到達点

プロフェッション批判の核心は、「対価を支払い、必要なサービスを自由に買い取る依頼者こそがその法的争訟の主人という、ある意味では自明の理でありながら、これまで弁護士の専門家としての自意識を極限にまで高めたプロフェッションのモデルの中で否定されがちであった理念」の再確認（棚瀬1987: 7）であり、これが法サービスモデルという新たな弁護士役割モデルとして、90年代の司法制度改革における弁護士改革論にも一定の影響を与えていった。

その後、棚瀬（1995、1996）は、自らサービスを選び購入していく自律的な依頼者像を修正し、様々な思いやニーズを抱えた依頼者を前提に、その思いや声を聴き取り寄り添う弁護の形を打ち出し、弁護士＝依頼者関係に焦点を当て、その関係性を軸に依頼者の自律を促進していく役割モデルを提示している。また、和田（1994）も、当事者である依頼者の生の声を、共感をもって聴き取り、紛争当事者が新たな関係を構築するのをサポートする役割を弁護士が果たすことを求めている。これらの議論は、ポストモダンな視角から、近代法の語り自体を批判的に問い直すという認識論のもと、主に弁護士＝依頼者の関係性についての一定の指針を示すことに力点をおくが、プロフェッション概念の本質を、その反市場性に見いだし、その概念自体を否定していく立場としては法サービスモデルと共通する。

今期の司法制度改革の底流には、規制改革があり、法サービスの規制も緩和し、市場原理にゆだねるべきという法サービスモデルと合致する考え方があった。

しかし、今期の司法制度改革前後に、矢継ぎ早に出された弁護士に関する著作では、法サービスモデルの批判を受けつつも、プロフェッションという概念自体は維持しようとする議論が主流を占めていた。例えば「個々の弁護士の行動や態度に方向と基礎を与える心理的起動力、内面から突き

動かす使命的な原動力、すなわちエートスと呼ばれるものが必要であろう。それがプロフェッションであるという自覚なのであり、その諸特性のうち、とりわけ公共奉仕の精神が重要である」（宮川1992: 13）と、公共奉仕性の重要性を強調したり、逆に公共奉仕論の強調を反省し「依頼者の依頼を受けてその個人的な価値ないし利益を法的側面から擁護・実現する専門職」であることを基本に据えつつも、そこに弁護士のプロフェッション性を見いだすなど（那須1992: 174）、プロフェッション概念自体を放棄すべしという立場には至っていない。

　本章が焦点を当てようとする、弁護士活動の多様化や専門化はすでに司法制度改革期以前から進展してきていた。そうした変容の中で、裁判業務に限らずより広い法の支配の担い手であることを求め、改めてプロフェッション性の意義を再構築すべきということは説かれていた（濱野2002）。宮澤（1997）も、こうした変化のため弁護士活動全体を単一の概念で把握することが困難になっていくことを認めつつも、弁護士の自己反省と相互批判の基準であり社会に対する弁護士界の約束としての「プロフェッション」概念はなお必要であると説いていた[20]。

　このように、棚瀬をはじめとするプロフェッション批判と、プロフェッション・モデルを維持しようとする議論は、理論的な立脚点や、具体的に想定している文脈には大きな違いがあるが、弁護士役割論としてはプロフェッションという概念を維持するか放棄するかが分岐点だった。棚瀬のプロフェッション批判は、特性アプローチに立ったプロフェッション概念を基本にそれを批判している。そうした概念の自明性を問い直すという立場に立てば、「プロフェッション」は、そのイデオロギー性は否定できないものの、なお職業上の理念としての意義は小さくない。プロフェッション性の中身については、業務実態や社会的要請も踏まえて常に改訂していく必要性があるものの、他の職業と区別できる特性の維持、向上のための概念として維持するという立場が主流であり、それが司法制度改革期までの

20）宮澤は、当時法曹養成制度改革に力を入れていて、プロフェッションの特性としては後継者養成という要素を重視していた。

弁護士役割論の1つの到達点でもあった。

そこで、提示されたのが、司法制度改革審議会意見書における「プロフェッションとしての法曹」概念であった。

3 司法制度改革審議会意見書に見るプロフェッション論

2001年に提出された司法制度改革審議会意見書（以下、意見書とする）が描く「プロフェッションとしての法曹」にいうプロフェッション概念は、これまでの弁護士役割論で想定されてきたのとは、かなり異なる含意を有していた。意見書は、全体としても、これまであまり使われたことのない概念を多用しているが、プロフェッションという言葉も、これまでの特性アプローチが前提としてきたプロフェッション概念にとらわれない非常にユニークな使われ方をしている。よって、それはプロフェッションではないと批判することも可能だろうが、これまでの概念を所与の前提とはせずに、そのプロフェッション性を再構築していくこともできよう。意見書のプロフェッション概念は、そのようにとらえると、興味深い素材を提供している。

意見書の総論部分では、法曹の役割として、「国民が自律的存在として、多様な社会生活関係を積極的に形成・維持し発展させていくためには、司法の運営に直接携わるプロフェッションとしての法曹がいわば「国民生活上の医師」として、各人の置かれた具体的な生活状況ないしニーズに則した法的サービスを提供することが必要である」とし、今後複雑・多様化する我が国社会において訴訟を通じた法の形成、維持をはかるという法の支配を貫徹させる際に、その中核を担う存在と位置づけている。

日本ではこれまでプロフェッションという言葉を当ててこなかった裁判官や検察官も含む法曹全体をプロフェッションとしたことにも特徴がある。法曹一元制をとらない日本では、国家からの独立である弁護士自治から、「自律性」を説明してきたため、裁判官や検察官をプロフェッションとすることは、概念矛盾の様相も示すが、法曹全体をプロフェッションとしているのは、法曹が主たるアクターである裁判を中核とした秩序形成を推進していくことを主眼に据えているからだろう。

意見書は、司法が、立法や行政と並んで三権の一翼としての機能を果たすことを総論に据えて、法曹がそのアクターとして活躍することを意図している。違憲審査や行政訴訟など消極性が目立っていた分野での司法のプレゼンスを高める必要性も説かれたが、弁護士が市民の権利の護り手として活躍しつつ、裁判を通じて新たな法理形成を促し、政策形成に結びつけていくような営みも、広い意味での法の支配の実現、法発展のための重要なドライブとして位置づけていると思われる。

　このように、プロフェッションを、法秩序の社会への浸透という意味での法化の要とし、多元社会を法の支配の理念で統合するという役割観は、後述する Parsons のいう社会統合機能を担う存在としての理解に重なる。

　ただし、意見書では訴訟業務以外にも、予防法業務、知的財産権などの高度な専門領域への対応、法整備支援といった多様な業務の遂行も含まれるものとされる。そして、そういった法曹の役割を、同じく典型的なプロフェッション職である医師のアナロジーで表現している。

　そして、「自律的でかつ社会的責任を負った統治主体として互いに協力しながら自由で公正な社会の構築に参画」することが期待される国民は、「司法の運営に主体的・有意的に参加し、プロフェッションたる法曹との豊かなコミュニケーションの場を形成・維持するよう努め」ることが求められる。国民の役割として、「法曹との豊かなコミュニケーション」が強調されているのも、意見書のプロフェッション記述の大きな特徴である。

　しかし、このように「プロフェッションたる法曹」という言葉が多用されるものの、プロフェッションという言葉の含意については、何ら語らない。検察官、裁判官、弁護士それぞれの改革においては、改めてプロフェッションという言葉は用いられていない。公益性、自己規律といった従来のプロフェッション論が、その当然の前提としてきた諸特性をプロフェッション概念に直結させないことを意図しているようにも思われる。この点は、弁護士広告の自由化、弁護士懲戒制度への第三者参加の拡充といった従来のプロフェッション概念と必ずしも親和的とは言えない改革方向が示されていることとも無関係ではなかろう。

　次に、弁護士についての記述をいくつか拾ってみる。弁護士は、当事者

主義訴訟構造の元での精力的な訴訟活動を含む「頼もしい権利の護り手」であると同時に、「信頼しうる正義の担い手」として、社会的責任（公益性）を自覚することが望まれるとする。これは、アドバーサリーシステムにおける「依頼者の党派的弁護」と「裁判所のオフィサー」としての義務の両面の義務を負うというアメリカでの弁護士倫理の議論にも近い[21]。

ただし、意見書では権利の護り手としての弁護士の側面に、「身近で親しみやすく頼りがいのある存在」「国民との豊かなコミュニケーションの確保」「社会のニーズに一層積極的かつ的確に対応」というイメージを重ねている。

「法曹との豊かなコミュニケーション」は、裁判員制度を意識し、国民が自律的主体としてプロフェッションとのコミュニケーションを介して司法への主体的参加を行うことが含意されている。つまり、新たな秩序づくりは、プロフェッション＝依頼者の相互作用のなかにあり、その相互作用のイメージも、依頼者の問題を、法的な問題に縮減する限定的なものというよりは、豊かで人格的な結びつきを想定しているようでもある。

他方で、弁護士の専門性強化と専門分化も要請されている。国際化時代の法的需要に対応するための専門性の向上、専門的知見を要する事件への対応強化のための法曹の専門性強化、といったことが説かれる。法のかかわる分野の専門化に直面し、法曹もそれに対応せざるをえないのである。

そこで法曹には、「豊かな人間性や感受性、幅広い教養と専門的知識、柔軟な思考力、説得・交渉の能力等の基本的資質に加えて、社会や人間関係に対する洞察力、人権感覚、先端的法分野や外国法の知見、国際的視野と語学力等」が求めらる。スーパーマン的法曹像と言っても良い。このような卓越した能力を兼ね備えた法曹が望ましいことには異論はないが、社会において一定の機能を果たす存在としてプロフェッションを捉える際には、あらゆる要求を並べたにすぎないこの表現からプロフェッション概念を構成するのは困難である。

---

21) もちろん、この枠組みは日本の弁護士倫理の議論でも基本的に妥当する。日本弁護士連合会弁護士倫理に関する委員会編（1995）、序説など。

むしろ、裁判での法曹の役割が、なお「プロフェッションとしての法曹」論の中心とされているといってよい。そして、ここでの裁判は、刑事裁判のほか、違憲訴訟や行政訴訟や政策形成訴訟など法形成の核となるような裁判を含みつつも、広くは、市民間の法的紛争を解決する通常の民事訴訟がベースとなる。そこで、意見書の含意をくみ取ると、法の支配を浸透させるための裁判とは何か、そしてそこでの弁護士の役割は何かを考察する必要があるということになる[22]。

なお、裁判の中での役割にプロフェッション性を見いだす理論は、アメリカで展開されてきたリーガル・プロフェッション論とも符合する。これは、アドバーサリーシステムにおいて、依頼者の党派的弁護と、裁判所への忠誠とのバランスをどうとるのか、という古典的な論点である。

もっとも、合衆国でも、弁護士の過度の党派性が裁判を通じた真実発見や法実現をゆがめていることが問題視され、アドバーサリーシステムの見直しが迫られている。また訴訟類型の多様化や関係者の多元化、また訴訟以外の業務の広がり等から、そこでの弁護士役割の再構築も論じられている。日本では、そもそもアメリカ型の当事者主義にたっていないし、そうした当事者主義への信頼もない。よって、裁判を中心に据えるとしても、日本の訴訟制度やそこでの訴訟観、そして本章が焦点を当てる近時の専門化の動向もふまえた上で「プロフェッションとしての法曹」に何が求められているのかを考察することが必要になる。

専門性の強化などの要請からは、個々の弁護士が実現する法の範囲は、ある程度限定されることが指摘できる。後述するように、Parsons が、法プロフェッションの社会統合機能を強調する際には、その前提として法の価値の一般性、普遍性を含意し、基本的には訴訟手続を通じて、具体的な法秩序を生み出すことが想定されていた。しかし、意見書では、総論部分において、基本的に同様の主張をするものの、弁護士の専門化の要請や業務の拡大は、プロフェッションの分化を招起し、それは実現する法の価値

---

22) 本章の目的を超えるが、裁判官に求められるプロフェッション性についても、同様の考察が可能となる。ここでは、おそらく国家の他の機関から独立して、裁判官の良心に従った判断の要請になろう。

の普遍性、一般性にも影響を与えることになる。そのように考えると、プロフェッションを社会統合の要となお位置づけることができるとしても、一般的価値に基づく社会統合という特質はむしろ希薄化し、「機能的限定性」が、法業務の多様化に対応して、プロフェッション業務の分化という方向でより強く現れていく可能性もあろう。

　他方、意見書では、依頼者との関係においては弁護士にある種の「機能的無限定性」を要請しているかのようでもある。意見書で強調される「法曹との豊かなコミュニケーション」は、法曹の法的業務の分化とは逆に、弁護士に対して、依頼者への法を越えた情緒的なつながりをも求めているようにも読みとれる。意見書では、依頼者との間のコミュニケーションを通じて依頼者のニーズを満たすこと、つまり弁護士＝依頼者の関係そのものにプロフェッションの本質的価値[23]を求めているように思われる[24]。

　法や法専門家の専門分化については、アメリカではすでに法専門家の人口増大と専門分化、階層分化[25]が進んでおり、このことが、弁護士にとって依頼者との関係を越えた利益や価値へのコミットメントを困難にし[26]、プロフェッション共同体の均質で稠密な集合体としての文化は失われつつあると言われる。このような変化は、日本の法業務にも表れつつあり、法の多元化、複雑化とそれに伴う弁護士業務の分化に対して、法の価値の一般性、普遍性をいかに維持しうるのか、というより大きな問題としてとらえる必要がある。

---

23) この点、和田（1994）は、関係志向弁護士役割モデルを提唱する。ここでは、法専門家としてよりも、紛争処理専門家への役割転換を示している。コミュニケーションを核にした弁護士役割モデルはこのようなものとして提示されうる。
24) 身近、親しみやすさ、コミュニケーションの豊かさ、といった言葉に、それが含意されている。
25) 弁護士の階層分化についての実証研究として、Heinz & Laumann（1982）（1994）。リピート・プレイヤーである企業依頼者とワン・ショッターである個人の依頼者とでは、その知識や金銭的リソースに大きな差があり、弁護士との関係や、弁護士を通じた訴訟での権利実現も、社会における力の不均衡をそのまま反映、あるいは助長するものであることを指摘するものとして、Galanter（1974）.
26) 継続的に企業を依頼者とする弁護士は企業の倫理を内面化してしまい、プラクティスにおいて自己の価値観との衝突を経験することは少ないとの実証研究も出されている。Nelson（1985）.

依頼者との関係における「機能的無限定性」については、これは、一方では依頼者とのコミュニケーションを豊かにすることで依頼者のニーズを満たし、他方で法システムの中心である訴訟へのアクセスとそこで行われる権利実現は、むしろ依頼者からは一定の距離をとり、法的な問題に縮減して扱うことが要請される。この点につき、アメリカの弁護士論や弁護士倫理の議論では、依頼者のニーズというよりは依頼者の自律性擁護という観点から、弁護士＝依頼者関係の理念とその関係性の整序をはかる議論となり、その自律を推進する訴訟手続としてアドバーサリーシステムと、そこでの弁護士の関与のあり方が説明される。

それに対して、意見書のように多様なニーズへの対応、豊かなコミュニケーションといった面を、弁護士＝依頼者関係の副次的な要素としてではなく、中核的要素としている点は、日米の法文化の相違を反映したプロフェッション観として説明できるのかもしれない。つまり、アメリカでの議論は、プロフェッション概念をアドバーサリーシステムにおける弁護士役割論のなかに組み入れて整合的な説明をはかろうとするのに対し[27]、日本では必ずしも手続に組み込むことを予定しない弁護士＝依頼者の相互作用のなかにプロフェッション独自の役割を解消しようとする。

意見書は、総論部分で当事者主義的な訴訟を通じた秩序形成と、そこでのキー・パーソンとしてのプロフェッションという組み立てをするのに対し、そこに直接組み込みにくい人間的な関係に重点をおいたプロフェッション論を展開しており、それらを整合的に説明する枠組みは未だ提示できていない。つまり、統治主体としての国民論と、国民との豊かなコミュニケーションに軸をおくプロフェッション概念を「法の支配」に結びつけていく理論には欠く。依頼者との豊かなコミュニケーションを実現するという要請と、法の実現において依頼者の自律を促進するという要請のいずれにも応えられない危険性がある[28]。

日本での法化推進論が依拠するプロフェッションとはいかなるものなの

---

27) 例えば、Kagan は、アメリカの秩序形成の特徴としての「アドバーサリー・リーガリズム」を指摘する。Kagan（1996）.

か。プロフェッション概念を維持し、プロフェッションの社会的機能になお何らかの活路を見いだそうとする以上、この点についてのさらなる研究をすすめる必要はあろう。

4　司法制度改革期以降のプロフェッション論

　司法制度改革期まで盛んに論じられた弁護士役割論であるが、法曹人口の拡大等の改革が実践に移るにつれ、個別の改革への対応中心となり、改めて弁護士の社会的役割を論じるような議論は退潮しているが、往年の特性アプローチに基づく「プロフェッション」概念を軸に、弁護士会は法曹人口の抑制論を展開している。

　2012年に日弁連が発表した「法曹人口政策に関する提言」では、冒頭から、「弁護士のアイデンティティは『プロフェッション』性、すなわち、高度の専門性と公益的性格にある。したがって、弁護士には市民から信頼されるに相応しい学識、応用能力と弁護士職の公益的性格の自覚が求められる。そのようなプロフェッション性から導かれる『質』を確保するためには、必要な水準に達しない者にまで弁護士資格を付与することがないように、司法試験の合格者数を、法曹養成制度の成熟度に見合うものにしなければならない。」と、その専門性と公益性を強調している。

　本報告書が、もっとも重視しているのは、その専門性の確保である。「弁護士の専門的技能は，法的思考を手段として現実の紛争を解決することにある。法的思考を働かせるための基礎的知識は不可欠である。全ての市民に等しく保障される権利・自由を守り，実現するためには，全ての弁

---

28) 専門家＝素人関係におけるインフォームド・コンセントへの受け止めの相違とパラレルな問題として捉えることが可能かもしれない。つまり、インフォームド・コンセントは、アメリカでは患者・依頼者の自己決定権＝依頼者の自律性を促進するものとされるのに対して、日本では法的には自己決定権として構成されながらも、それが専門家＝素人間の人間的な関係の構築に寄与する可能性にも期待が寄せられる。そして、自己決定権としての構成と、人間関係の構築が、一挙両得的に語られつつも、現実には交わらないという問題である。こういったインフォームド・コンセントをめぐる言説のねじれについては、6章参照。また、吉田（1994）、吉田（2000）。

護士が，プロフェッションたるに相応しい学識と応用能力を修得していなければならない。」とし，急激な法曹人口の増加は、必要な専門性のレベルに到達できない人の弁護士への参入を許し、その質の担保ができなくなるとする。

他方で、公益性が求められる仕事と考えられてきた刑事弁護や扶助事件、過疎地での司法アクセスの確保は、法テラスを通じた国選弁護人の選任や、民事法律扶助事業、また過疎地での公益事務所や法テラス事務所所属の弁護士による対応も進められており、十分な役割を果たせているとされる。

この提言は、専門性を重視して、一定の専門性を担保しうるような参入規制が必要であるという主張を主眼にしつつ、プロフェッション・モデルが想定してきた、プロフェッションが備えるべき専門性と公共奉仕性という特性の保持こそがプロフェッションたるゆえんと考える、いわゆる特性アプローチにたっている。

しかし、そうした特性は、プロフェッションと言われる職業やそれらをとりまく社会的経済的状況の変容に応じて、変化しており、一定の特性を所与の前提とする議論には必ずしも説得力はない[29]。

ただ、この提言は、特性アプローチに立ちつつも、その重要な要素である「自律性」については、「プロフェッションとしての自己規律を制度的に体現する自治団体を組織する」との言及にとどまる。また、公共性について、弁護士会としての、司法過疎、国選弁護、民事法律扶助業務への組織的対応に力点が置かれており、個々の弁護士の職業上の理念とはしていない。実際に、こうした取り組みは司法制度改革後、法テラスなどを通じて、組織的な取り組みが行われるようになっており、「公共奉仕性」のあり方も変化しつつある。

司法制度改革審議会での、新たなプロフェッション概念の展開に比すると、人口抑制論のために、もはやその根拠も定かではない特性アプローチに固執した、この議論は、新しい時代の弁護士役割論を切り開くには不十

---

29) 自律性概念に関しては、国家からの独立を、自律性の核に据えてきたことからすると、法曹人口の抑制を国に要望するという議論自体が、従来のプロフェッション・モデルの想定から外れているとも言えよう。

分である。これから求められるのは、プロフェッション概念を維持すべきかどうかよりも、実際の業務の多様化、弁護士の組織原理の変化を読み取るための視角と、そうした具体的な検討を受けた上でのプロフェッション概念の再構築ということになろう。そこで、次に、専門職の社会学の展開を参考に、なお弁護士役割論としてプロフェッション概念を用いることの意義と、そのプロフェッション性として、何を求めることができるのかの手がかりを得たい。

Ⅳ プロフェッション性再構築の視角

　日本の弁護士役割論としてのプロフェッション・モデルが、もともと規範的な役割論、すなわち通常、プロフェッション性（プロフェッショナリズム; professionalism）といわれる職業上の規範的な価値として主張されてきたものであることに鑑みると、その主張は、確かに、イデオロギーとして職業上の自己利益を擁護する側面もあるが、他方で、職業上の規範的理念として、依頼者や社会一般に寄与する可能性もある。反市場原理性や、自律性などの理念が実際の仕事にもたらす影響や、その含意について改めて検討し、あるべき理念として再構築する余地はあると考える。
　法の領域・法曹人口がともに拡大し、隣接他業種や他の専門領域と協力しつつも競合し、互いにそのプロフェッション性を主張しあうという現象が生じている中、古典的なプロフェッションとされる弁護士が、あえてプロフェッション概念自体を放棄するよりは、いかにプロフェッション性を構築しているかという過程に目を向ける方がはるかに有益である[30]。
　すでに1970年代の時点で、弁護士の数が過剰で、大ローファームや組織内弁護士が増加し、弁護士業務が商業化し、プロフェッショナリズムは失われてきたと言われているアメリカでも、なお弁護士の職業理念としては、「プロフェッショナリズム」が放棄されたわけではない。そして、専門職の社会学でも、国家との関わり、他業種との管轄争いや新たな業種への進出、依頼者との相互作用、グローバル化や情報技術の発達等の環境変化のなかで、いかに専門職の構造が変化しているのかを、個別の業種や分野ご

とに分析するようになっているものの、なおプロフェッションの理念が、依頼者および社会一般に専門性の高いサービスを供給し、専門職集団の中で、その職務の有りようをコントロールしていく概念として有用であると考えられている。また、そうした議論では、なお「専門性・自律性・公共奉仕性」といった理念に基づく特性がなおその分析の中心軸に据えられている（Gorman & Sandefur2011）。

1 プロフェッションという組織原理とプロフェッション性の達成

そこで、次に、古典に逆戻りする形になるが、近代社会におけるプロフェッションの機能に注目した機能主義アプローチに改めて目を向けたい。その中心的論客である Parsons は、プロフェッションの社会統合機能に着目する。彼は、特性アプローチが示す諸特性を基本的に受容したプロフェッション概念に依拠しているため、特性アプローチと同様の批判を免れないものの、それぞれの特性が、プロフェッションの社会的機能にどのように寄与するかや、特性間の連関についての説明も試みており、日本の弁護士論におけるプロフェッション概念を検討するための手がかりを与えている。

Parsons は、医療専門家を研究対象としつつも、一般にプロフェッションは、私益と公益を媒介する特殊な機能を果たすことで社会統合を担うことを指摘した。そして、プロフェッションの特徴として、高い専門的能力、自己の利益を度外視する公益性、依頼者の地位ではなく問題からケースの

---

30) 例えば、Evett（2014）は、専門職の社会学研究を理解、また展開する上で、プロフェッション、プロフェッション化、プロフェッショナリズムという3つの概念を用いて、現代のプロフェッション理解の枠組みを提示している。一定の専門的職業を指すプロフェッションと、職業上、規範的な価値を示すプロフェッショナリズムを分けたうえで、理念としてのプロフェッショナリズムも変容しつづけているとし、プロフェッションを標榜する仕事の特質や組織が、プロフェッションとしての地位を確立しようとする（これをプロフェッション化というが、プロフェッショナル・プロジェクトと同様の意味合いである）過程や、組織原理として、用いる言説としてのプロフェッショナリズムに目を向ける。

引き受けを判断する普遍性と、その裏返しとして、医療なら医療の、法なら法の問題にだけ特化するという機能的限定性を挙げる。また、患者や依頼者との関係は、友人や親子関係といった感情を中心とするものではなく、感情中立的なものとなる。プロフェッションは、自己の利益を度外視するという点で、ビジネスとの相違が際だつが、普遍主義や機能的限定性といった特色はビジネスも共有する。それらの相違は、制度的パターン、すなわち役割の相違にすぎず、それはプロフェッションにあっては集合体志向、つまりプロフェッション共同体および依頼者や患者への志向[31]と言い換えることができるという。

このように、Parsons は、個別の依頼者の問題を扱うことを業としながら、業務にあたって参照、実現しようとする価値の普遍性、そして利他性が、専門職を他の職業と区別されるメルクマールであるとし、そういった特質が、近代化の末に行き着くことが懸念される官僚制化の弊を回避する鍵を握ると考えた。

さらに、法専門家については、次のように述べる。法専門家の機能は、多元的社会において多様な目的を有する諸集団を共通の目的に向かわせる一般規範としての法を駆使し、依頼者の私的な利益追求に加えて依頼者の利益を一般社会規範に調和させることにあるという。つまり形式的な法と、現実の社会過程での法的統制の実現の間を媒介するメカニズムを担うことで、社会の統合機能を担う[32]のである。

そして、プロフェッションの自己規律も、この統合機能を果たす上で必要なものとして説明される。すなわち、社会統合に向かう独自の媒介機能のために、弁護士は、オフィサー・オブ・コートとして国家の司法機関に対して責任を有するものの、独立のバー組織を有し、国家の規制を受けることなく、弁護士職への参入、退去、自ら供給する法サービスを統制することが必要となる。

また公共奉仕の精神を旨とするため私益追求を主眼とするビジネスとは

---

31) 伝統的な1対1の医師＝患者関係も最小の集合体とされる。パーソンズ（2001: 443）。
32) Parsons（1954）。

区別される。国家規制に抗するため、依頼者から直接報酬を受け取るという報酬構造をとるものの、それは競争市場での取引とは区別され、純粋に依頼者との信頼関係を基礎とする法サービスに対して支払われるものであると説明される。これらの説明は、特性アプローチの示す諸特性を、プロフェッションの社会的機能との関連で説明するものである。

プロフェッションの社会的機能は、多元的な社会において一定の普遍的な価値を実現することであり、具体的な依頼者との関係で、個別の事件を法的に扱うという公私の媒介機能を果たすことでそれを実現する。

さらに、Parsons は法プロフェッションについて、現実に統合機能を果たす場である訴訟における役割、そして訴訟手続の機能にも注目する。訴訟手続は、依頼者の持つ問題の争点を限定し、それによる解決の受容性を高める効果があり、また依頼者の利益擁護と法の要請のディレンマに悩む弁護士をそのストレスから一定程度解放する機能もあるという。

このように、機能主義の立場からは、法プロフェッションを、法の価値という普遍的価値を実現することにより社会統合機能を担うものと位置づけるとともに、具体的なプロフェッション＝依頼者関係においては、その役割の限定性、中立性を強調するところに特徴がある。つまり、依頼者から独立して、その役割を限定することで、一般的な法の価値実現という社会統合機能をよりよく果たすことができると考えているのである。そして、この議論について、さらにいくつかの点を指摘できる。

第1に、Parsons の議論では、専門家＝依頼者関係は、基本的に対等ではなく、圧倒的な専門知識の格差を前提に、パターナリスティックに依頼者の利益擁護を行うという図式を念頭においており、その関係性そのものに対する批判的な視点は持っていない。むしろ、専門知識の優位性のために、依頼者の属性にかかわらず普遍的にサービスを提供することがプロフェッションの普遍性を担保すると考える。しかし、この点については、専門家＝依頼者の相互作用と、そこで働く権力作用の問題つまり専門家支配の問題が指摘されるところであり、プロフェッションへのアクセスのみで十分な媒介機能を果たしたとはいえない。現在、プロフェッションの役割を考察するにはこの論点の考察は不可欠となろう。

第2に、諸特性については、上述のように、プロフェッションの社会統合機能と一応、整合的な説明がなされる。しかし、特性アプローチが示す特性を、それに不可欠なものとしてまで説明されているわけではなく、むしろ特性アプローチが示すような特性を所与として整合的説明が試みられている。よって、諸特性間の関連、つまり、専門的知識の優位のために職業団体による自己規律を必要とし、職業団体や依頼者への志向性が、営利ではなく公共奉仕に向かわせるといった説明も、必ずしも社会統合機能と論理必然的に結びつくものとまで言えるかどうかは微妙である。

　第3に、上述したように、法を実現する上では、裁判手続という媒体が重要であることが指摘できる。法が主として訴訟を通じて実現されるものである以上、手続への視座なしに、法専門家の役割や特性を論ずるのでは不十分であることが分かる。実際に、法専門家については、アドバーサリーシステムにおける党派的弁護がプロフェッションの機能を果たす上でも本質的な要素として語られてきた。この点は、プロフェッション論を構築する際に、プロフェッションの典型例として多くの研究の検討素材となっている医療専門家との大きな相違点といえよう。

　その他についても、Parsons のプロフェッション論に対しては、プロフェッショナリズムの主張は単に職業上の独占からの利益を護るためのイデオロギーに過ぎないという批判[33]や、プロフェッション＝依頼者のミクロな相互作用分析に基づいた新たな専門職の社会学の流れからの批判[34]があり、その楽観的とも言えるプロフェッションへの役割期待をそのまま受容することには問題がある。それでも、Parsons の説くマクロな観点からの現代社会におけるプロフェッションの機能には、法化を推進する日本社会におけるプロフェッションの役割を考察する上では、十分に検討に値する射程を有する議論であろう。

---

33) 例えば、Abel (1986).
34) 弁護士と依頼者の関係を微視的に捉えることでプロフェッション概念を再構築しようとした先駆的な研究として Cain (1979). フリードソン (1992) も、専門家による依頼者（患者）に対する権力関係を指摘する。

2　専門職化という視点

　Parsons の後のプロフェッション研究は、特性アプローチを問い直していく。プロフェッションとされる仕事の歴史的展開や、弁護士をはじめとする業務環境の変化に鑑みると、具備されるとする特性からの説明では、現実の記述として適切とは言えないばかりか、安易にプロフェッションの理念を前提とすることで専門職の既得権益を保護、伸張するのを助けることになるとも考えられた。

　Larson（1977）は、プロフェッションがプロフェッションとして市場での独占を勝ち取っていくことを「プロフェッショナル・プロジェクト」と称し、このプロフェッショナル・プロジェクトは依頼者や社会の利益を増進するためのものではなく、基本的には自らの利益の増進をはかるものとする。専門家が専門家としての地位を主張、確立する過程に着目する議論は、Abbott の議論にもつながるが、第 2 部でも見てきた、専門職化（Professionalization）の議論となる。この角度からは、プロフェッションを標榜すること、つまり、プロフェッショナリズムの主張は、イデオロギーに過ぎないということになり、この概念自体の廃棄を求めることになる（Johnson1972）。

　合衆国では、弁護士事務所の大規模化によって、弁護士業務の組織がビジネス化、場合によっては官僚組織化し、商業的な圧力や組織原理によってビジネス化が進んでいること、依頼者の利益増進の方向への力学が強く働き、党派性の行き過ぎで裁判が非効率で公正さを失っていることへの批判が生じるようになった[35]。日本でいちはやく法サービスモデルを提唱した棚瀬も、こうした議論から示唆を得て、弁護士広告規制を例にプロフェッション批判を行ったのである。

　日本の弁護士の現状に鑑みても、その業務形態がビジネス化し、組織形

---

[35] こうした弁護士研究は、日本の弁護士業務の変容の影響を占う上で参考になるだろうが、現時点での弁護士調査によれば、日本で生じ始めている弁護士事務所の大規模化や組織所属の弁護士の増加は、アメリカに比するとその規模はなお非常に小さく、単純に対比できるものではないと言われる（吉川2016）。

態も官僚化していく流れは不可避であり、それに抗する組織原理として、アソシエーションを基盤とするプロフェッションとその自律性の維持に過度の期待をすることには限界がある。しかし、なお強制加入団体である弁護士会をもち、専門性が高い法の専門知を個別事例に当てはめて用いる裁量を持ち合わせている弁護士の仕事の基本は維持されている。専門家による依頼者支配の問題を指摘してきたフリードソン（1992）は、医療専門職を念頭に、それでも専門職集団による自己規律や依頼者からの一定の自律性を保つことの意義をなお強調している。組織原理としてのプロフェッションに目を向けるときは、その「自律性」の意義とその含意についての再検討が必要であると言えよう。

　もっとも、Parsons的な役割道徳の観点からのプロフェッション論は、日本では十分に展開していていない。日本の弁護士役割論は、アメリカ型の当事者主義的な訴訟手続構造を念頭においてきたわけではない。「公共奉仕」は、刑事弁護や法律扶助事件など、一定の領域でのプロボノ活動を想定しており、一定の訴訟構造を通じた、私益の追求が法の実現という公的理念を実現するという見方はあまり一般的ではなかった。そこで、民事訴訟という枠組みのなかで、弁護士のプロフェッション性をいかに観念しうるのかについての議論を深化させる必要はなおあると思われる[36]。そうした裁判構造を前提とした役割道徳の観念が未発達である中で、訴訟自体の専門化、手続の多様化という近年の変化の影響を抽出して独立して問うのはいっそう困難である。そこで、ここでは、裁判業務の変化に応じた役割道徳のあり方の再検討が必要であるという指摘にとどめ、裁判業務も含め、弁護士業務が他の隣接職や専門家の領域へと進出し、そうした領域の専門家と競合するようになっているという、より広い文脈で弁護士のプロフェッション性に生じうる変化に目を向けたい。

---

36) 那須（1997）は、通常の民事業務の中に弁護士のプロフェション性を見いだそうとする議論をしているが、弁護士は、これまで、通常の民事訴訟業務とは異なるプロボノ活動や、訴訟においても手弁当での公益性の強い裁判での代理活動に弁護士の「公共奉仕性」を見いだしてきていた。筆者は、渡辺（2004）で若干の検討を行ったことがある。

3 専門化による管轄の競合と確立

そうした議論の土台としては、第2部でも参照してきた Abbott のプロフェッション論や、その議論を1つの下敷きに、社会過程としてプロフェッションを理解しようとする Liu (2013) の議論が参考になる。

Abbott (1988) は、プロフェッションの専門性の基本となる知識体系とその活用という仕事自体の特色に目を向け、そうした仕事を通じて自らの職域を獲得するメカニズムを、他の職との競合の中での「管轄権 (jurisdiction)」の主張としている。Liu は、この Abbott の仕事概念を下敷きに、知識をプロフェッショナルなカテゴリーに制度化することを、専門的な問題について競合する診断の争いと動的にとらえる[37]。

弁護士が、その業務領域の拡大と専門分化が進展する中でプロフェッションとして存続し、その業務領域を弁護士の仕事として維持、拡大していく過程を把握するには、弁護士の具体的なミクロな営みに目を向ける必要がある。そうした弁護士の日々の営みの中で、法の専門性やそれと密接にかかわる自律性も組み立て直していく必要が生ずる。それを描写していくことによって、プロフェッション性を維持あるいは再構築するマクロなプロセスも視野に入るだろう。第2部では、医療事故訴訟での医療専門家と法専門家の間での境界活動を描いたが、そうしたミクロな営みは、随所で行われているといえよう。

ポスト司法制度改革期である現在、弁護士は他の隣接法律職や、他の専門領域に進出する際、ある問題を、弁護士が対応すべき法的問題として診断し、対処しつつ、その管轄を主張している。例えば、簡易裁判所での訴訟代理について、認定司法書士の業務範囲をどう理解するかについての争いは、文字通り管轄権の争いであるし、ADR 促進法の制定によって、弁護士以外の士業や、その他の専門家が手続主宰者として参入し、既存の

---

37) 境界設定 (boundary making)、境界曖昧化 (boundary blurring)、境界維持 (boundary maintenance) という概念を用いて、Abbott と異なり、そうした社会過程としてプロフェッションをとらえようとする。現在の弁護士が置かれた状況を記述するには有用である。

ADRと並び立つようになっているという現象も、その角度から検討することもできる。

専門訴訟も、問題となる専門領域での専門知にかかわる問題について、その専門知に則した解決が求められるようになっているという点で、法的な解決の自律性を損ないうる面がある一方で、その専門領域の自律的解決ではなく、法専門職が一次的に担う裁判という秩序形式に組み込んでいくという面もあり、その訴訟過程自体が、一種の管轄権争いとして立ち現れる[38]。そこで、そうした営みの際に、何を弁護士の援助が必要な法的な問題として規定して引き受けようとするのか、そして他業種との協力関係をどのように築きつつ、弁護士の仕事の範囲を画定しようとするのかに着目すれば、法の境界の構築過程が視野に入る。

弁護士の職域の拡大も、これまで他の職業が担ってきた仕事の引き受けや、新たに法的な問題との診断を行って[39]、法の境界を拡張する過程といえる。司法ソーシャルワークもそうした例であるし、組織内弁護士が組織内で新たな業務を開拓するという場面、あるいは例えば病院の倫理委員会の第三者委員として弁護士が参加して医療の専門的な判断に関与していく場面なども、そうした文脈で整理できる[40]。

そこで、法的解決や弁護士の「専門分化」を、プロフェッションの仕事の管轄権ないし境界活動として把握した場合に、これまでプロフェッション性の重要な特性とされてきた、専門性や自律性がどのようなものとして理解されうるだろうか。

---

38) 医療過誤訴訟における因果関係の判断のあり方を例にした考察として6章参照。
39) これまで誰にも担われていなかった領域をAbbottは「空白（vacancy）」と呼び、そうした空白部分への進出も視野に入れている。
40) 最近の医療事故調査制度の設立は、医療事故の処理を、裁判で行うべきか、裁判というルートを回避する形で処理されるべきかについて綱引きの結果、医療の「プロフェッショナル・オートノミー」に期待し、医療機関の自主的な調査を基本とするしくみとして発足することになった。これも管轄権の争いで、法が医療にゆずった例と言えるかもしれないが、医療にその理念を持ち込んだのは、むしろこうした制度設営に関与した法律家だった面もあり、複雑な相互作用が見て取れる。

4　専門化の進展と弁護士の専門性、自律性

　社会全体での専門分化が進む中、弁護士が専門分化していくのは当然の流れとも言えるし、そうした流れからは、弁護士のプロフェッション性としても、その専門性に力点が置かれるようになっている。アメリカでは戦後から、弁護士がそれぞれ専門分野を持つことが推奨されるようになってきたというが、日本でも、弁護士事務所の大規模化が進み、一定の集中分野を持つ弁護士が増え、専門化は進んでいる。

　従来のプロフェッション論では、その専門知については、高度の学識にもとづく抽象的・体系的な知とされていたが、専門分野の細分化とともに、専門的技能や専門知という要素がますます重視される一方で、その知に対するアクセスは向上し、コード化が進む。専門分野の細分化と専門知のコード化によって、伝統的なプロフェッションが受けてきた教育訓練を受けていない者でも、一定の分野についてサービス提供ができるようになっている。6章では、医療における診療ガイドラインの整備を例に若干の考察を行ったが、情報技術の発達から、専門情報へのアクセスが向上していることも、そうした動向を後押ししている。知識領域の細分化と、そこでの知識のコード化により、部分的な知識領域については、他業種や隣接業種でもアクセス、活用可能となるのである（法の文脈でKritzer1999）。

　法に関しても、情報化の進展、コード化ないし、標準化が進むことで弁護士でないとできない仕事はなくなっていくとの指摘もある（Susskind2010）。しかし、専門知には、抽象的でフォーマルな知識だけでなく、暗黙知と言われるような経験知も含まれており、抽象的な専門知のコード化が進んでも、診断や処置の段階ではその専門領域の一定の暗黙知に依拠せざるを得ない[41]。こうした暗黙知への依拠が、弁護士の判断の自律性をかろうじて支えることにつながるだろう。ただし、Eyal（2013）も指摘

---

[41] 医療の分野でのEBMの浸透や、それにもとづくガイドラインの策定は、医療機関や医師ごとの治療方法のばらつきを抑制し、専門家個人の裁量の範囲を狭め、かつそうした情報への一般からのアクセス可能性を高める方向への変化を生ずる。第6章Ⅳ参照のこと。

するように、専門家と専門的知見を区別して、こうした知識形態の変化に目を向けると、専門情報の標準化やアクセスの向上は、専門家の自律性自体は弱めても、専門知としての幅と力は強化され、司法制度改革審議会意見書が求めたような「プロフェッションとのコミュニケーション」は促進され、ひるがえって法専門家の社会的役割も大きくなる可能性はある。

　プロフェッションがプロフェッションとして、官僚組織やビジネスと区別されるメルクマールとして、かねてから自律性が重視されてきたが、弁護士業務の組織のありようの変化も弁護士業務の自律性の質に影響を与える。合衆国では弁護士はその依頼者によって階層化が進んでいる。それによって弁護士全体のコミュニティの可視性が低下し、逆に個々の弁護士が所属する組織原理や、依頼者からの圧力の影響を受けやすくなり、弁護士の自己規律や規範志向性にも変化を与えているという。専門家共同体での専門職倫理の策定、実行を正当化してきたが、組織の拡散は、そうした相互監視力を低下させる一方で、依頼者によるコントロール可能性を高める。

　合衆国とは比にならないとしても、日本でも司法研修期間の短縮、弁護士人口の急激な増大によって、弁護士界全体の可視性や、相互監視の程度は、10年前と比較すると、急速に小さくなっている。それにより、法曹全体や、弁護士コミュニティへの志向性を低下させ、理念としてよりも事実上、対価を支払う依頼者への志向性が高まることになる。

　従来のプロフェッション論では、「弁護士の自律性」は国家からの自律と、独自の職業倫理にもとづく弁護士の自己規律だけではなく、依頼者からの自律も含意してきた。弁護士コミュニティや裁判業務環境の変化の中で、理念として自律性概念がどの文脈でどのように用いられているかを子細に見ていくことによって、この概念の含意を整理し直すことができよう。

　プロフェッション批判は、その市場性の否定を批判するため、「公共奉仕性」批判に力点が置かれてきたが、実際には、依頼者の自律と対立する「依頼者からの自律」という自律性にこそ問題があるとされていた（和田1994）。そして、これは、専門性から導かれる本質的な要素でもある。専門分化により、情報へのアクセス可能性が高まり、知へのコントロールが低減することで、その意味での依頼者からの自律性は相対的に低下しうる

が、Parsons やフリードソンが言うように、なおプロフェッションの自律性という組織原理に社会統合等の期待がかけられるとすると、それはどういう意味での自律性であり、どのような条件を整備する可能性があるのか、という観点からの検討が望まれる。

V　裁判手続と法専門家の専門性

　そこで、本章の結びとして、今期の司法制度改革でも、司法の役割の強化の主たる舞台として想定してきた民事訴訟という手続過程における弁護士の役割、というやや古典的な弁護士役割論に立ち戻り、専門化の進展と、他方で法の支配の確立を実現しうる法専門家のありようについて若干の考察を行いたい。
　まずは、こうした議論の深化がみられる合衆国での議論を参照し、それを踏まえて、ポスト司法改革時代の日本での弁護士への手がかりを得たい。

1　アドバーサリーシステムと役割道徳

　先述したように、Parsons のプロフェッション論は、プロフェッションたる弁護士の役割としては、アドバーサリーシステムでの訴訟代理をモデルとして構想されていた。そこで、まずは、アドバーサリーシステム下での、弁護士の役割道徳という古典的な整理をしておく。
　アドバーサリーシステム[42]は、当事者こそが自分自身の権利の主人であるべきであり、当事者を主導とする審理方法によってこそ公正な裁判が行えるという個人の自律の理念によって支えられている[43][44]。その目的を達成する条件として弁護士と裁判官が、それぞれの役割に徹することが

---

42) このシステムは、アングロアメリカの法伝統に深く根ざしており、その中核にある証拠提出の権利及び弁護士代理の権利は、17世紀のイギリスの絶対主義体制に対する法的統制として発展したと言われる。Hazard（1978: 121）.
43) アドバーサリーシステムの根拠論については、真実発見説のほか、当事者が法廷で言い分を聞いてもらえることによる心理的満足を根拠とする満足説、当事者の手続的権利の保護の実現に最適の手続であるという保護説などがある。小林（1985）.

予定されている。つまり、弁護士は依頼者の利益の最大化の為に忠誠を尽くす弁護人として、裁判官は中立的受動的で公平な裁定者としての役割をそれぞれ遂行するよう求められるのである。弁護士はその役割を十全に遂行するため、依頼者の利益の最大化のために熱意を込めて弁護する党派的忠誠と、依頼者の目的と個人的には中立的な立場をとり、党派的忠誠のためになした行為の倫理的法的な責任を問われない倫理的中立性という2つの役割道徳の原理に従うことが要請されている。この党派的忠誠と、倫理的中立性という役割の根拠は、それによる真実発見への寄与[45]と、個人の自律性の擁護[46]という2点に集約されてきた。

　プロフェッションの特性として、厳しい自己規律的な職業倫理が要求されるが、これは、一般的な個人の内面道徳としての倫理と重なるものの、プロフェッションとしての職業上それとは別個の要請をも含み、市民道徳

---

44) これらの根拠論に対し、ルーバンは、アドバーサリーシステムは、根拠について議論をする以前に全ての当事者によって受容されている前提条件であり、根拠についての議論を議論と呼ぶのはミスリーディングであるとまでいう。Luban（1983: 89）。アドバーサリーシステムの真実発見機能を強調する説としてFrankel（1975）。Frankel判事は真実発見を訴訟の至上目的と考え、その目的実現には弁護士が第一次的責任を負うと考える。

45) ABAの公式見解では弁護士と裁判官の訴訟システムでの役割分担によって、同時に複数の矛盾する役割を果たすことは難しいという認知的不協和を克服できることを挙げている。つまり、裁判官は裁定者として中立客観的な判断を要請されるが、その役割に専念するためには両当事者を十分に理解するための当事者への共感、一体化といった役割を弁護士に委譲することが望ましい。弁護士の党派的な主張立証は2つの対立する解釈を同時に示して解釈を未決状態に保つため裁判官の先入観、偏向、速断を矯正することが出来るという。これはABAのThe Joint Conference on Professional ResponsibilityのFullerとRandallのレポートによる。弁護士責任規範もこの議論を参考にして制定されている。アドバーサリーシステムは、「十分に理解していないのに、馴染みのあるもので即座に判断しようとしてしまう人間の性向と闘う唯一の実効的手段」であると述べられている。Fuller & Randall（1958）。ここでは弁護士の役割を訴訟代理とカウンセリングとに分類し、依頼者の為の党派的弁護は訴訟代理に限定し、弁護士業務のプロットタイプはむしろカウンセリング業務であると捉えている。アドバーサリーシステム内での役割分担、それ以外の文脈での役割と訴訟業務での役割分担、と二重の役割分担でのチェックアンドバランスで法業務の公正な運用がはかれると考えている。

46) 特に刑事裁判で国家から訴追を受けた被疑者の弁護を被疑者の個人としての尊厳擁護として例示される。Freedman（1975）。

とは区別される。そして、これはアドバーサリー・システムにおいては、さらに独特の役割道徳が要請されることになる。

　弁護士は、その法的専門技能をもって国家の暴政、圧力から弱小な個人を守るチャンピオンであり、訴訟代理をもっては依頼者の利益を最大化することを使命としている。また同時にオフィサー・オブ・コートとして法システムの枠組みを擁護し、その目的を達成することもその役割としている。よって、弁護士は特定の依頼者の私的利益を熱心に弁護する一方で、オフィサー・オブ・コートとしての責任も果たさなければならない。この二面性は、媒介機能を果たす弁護士職の本質ともいうべきものである。よって、職業倫理としての弁護士倫理も、このアンビバレントな役割を果たす上で要求される倫理規範として提示され、この矛盾する2つの役割をいかにして折り合いをつけていくかが問題となる。

　伝統的には、上記の2つの矛盾する義務を「法の範囲内で自分の依頼者を誠実に（zealously）に代理すること」が、「弁護士の依頼者と、システムに対する義務」でありその限りにおいて私的目的の追求が不当に公的な目的を阻害することはないという考え方で調整してきた。またこのことは、弁護士は「法の範囲」であれば自分の依頼者のために忠実に行った行為や用いた手段について法的にも道徳的にも責任を負うことはない[47]ことも含意すると解釈されてきた。つまり、弁護士の依頼者への党派的忠誠義務を「法の範囲」に画定することでシステムへの義務遂行をクリアーさせ、党派的忠誠義務を遂行する限りにおいては弁護士の倫理的責任を問われることはないと解釈するのである。

　ただし、プロフェッション団体を主体として厳しくメンバーの品質管理を行う自己規律においては、公共奉仕の称揚と、逸脱者への懲戒処分がその現実の手法となり、一般的な道徳との矛盾はそれほどない。それに対し、

---

[47] Schwartz（1978）は、アドバーサリーシステムが実効的に作動するために弁護士に課される二原理として、プロフェッショナリズムの原理（依頼者勝訴のための党派的弁護）と、免責の原理（依頼者勝訴のために努力する限りでの行為に対する道徳的責任の免除）と名付けている。同様の内容の原則にサイモンは党派性の原則、中立性の原則と名付けている。Simon（1978）．

直接の媒介機能を担う訴訟遂行においては、弁護士は、依頼者と法システムに対して、その役割に由来する独自の職業倫理が要請される。つまり、法への忠誠と依頼者への忠誠の二者であり、これは通常の一般道徳と区別されるだけでなく、一般道徳に対して無関心であることをも要請するのである[48]。

では、訴訟手続きを中核として依頼者の弁護に特化することで法の理念を実現し社会統合機能を担っていくことと、プロフェッションによる品質管理はどのように結びつき、整合的にプロフェッションの社会的機能に収斂しうるのか。この点は、弁護士の倫理性を外枠で担保するのがプロフェッション団体による自己規律ということになる。

しかし、これらの前提は、それぞれ相互に結びつくわけではなく、むしろ弁護士会による自己規律と、弁護士の役割道徳はそれらが予定調和的に「法の範囲での党派的弁護」を実現するものとして記述されるにすぎない。

よって、この要請が成り立つには、少なくとも以下の条件が満たされている必要がある。まず、弁護士と裁判官の完全な役割分担で所期の機能を果たすためには、両当事者の能力や力関係の不均衡を弁護士が矯正し、互いが十分に党派的な弁護を尽くされなければならない。そこには、弁護士のインセンティヴ、資源、能力などのおおよその均質性が想定されている。

また、「法の範囲での党派的忠誠」という弁護士の行為の範囲の画定には、弁護士の行為を規制する正統かつ客観的明確な法が存在することも前提となる。

他方、弁護士の質の均質性、行為規制という前提は、高度に専門的な法知識、技能の水準の認定、維持といったプロフェッションの品質管理のための弁護士の団体的な自己規律への信頼があってこそ成り立つものである。つまりアドバーサリーシステムでの「法の範囲での党派的忠誠」という弁護士の倫理的義務の妥当性は、弁護士自治への概括的な信頼に担保されて

---

48) Wasserstrom (1975). Wasserstrom (1981). ある役割のために、一般に適切と考えられる道徳的観点とは大きく異なる道徳が妥当することがある。弁護士と依頼者の関係のあるところでは、弁護士は他の文脈では道徳的に重要な依頼者の目的、結果についての無関心を要求される。

いるのである。しかし、これらの条件は、原理的にも実際的にも満たすことは困難である。

2　役割道徳を越えて：弁護士倫理への新たなアプローチ

アメリカでは「多すぎる法」「弁護士数の増加」「訴訟爆発」が法化の問題[49]として捉えられることが多い。弁護士数の爆発的増加は、法の増加と相俟って訴訟の爆発的増大[50]を生み、それが国家財政を逼迫していると言うのである。弁護士の増加に伴う階層分化と、市場競争への組み込みは、訴訟遂行場面での弁護士の行為規律を支えてきた弁護士の自己規律の破綻を帰結する。訴訟数の増大に対応した効率的司法運営の要請、また自己規律による統制が困難になった、弁護士の過度の党派性の問題は、アドバーサリーシステムでの役割道徳による均衡を破ることになる。弁護士の過度の党派性は訴訟遅延など無用に司法のリソースを浪費する上、真実発見といった裁判の結果の公正さの実現にも役立たない。さらに、弁護士の依頼者に対する義務を党派的忠誠に縮減することで依頼者の真のニーズはかき消されてしまう危険もはらむ。依頼者への党派的忠誠は、法システムの維持にも、依頼者の利益擁護にとっても適切な要請とは言えないのである。

そして、このような問題に対しては、アドバーサリーシステムの修正と、弁護士への規制の多元化による対応が試みられている。

アドバーサリーシステムに対しては、いわゆる「管理者的裁判官 (Resnik1982)[51]」の出現、訴訟管理という形での審理の運用改善と、それに伴う役割分担のシフトが生じている。訴訟管理の在り方は多様で一般化

---

49) アメリカの法化、非＝法化論について、Abel（1980）法化、非＝法化のイデオロギー的基礎には、牧歌的な共同体への郷愁、法システムの非実効性への批判、リーガリズム擁護など多様な要素が絡み合っていると言われる。Galanter（1992）は、さらに、法の方法伝達の在り方の変化、法そのものの変容もその内容とし、法が複雑になりすぎたことでかえって法律家の法の操作の範囲が広がっていることを指摘する。

50) こうないわゆる「訴訟の爆発（litigation explosion）」が、人口増加との比率を越えて存在するかについては懐疑的な議論もある。Galanter（1983）等。

は困難だが、その本質は連邦民事訴訟規則で利用できる手続の利用を制限する目的で裁判官がアドホックに弁護士にコストを課すことにあるとの見解（Elliot1986）[52]がある。そして、さらに1983年に改正された連邦民事訴訟規則11条[53]は、弁護士がフリヴォラスな訴えやディスカバリーを行ったり、根拠のない訴答書面を提出することがないよう、書面への署名を義務づけ、違反に対しては裁判官が弁護士に制裁を課すことを義務づけた。これは、弁護士に訴訟の効率的運営に関する責任を問い、さらに弁護士を監督する権限も裁判官に与えるものであり、アドバーサリーシステムの枠組みも、自己規律を基本とする弁護士倫理の枠組みにも変更を迫った。この規定は、かえって11条違反をめぐる付随訴訟を引き起こして訴訟の煩雑性を悪化させているとか、特に市民権訴訟のような訴訟を敢えて提起することを抑止させるもの[54]との批判も多く、93年には、弁護士の義務は拡大しつつも、制裁の要件には制限をかける形でさらに改正されている[55]。しかし、この規定は、現に弁護士の行動に大きな影響を与えており、弁護士活動を規定するものとして、手続の影響力の大きさ、そして弁護士の自己規律の原則が大きく揺らぎ始めたことを如実に示したものであったといえる[56]。

　弁護士のみが弁護士の活動の質を評価し、規律することができるという

---

51) Resnik 自身は、管理者的裁判官を伝統的裁判官像からの逸脱として非難する。裁判管理を実務の上で実践的に進めているペッカム判事による Resnik への再批判を含めた、アメリカの管理者的裁判官の紹介としてバーガー（1990）、安達（1991）、山本（1990）、橋本（1991-1992）。
52) Elliot（1986: 312）では、手続を利用するコストを上げるとの指摘について、ここで依頼者に対するコストと弁護士に対するコストは区別しなければならないという。事件管理によって弁護士へのコストを増大させることによって依頼者のコストを削減することになると言ってもよいという。その際弁護士に課せられたコストが依頼者に移行することは少ないという。
53) 11条については、椎橋（1996）参照のこと。
54) Nelken（1986）. また、市民権訴訟を抑止するという形で、本来中立的であるべき手続法が、実体法上のバイアスを生じ、手続法の中立性をそこなうという観点から、11条および手続法の原理を考察するものとして、Spiegel（2000）.
55) その後、2007年にも改正されているが、形式上の修正であり、実質的な内容の変更はない。

自己規律の理念は、依頼者の自律性擁護の観点から正当化するのは難しくなっている。例えば、Wilkins (1992) は、弁護士の独立性と、弁護士による自己規律は必ずしも結びつかず、むしろ弁護士がプロフェッションとして活躍し、それにより社会が利益を得られるように、弁護士活動を規律できるシステムが作りうるかが問題であるとし、弁護士活動の場面や依頼者の属性に応じた多元的な弁護士規律システムを提言する。

　そして、訴訟手続の中での「依頼者への党派性」を、依頼者の自律性擁護と同一視する見方が揺らいでいることから、弁護士倫理について、例えば Simon (1978)[57] は、そういった限定した役割道徳を越えて、法の目的、精神を代理の文脈において実現していく「目的主義」アプローチないし、弁護士が「個々のケースの事情を考察した上で、正義を最もよく促進すると思われる行動をとる」「倫理的裁量」を行使することを求めている。弁護士は、手続や法の解釈、その妥当性や適用範囲についても倫理的な判断を要求する。この考え方は、法や手続が弁護士＝依頼者関係、そして弁護士による訴訟追行を通じてはじめて立ち現れるコンティンジェントなものであることを前提[58]に、法プロフェッションが、法を実現し社会統合機能を担っていく条件を探求する試みである。弁護士規制の多元化の流れにかんがみても、弁護士への懲戒を前提とした倫理規則をはじめとする行為規則の修得と、プロフェッションとしての自省的な倫理観、責任感の醸成は大きく隔たるものとなることも意味する[59]。

---

56) 改正前は制定以来19件しか公式に報告された事件がないのに比し、改正後わずか4年のうちに688件の報告がなされたという。Vairo (1988). またいくつかの実証研究がなされているが公表された意見よりも実際の11条の使用はかなり多いという結果がでている。またその規定の改正の効果として、弁護士は不真面目な申し立ての提起に神経質になり、ファームの他の弁護士の書面の事前のチェックをする、依頼者に主張提起を思いとどまらせるよう説得するなどするようになり、立法者の狙い通りに弁護士のプラクティスを変化させているという。ファームによっては11条の制裁に備えて教育を試みているところもある。自らのプラクティスよりも相手当事者の弁護士の対応に変化が生じたと考える弁護士が多い。Nelken (1991: 147-152). Vairo (1998) は、プロフェッショナリズムを損なうものとの批判が強いが、バーによる懲戒手続を補完し、集合的な規律を高める形での効果もあるとする。

57) Simon (1988), Simon (1998). さらに、佐藤彰一 (1999) も参照のこと。

そして、プロフェッション概念も変容を迫られる。つまり、役割道徳とそれを支える諸特性の単なる列挙では、法プロフェッションに求められていた、法の目的を実現できない。プロフェッションとしての弁護士の規範的な方向性を見いだしていくプロセスとして、プロフェッションへの新たなアプローチを切り開いていかなければならない[60]。

　その際、法や弁護士の専門分化、拡散化といった法をめぐる環境の変化、手続法の変更を通じた手続理念の変容の影響にも留意しなければならない。法や手続を作り出していく主体として弁護士を捉えると、その際の弁護士への倫理的指針は、法のなかにあるのか、それとも法の外の道徳的な判断なのかも、開かれた問題として残される[61]。法のなかにあるからといって、それが常にアドバーサリーシステムを前提にした党派的弁護であるわけでもない。よって、当事者である依頼者が、いかに弁護士との相互作用を行い、司法の主体となりうるかという課題は、プロフェッションのあり方を決する大きな問題としてより鮮明に浮かび上がってくることになろう[62]。

---

58) Wilkins (1990) は、リアリズム法学の見解を弁護士のプラクティスに当てはめて考察している。弁護士は裁判官と異なり、依頼者を有し、裁判以前に事実に接し、法的解釈を行う立場にあるため裁判官とは異なる形でより一層法の不確実性を経験し、またそれを操作しうる。弁護士を規制する弁護士倫理の不確実性、曖昧さがまた更に法の目的を殺ぐような法解釈を無制限なものにする。Luban (1988: 18-20) でもリーガル・リアリズムと、党派性は相互補完的な関係にあると指摘する。リーガル・リアリズムの観点からの弁護士の行為の分野における考察は裁判官の司法行動論に比してかなり遅れている。

59) ロースクールでの倫理教育は、懲戒規則の知識に終始することでかえって弁護士の倫理的で自省的な判断能力を損なうものになりがちであることを指摘する。Gordon & Simon (1992).

60) Nelson & Trubek (1992) でも「プロフェッショナリズムは一連の固定した価値のセットではなく弁護士の規範的方向性を決定する継続的なプロセスである」と、プロフェッショナリズムの新たなパラダイムを提示する。

61) この問題を、近代法の理念そのものの問題として捉えるのが棚瀬 (1995) および棚瀬 (1996)。

62) これらの課題を検討する上で、弁護士＝依頼者の相互作用のミクロな分析、紛争解決過程の理論は欠かすことができない。そういった研究は法社会学において進められてきているが、例えば仁木 (2000) を挙げておきたい。

3 裁判を通じた法の支配の確立とプロフェッション

　では、これまで検討してきた日本の現在の文脈においては、どのようなことが言えるだろうか。本章では、ポスト司法改革期の専門化が進展する中で、弁護士のプロフェッション性がいかに構築されうるかについて若干の見通しを示してきたが、冒頭に挙げたように、司法制度改革は、主として裁判を通じた法の支配を実現しようとするものであった。そこで、こうした裁判手続を前提とした弁護士の役割を念頭に、民事裁判の専門化という文脈の中で、弁護士に何が求められ、それを通じて実現する法の支配がいかなるものなのかを問い直す必要があるということになる。

　しかし、裁判における弁護士役割自体、日本では、これまで十分に議論されてきたわけではない。よって、専門訴訟化が民事司法にもたらす影響や、それを踏まえてさらに弁護士役割論に対していかなる示唆があるかを検討する前に、なお通常の民事裁判における弁護士の役割を問い直すことが急務であると思われる。日本の民事訴訟は、アメリカでのアドバーサリーシステムとは異なり、もともと裁判官による統制が強く、当事者の党派性はさほど強くないと考えられてきた。しかし、弁護士環境の急激な変化により、「プロフェッションとしての法曹」というタームとは裏腹に、法曹の一体性の意識はむしろ低下し、弁護士の弁護士会志向も弱まり、依頼者志向が相対的に高まっていくことは避けられない。よって、合衆国で指摘されてきた、依頼者への過度の肩入れ、すなわち過度の党派的弁護の問題は、日本においても同様に顕在化してくるおそれがあり、アメリカと同様に、裁判を通じた法の支配の実現をゆがめていくことが懸念される[63]。

　これは通常の訴訟構造を想定した指摘だが、専門訴訟においても、それほど大きな違いはなく、むしろ専門家の関与が党派性を助長しうることは、合衆国での専門家証人をめぐる経験からも明らかであり、第2部までで見てきたとおり、日本でも同様の指摘はされている。それどころか、専門的証拠の規律が弱いため、党派性への歯止めはなく、むしろ党派性が強化さ

---

63) すでに、そうした依頼者志向が強すぎる弁護の問題は指摘されている。

れていくおそれもある。専門化は、弁護士の専門化すなわち特定の専門分野での業務への集中を伴うが、一般的に言えば、それによって、特定の専門領域には秀でても、逆に法の一般的価値や目的、正義の実現といった要素を実現する「倫理的裁量」や「目的主義的弁護」を弁護士に求めることは難しくなると懸念されるかもしれない。

　もっとも、訴訟の専門化は必然的な流れであるものの、その現象を過大評価することもできない。専門訴訟の提起が急増するという現象はなお起こっていないだけでなく、専門訴訟とされる訴訟類型において、実際には専門委員や鑑定の活用は増えておらず、知財高裁の利用が伸び悩んだり、知財高裁の判断を最高裁が覆すなど、専門化推進とは逆のベクトルも働いていると考えられるからである。

　この理由については、多様な要因が考えられるものの、「プロフェッションとしての法曹」の主たる業務領域である裁判を、基本的には自らの管轄の問題として他の専門家の関与やそうした専門知の論理を受け入れることに抵抗する管轄維持運動の力学による面もあろう[64]。

　しかし、専門化の要請は必然的な流れであり、裁判という秩序形式の利用を促すには、これに適切に対応することも不可欠である。よってこのような管轄維持は、法や法曹の自律性は維持できても社会的要請に応答的な裁判とは言えないものとなり、好ましい現象とは言えない。また、専門化といっても、あくまで裁判という枠組みの中での対応である範囲では、法の一般的価値や目的と無縁ではあり得ず、「依頼者の党派的弁護」に機能を限定することなく、そうした価値の実現を求めるというアメリカでの新たな弁護士倫理の議論は、専門化の要請に応えるべき日本の弁護士に対しても射程が及ぶ。

---

64) 日本で知財高裁を設立する際も、知財の専門家を裁判官に据えるという制度設計には反対があった。専門裁判所の設置に対しては、アメリカでも推進の議論がある一方で、なおジェネラリスト裁判官による裁判であるべきとの主張も強い。こうした議論については10章参照。アメリカの知財を集中的に扱うCAFCが、より専門性の高い特許取引機関の判断を尊重しない傾向があることについて、Abbottの管轄権の主張の概念を用いて説明するものとしてPedraza-Fariana (2015) が興味深い。

日本では、弁護士人口が増えても、現時点では民事訴訟の提起数はそれに比例する形では増加しておらず、弁護士業務のなかでの民事訴訟代理業務の比重は下がっている。しかしそれでも裁判を通じた法実現とそこでの法曹の役割が、社会と法発展をつなぐ重要な媒体であり、「プロフェッションとしての法曹」に期待されているということには変わりはない。しかし実際にはそうした民事司法の改革もそのための運用上の取り組みもなお十分ではない。現在の専門化の要請も踏まえた上、司法の側でのインフラ整備のほか、かつて論じられた「審理の充実」のための取り組みも改めて必要となっている。相対的に専門化対応が進んできている弁護士への期待は大きく、これまでの特性アプローチを越えた新たな専門性を自ら開拓し、日本に法を浸透させる役割を担っていくことが求められている。

第10章

裁判の専門化と裁判官

I　はじめに

　本書でこれまで見てきたように、複雑化、専門分化が進行する現代において裁判も当然ながら、複雑化、専門化を免れることは出来ない。近時の司法制度改革においても、専門訴訟への対応が喫緊の課題とされた。そうした課題に対して、様々な対応がなされているが、そのうちの一つが、裁判所の審理体制の専門化にある。つまり、専属管轄化や専門部や集中部による対応である。これは、部分的に、裁判や裁判官の専門化＝スペシャリスト化を伴う。

　他方で、基本的に裁判官は法の専門家ではあるものの、ジェネラリストといわれてきた。日本の司法制度は、従来、等質性・画一性を重視してきたことから、裁判官についても、基本的には等質性が求められてきた。その任用制度も、キャリア・システムが維持され、2〜3年ごとに全国を配転するローテーションがとられている。こうした人事システムが、司法を官僚化させ、人事への関心ばかりで社会から隔絶され常識の欠ける裁判官を生むという批判から司法制度改革において法曹一元制の導入も求められたが、結局は見送られた。裁判官改革は、最終的に、「多様で豊かな知識、経験等を備えた判事」という理想の裁判官像とそれに向けた人事・教育システムの改善に収斂した。この裁判官像でいわれる「多様で豊かな知識・経験」とは、様々な専門性を備えた人材が裁判官として登用されることで全体として多様な知識・経験を有するというよりは、裁判官一人一人が多

様で豊かな知識・経験を備えていることを期待されていると考えられ、スペシャリストではなく、ジェネラリストとしての裁判官像が強調されたと理解できる。

つまり、今期の司法制度改革を経て、裁判官一般に対しては、ジェネラリストである裁判官像が維持・強調されたが、専門訴訟への対応の要請から、裁判の専門化は進められ、それに伴い部分的にではあるが、裁判官のスペシャリスト化も進められるようになっているのである。しかし、このような裁判の専門化は、裁判官の専門化をもたらし、ジェネラリストとしての裁判官像にも何らかの影響をもたらすのではないだろうか。そして、これはひいては、裁判というものの意味についても、問い直すことにも繋がりうるのではないだろうか。

本章は、こうした基本的関心から、まずは、これまでの日本の裁判官論から、裁判官に求められてきた役割を整理する。次に、裁判や裁判官の専門化が、どれほど進んでいるかを概観した上で、専門化が裁判や裁判官像にもたらしうる影響について、合衆国での先行研究を参照しながら検討し、課題を整理したい。

II　裁判官論の論点と裁判官像

裁判官のスペシャリスト化は、ジェネラリスト裁判官の理念を損なうのではないか。これは、IIIでみる、合衆国での裁判の専門化をめぐってしばしば論じられる点である。日本でも裁判官はジェネラリストといわれることはあるが、合衆国におけるほど「ジェネラリスト信奉」というほどのものは、そもそもないのかもしれない。また、一口にジェネラリストといっても、その含意について確認する必要もあろう。そこで、まずは、日本における、これまでの裁判官論から、日本での理想の裁判官像を素描しておきたい。

1　裁判官論の論点の動向

裁判官は、裁判を行うことをその基本的な役割としている。よって、裁

判官の役割の考察は、裁判をするということの理解や、それをめぐる法体系のありように深く関わってくる。

　法的三段論法を前提にすれば、小前提である事実を適正に認定し、それに大前提である法規を適用することで、判断を下す。それが、裁判官の判決行動の基本である。よって、事実の認定に問題がなく、適用すべき法の妥当性や解釈に争いがないような、いわゆるイージーケースの場合には、裁判官は「法を語る口」として粛々と判断を下せばよいのであり、裁判官については最低限「法を知る」ことは求められるが、それで十分とも言えるはずである。また、当事者主義を前提とすれば、裁判官は、当事者の主張を理解し、最終的な判断に集中する受動的な役割で足りるはずである。

　しかし、裁判官の仕事は、イージーケースの処理だけではない。戦後、違憲審査権が付与されたこともあり、立法府や行政府に対するチェック機能という制度的に組み込まれた役割期待も含め、様々な意味で判断が容易ではないハードケースの処理も求められている。こうしたハードケースでの裁判官の役割こそが、裁判官がいかにあるべきかという議論の核となる。また、日本では、裁判官は受動的ではなく、合衆国で言う「管理者的裁判官」(Resnik1982) が基本であり、1996年の民事訴訟法改正は、当事者の自主性、自律性に期待し、当事者主義を進める改正であったと言われるものの、なお裁判官の管理者的要素は、強く[1]、そうした裁判の手続運営においても主導的な立場にある裁判官を念頭におく必要もある。

　違憲審査については、なぜ国民から付託を受けたわけでない職業裁判官が司法審査を行いうるのかという原理的な問題（この問題の整理として市川2017）も提起するが[2]、こうした役割を果たすには、裁判官は、既存の法的知識だけに依拠した判断では不十分であり、いかなる裁判官が、どのよ

---

1) たとえば三木 (2013: 17)。「職権主義と当事者主義の調和を図ろうとする」（園尾2009: 43）「協働進行主義」（福田2010: 47）いう言い方もなされるが、当事者主義の徹底とは言いがたい。
2) 裁判官の任用の在り方の議論にもつながりうるが、さしあたり、ここではその問題には触れない。もっとも、法曹一元であれ、キャリアシステムであれ、同じ問いに直面しうる。

うに判断を下すべきなのかということが問題となってくる。そして、この点は、違憲審査だけの問題ではなく、裁判官による法創造全般の問題にも関わる。民法学における法解釈論争は、裁判官が法創造を行っていることを前提として、いかなる法創造が望ましいかという議論でもあり、それは間接的には、裁判官の資質や判断のありようにも関わってくる。裁判官が、どのような根拠に基づいて法創造をなし得るのかという問題は、裁判官に既存の法についての知識を超えて、どういった素養や知識を求めるのかということにも行き着くからである。

ハードケースは、違憲審査や法創造が必要となるようなケースだけではなく、事実や法が複雑であったり、様々な利害関係が絡むケース等も含み、判決だけでなく、訴訟手続の進行においても裁判官の関与の在り方が問われることになる（田中2003b）。

よって、裁判官論は、そうした裁判官の果たす役割との関連で論じられることになるが、従来、裁判官については、司法権の独立、職権の独立に関わって、憲法76条3項の「裁判官は、その良心に従ひ独立してその職権を行ひ」にある「良心」とは何かについて議論されてきたほか、裁判官の理想像についての議論などが代表な議論とされ、現在も参照されることが多い（たとえば飯2004）。

リアリズム法学が示唆してきたように、裁判官のパーソナリティや政治的信条といった要素が判決に影響しうることから、裁判官の良心についても、その内実を問う意味もあるということになろう。樋口＝小田中論争のきっかけともなった、石田和外最高裁長官の談話「裁判官が従うべき『良心』とは全人格であり、世界観と裁判の場での『良心』の使い分けは難しいだろう。私自身はそういう使い分けはしたことはないし、裁判を受ける人にとってみれば、明らかにそういう思想を持っている裁判官に、それに関連する裁判をしてもらいたくないというのが国民大多数の意見と思う」[3]という考え方は、ある政治的信条を持った裁判官による判決には、その政治的信条が影響を与える可能性があるということを想定しているかのようである。

なお、石田のこの発言は、青年法律家協会に属していた1971年の宮本判

事補の再任拒否問題を象徴とする「公正らしさ」論、つまり「裁判は、その内容自体において公正でなければならぬばかりでなく国民一般から公正であると信頼される姿勢が必要である」[4]との議論とも繋がる。そしてこの公正らしさ論は、裁判官の思想信条が実際に判断に影響を与えるかどうかとは関わりない点で注意を要する。「公正らしさ」論は、裁判結果そのものの是非よりも、裁判が公正らしく見えることが重要ということであり、清廉な裁判官による全人格的判断の結果であることにその正当性を求める議論ともいえる。

　こうした、石田が求める裁判官像は、政治的なイデオロギー対立が社会をも二分していた特殊な時期における裁判官論であり、これを現代の文脈で一般化するのは適切ではないかもしれないが、その後、現在に至るまでの裁判官の自己像に大きな影響を与えていると思われる（渡辺2015）。

　その是非はともかく、一定の政治的信条や思想を裁判官が持つことを好ましくないと考え、そうした政治的な傾向のある活動に裁判官が参加しない、政治的に中立な裁判官像ということになるが、それを超えて特段の知識・経験を求めるという方向性は持たない。むしろ、特段の知識・経験を有することは、裁判に特定の偏りをもたらしうるとも言えるが、政治色の強い事件については消極的な判断に終始するようになったのに対し、公害訴訟などではむしろ積極的に政策形成に関与していったと言われる司法政策からは、政治的信条以外の背景知識を有することについての考え方は直ちには読みとれない。

3）1970年の憲法記念日にちなんだ長官の談話。裁判官の良心について、「主観説」に立つものと理解されている。石田のこの談話は、裁判官の思想が、判断に影響しうるということも示唆するが、たとえ影響しなくても、裁判官が一定の思想を持っていることは、裁判の公正らしさを損なうという「公正らしさ」論にもつながる。樋口（1979b）は、こうした石田の提示した裁判官像を「政治的裁判官像」として、批判し、裁判官は国民や世論から距離をとり、具体的事案に即した専門合理性を尊重する立場に立ち返るべきという「伝統的裁判官像」を提示する。小田中聰樹との論争も含め、萩屋（2011）が詳しい。

4）裁判所時報544号2頁に掲載された1970年の新聞発表による事務総長談話。宮本判事補再任拒否事件を受けて、政治団体加入を慎しむべきとの公式見解を出している。

ただ、渡辺（2011）[5]でも検討したように、裁判を通じた法創造という文脈では、裁判官は、その前提となる立法事実の認定において、特段の専門的な知見の探索や科学的証拠に基づく判断をしようとはしていない。この意味でも、裁判官の「全人格的な判断」への信頼が前提とされており、個別の専門知識への期待は見られない。樋口は、本来、裁判官に求める良心とは、裁判官としての良心であり、専門的合理性を求めるべきところ、私生活にまでわたる「全人格」を求めることで、かえって裁判官を一定の政治性に方向付けることにつながったと批判している（樋口1971a）が、この石田の言葉の中にある「全人格」は、当時の裁判官の私生活も含んだ行動という意味合いだけでなく、裁判官の判決の妥当性を裏付ける要素としてしばしば言及されてきた[6]。裁判官による判断が、「全人格的判断」であるとされることは、日本の裁判官の「ジェネラリスト」性を求める議論にもつながるし、そのことを裁判官による判断の質に投影する表現としての意味も有してきたように思われる。

　他方、日本の裁判官は、訴訟手続きの運営には主導的な役割を果たしてきている。実際に訴訟運営方法等に関しては、法律雑誌等での裁判官による論稿も多く、非常に雄弁であり、この点に関しては格別の批判もないものの、その点を裁判官論の中心にすえた議論はあまり見られなかった（渡辺2002）。

2　司法制度改革における裁判官役割論

　では、今期の司法制度改革において、そうした裁判官への役割期待に対して、何らかの変化が見られたであろうか。結論的に言うと、個別の司法制度改革は、裁判官の役割にも変化をもたらしうるものが少なくなかった

5）筆者は、立法事実論に着目して、法解釈論争を概観したことがある。
6）もっとも、裁判官の良心を、裁判官の全人格だとする考え方は、石田に始まったものではない。たとえば、吉川（1954）でも、裁判官の良心について、「その人自身の全人格的な認識であることは間違いないでしょう」と言っている。こうした裁判官の人格的要素が判断に与える影響を示す言葉として「スジ・スワリ」があり、人格以外の要素も大きいが裁判官の常識、世界観、人生観の反映ということもいわれる。松村ほか（1996〜1998）（10: 88）。

が、こと裁判官を名宛人とする改革は、法曹一元論の導入論への対応が中心であり、それ以外の改革との関連からの検討までには至っていない。

　司法制度改革審議会意見書における裁判官論の特徴としては、裁判官についてもプロフェッション概念が用いられたことと、「多様で豊かな知識・経験等と人間性を備えた裁判官」という理想の裁判官像が明示されたことである。

　プロフェッションは、これまで弁護士役割論で言及されることの多かったが、意見書で「プロフェッションとしての法曹」として、裁判官についても言及されたことから、その後、裁判官についても「プロフェッションとしての裁判官」という役割論が示されるようになった[7]。

　プロフェッションは、弁護士役割論では、通常の専門家とは区別され、通常専門性のほか自律性や公共奉仕性といった特性を備えた職業をさす用語として用いられてきた。弁護士については、国家や依頼者から独立した存在であることもその重要な要素としてきたことからは、法曹一元制ではない日本の裁判官に対して「プロフェッション」概念を当てはめることはやや無理があるように思われる[8]。しかし、「高度の学識と専門技能、高い職業倫理、後継者の養成と、独自の規律維持」という特質があり、「法システム・司法制度の役割についての見識を備え、正義の実現・法の支配を確立すべく価値観・使命感を持ち、状況感覚（バランス感覚と方向感覚）と的確な判断力により期待される法実践をしていくことが求められる」[9]ゆえに、裁判官もプロフェッションだというように説明される。ここでは、法の実現という大きな価値を志向している点に力点が置かれている。

　裁判官にプロフェッション概念を持ち込むことは、弁護士における在野法曹モデルからプロフェッションモデルへの流れと、パラレルに解しうる

7）付随的ではあるが、司法制度改革によって新設された法科大学院で法曹倫理が必修化されたことから、法曹倫理の一項目として「裁判官倫理」が取り上げられるようになり、そこでも「プロフェッションとしての裁判官」というフレーズが用いられるようになっている。例えば加藤新太郎編（2004）。

8）プロフェッション概念や司法制度改革審議会でのプロフェッション概念については 9 章参照のこと。

9）加藤新太郎編（2004: 41）。

部分があるかもしれない。また、法曹としてのプロフェッション性の強調は、法曹の一体性の強調という側面もあり、法曹一元論への対応という意味合いもあろう。

しかし、この点に関しては、たとえば合衆国では、特に弁護士については、専門化の進展から、プロフェッショナリズムの維持が困難になってきているとも言われる（Kritzer1999）。逆に言うとプロフェッション概念は、一般的に言えば、スペシャリストではない、ジェネラリストとしての法曹、ひいては裁判官像と親和的と言えそうである。

次に、「多様で豊かな知識・経験等と人間性を備えた判事」が理想の裁判官像として提示された点についてである。法曹一元制推進論が、キャリアシステムがもたらす官僚的司法や裁判官の知識・経験・常識不足をやり玉に挙げてきたことから、今次の司法制度改革においては、その批判にこたえる形での裁判官改革が行われた[10]。法曹一元制の導入の前提として、審議会では、国民が求める裁判官像とは何かという観点からの議論がなされた。その議論は、中間報告において、次のようにまとめられている。すなわち、「『人間味あふれる、思いやりのある、心の温かい裁判官』、『法廷で上から人を見下ろすのではなく、訴訟の当事者の話に熱心に耳を傾け、その心情を一生懸命理解しようと努力するような裁判官』、『何が事案の真相であるかを見抜く洞察力や、事実を的確に認識し、把握し、分析する力を持った裁判官』、『人の意見をよく聴き、広い視野と人権感覚を持って当事者の言い分をよく理解し、なおかつ、予断を持たずに公正な立場で間違いのない判断をしようと努力するような裁判官』など多様な意見が出された結果、少なくとも、裁判官は、その一人ひとりが、法律家としてふさわしい多様で豊かな知識、経験と人間性を備えていることが望ましいとの共通認識を得るに至った」（司法制度改革審議会2000）としている。

ここで引用されているように、審議会では、審理において裁判官がどのような態度で当事者に接するか、といった点が議論の中心となっており、

---

10) 下級裁判所裁判官指名諮問委員会の設立や、裁判官の人事評価制度改革などが中心的な改革であるが、主として法曹一元制の代替としては、判事補の他職経験制度などがある。

判断者としての裁判官よりも手続運営者としての裁判官の態度に焦点が置かれていたのだが、整理の段階では、知識・経験・人間性といった裁判官のもてるものの問題とされた。そして、この「多様で豊かな知識、経験等を備えた判事」が、意見書にも取り込まれ、理想の裁判官像として強調された[11]。この「多様で豊かな知識・経験」という要請は、これまでの裁判官論において特に求められてこなかった点であり、注目される。この要請は、裁判官には社会経験が不足し、よって社会常識がないといった批判にこたえるために出されたものである。よって、「多様で豊かな知識」は、法以外の分野の専門知識も含みうるのだが、議論の経緯からも分かるように、一般的な社会常識の具備という意味合いと解される。

　もっとも、本来は、法曹一元制かキャリアシステムかという論点は裁判をすることへの理解に基づいて論じられるべきであるところ（棚瀬2010: 29）、主として、どういう裁判官が望ましいかという議論に終始したのは、ある意味で、日本的な裁判官論といえるのかも知れない。最終的には「多様で豊かな知識・経験等」に落ち着いたが、理想の裁判官像が主として、審理において求められる裁判官の態度に集中したのも、手続主催者として強力な「管理者的裁判官」を前提にしたからと思われ、この点も日本的と言えよう。

　以上のように、こと裁判官に関しては、全般的にジェネラリスト性が強調されており、専門訴訟に対応しうる専門性の涵養は、弁護士には求めても、裁判官について特別求めることはなかった[12]。ジェネラリストという言葉は用いられず、法曹全般について「プロフェッション」であることが求められ、それが新たに裁判官の役割論にも用いられるようになったが、

---

11) 2000年の司法制度改革審議会の中間報告においてはここで例示された望ましい裁判官像は、いずれもスペシャリストとしての裁判官ではなく、ジェネラリストとして円満でバランスのとれた人間像が想定されていると言える。そういった裁判官像の集大成が、「多様で豊かな知識、経験等を備えた判事」という表現となっている。
12) 弁護士については、弁護士事務所の法人化、共同化のほかに、専門性強化のため、継続教育の充実・実効化も求められた。裁判官については、専門訴訟への対応として専門部・集中部の拡充が一次的な対策とされ、裁判官改革において特に継続教育の強化等は提案されなかった。

その基本は、法全般についてのジェネラリストとしての裁判官像であると言えそうである。特に、今期の司法制度改革では、閉鎖的な司法の中にいて社会常識が欠如すること等が問題とされたことから、法の専門知識だけでなく、一般的な社会常識のあるバランスのとれた人格ということに重点が置かれ、何か特定の専門性を身につけることを積極的に推進する議論はしにくかったということもあろう（渡辺2007)[13]。

他方で、戦後からの裁判官役割論の論点にせよ、司法制度改革での裁判官改革論議にせよ、裁判官を明確に「ジェネラリスト」と性格付け、そのことの意義を強調するような議論も見られなかった。これは、「ジェネラリスト」は通常「スペシャリスト」に対比して用いられる言葉であるため、専門裁判所構想や専門参審制の登用などが議論とならない限り、ことさらに意識されることがないのが主因だろう[14]。

もっとも、「多様で豊かな知識・経験等と人間性」は、これまでの裁判官論の系譜からは、石田コート以来の裁判官の良心論で求められる裁判官の「全人格」の内実を、今期の司法制度改革の文脈で明確化した言葉とも評価できる。「知識・経験」は、ことさらに特定の専門性を求めるものではないが、知識という言葉からは、専門的知見を要する事件への対応も意識される。「スペシャリスト」との対比では「ジェネラリスト」が志向されていると言えるが、むしろ、本書でも指摘してきた裁判官の全能性の想定を維持し、あらゆる分野に通暁した裁判官という意味も含めた「ジェネラリスト」志向性を示す表現のようにも思われる。

---

13) 今期の司法制度改革において、常識を裁判に反映するという言説が力を持ち、そこでの常識には裁判員制度導入に際していわれた「一般常識」と専門訴訟への対応でいわれた「専門常識」があったが、裁判官に対して専門常識を直ちに求める議論とはならなかった。

14) 後述するように、合衆国では裁判官についてのジェネラリスト信奉が強いといわれるが、ジェネラリストという言葉が語られるのは、多くの場合、裁判の専門化をめぐる議論の文脈においてである。

III　民事裁判の専門化
　　：専門部・集中部から、知財高裁まで

　それに対し、今期の司法制度改革での民事司法改革の一つの柱が、「専門的知見を要する事件への対応」であった。

　「科学技術の革新、社会・経済関係の高度化・国際化に伴って、民事紛争のうちでも、その解決のために専門的知見を要する事件（知的財産権関係事件・医事関係事件・建築関係事件・金融関係事件など）が、増加の一途を辿っている」。こういった訴訟群は、「専門家の適切な協力を得られなければ、適正な判断を下すことができない」うえ、遅延を来たすとして、「様々な形態による専門家の紛争解決手続への関与を確保し、充実した審理と迅速な手続をもって、これらの事件に対処し、国民が実効的な司法救済を得られるようにすることは、現代の民事司法の重要かつ喫緊の課題である」[15]とされ、専門委員制度の導入、鑑定制度の改善といった専門家の協力体制の強化がはかられたほか、「法曹の専門性強化」として、弁護士の専門化に加えて、裁判所における専門部・集中部の拡充なども提言された。

　これらの改善策は、大別すると二つの方向性を有している。一つは、審理において専門家の関与を確保することと、もう一方は、専門性の類型ごとに手続を専門化していく方向である。前者は、適切な専門家の適時での関与と、その評価を必要とする点では裁判官にもその専門分野について一定の理解は求めるものの、裁判官に対して特段の専門性を求めるわけではない。しかし、後者は、その分野について特別な専門性を求めているわけではないとはいえ、同様の類型の事件を少なくとも在任中は繰り返し処理することで一定の専門性を身につけていくことが想定されている。

　前者として、専門委員の導入や、鑑定制度の改善などが行われ、後者として、専門部や集中部体制の強化、知財高裁の設立、労働審判制度の導入などが行われた。2001年には、大阪地裁・東京地裁には、医事紛争や建築

15）司法制度改革審議会意見書（2001）。

紛争に関する集中部が創設された。知財に関しては、特許権・実用新案権などに関する訴訟事件については一審を大阪・東京地裁に専属管轄化し、その控訴審を東京高裁に専属管轄化した上で、2005年には知財高裁を創設した。労働事件については、労働審判が新設されるなど、専門分野に応じた手続の在り方を個別に模索するとともに、特定の事件を特定の部門に審理を集中させることで、裁判所側の専門性を高めるという方策がとられた。

専門家の協力体制の強化と、裁判所の執務体制の専門化は、もちろん排他的な方向ではなく、相補的な改革ではあるが、その後の専門訴訟の運用状況や評価を見ると、専門家の協力体制の強化よりも、手続の細分化、専門化による改革のほうが、成果をあげているように見受けられる。たとえば医療過誤訴訟では、鑑定や専門委員の活用といった、専門家の協力は活性化されておらず、むしろ鑑定等の利用率は低下している。他方、医事集中部の設置が有効な改革と評価され、東京・大阪に次いで、横浜・さいたま・千葉・名古屋・広島・福岡・仙台・札幌に集中部が設置され、医事部に関してはすべての高裁所在地に置かれている。こうした改革は、多様な要素を含んでいるが、その基軸の一つとして裁判所側の専門性強化があり、ひいては、裁判官の専門性強化にもつながりうる。

もっとも、裁判所の専門化について、裁判所内での専門部や集中部による対応は、特段、新しいものではない。今回の医事部や建築部の創設も、次に見るこれまでの労働事件や交通事件などの専門部・集中部による対応の延長線上にあると言える。こうした専門部・集中部による対応は、日本の裁判の専門化の伝統的な手法と言える。そして、こうした専門部・集中部が特定の事件を集中的に扱うことについては、裁判官の専門化も伴いうるものであるにもかかわらず、これまで強い異論は聞かれなかった。

専門部や集中部で、裁判官がその在任期間中、集中して特定の領域の事件を扱うことで専門化したとしても、日本の裁判官の通常のローテーションシステムを前提とすれば、それは一時的なことであり、基本的にジェネラリストとしての裁判官像は維持されると考えられてきたからである。このローテーションシステムは、法曹一元推進論からは、司法官僚制を強化するシステムとして批判されたが、ジェネラリスト裁判官を維持する日本

的なシステムでもある。そこで、次に、民事裁判における専門部・集中部の意義について整理してみたい。

1　民事裁判における専門部・集中部の意義

　日本では、もともと裁判所内では専門分化の構造をとっている。裁判所は、刑事部と民事部、行政部に分けられているほか、戦後比較的早い時期から、大規模庁では専門部や集中部による事件処理を行っている。東京地裁では、1952年に、行政部と労働部、1961年に知財部をそれぞれ専門部として設置している（市村2016）。専門部や集中部は、各裁判所の数ある民事部のうちのいずれか１部ないしは複数部を、特定の類型の事件のみを扱う（専門部）あるいは、他の事件とともに、特定の類型の事件を基本的にその部で受任する（集中部）という形で執務体制をとるという裁判所内でのインフォーマルな専門化である。

　専門部や集中部の設置は、通常、当該類型の事件が急増し、効率的な事件処理が必要となるのに対応する形で行われる。保全や執行など、前提となる手続自体が異なる場合での専門化のほか、今期の司法制度改革におけるように専門的知見を要する事件ということから、集中化が要請される場合もある。そして専門部や集中部での事件処理の在り方については、それぞれ独自の手続運営の在り方を工夫して構築し、時にはそれが法律雑誌などでも紹介されるなどして、他の裁判所や実務家の参考に供されている。

　比較的歴史もあり、注目も集めた専門部に、交通部がある。1962年に、交通事故および交通事故訴訟の急増に対応するため、東京地裁民事27部を交通事故の専門部としたのである。交通部は、交通事故訴訟での損害賠償額の算定基準を作成し、判断の標準化を行った。フットは、交通事故処理のための書式や手続の合理化、判断基準などの作成を裁判所による政策形成の例とみて、「この制度を構築するに当たって、裁判所は中心的な役割を果たした。東京地方裁判所で第27部に配属された一握りの裁判官が、この動きを引っ張ったのである」（フット2006: 266）と評している。交通部については、こうした標準化の努力と、それに基づく裁判外紛争処理の促進から、訴訟提起数は激減することになり[16]、27部は、1978年に労災事件

も扱うようになり、専門部から集中部へと移行した。しかし、最近になって交通事故訴訟の提起が増えてきたため、再び専門部となっている。

交通事故は、特に専門的知見を要する事件という位置づけではなかったが、近時は、専門性に対応するための集中部・専門部の設置が進められている。2001年の医事集中部・建築集中部の設置などは、そうした対応である。

高裁所在地の大規模庁でも、専門部や集中部の設置は進められているが、超大規模庁といえる東京地裁や、大阪地裁では、その拡充が著しい。東京地裁の場合、2017年現在、51の民事部と18の刑事部[17]からなるが、民事部においては、商事部（民事8部）、保全部（9部）、破産再生部（20部）、調停・借地非訟・建築事件集中部（22部）、労働部（11、19、36部）、知財部（29、40、46、47部）、医療集中部（14、30、34、35部）、民事執行センターといった専門部・集中部体制をとっている。大阪地裁でも、保全部（1部）、商事部（4部）、労働部（5部）、倒産部（6部）、建築・調停部（10部）、交通部（15部）、医事集中部（17、19、20部）、知財部（21、26部）、執行部（14部）という体制をとっている[18]。

こうした集中部・専門部体制による専門化については、これまでまとまって注目・考察されることも少なく、大きな異論が出されることもなかった[19]。

専門部や集中部に配属された裁判官は、その任期中は、その事件類型や手続を集中して扱うことになり、その点で専門化が図られるものの、裁判

---

16) このように裁判所が先導して、紛争を管理することで、日本の民事訴訟数の増加が抑えられてきたことの指摘として、Tanase（1990）。
17) 2012年の初出の論文執筆時には54の民事部と24の刑事部で、建築事件集中部が22部と49部と2部に、調停部とは別に置かれていた。
18) 裁判所HPより。
19) 最近になって、専門部や集中部での審理方式について、雑誌が特集で扱うということも始めている。東京地裁について「裁判所専門部における事件処理の実情」NBL824号（2006）、大阪地裁について「裁判所専門部における事件処理の実情（2）」NBL832号（2006）や、「大阪地裁民事事件における現況と課題」判例タイムズ（2009）のほか、NBLでは、最近東京や大阪以外の裁判所での専門部での審理状況の記事を連載している。

官の配転により、その部署に固定化するわけでないことから、裁判官の視野が狭まるといった批判が出にくい。上述したように、通常のローテーションシステムにのることでジェネラリスト裁判官は維持されると考えられてきたのである。

　インフォーマルで緩やかな専門化であるため、組織改編も容易で柔軟なシステムであることも異論のでない大きな理由だろう。時代の流れとともに、大量に提起される事件類型にも変遷があるが、専門部や集中部は、その事件の流れに応じて、比較的頻繁に構成を変えている[20]。

　このようなことから、集中部・専門部体制は、組織の硬直化や、専門化による裁判官の視野狭窄を回避しながら、効率的・専門的に事件処理を行える効果的なシステムであるというのが一般的な評価と思われる。たとえば、2011年に公表された『裁判の迅速化に係る検証に関する報告書』でも、医事関係訴訟について、「医事関係訴訟を集中的に処理することは、同訴訟の審理の適正・迅速化にとって有益であり、それ自体、裁判を受ける国民の側にとってメリットが大きい」（最高裁事務総局2011: 33）と、集中部での取組を評価し、その拡充を提唱している。

　しかし、専門部・集中部による取り組みが裁判の専門化をどのようにすすめ、裁判に対してどのような影響を与えてきたかについて、より立ち入った理論的な検討やデータに基づく検証を十分することなく評価してしまって良いのだろうか。少なくとも、「我が国の司法制度は、かなり統一的な構造となっている。さらに、我が国社会の平等志向を反映して、司法制度の運用における等質性の要請は極めて強い」（最高裁判所1999）とすると、専門部・集中部体制の強化は、その等質性を損ないうるものと言えないだろうか。

　専門部や集中部は、そうした体制をとるほどの事件数や裁判官の数が確保できない小規模庁において導入することは困難であり、集中部や専門部が効率的な事件処理や、手続過程や判断の質を向上させるのに有効である

---

20) たとえば、大阪地裁では商事事件を、平成10年3月以前は倒産部で、その後商事・非訟・調停部で、平成13年4月以降は、商事部を専門部化させたということである。西川（2006）。

と評価できるとすると、都市部と地方との裁判の質の格差の問題も浮上する。実際に、労働審判は、特に集中部の存在しない地方で労働審判員の評価が高いのは、当地での労働訴訟に比しての専門性の高さへの評価ではないかと分析されている（佐藤2015）。集中部で蓄積したノウハウを、他の裁判所でも共有することが必要との認識はあるが、定型化しにくい分野や、地方では協力する専門家の人材確保が難しいような分野では、そこにも大きな壁があろう。

また、それぞれの専門部や集中部では、独特の手続運営を構築している点でも、ある意味では等質性を損なっているとも言える。もっとも、この点は、むしろ裁判所側は、手続運営の工夫を法律雑誌等で紹介するなどして他の裁判所のモデルを提示していると捉えている。

そして、より重要な指摘としてこうした専門部による対応は、その分野について裁判による政策形成がしやすい形ともいわれる[21]。確かに、集中部や専門部体制が、後でみる合衆国での専門化懐疑論のいう「特定の利益に取り込まれる」という危惧につながるとまでは言えなくとも、こうした影響については、これまでの経験もふまえてもう少し真剣に検討していく必要があるだろう。これまで、専門部や集中部による事件処理がもたらす影響に関しては、法学研究者の関心があまりに希薄だったのではないだろうか。

そうした中では、司法制度改革審議会で提唱された知的財産関係事件への対応強化から知財高裁設立に向けてよりドラスティックな専門化が提唱されるにいたって、はじめてまとまった議論が行われた。

2　知財高裁の設立に向けた議論

今回の司法制度改革の牽引となった産業界からの司法改革推進論は、知財訴訟の遅延や、その判断に対する技術専門性の観点からの疑問といった司法批判に基づいていたとも言われる。

折しも、2002年には内閣総理大臣が開催する知的財産戦略会議が「知的

21）前掲フット（2006: 282）。

財産戦略大綱」を出し、そこで知的財産関係訴訟の充実・迅速化が求められ、知財高裁創設構想が出され、司法制度改革推進本部に知的財産訴訟検討会が設置されることになった。そこでの審議の末、2004年に知的財産高等裁判所設置法が成立し、2005年より知的財産高等裁判所が東京高等裁判所の特別支部として発足するに至った。

　知財高裁の設立は、専門訴訟への対応を超えて、知的財産立国に向けた国の政策からの要請に応えるものであり、そもそも政治色が濃かった。当初は特別裁判所の創設という形で提案されたこともあり、その是非について、かなり議論もなされた。特別裁判所とすることや、技術判事の導入に対しては強い異論が出て見送られたものの、結果として特別裁判所に近い独自の専門裁判所となっており、裁判の専門化へと大きく舵をきる改革であった。また、労働審判制度も、専門性が高く遅延も著しいといわれる労働紛争を、専門家を審判員に導入して迅速に解決させるための新たな仕組みであり、裁判とは異なるが、専門化の一つの方向性を示す新たな改革と評価しうる。

　知財高裁は、合衆国で1982年に設立され、特許事件を専属的に扱う連邦巡回控訴裁判所（the Court of Appeal for the Federal Circuit 以下、CAFCと省略する）をモデルとして構想したと言われる。憲法上設立が禁じられている特別裁判所にならないかも絡んで、知財高裁を独立した高等裁判所とするか、東京高裁の特別支部にするかという点や、技術専門家として高度の技術的な知識・能力を有する技術判事を導入すべきかどうかが、大きな争点となった[22]。

　産業界側が、技術裁判官の登用も含めた特別裁判所化に積極的であったのに対し、法学や法曹側からは、慎重論が相次いだ。モデルとする合衆国でのCAFCも、知財の専門裁判所化には抵抗が強く知財だけを扱う裁判所ではない点、CAFCは合衆国における連邦最高裁判所の判例形成・統一能力の低下といった日本にはない事情に対応すべく創設されたものであるゆえに、日本の文脈とは全く異なる点も指摘された（山本2003）（笠井

---

22) 中山（2005）に、その経緯と、中山教授の見解が手際よく整理されている。

2003）ほか、専門部や集中部体制と異なり、「特別裁判所」に近いものとして構想されたが、今後知財関係の事件がコンスタントに提起されるという保障もないことから、組織の硬直化への懸念も出された。

　特に、大きな異論が出たのが、技術判事の導入についてである。非常に専門性の高い知的財産事件には、技術者や産業界からは、技術裁判官の導入が求められた（今野2003など）。しかし、法学者がわからは、憲法上、法的素養のない裁判官を任用することは問題になりうるということのほか、「裁判官は、法以外においては素人であることが重要である」というジェネラリスト判事信奉と近い議論も出された[23]。知財事件であっても、最終的には法的判断が求められるのであり、他の事件を経験して、幅広い法律の素養が要求される。また、知財は非常に多岐にわたる専門分野に関わるため、それぞれの分野の技術者をそろえるのは困難である上、技術は日進月歩であるため、技術の知識はすぐに陳腐化するといった点も、反対論の根拠とされた。

　その結果、技術判事の導入は見送られ、専門委員の導入と裁判所調査官の活用に落ち着き、裁判官の専門性については、今後、法科大学院が、理系学部の卒業生を多く受け入れ、科学や技術の素養のある法曹有資格者・知的財産に強い弁護士の任官を推進していくという方針となった。

　このように、産業界からの技術判事の任用や裁判官の専門化を伴う特別裁判所への要望が出されることで、はじめて専門化への抵抗という形で、

---

[23] 司法制度改革推進本部知的財産検討会　第7回では、内閣官房知的財産戦略推進事務局長の荒井委員が紹介した科学ジャーナリストの、バイオ特許裁判での科学論争が「まるで出来の悪い中学の生物の授業」であり、「文化系の出身でバイオなどと法学のダブルメジャーを持つ専門裁判官の養成に明日から着手しなければならない」という記事に対して、法律学者が強く反発し、裁判官はむしろ法以外においては、素人であることが望ましいと主張していた。櫻井氏は、「裁判官は法律の形で一般化された社会通念というか、制度化された社会通念というものを解釈・適用しまして、これを認知する認知しないという最終的な決断をしているのだろうと思うのです・・・裁判官は・・・一般意思を代弁しているわけですから、・・・かえって素人裁判官というのは重要であるということも一方で言えるのではないか」また、中山氏は、技術裁判官は「プロであるゆえの先見・予見・・を持っている可能性もある」「やはり技術についての素人である裁判官に対して、十分説得力のある主張をするというのが当事者の義務」という意見を述べた。

裁判官のジェネラリスト性の重要性が強調されることになった。結果として、これまでの専門部や集中部拡充政策の延長線上におおむね位置づけられるような形での制度に落ち着き、あえて「知的財産高等裁判所」という新たな組織とすることについては、主にそのアナウンスメント効果が期待された。逆に言えば、知財高裁のような専門裁判所を設置する素地が、すでに専門部・集中部政策で出来ていたということでもあり、1で指摘したように、専門部・集中部体制自体も含めた専門化の意義を問うことの意味はなお大きいと考えられる。

3　専門化の現状と課題

(1)　専門化全般の評価

では、その後、専門化はどこまで進められただろうか。限られた資料からの部分的な概観にとどまるが、現状評価を試みたい。

今回の司法制度改革で求められた「専門訴訟への対応」は、その長期化への対応が中心で、裁判員制度もにらんで制定された裁判の迅速化に関する法律の影響からも、その後の検証も、主に裁判の迅速化の検証の観点からなされている。

2011年に公表された『裁判の迅速化に係る検証に関する報告書』でも、いわゆる専門訴訟については、類型ごとに検証がなされている。本来、専門訴訟は、「専門家の協力」を必要とする訴訟なのであるが、実際には、専門家の知見を導入する主要な手続である鑑定を用いると、審理の長期化を招く。そこで、こうした事件において、その後鑑定の利用は促進されていない。医療事件や建築事件については、集中部体制の強化が図られ、1でみたように有効な施策と評価されている。

そして、広い意味での専門訴訟への対応と位置づけられる、労働審判制度や知財高裁は、今期の司法制度改革の中ではおおむね成功を収めた改革と評価されている[24]。ここで双方の詳細な評価を行う準備も能力もないが、労働審判制度は、労使双方の専門家が審判員として加わって判断を行う点で、知財高裁は、まぎれもなく専門裁判所として、日本の裁判の専門化の方向付けを行う制度であり、この両者の評価が高いことは、今後の日

本の司法のあり方を考える上で、非常に重要な意味を持っているということは指摘しておきたい。

労働審判については、その審理の在り方を、通常の民事訴訟の審理にも応用していくことまで論じられている（定塚2006）[25]。そうした提案でも、審判員として裁判官と労使双方の出身である専門家が入り、その専門的な知識・経験が生かされていることの有効性が指摘されている。実際に、利用者からも、労働審判は、裁判に比べて、その迅速性だけでなく、その専門性の高さも利用者から高く評価されている（東京大学社会科学研究所2011）[26]。

労働事件の専門性は、本書が主として取り扱ってきた、科学技術や医療などの専門性とは異なる専門性に力点が置かれるが、科学技術や医療等の専門知が問題となる訴訟類型として、ここでは知財と医事訴訟での専門化について比較しておきたい。この2つは、科学技術や医療など、通常裁判官が予め知識や経験を有することが想定されていない分野での専門性の高い事件類型であり、いずれも今期の司法制度改革を経て、司法内での専門化が進められた。一方、知財では、専属管轄化と知財高裁の設立とそれに向けた手続整備という徹底した専門化政策がとられたのに対し、医療については、医事訴訟が一般個人による、主として一般的な不法行為による損害賠償請求訴訟として提起されるという性質から、高裁所在地すべてと主たる地方都市の地裁に、専門部ではなく集中部を設置するというマイルドな専門化を行った。医事訴訟は事件の多い都市でも専門部とはせず、東京

---

24) たとえば、朝日新聞2011年6月7日の司法制度改革審議会意見書から10年の特集記事では、改革の現状を空模様にたとえて、ADRの拡充や法科大学院、裁判官改革（特に弁護士任官について）には雨マークをつけているのに対し、裁判員制度や被疑者国選弁護制度に加えて、知財高裁や労働審判には晴れマークをつけて評価している。この評価が妥当かどうかは異論もあろうが、大きく外れてもいないだろう。

25) 川嶋（2011）は、労働審判制度の、早期の争点整理や口頭主義の実質化などが、審理の充実化のモデルとなっていることを指摘する。実際に、通常の民事訴訟に取り入れる工夫をしている実務例として、浅見（2011）。

26) この成果に基づく佐藤岩夫教授による研究会報告によると、労働訴訟と、労働審判制度の利用者評価を比較し、費用や時間の面だけでなく、審理の充実性や裁判官や審判官への評価についても、労働審判への評価が高かったという。

は4部、大阪は3部体制を取っており、専門部・集中部を置く地裁の数の多さでは10庁と労働部に匹敵する。

(2) 知財訴訟

　知財訴訟については、その制度自体、日本の裁判所制度での専門化の方策を最も徹底させた専門裁判所と言える。知財高裁では、調査官権限が強化され、専門委員も積極的に活用しており、専門委員が関与する際は、弁論準備期日として技術説明会を開催するなど、専門家の協力体制も強化している。

　地裁レベルでも、専属管轄化や専門委員制度の導入が行われたことから、知財訴訟全般について、審理の迅速化については、これ以上は限界と言われるほど進んでいる[27]。専門化、集中化は、事件の効率的処理の促進にとっては、極めて有効であると言える[28]。

　では、裁判官の専門化は、どれほど進められてきただろうか。知財部も含め、知財訴訟の担当判事のなかには、従来から理系出身者がコンスタントに存在するとも言われるが、そうした技術系の素養のある裁判官の任用は、そうした人材が豊富にいるわけでもないことから、主流ではなく、基本は、裁判官もそうした事件に日々接することで、合議体での切磋琢磨などOJTを基本に、日々自己研鑽に励んでいる[29]。また、研修制度の充実もはかられている。若手裁判官を毎年若干名、技術系大学院や技術系研究所に半年前後派遣する研修制度のほか、知財高裁判事は全員が年

---

27) たとえば、侵害訴訟について、東京地裁では平成12年で27.8ヶ月、平成21年で13.7月とおよそ半減している。知財高裁では、審決取消訴訟では平成21年で7.5ヶ月、侵害訴訟では10ヶ月となり、これ以上早いと当事者側にも不安を与えかねないほどで、迅速化としては限界というコメントが出されている。座談会「進化する知的財産訴訟に向けての検討と課題」(2011年)、17頁での宍戸充氏の発言。
28) たとえば、特許関係訴訟について、専属管轄化以前において、専門化の進められている東京地裁・大阪地裁と、他の地裁での審理期間を比べると、東京・大阪は、他の地裁のほぼ半分とされる。定塚 (2003: 24) の別表4を参照のこと。
29) 知財高裁の判事である塚原朋一判事は、「裁判官には、どんなに難解といわれる技術であっても、その裁判官に理解しようとする裁判官魂と気迫、そしてそれなりの時間があれば、理解できるのだというのが実感である」という。塚原 (2007)。

1回企業や研究所で実地検分を行い、外部講師を招聘した研究会も年に4回ほど開催されているということである（中野2011: 38）。知財部で知財訴訟を日々扱うことになった判事は、その在任期間中は、ひたすら技術系の勉強に費やし、法律書を読む暇はないとも言われ、在任期間中のOJTや自己研鑽による専門化がなされていることはうかがえる。

さらに、知財部や知財高裁の判事について、「知財判事」として、知財事件のみを扱う判事として通常の判事とは異なる人事体制をとっているわけではないが、やはり通常の民事事件を扱う判事のローテーションとは異なり、「裁判官の人事の面でも特許を専門とする裁判官の方々といったグループが形成されている」[30]と言われている。現在の知財高裁判事のなかには、東京地裁等の知財部での長い実務経験を積んできている判事が多く、理系の学位のある裁判官も複数いることが指摘されているが、その中には、最初から知財判事を期待されて、ごくわずかな期間は地方の裁判所にもつとめているが、ほとんどの在任期間を東京地裁の知財部や知財高裁で知財訴訟を専門としてきた判事もおり[31]、知財訴訟においては裁判官の専門化が進んでいると言えそうである。

なお、知財高裁の元裁判所長の中野判事は、裁判所長当時、知財高裁を日本の専門裁判所のモデルにしたいという抱負とともに、「知財高裁は、知的財産を専門的に扱うという意味で、（ジェネラリスト型ではなく）スペシャリスト型の専門裁判所である。したがって、ローテーション等裁判官人事の在り方を含めた今後の知財高裁の運営方法は、今後の日本型司法制度の中における専門裁判所の在り方を検討する格好のケースと考えられる。」（中野2007: 30）と述べている。

知財高裁設置から10年あまりを経た現在、いわゆる「知財ローテーション」（田村2017: 1233）と言われるような人事配転はある程度定番化してい

---

30) 座談会（2012）「特許法改正の意義と課題」における山本和彦発言16頁。
31) 元知財高裁判事　宍戸充氏によれば、検察官として勤務していたところ、裁判所から特許訴訟をしないかと誘われて判事となり、2回転勤で地方の裁判所で通常の訴訟をした以外は、東京で東京地裁知財部・東京高裁知財部・知財高裁での勤務であったと語っている。インタビュー「知財高裁元裁判官　宍戸充氏に聞く」（2009）。

る。裁判官としてのキャリアを一貫して知財専門の裁判官として勤める者はいないものの、大阪や東京の知財専門部・知財高裁での裁判経験や最高裁調査官として知財事件に関わるという経験を多く経ている者が相当数存在する[32]。他方で、特にそうしたキャリアを持たない、裁判官も登用しており、CAFCなどと比すると、専門性と多元性のバランスがはかられていると評価されている。また、「知財ローテーション」の裁判官であっても、知財部や知財高裁だけではなく、それ以外の裁判所への配転もあり、完全に知財専門の裁判官となっているわけではない点で、一定の視野狭窄は回避することができる（たとえば竹中2015）。しかし、知財に関しては、裁判官の専門化はかなり積極的に進められていることは明らかで、従来からのジェネラリスト裁判官維持の考え方[33]とは、異なる方向性も出てきているようであり、留意すべきである。

　知財高裁は、専門性や事件処理の効率化のほか、早期の判例形成も期待されていたが、知財高裁の判断が最高裁で覆る例は、数が多いわけではないが散見される。知財高裁と最高裁では、審級関係と専門性に逆転現象が見られ（田村2017: 1232）、2007年に最高裁判決が出たインクカートリッジ事件では、特許権の消尽に関して知財高裁が明確なルール型の判断を下したのに対し、最高裁は総合判断型の基準を示し、注目された[34]。宮脇(2015)によると、知財高裁は個別の知的財産法については予測可能性の高い解釈を採用し、不法行為法については具体的妥当性を重視する総合考慮型の解釈論を採用するのに対し、最高裁は個別の知的財産法の解釈については具体的妥当性を重視するが、不法行為法の解釈論では予測可能性を

---

32) 2017年11月現在の知財高裁の部長のうち、清水節・高部眞規子・森義之は、知財部や調査官の経験が長い、知財ローテーション判事だが、3部の鶴岡稔彦は知財部の経験はない。

33) たとえば茶園（2005: 61）は、「今後とも、専門化による専門的知見の集積の促進という利点を生かしつつ、狭い視野という問題が生じないようにするために、裁判官の適切な人事配置が重要になる」という。

34) 知財高大判平成18年1月31日民集61巻8号3103頁。最判平成19年11月8日民集61巻8号2929頁。知財高裁の判断をルール型、最高裁の判断をスタンダード型とも評価される（田村2017: 1246）が、これは、合衆国でのCAFCの判決と連邦最高裁の判決の傾向を評価するタームでもある。

重視していると分析される。最高裁が異なる判断を下すことで、本来の知財高裁の早期の判例法確立の目的が達成できないという問題はさておき、専門裁判官による判断と、ジェネラリスト判事である最高裁判事による判断の仕方の相違の一面を示すものとして興味深い。ジェネラリストによる総合判断こそが、裁判官による全人格的判断の核であるということもできるが、他方でそうした判断は専門性の欠如によるヒューリスティックな判断となり、望ましくないとの評価もある（竹中2015: 79）。

合衆国での知財事件を扱うCAFCや知財訴訟に関する研究は、日本での知財高裁を中心とする訴訟の専門化の影響を占う上でも参考になるため、次節でさらに検討したい。

(3) 医事訴訟

他方、医事訴訟については、専門化といっても、専門部ではなく集中部にとどまり、医療過誤訴訟が、医療現場で起こった事故をもとに、個人の患者やその遺族による損害賠償請求として提起されることもあり、集中部も全国展開型で、専門化による「専門知識の集積」の仕組みとしては知財に比べるとかなり限定的である。特に、専門家の協力体制としては、東京地裁でのカンファレンス鑑定、千葉地裁の複数鑑定のように、集中部ごとの工夫等も見られ、一定のローカル・ルールもあるが、特に医事訴訟法に固有の手続体制が組まれているわけではない。

人事配転については、まだ医事集中部設置から15年あまりしか経過していないため、長期にわたる傾向まではははかれないが、現時点までにおいては、知財ローテーションに匹敵するような医事部ローテーション判事育成の姿勢は見られない。それでも、医事部の経験が2回目以上の判事も少数ながら存在する[35]し、また医事部の担当判事が別の裁判所の労働部や知財部に異動するといった専門部・集中部ローテーションともいえるような例は比較的よく見られる。しかし、医事部はそもそも集中部にすぎず、そ

---

35) たとえば、沼田寛判事は、仙台の医事部の経験の後、横浜地裁の医事部で裁判長を務めているし、仙台地裁の医事部の裁判長の大嶋洋志判事は、東京地裁の医事部での経験がある。

こでの経験での専門知の集積度は専門部ほどではない上に、全国10カ所の地裁に置かれ、東京4部、大阪3部であることからも、同時期に裁判長クラスだけで15名、医事訴訟が合議事件とされていることから、陪席も含むと相当数の判事を配することにもなり、専門化を推進する人的体制をとるのは困難なのではないだろうか。現時点では、医事部の部長は、医事訴訟の経験者ではあったとしても、医事部経験者は少なく、医事集中部の専門性は、裁判官の専門性という点では、過大評価することはできない[36]。むしろ、6章でも検討してきたように、医事訴訟については、医療の非専門家による裁判であり、そのこと自体に、法的判断の固有性を求めつつ、適切な専門的知見の導入をはかるという方向性を追求すべきだろう[37]。

このように、司法制度改革以降は、これまでの専門部・集中部体制をベースとしつつも、知財や労働事件など、事件類型ごとに、その枠を超えた専門化が進められている。その専門化のあり方や程度については、事件類型によってもばらつきがあり、その現状の把握もなお十分になされているわけではない。こうした専門化が民事司法全体にもたらす影響についても今後の検討に開かれている。

そこで、次に、合衆国における裁判の専門化をめぐる議論や、専門化の実情、そして専門化の影響についての実証研究成果を概観し、日本における司法の専門化について考察すべき論点や前提の確認につなげたい。

---

36) 専門性を期待するには脆弱な体制であるにもかかわらず、専門性の高さを標榜、あるいは期待することはかえって危険性も高い。
37) オーストラリアや、イングランドでのコンカレント・エビデンスの経験からもわかるように、専門的知見を供与する専門家の関与の手続を適切に運用していくには、専門家に適切な質問を行い、回答を引き出し、また複数専門家の争点にかかる意見を引き出し理解していく、裁判官の力量が求められ、その事件類型についての一定の理解を持つことは必要である。そのことと、裁判官自身が医療等の専門家の関与なく医事事件の医学的な部分について評価判断ができるということとは別次元のことである。

Ⅳ 合衆国における議論
　：ジェネラリストとしての裁判官とその変容

　合衆国においても、専門的な知見を要する事件が増加していることは日本と同様である。そして、合衆国においても、専門家の関与の強化と、裁判所がわの専門化の両方の施策がとられてきている。裁判における専門家の関与については、当事者がたてる専門家証人の利用が一般的であるが、専門家証人の党派的利用に対しては、批判も強い。大規模な事件においては、訴訟管理の必要性からも、スペシャルマスターの登用といった新たな取り組みも見られる。

　他方で、司法の専門化については、ニューディール期以降、多様な分野で特別裁判所設立が求められてきたが、司法の専門化には抵抗が強いと言われる。その抵抗の一つの柱が、「裁判官はジェネラリストであるべきである」というジェネラリスト信奉である。

1　合衆国における司法の専門化

　司法の専門化の議論の中心は、連邦レベルの裁判所の専門化であり、その極は、専属的な事物管轄を有し、フルタイムの専門裁判官による審理を行う専門裁判所構想ということになる。専門化に対しては推進論と懐疑論が対立しているが、その焦点は、こうした専門裁判所構想をめぐる議論である。

　しかし、実際は、一口に専門化といっても、その状況は多様であり、幅のある概念と言われる。専門裁判所で長期にわたって裁判官を務める長期にわたる専門化の場合もあれば、ある裁判所の特定の期間、特定の事件類型の審理に当たるという短期的な専門化もありうる。また、特定の事件しか扱わないフルタイムの専門化もあれば、特定の事件類型を中心としつつも、他の事件も扱う部分的な専門化もある[38]。専門化のもたらす論点も、

---

[38] Baum (2009) は、この区分のほかに、裁判官が扱う特定の分野の範囲や、刑事事件の中での専門分化も挙げている。刑事事件は、民事と異なり、対象事件による専門化というより、被告人の種類に応じた専門化が行われているとされる。

その専門裁判所の特質にかかっており一般化は困難である[39]。

連邦裁判所については、専門裁判所の提唱はあっても、ほとんどの裁判所ではなお一般管轄をとっている。連邦には13の上訴裁判所があるが、そのうち連邦巡回上訴裁判所（CAFC）が、特許を中心に扱う専門裁判所となっており[40]、合衆国の議論でも、これを専門裁判所のひな形として言及されることが多い。3で見る専門裁判所の実証研究も、この裁判所を対象にしたものが多く、専門裁判所の社会実験とも目されている（Dreyfuss2004）。もっとも、日本で知財高裁が設立される際に、研究者からもたびたび指摘されたように、CAFCは、厳密な意味では専門裁判所ではない。CAFCは、当時連邦最高裁判所の判例統一機能が低下して、巡回区内で解釈が統一しないことや、そのため当事者が有利な法解釈にもとづく裁判を求めてフォーラムショッピングを行うなどの問題があったことから、1982年に従来から存在した関税特許裁判所（the Court of Customs and Patent Appeals, CCPA）と、クレーム裁判所（the Court of Claims）を統合して創設された[41]。専門化は、裁判官の視野を狭くするなどの懸念もあって、扱う事件の範囲は特許事件に限られないが、他の裁判所の裁判官ほど多様な事件は扱わないし、実際上はかなり専門化して他の裁判所とは隔絶していると言われる（Damle2005）。

地方の上訴裁判所は、基本的にジェネラリスト裁判所であるが、地域によって、分野の集中が見られる。第2巡回上訴裁判所は、証券事件が多く、

---

39) また、合衆国での既存の特別裁判所は、行政府の行為を審査することを目的としているものが多い。行政府のチェック機能を果たす特別裁判所は、立法府、行政府との複雑な関係の一部を構成することになり、専門性ゆえに集中的に審理を行うという専門裁判所とは異なり、立法府から行政府への権限委譲過程に影響を及ぼすといった独自の観点からの分析もなされる。たとえば、Revesz（1990）は、この観点からは、特別裁判所の設置は、行政府から判断権限を裁判所に委譲する手段という。

40) 専門化された裁判所は、連邦憲法3条の司法権の枠内の裁判所としての位置づけを否定され、憲法1条の立法府設置の特別裁判所と位置づけられることになる。たとえば、破産裁判所、税務裁判所など。

41) CAFCの創設について、平嶋（2003）の説明が分かりやすい。また、小川（2003）は、裁判傍聴やヒアリングに基づいた紹介を行っており、裁判官はジェネラリストであるべきというジェネラリストの伝統についても言及している。

第5巡回上訴裁判所は、移民法の事件が多い。連邦裁判所としては、ほかに、国際取引裁判所（Courts of International Trade）が、フルタイムの専門裁判官のいる特別裁判所となっている。

もっとも、一般管轄における裁判所においても、緩やかな意味では専門化が進められている。Cheng（2008）は、1995年から2005年までの連邦上訴裁判所の判事の法廷意見の起案の割り当てを（opinion assignment）を検討し、多くの連邦上訴裁判所では、事件類型ごとのケースの割り当てをしていることを明らかにし、もはや、「ジェネラリスト判事は、神話である」という。この感覚を前提にすれば、日本での専門部や集中部での取組はすでにかなりの専門化が進んでおり、もはやジェネラリスト判事とは呼べないと評価できるかもしれない。

2　専門司法化をめぐる議論

司法の専門化の推進論は、通常そのメリットとして、事件の効率的な処理、判例統一による予測可能性の増大、専門性の向上による判断の質の向上といったことを挙げる。

第1に、専門化は、裁判の提起数の増大から、裁判所の負担が過剰になっている（caseload crisis）ことへの対応として要請される。事件数の増加に対しては、事件処理を促進する手続改革や、裁判官の増員等によっても対処しうるため、通常そうした手法がとられるが、専門裁判所による効率的処理への期待も高まる。

第2に、裁判の管轄が複雑な合衆国においては、裁判管轄間での判断の違いをなくして判断の統一性を向上させることへの要請から、専門化が求められてきた。地域による判断の差は、より有利な判決を求めるためにフォーラムショッピングを誘発しやすい。そこで、専属管轄化は、こうした問題を回避できる有効な手段と考えられる。

第3に、専門裁判所は、複雑な分野での判断の正確さを高めることができると考えられている。裁判官が繰り返し特定の分野の事件を扱うことで、その分野の審理に必要な背景知識を身につけ、新たなルーティンを形成することで、迅速で正確な事件処理を可能にし、判断の質も高めることがで

きると考えられている。特に、専門性の高い分野においては、裁判官の専門性の向上が期待できる。知的財産や税務などの専門性の高い事件類型については、専門性向上の要請が高い。

　もっとも、ここでいう正確とか、判断の質といったことは、多義的である。基本的には、法を事実に適切に当てはめるということになるが、裁判官の良い公共政策についての観念をよりよく反映するという意味をさすこともあり得る（Baum2009）。

　こうした推進論に対し、合衆国では、裁判官はジェネラリストであることを重視する法文化があるとされ、専門裁判所や専門裁判官による対応に対しては、日本におけるよりも懐疑的である。

　第1に、特に合衆国において問題視されるのは、裁判官の採用が特定の利益集団や政治集団の影響を受けやすくなり、政治化するおそれがあるという異論である。日本の裁判官については、特定の利益集団や政治集団からの影響が問題とされることはあまりないため、この点は問題ないだろうとの意見が主流である[42]。しかし、この論点は、後述するように、専門組織化により、外部からの影響を受けやすくなること、逆に、その組織の内部の関心をダイレクトに反映させやすくなるというより広い観点も含み、その範囲では、そうしたことの是非も含め、専門化の影響をより詳細に検討する余地が出てくる。先述した、日本の専門部が裁判所の政策形成を推進する組織構造となっているとの指摘も、この範囲の議論として位置づけられる。

　第2に、特定の分野のみ扱うと裁判官の視野が狭くなるという点が懸念されている。専門裁判所は、より広い法システムから隔絶されているため、より広い法体系とは整合しないような独特の法理や、手続を発展させる傾向がある。また、多様な分野と接することにより培われる洞察などの利点を失うことにもなる。

---

42) たとえば、前掲　茶園（2005: 61）では「我が国では、裁判所が特定の事件を専門的に取り扱うことになっても、裁判官が自己の政策的見解を判決に反映させる、あるいは裁判官の任用に特定の利益集団が影響を与えるという問題が生じる可能性は小さい」という。

第3に、専門化によって、裁判官の仕事が魅力や権威のないものになるといった懸念が出されている。有能な人は、20年も30年も、ひたすら税や特許などの上訴審の判断ばかりすることを好まないため、専門裁判所は、高い質を維持できなくなるだろうといった主張（Posner1983）[43]も含め、裁判官自身が、ジェネラリストであることに強い誇りを持っており、司法の専門化には抵抗が強い。

　たとえば、巡回連邦裁判所のWood判事による「専門化する世界におけるジェネラリスト裁判官」と題する記念講演（Wood1997）の内容は、そうしたジェネラリスト信奉を極めてよく表している。Wood判事は、専門化の進展する世界においてこそ、一般的な連邦裁判所およびジェネラリスト裁判官が必要であるという。「我々のシステムは、他国が信奉するプロフェッション化や専門化に抵抗するからこそ、本質的な価値を維持してきた」（Wood 1997: 1767）。

　つまり、裁判所は、社会全体に対して、説明責任を負っているのだから、ジェネラリスト裁判官は、テクノクラートになってはならない。専門化された語彙や「内部者」の関心事に身を隠してはならない。弁護士達は、ジェネラリスト裁判官に対して、最も複雑な分野についても説明しなければならないが、それによって法理を脱神秘化し、法を理解可能なものにするよう促すことができるという。

　そして、様々な分野に通じることで、法分野を超えた洞察を得ることが出来る。また、異なるように見える多様な法分野を経験することで、デュープロセスなど、分野によって変わることのない法的問題について知ることができる。裁判官は、「判断（judging）」においては専門家なのである。

　司法の専門化の是非の議論では、こうした裁判所の権威や裁判官の仕事への満足という論点は重視すべきでないとも言われるが、Wood判事のこうした議論は、日本での知財高裁設立の際の技術判事反対論とも通ずるところがあり、「ジェネラリスト信奉」の本質は、むしろこういった点にあ

43）Posner（1983）は、繰り返し同じ種類の事件の判決ばかりしなければならなくなると、判事の仕事が退屈になり、仕事への満足度が下がり、有能な人材を判事として集められなくなると指摘している。

るように思われる。

　しかし、以上のような議論は、それぞれの論者の抽象的な想定に基づいた机上の空論になる嫌いがあり、実際に専門化が何をもたらすかについては、より具体的な検証を要する。そこで、次に、実証研究の成果にも触れたい。

3　実証研究に見る専門化のインパクト

　専門化は、実際には司法に何をもたらすのか。合衆国においても、実証研究は乏しく、特定の専門化された裁判所についての限定的な研究にとどまっている。

　専門裁判所に主として期待される、専門性・効率性・予測可能性などの質について直接的にはかる指標を具体化するのは難しい。特に専門性の向上が、判決の質を向上させるという想定については、何が判決の質と言えるかについても、またその質をどのように評価するかについても明確な基準をたてることが困難であるため、その点についての検証は合衆国においても、十分な研究があるわけではない[44]。

　そこで、実証研究の焦点は、専門裁判所懐疑論の第一の論点である、利益集団などが裁判に与える影響力という点ともかかわって、裁判官の政治的志向と判断との関連や、政策形成志向との関連など、一般的な司法行動論の関心事にもつながる点に集中している。

　たとえば、裁判所の専門化について一連の実証研究を行っている Baum (1977)[45]は、CAFC の前身である CCPA の判決と、通常裁判所の判決を比較したところ、1956年以降、知的財産法律事務所の弁護士から判事を任用するようになってから、他の連邦裁判所とは有意に異なる知的財産政策

---

44) Hansford (2011) は、その後の判決の破棄率を裁判所のパフォーマンスの質の尺度としたうえで、専門化の進められている裁判においてのほうが、破棄率が低い傾向は見られるが、統計的に有意とまでは言えないという。もっとも、この研究は、この節で主に検討している専門裁判所との比較ではなく、巡回裁判所における事件類型の集積度が高い裁判所について、「部分的な専門化（partially specialized）」として、そうでない裁判所と比較をしている。

45) Baum の一連の研究は、Baum (2011) にまとめられている。

がとられるようになったと指摘する。もっとも、これは専門化の必然的な結果ではなく、CCPA の当事者となる知的財産訴訟の当事者達が、知的財産法律事務所の弁護士達の影響力が高まることに対して好意的であったことから生じたと考えられている。裁判所の専門化は、通常、特定の政策からは中立的な、効率性向上などの目的のために導入されるが、専門化はその裁判所が独自路線を歩む条件となりうるという。

また、Baum（1994）は、CCPA と通常の上訴裁判所における連邦最高裁判所の判断の引用率を比較し、CCPA は他の上訴裁判所に比べて、最高裁判例の引用頻度が低く、判決を引用する場合には、他の上訴裁判所は連邦最高裁判決をひくのに対し、CCPA は最高裁判決ではなく、CCPA の先例を言及する傾向が高いことを明らかにした。先述したように、日本の知財高裁と最高裁の判断の相違としても同様の特徴が指摘されており、スペシャリスト判事とジェネラリスト判事の判断の特徴という可能性もある。

また、Miller & Curry（2009）は、裁判官の専門性と経験は、独立した条件であることを明らかにしており、興味深い。技術の学位をもつ、あるいは前職が知的財産弁護士である場合を専門性、CAFC での裁判経験を、経験として、それが判断に与える影響を検討したところ、専門裁判官は、そうでない裁判官よりも、知的財産をより保護する方向での判断傾向があるのに対し、裁判経験は、判断に特に影響を与えないという結果がでた。通常、経験の長さが専門性の向上に資すると考えられるが、この結果からは、専門知識は、同様の事件を繰り返し経験することによってだけでは獲得できないということも示唆された。

全般的に、専門裁判所と、ジェネラリスト裁判所の比較において、懐疑論者が懸念するほど判断に大きな違いがあるという結果は出ていない。しかし、通常、専門裁判所の創設は、懐疑論者が懸念するほどではないにせよ、通常裁判所に比較すると、訴訟当事者や政策策定者、裁判官のイデオロギー的関心を反映しやすいということは複数の研究が明らかにしてきたと言える。

その背景には、専門性の高い分野では、官僚的な組織内でも専門知識を

有さない上位機関の影響力が低下する傾向があるという行政学の一般的な知見にも通じ、専門化が進むと、通常の裁判所組織におけるコントロールがききにくくなるということが一つには挙げられる。この点は、官僚化が著しいと言われてきた日本の司法組織に対しては、重要な指摘ともなりうるだろう。

　また、裁判官や当事者の自らの関心を裁判に反映させる可能性については、イデオロギー的関心を判断に反映させるためには、自らのイデオロギー上のスキーマを特定の法的争点に当てはめる必要があり、そのためには、かなりの専門的な知識を備えておくことが必要となるということも考えられる。そこで、Miller & Curry の調査のように、裁判経験ではなく、背景として有する専門知識の影響力が大きいという結果が出ると考えられるのである。その点で、現在の日本のようなキャリアシステム下での専門部・集中部体制での専門化の範囲では大きな問題はないと言えるが、知財高裁設置時に提案された「技術判事」となると、その危険性は否定できないということになろうか。

　なお、特許訴訟をめぐっては、ここでみた実証研究の実施期よりも最近になって、連邦最高裁判所が CAFC の判決を破棄する事例が急増していて注目を集めている。1982年の発足以来、連邦最高裁が CAFC の判決を審査することはまれであり、CAFC は事実上の終局審となっていたのだが、2000年代半ばより CAFC が打ち立ててきた形式的な法理[46]を覆して、柔軟で総合的は判断を要する基準をたてる判決を立て続けにだしている。Lee（2010）は、こうした連邦最高裁の CAFC からの方向転換を「ホーリスティック・ターン（holistic turn）」と呼び、その背景には、CAFC が主導してきた特許権拡大路線を抑制しようとする政策目的があると考える一方で、こうした一般的な基準となると、一見「常識」に従った妥当な判断を導けるように見えるが、ジェネラリスト裁判官にとっては技術上の文脈に則したより立ち入った判断を要するため、かえって負担が重くなるとい

---

46) Pedraza-Farina（2015）は、専門裁判所を構成する専門家集団は、素人に対してルールを明示することで、専門家の権威を確立するという意味があると分析する。

う問題が指摘されている。日本の最高裁でも、知財高裁の判断を変更したり覆す判決が散見され、同様の指摘が妥当する部分もあろう。連邦最高裁とCAFC、最高裁と知財高裁の判断動向を対比することはジェネラリストとスペシャリストの判断を対比する貴重な素材と考えられる。

　他方で、合衆国では、知財事件についてトライアル段階での専門化を進めるため、特許パイロットプログラム（PPP）として、特許事件を特定の裁判官が担当するという、日本での専門部や集中部にあたるような取組を14の地裁で導入している。この専門化がもたらす影響について実証研究を行ったLemley, Li & Urban（2014）によると、こうした事件集積によって専門化した裁判官と、通常の裁判官では、専門化した裁判官のほうが、有意に既存の特許権者に不利な判断を下す傾向があるという。つまり、特許事件を集中的に扱い専門化する学習効果として、特許権に中立的というよりは一定の傾向性をもった判決を促進するということであり、しかも、そうした「学習効果」は、そうしたポジションに立って間もなく身につくということである。これは、専門部体制をとることにより何らかのバイアスが生じうるという危険性の存在が示唆される調査結果でもある。また、このように特許事件を専門的に扱う政策がとられてきた理由の一つに、特許事件の複雑性、専門性があり、ことに法的な複雑性が根拠とされてきたのだが、複雑、専門性が高いのは、特許の対象とする技術の複雑性、つまり事実の問題であり、法的な複雑性ではなく、法の専門家である裁判官をPPPのように集中化、専門化するという方法は、そうした複雑性にとっては適合的ではないとの指摘もある（Goodman2016）。

　これらの研究成果は、CCPAやCAFCについての研究に集中しており、ここでの成果を裁判の専門化一般に敷衍することには慎重であるべきだろう。専門化は、その性質上、専門分野によって直面する問題や文脈が大きく異なりうる。それでも、こうした研究成果は今後日本において裁判の専門化について考察する際のヒントにはなるし、日本においても、今後こうした研究を積み重ねていくことが必要だろう。

V　専門化と裁判・裁判官

1　専門化と裁判官

　日本で戦後から行われてきた、専門部・集中部という比較的マイルドな専門化については、これまでも大きな異論が述べられることも少なく、おおむね好意的に受け止められてきた。裁判官像への影響については、少なくとも、専門部や集中部による対応という限りにおいては、それがジェネラリストとしての裁判官像を揺るがすものという議論は見受けられない。たとえ一定期間、特定の分野の事件を集中的に審理するとしても、配転により、裁判官の専門の固定化はなく、あくまでジェネラリスト判事であると考えられてきた。より専門裁判化を進めた、知財高裁も、技術判事を見送り、通常の配転となるキャリア裁判官がつくことで、この原則はなお維持されている。

　しかし、専門的な訴訟が増大し、弁護士の専門分化も進展するなかで、このような配転によるジェネラリスト判事の維持は今後も可能なのだろうか。知財訴訟における判事の専門化傾向が示唆するように、判事の専門化も必然的な流れとも言える。この流れに抗して、ジェネラリスト裁判官による裁判を強調していくには、ジェネラリスト判事による裁判の意義を再確認しておく必要があるのではないだろうか。

　Wood 判事がいうように、専門化した社会であるからこそ、ジェネラリストであることが重要であるとも言えるが、Ⅲで見てきたように、日本におけるジェネラリスト信奉は、合衆国のそれとは、手続的前提や、裁判において求められる価値等も大きく異なり、同一に論じることはできないと思われる。

　法曹一元制をとる合衆国とは異なり、日本の裁判官は、他職経験などが導入されたとはいえ、裁判官としての経験が職業経験のほぼすべてであり、学部も、法学部卒が圧倒的に多く、それ以外の領域を専門的に学んだ経験のある者は限られている。専門化の進んだ専門部・集中部体制では、その

ジェネラリスト性を担保するのが、基本的にローテーションシステムと目されている。しかし、このローテーションシステムは、裁判の等質性を実現するとともに、司法の官僚化の温床とも言われていて、その批判から出された法曹一元制論に対抗する論理である、「多様で豊かな知識経験」のある裁判官を実現するためのメカニズムとは言い難い。多様なバックグラウンドや法曹経験を持つことで「ジェネラリスト」たりえている合衆国の裁判官と、このローテーションシステムで全国の裁判の画一性、統一性をはかりつつ、多様な事件を担当することで実現されているとされる「ジェネラリスト」には相当の隔たりがある。

　また、受動的な審判者としての裁判官像を前提としている合衆国とは異なり、日本では、本人訴訟が多いことも相まって、民事訴訟はなお裁判官主導的である。そうした中で、手続過程の現実としても、アメリカでは通用するジェネラリスト信奉は、日本では通用しない。

　つまり、合衆国では、当事者である弁護士に、ジェネラリストである裁判官に理解できるよう分かりやすく説明することが求められるのに対し、手続主宰者として主導的な役割を果たす日本の裁判官は、その専門領域について一定程度通暁することが求められ、裁判官像としても、その専門領域について理解することが前提とされているように思われる。裁判所は、弁護士に十分な知識がない場合には、それを補うことを期待されるだけでなく、逆に弁護士が専門性を高めると、その専門性に対応してよりいっそう専門分野の理解が求められると捉えているようである。たとえば、医事関係訴訟についての実情調査において裁判官からは、「大規模庁の専門訴訟においては、弁護士が専門化しているため、裁判所も十分な専門知識や情報を有しておく必要があ」（最高裁事務総局2011: 49）るとの意見が出されている。弁護士の専門化は、むしろ裁判所の専門化を必要ならしめるとの見解だが、9章で見てきたように、弁護士人口の増大から、弁護士の専門分化が進みつつあるなか、裁判官の専門化はいっそう求められるようになろう[47]。

　もちろん、裁判官が専門訴訟においてジェネラリストとして加わり総合的な判断をすることで、裁判の脱専門化が図られ、バランスのとれた判断

を導きうるとも考えられる。ただ、日本の文脈における「ジェネラリスト」裁判官の期待は、多様な経験に裏付けられたバランス感覚というよりも、あらゆることに通暁した全知全能性であったように思われる。そこで、本書で検討してきたように、専門訴訟への対応としては、専門領域における専門的知見を適切に反映した判断の実現が求められてきたと言える。

そうした動向を踏まえ、人間の能力の有限性を認識すれば、裁判官はジェネラリストでなければならないという、何となく信じられている命題は、その事実上の妥当性と規範的な妥当性の両面から、今一度問い直す必要があろう。少なくとも、これまで検討してきたように、裁判官のみで専門的な問題について判断ができるという想定は維持できないし、すべきでもない。

むしろ、一定の専門化をはかりつつも、その専門性は、訴訟での専門家の関与を促進し、その手続運営を適切に行いうるという専門性と整理すべきではないだろうか。

2　専門事件の脱司法化とその課題

今期の司法制度改革では、専門訴訟に分類された事件類型について、専門家の協力体制の強化や集中部や専門部での対応を越えて、労働審判制度や知財高裁の設立など、司法内でより踏み込んだ専門的な事件処理の仕組み作りまでを行い、労使それぞれについて事情に詳しい専門家の審判員の登用や、知財については、専門家の関与の強化、裁判官の意識的な専門化までも進められ、一定の成果をあげてきた。こうした専門化は、2当事者間の攻防とジェネラリスト判事による判断という通常訴訟の枠組からの離脱という面を持つ。知財では、特許庁による特許無効を訴える審判、労働事件では、労働局によるあっせん等の既存の行政型のADRが稼働しているなか、司法による対応が強化されており、そうした事件類型についての

47）たとえば、名古屋は医療専門の弁護士が比較的多い都市であるのに対し、名古屋地方裁判所の医事集中部は、弁護士の専門性に比すると裁判官の専門性はさほど高くないうえに、すべての医事事件がその集中部で扱われることになり、それが訴訟提起を思いとどまらせる原因になることもあるという。

「司法化」が進められたともいえる。

　他方で、今期の司法制度改革では、専門性への対応を直接はかるしくみとして、ADRの充実も同時にはかられ、実際に専門分野についてのADRへの期待は高く、専門ADRの設立も進められている。医療も、訴訟よりもADRによる紛争解決を求める声が高い領域であるが、訴訟では実現しにくい医療側と患者側との対話の促進という目的に加えて、専門的知見へのアクセスを実質化したADRの利用や評価が高い[48]。専門性にダイレクトに対応するには、裁判という仕組みを離れた手続におけるほうが、自由な制度設計に開かれ、機動性、柔軟性も高い。ADR拡充の動向それ自体は、望ましい方向性であると言えよう。そうした特定の争点のみを分離するという構想ではなく、専門領域にかかる紛争解決を目的とするADRの場合には、専門的知見を導入しながら、その紛争類型にふさわしい手続による解決の探求もできることから、紛争解決手段として望ましいと一般的には言える。

　しかし、ADRは裁判と全く独立した手続であったとしても、その利用や運用に際しては、裁判手続を利用した場合にどのような手続や結果が得られるかという予測をもとに、それとの比較にもとづいて選択がなされる。ADRは、裁判の影から自由ではない（Mnookin& Kornhauser1979）。よって、ADRが、その専門領域に適合的な紛争解決手続を実現するためには、裁判手続やその結果の質の向上もあわせて目指す必要がある。そうでないと、「裁判による解決よりはましである」という消極的なADR選択が行われることになる。

　また、裁判は、国家の司法作用という重要な役割を担っている。個別の紛争を適正に解決するだけでなく、判例形成やそれを通じた法理の展開という重要な役割を果たすことも求められている。本書では、そうした役割を果たす上でも、専門訴訟が、その専門領域において妥当とされる専門的知見を反映した判断を行う必要性を説いてきた。よって、専門性の要請に

48）たとえば、愛知弁護士会が実施している医療ADRは、協力医療機関の専門委員を拡充し、専門家の意見を聞く目的で利用されることも増えているという。

応えて、訴訟の専門化を進めていくことは不可避であるが、その要請を理由に脱裁判、ADR による解決を一次的な解決方法とする提案に与することはできない。

　他方で、本章で検討してきたように、ジェネラリスト裁判官が専門訴訟を担うことの意義はあるものの、それは裁判官が、OJT でその専門領域の知識経験を備えることで、専門裁判官として専門分野についても的確な判断をできる力をつけることによって実現するものではない。裁判官が適切な専門家の協力を得ながら、専門家の議論を促進し、専門家によって了解できる程度の専門性を裁判が反映できるような訴訟運営を行うことによって実現を目指すべきであろう。

　専門化社会においても、そしてそこにおいてこそ、裁判は、そうした問題についてのフォーラムとして、社会のフロンティアで生じる紛争の処理を通じて規範形成を行っていく役割を担うことが求められる。裁判官や裁判の役割も、そうした新たな要請を踏まえて再構築していく必要がある。

文献一覧

阿部昌樹（2002）『ローカルな法秩序―法と交錯する共同性―』（勁草書房）。
Abel, Ronald J, Richard L (1986) "The Decline of Professionalism", 49Md. Law. Rev.1.
Abel, Richard L (1980) "Delegalization; A Critical Review of Its Ideology", in Alternative Rechtsformen und Alternativen zum Recht: Jahrbuch fur Rechtssoziologie und Rechtstheorie Bd.6.
安達栄司（1991）「アメリカ合衆国における審理の充実と訴訟促進の動向（一）（二）」民商法雑誌103巻5号735-759頁、103巻6号912頁。
赤西芳文・大山徹・久永秀人・福冨幸治・大津剛志・中野千瑞子・甲斐野正行・小橋正宣・木口秀子・村上篤・西尾貴紀・井川真志・舩越英明・石原典章・大橋伸次・吉村大輔（2000）「神戸地裁モデル部における審理――書記官との協働による審理充実の取組みとアンケート方式による鑑定など訴訟運営の工夫」判例タイムズ1032号68頁。
Allen, Ronald J (1991) "The Nature of Juridical Proof", 13Cardozo L. Rev.373.
Allen, Ronald J (1994a) "Factual Ambiguity and a Theory of Evidence", 87Nw. U. L. Rev.604.
Allen, Ronald J (1994b) "Expertise and the Daubert Decision", 84J. of Criminal Law & Criminology1157.
Allen, Ronald J & Joseph S. Miller (1993) "The Common Law Theory of Experts: Deference or Education?" 87Nw. U. L. Rev.1131.
Ancheta, N. Angelo (2006) *Scientific Evidence and Equal Protection of The Law*, Rutgers Univ. Press.
Antczak, M. Harriet (2011) "Problems at Daubert: Expert Testimony in Title Ⅶ Sex Discrimination and Sexual Harassment Litigation", 19Buff. J. Gender L.& Soc. Pol'cy33.
安西明子（2009）「専門家の巻き込み―弁論の活性化の観点から―」判例タイムズ1286号58頁。
有本建男・佐藤靖・松尾敬子（2016）『科学的助言―21世紀の科学技術と政策形成』（東京大学出版会）。
浅見宣義（2011）「労働審判方式を取り入れた民事紛争解決方式（L方式）について―民事調停を利用した試行的実施のレポート」判例時報2095号3頁。
淡路剛久（1981）『スモン事件と法』（有斐閣）。
淡路剛久（1995）「自然保護と環境権―環境権への手続的アプローチ―」環境と公害25巻2号25頁。
馬場健一（1994）「法化と自律領域」棚瀬孝雄編『現代法社会学入門』（法律文化社）73頁。
バーガー, P. H/T・ルックマン（1966＝1977）『日常世界の構成』（山口節郎訳）（新曜社）。
バーガー, J マリリン（1990）「アメリカ合衆国における裁判官の役割―管理者か、それとも単なる審理者か―」（吉野正三郎・安達栄司訳）ジュリスト953号109頁。

バーンズ, B（1989）『社会現象としての科学』（川出由己訳）（吉岡書店）。
ベック・ウルリヒ（1998）『危険社会』（東・伊藤訳）（法政大学出版局）。
Baum, Lawrence（1977）"Judicial Specialization, Litigant Influence, and Substantive Policy: The Court of Customs and Patent Appeals", 11Law and Society Rev.824.
Baum, Lawrence（1994）"Specialization and Authority Acceptance; The Supreme Court and Lower Federal Courts", 47Policical Research Quarterly693.
Baum, Lawrence（2009）"Probing the Effects of Judicial Specialization", 58Duke L. J. 1667.
Baum, Lawrence（2011）*Specializing The Courts*, Chicago.
Beecher-Monas, Erica（2000）"The Heuristics of Intellectual Due Process: A Primer for Triers of Science", 75New York University Law Rev.1563.
Beecher-Monas, Erica（2001）"Domestic Violence: Competing Conceptions of Equity in the Law of Evidence" 47Loy. L. Rev81.
Bennet, W. Lance & Feldman, S（1981）*Reconstructing Reality in The Courtroom*.
Black, Ayala and Saffran-Brinks（1994）"Science and the Law in the Wake of Daubert: A New Search for Scientific Knowledge", 72Tex. L. Rev.715.
Brazil, Wayne D（1986）"Special Masters in Complex Cases: Extending the Judiciary or Reshaping Adjudication?", 53 U. of Chi. L. Rev.394.
Brennan, Troyen A（1988）"Causal Chains and Statistical Links: The Role of Scientific Uncertainty in Hazardous-Substance Litigation", 73Cor. L. Rev.469.
Brewer, Scott（1998）"Scientific Expert Testimony and Intellectual Due Process", 107Yale Law Journal1535.
Busby, Helen , Williams, Gareth & Rogers, Anne（1997）"Body of Knowledge: Lay and Biomedical Understanding of Musculoskeletal Disorders", in Mary Ann Elston ed., *The Sociology of Medical Science & Technology,* Blackwell.
武士俣敦（2015）「弁護士業務分野の特徴と構造」佐藤岩夫・濱野亮編『変動期の日本の弁護士』（日本評論社）28頁。
Cain, Maureen（1979）"The General Practice Lawyer and the Client: Towards a Radical Conception, International Journal of the Sociology of Law", 7, 331.
Cecil, Joe S & Thomas E. Willing（1994）"Court-Appointed Experts", in Federal Judicial Center , *Reference Manual on Scientific Evidence*, 529.
茶園成樹（2005）「知的財産関係事件を取り扱う裁判所の集中化と専門化」ジュリスト1293号56頁。
Chayes, Abram（1976）"The Role of the Judge in Public Law Litigation", 89Harv. L. Rev.1281.
Cheng, K. Edward（2008）"The Myth of the Generalist Judge", 61Stan. L. Rev.519.
千葉県医事関係裁判運営委員会複数鑑定制度検証小委員会（2011）「複数鑑定制度の検証に関する報告書（上）（下）」判例タイムズ1339号17頁、1340号67頁。
Conrad, Peter & Schneider, Joseph W（1992）*Deviance and Medicalization: From Badness to Sickness*（expanded ed.）.
Cranor, Carl F（1995）"Learning from the Law for Regulatory Science", 14Law & Philosophy 115.
Damaška, M（1997）*Evidence Law Adrift,* Yale University Press.

Damle, Sarang Vijay (2005) "Sepcialize the Judge, Not the Court: A Lesson from the German Constitutional Court", 91Va. L. Rev.1267.

Dreyfuss, Rochelle Cooper (1995) "Is Science a Special Case? The Admissibility of Scientific Evidence After Daubert v. Merrell Dow", 73Tex. L. Rev.1779.

Dreyfuss, Rochelle Cooper (2004) "The Federal Circuit: A Continuing Experiment in Specialization", 54Case W. Res. L. Rev.769.

Edmond, Gary (2009) "Merton and the Hot Tub: Scientic Convention and Expert Evidence in Australian Civil Procedure", 72Law & Contemporary Problems159.

Elliot, E. Donald (1986) "Managerial Judging and Evolution of Procedure", 53The Univ. of Chicago L. Rev.306.

Elliot, E. Donald (1989) "Toward Incentive-Based Procedure: Three Approaches for Regulating Scientific Evidence", 69B. U. L. Rev.487.

Epstein, Richard A (1993) "Judicial Control Over Expert Testimony: of Deference and Education", 87Nw. U. L. Rev.1156.

Eric, J. Rosemary & Simon, J. Rita (1998) *The Use of Social Science Data in Supreme Court Decisions*, University of Illinois Press.

Evett, Julia (2014) "The Concept of Professionalism: Professsional Work, Professional Practice and Learning", in Billett, S, Harties, C & Gruter, H ed., *International Handbook of Research in Professionals and Practice-based Learning*, Springer.

Eyal, Gil (2013) "For a Sociology of Expertise: The Social Origins of the Autism Epidemic", 118American J. of Sociology863.

Faigman, David L (1995) "Mapping the Labyrinth of Scientific Evidence", 46Hasting L. Rev. 555.

Faigman, Porter & Saks (1994) "Check Your Crystall Ball at the Courthouse Door, Please: Exploring the Past, Understanding the Present, and Worrying about the Future of Scientific Evidence", 15Cardozo L. Rev.1799.

Farrell, Margaret G (1994a) "Daubert v. Merrell Dow Pharmaceuticals, Inc.: Epistemiology and Legal Process", 15Cardozo L. Rev.2138.

Farrell, Margaret G (1994b) "Coping with Scientific Evidence: The Use of Special Masters", 43Emory L. J.927.

Farrell, Margaret G (1994c) "Special Masters", in Federal Judicial Center, *Reference Manual on Scientific Evidence*, 518.

Federal Judicial Center (1994) *Reference Manual on Scientific Evidence*.

フェルドマン、エリック A (2003)『日本における権利のかたち―権利意識の歴史と発展―』（山下篤子訳）（現代人文社）。

フェルドマン、エリック A (2004)「司法制度改革と医療過誤訴訟」（須網隆夫訳）法律時報76巻2号16頁。

Flood, John (1991) "Doing Business: The Management of Uncertainty in Lawyers' Work", 25-1Law & Society Review 41.

Frankel, Marvin E (1975) "The Search for Truth: An Empireal View", 123Univ. Pa. L. Rev.1031.

Freedman, Monroe H (1975) *Lawyers' Ethics in An Adversary System*, The Bobbs-Merrill Company, Inc.

フリードソン、エリオット（1992）『医療と専門家支配』（進藤雄三・宝月誠訳）（恒星社厚生閣）。原典　Freidson, Eliot（1970）*Professional Dominance: The Social Structure of Medical Care.*

藤垣裕子（2003）『専門知と公共性―科学技術社会論の構築に向けて』（東京大学出版会）。

藤垣裕子編（2005）『科学技術社会論の技法』（東京大学出版会）。

藤本亮（2015）「弁護士のなだらかな分化」佐藤岩夫・濱野亮編『変動期の日本の弁護士』（日本評論社）。

福田剛久（2010）「当事者主義と職権主義の間で」判例タイムズ1317号44頁。

福井康太（2008）「リスク志向社会の紛争とコンフリクト・マネジメント」法社会学69号38頁。

Fuller, Lon L（1978）"The Forms and Limits of Adjudication", 92Harv. L. Rev.353.

Fuller, Lon L & John D. Randall（1958）"Professional Responsibility: Report of the Joint Conference", 44ABA J. 1158.

Galanter, Marc（1974）"Why the Haves Come Out Ahead: Speculation on Limits of Legal Change", 9Law&Soc. Rev.95.

Galanter, Marc（1983）"Reading the Landscape of Disputes: What We Know and Don't Know（And Think We Know）About Our Allegedly Contentious and Litigious Society", 31UCLA L. R., 4.

Galanter, Marc（1992）"Law Abounding: Legalisation Around The North Atlantic Sea", 55The Md. Law Rev.1.

ギデンズ、アンソニー（1996）『近代とはいかなる時代か？』（松尾精文・小幡正敏訳）（而立書房）。

Genn, Hazel（2013）"Getting to the Truth: Experts and Judges in the 'Hot Tub'", 2013Civil Justice Quarterly1.

Gieryn, Thomas F（1983）"Boundary-Work and the Demarcation of Science from Non-Science: Strains and Interests in Professional Ideologies of Scientists", 48Am. Soc. Rev.781.

Gold, Steve（1986）"Causation in Toxic Torts: Burdens of Proof, Standards of Persuation, and Statistical Evidence", 96Yale L. J.376.

Goldberg, Steven（1987）"The Reluctant Embrace: Law and Science in America", 75Geo. L. J.1341.

Goode, William J（1957）"Community within a Community: The Professions", 22American Sociological R.194.

Goodman, Michael（2016）"What's So Special About Patent Law?", 26Fordham Intel. Prop., Media& Ent. L. J.797.

Gordon, Roert W & William H. Simon（1992）"The Redemption of Professionalism?" in Nelson, Trubek & Solomon ed. *Lawyer's Ideal/Lawyer's Practices Transformation in American Legal Profession,* Cornell Univ. Press.

Gorman, H. Elizabeth & Sandefur, L. Rebecca（2011）"Golden Age, Quiescence, and Revival: How the Sociology of Professions Became the Study of Knowledge-Based Work", 38-3Work and Occupations 275.

Gottesman, Michael H（1994）"Should Fereral Evidence Rules Trump State Tort Policy? The Federalism Values Daubert Ignored", 15Cadrozo L. Rev.1837.

Green, Michael D (1992) "Expert Witnesses and Sufficiency of Evidence in Toxic Substances Litigation: The Legacy of Agent Orange and Bendectin Litigation", 86Nw. U. L. Rev.643.

Green, Michael D (1996) *Bendectin and Birth Defects*, University of Pennsylvania Press.

Griffin, K. Lisa (2013) "Narrative, Truth, and Trial", 101Georg. L. J.281.

Gross, Samuel R (1991) "Expert Evidence", 1991Wis. L. Rev.1113.

Guyatt, Gordon & Rennie, Drummond (2003) *Users' Guides to The Medical Literature*. 邦訳『臨床のためのEBM入門』(古川壽亮・山崎力監訳)(医学書院)。

Haack, Susan (2009) "Irreconcilable Differences? The Troubled Mariage of Science and Law", 72Law & Contemporary Problems1.

萩澤清彦(1988)「医療過誤訴訟の一事例」中野貞一郎編『科学裁判と鑑定』(弘文堂)61頁。

萩屋昌志(2011)「裁判官の職務と裁判官像―裁判官像をめぐる議論を手がかりにして―」東北学院法学71号592頁。

Halliday, Terence C (1985) "Knowledge Mandates: Collective Influence by Scientific, Normative and Syncretic Professions", 36British J. of Sociology421.

濱野亮(2002)「弁護士像はどう変わってきたか」和田仁孝ほか編『交渉と紛争処理』(日本評論社)248頁。

濱野亮(2016)「司法ソーシャルワークによる総合的支援」立教法学93号194頁。

Hanks, George C. Judge (2015) "Searching from Within: The Role of Magistrate Judges in Federal-District Litigation", 8Federal Courts Law Rev.35.

Hans, Valerie P & Lofquist, William S (1992) "Jurors' Judgments of Business Liability in Tort Causes: Implications for the Litigation Explosion Debate", 26Law & Society Rev. 85.

Hansford, Eric (2011) "Measuring the Effects of Specialization with Circuit Split Resolution", 63Stan. L. Rev.1145.

原田尚彦(1979)「科学裁判と裁判官」ジュリスト700号232頁。

原山擁平(2011)『セクハラの誕生 日本上陸から現在まで』(東京書籍)。

晴野まゆみ(2001)『福岡セクシュアル・ハラスメント裁判手記 さらば、原告A子』(海鳥社)。

Hareira, M. A (1986) "An Early Holistic Conception of Judicial Fact-finding", 79Juridical Rev.79.

長谷川公一(1988)「『現代型訴訟』の社会運動論的考察」法律時報61巻12号65頁。

長谷川公一(2003)『環境運動と新しい公共圏―環境社会学のパースペクティブ―』(有斐閣)。

橋本聡(1991)「紛争処理の柔軟化と多様化(一)(二)―アメリカ合衆国連邦地方裁判所を例に―」民商法雑誌105巻3号344頁、105巻4号487頁。

畑郁夫(2005)「最近の大型企業統合(M&A)紛争を巡る法的問題について―住友信託 vs. UFJ経営統合交渉破綻仮処分事件に即して―」民商法雑誌132巻1号1頁。

ジョン・O・ヘイリー(1978)「裁判嫌いの神話」判例時報902号14頁、907号13頁。

Hazard Jr, Geoffrey C (1978) "The Adversary System", in *Ethics in The Practice of Law*, Yale University Press.

Heinz, John P & Laumann, Edward (1982) (1994) *Chicago Lawyers: The Social Structure Of The Bar*, Russell Sage Foundation.
樋口範雄 (1992)「アメリカにおける医療過誤の実態調査―不法行為制度の危機と改革の意義を考えるために」法社会学44号148頁。
樋口範雄 (1998)「患者の自己決定権」『岩波講座　現代の法14　自己決定権と法』(岩波書店)。
樋口範雄 (2005)「医療における法化と規範の役割」城山英明・山本隆司編『融ける境　超える法5　環境と生命』(東京大学出版会) 139頁。
樋口陽一 (1979a)『司法の積極性と消極性―日本国憲法と裁判』(勁草書房)。
樋口陽一 (1979b)『比較のなかの日本国憲法』(岩波新書)。
平川秀幸 (2017)「科学／技術への民主的参加の条件」中島秀人編『岩波講座現代　ポスト冷戦時代の科学／技術』(岩波書店) 119頁。
平野仁彦 (2013)「生命倫理とソフトロー」 平野仁彦・亀本洋・川濱昇編『現代法の変容』(有斐閣) 179頁。
平野哲郎 (2016)「カンファレンス尋問―複数専門家による口頭での知見提供の新しい方法」判例時報2315号3頁。
平野哲郎 (2017)「診療ガイドラインの策定と裁判規範の形成」立命館法学373号348頁。
平嶋竜太 (2003)「アメリカ連邦巡回裁判所 (CAFC) 創設をめぐる経緯と議論―知的財産訴訟外国法政研究会報告書より」NBL 770号37頁。
本堂毅 (2010)「法廷で科学はどのように捉えられているか」科学80巻2号154頁。
本堂毅・平田光司・尾内隆之・中島貴子編 (2017)『科学の不定性と社会―現代の科学リテラシー―』(信山社)。
本間靖規 (2011)「手続保障論の課題―審尋請求権を中心に―」民事訴訟法雑誌57号120頁。
Huber, Peter W (1991) *Galileo's Revenge*, New York.
市川正人 (2017)「わが国における『司法審査と民主主義』論の経緯と展望」憲法理論研究会『展開する立憲主義〈憲法理論叢書25〉』(敬文堂)。
市村陽典 (2016)「民事訴訟における専門部・集中部について」東北法学会会報34号。
飯考行 (2004)「裁判官論の再考」法の科学34号113頁。
飯島伸子 (1970)「産業公害と住民運動―水俣病問題を中心に―」社会学評論81号25頁。
飯島祥彦 (2016)『医療における公共的決定―ガイドラインという制度の条件と可能性―』(信山社)。
稲垣喬 (1982)「医事訴訟における因果関係の認定―とくに疫学的手方導入の限界―」判例タイムズ475号。
稲垣喬 (1992)『医事訴訟理論の展開』(日本評論社)。
稲垣矯 (2000)「診療過誤」前田達明編『医事法』(有斐閣)。
インタビュー (2009)「知財高裁元裁判官　宍戸充氏に聞く　知財高裁元裁判官から見た知財訴訟代理人の訴訟活動」パテント62巻7号7頁。
井上治典 (1988)「手続保障の第三の波」新堂幸司編著『特別講義　民事訴訟法』(有斐閣) 76頁。
井上治典 (1993)『民事手続論』(有斐閣)。
井上摩耶子 (2013)「フェミニストカウンセラーからはじまるセクシュアルハラスメント」現代思想41巻15号18頁。

井上摩耶子編（2010）『フェミニストカウンセリングの実践』（世界思想社）。
医療事故市民オンブズマンメディオ（2003）『医療事故と診療上の諸問題に関する調査報告書』。
医療事故情報センター（1988〜1999）『医療過誤訴訟　鑑定書集（1）〜（10）』（医療事故情報センター）。
石田裕敏（1990）「アメリカ合衆国の民事訴訟における陪審裁判を受ける権利（二）」法学論叢128巻2号78頁。
石川寛俊（2004）『医療と裁判—弁護士として、同伴者として—』（岩波書店）。
石川実・服部篤美（1988）「医療過誤訴訟における医療鑑定の実態——東京地裁における訴訟記録から」季刊民事法研究21号3頁。
石川正ほか（2004）「座談会：現代型訴訟と鑑定—私鑑定を含めて」NBL782号4頁。
石村善助（1969）『現代のプロフェッション』（至誠堂）。
磯村健太郎・山口栄二（2013）『原発と裁判官—なぜ司法は「メルトダウン」を許したのか』（朝日新聞出版社）。
伊藤眞（2003）「専門訴訟の行方」判例タイムズ1124号4頁。
James, Fleming & Hazard, Geoffery（1985）*Civil Procedure* third ed..
Jasanoff, Sheila（1992）"What Judges Should Know About the Sociology of Science", 32Jurimetrics J.345.
Jasanoff, Sheila（1995）*Science at The Bar*, Harvard.　邦題（2015）『法廷に立つ科学』（渡辺千原・吉良貴之監訳）（勁草書房）。
Jasanoff, Sheila（2015）"Serviceable Truths: Science for Action in Law and Policy", 93Texas L. Rev.1723.
Jasanoff, Sheila & Kim Sang-Hyn（2009）"Containing the Atom: Sociotechnical Imaginaries and Nuclear Power in the United States and South Korea", Minerva DOI10.1007/S11024-009-9124-4.
Johnson, J. Terence（1972）*Professions ans Power*, Macmillan.
Jonakait, Randolf N（1991）"Stories, Forensic Science, and Improved Verdicts", 13Cardozo L. Rev.343.
定塚誠（2006）「労働審判制度が民事訴訟に与える影響」判例タイムズ1200号5頁。
定塚誠（2003）「知的財産権訴訟の現状と課題」NBL 765号20頁24頁。
Jurs, W. Andrew（2010）"Science Court: Past Proposals, Current Considerations, and a Suggested Structure", 15Virginia J. of Law & Technology1.
Kagan, Robert A（1996）"The Political Construction of American Adversarial Legalism" in Austin Ranney, ed., Courts and the Policical Process（Berkeley）.
Kagan, Robert A（2001）*Adversarial Legalism*：*The American Way of Law*, Harvard University Press. 邦題『アメリカ社会の法動態—多弁社会アメリカと当事者対抗的リーガリズム』（ロバート・A．ケイガン　北村喜宣・尾崎一郎・青木一益・四宮啓・渡辺千原・村山眞維訳）（慈学社）。
影浦峡（2012）「『専門家』と『科学者』—科学的知見の限界を前に」尾内隆之・調麻佐志編『科学者にゆだねてはいけないこと』（岩波書店）45頁。
Kahneman, Daniel & Tversky（1972）Amos, "Subjective Probability; A Judgement of Representativeness", 3Cognitive Psychology430.
神戸秀彦「終わらない水俣病問題と民事賠償の課題—ノーモア・ミナマタ第1次・第2

次訴訟との関連で—」環境と公害44巻4号3頁。

亀本洋（2014）「裁判と科学の交錯」亀本洋編『岩波講座　現代法の動態⑥　法と科学の交錯』（岩波書店）。

亀本洋編（2014）『岩波講座　現代法の動態⑥　法と科学の交錯』（岩波書店）。

Kantrowitz, Althur（1967）"Proposal for an Institution for Scientific Judgement", 156Science, New Series763.

Kantrowitz, Althur（1975）"Controlling Technology Democratically", 63American Scientist505.

Karneman, Daniel（2011）*Thinking Fast and Slow*. 邦題（2014）『ファスト＆スロー：あなたの意思はどのように決まるか？』（ダニエル・カーネマン　村井章子訳）（早川書房）。

笠井正俊（2002）「医療関係など専門訴訟への対応」Causa 2号49頁。

笠井正俊（2003）「知的財産高等裁判所構想に関する若干の考察」判例タイムズ1126号4頁。

笠井正俊（2004）「医療関係民事訴訟における事実的因果関係の認定と鑑定—最高裁判所の破棄判決を素材として—」法学論叢154巻4.5.6号428頁。

笠井正俊（2014）「民事裁判と科学」亀本洋編『岩波講座　現代法の動態⑥　法と科学の交錯』（岩波書店）。

笠井正俊（2016）「弁論主義と職権探知主義の関係」法律時報88巻8号19頁。

賀集唱（1970）「民事裁判における事実認定をめぐる諸問題」民事訴訟法雑誌16号49頁。

加藤新太郎（1990）「管理者的裁判官の光と影—アメリカ合衆国における議論の展開—」ジュリスト953号103頁。

加藤新太郎編（2004）『ゼミナール裁判官論』（第一法規）。

川井健・春日偉知郎（1976）判例評釈　判例タイムズ330号81頁。

川濱昇（1993）「『法と経済学』と法解釈の関係について（四）」民商法雑誌109巻3号413頁。

河村浩（2012）「民事裁判の基礎理論・事実判断の構造分析（上）（中）（下）」判例時報2176号3頁、2177号13頁、2179号2頁。

河野貴代美（1991）『フェミニストカウンセリング』（新水社）。

河野貴代美（2004）『フェミニストカウンセリング　パートⅡ』（新水社）。

川嶋四郎（2001）「差止的救済の有用性に関する一展望」判例タイムズ1062号37頁。

川嶋四郎（2011）「争点整理の充実・迅速化とその課題（上）（下）」法律時報83巻7号18頁、83-8号100頁。

川島武宜（1959）「順法精神」『川島武宜著作集第4巻』（岩波書店）。

川島武宜（1967）『日本人の法意識』（岩波書店）。

Kester, Charles（1995）"The Language of Law, the Sociology of Science and Troubles of Translation: Defining the Proper Role for Scientific Evidence of Causation", 74Nebraska L. Rev.529.

甲野乙子（2001）『悔やむことも恥じることもなく　京大・矢野教授事件の告発』（解放出版社）。

小谷昌子（2012）「近時の最高裁判例にみる医師の行為義務と医学的知見」早稲田大学大学院法研論集141号131頁。

Kritzer, Herbert（1999）"The Professions Are Dead: Long Live the Professions: Legal

Practice in a Postprofessional World", 33-3Law& Society Review 713.

勝村久司（2004年）『ぼくの「星の王子さま」へ』（幻冬舎）。

Kaye, David H（1983）"Statistical Significance and the Burden of Persuasion", 46Law and Contemporary Prob.13.

Kidder, R & Miyazawa, S（1993）"Long Term Strategies in Japanese Environmental Ligitaion", 18Law & Sociel Inqury 605.

木川統一郎・生田美弥子（2003）「民事鑑定と上告審の審理範囲―いわゆるルンバール事件を手がかりにして」木川統一郎編『民事鑑定の研究』（判例タイムズ社）。

吉川大二郎（1978）「公害等裁判所設置の提唱」法の支配36号2頁。

小林秀之（1985）『アメリカ民事訴訟法』（弘文堂）。

小林傳司（2004）『誰が科学技術について考えるのか―コンセンサス会議という実験―』（名古屋大学出版会）。

小林傳司（2007）『トランス・サイエンスの時代―科学技術と社会をつなぐ』（NTT出版）。

近藤昌昭・石川紘紹（2015）「東京地方裁判所医療集中部（民事第14部、第30部、第34部、第35部）における事件概況等（平成26年度）」法曹時報67巻7号1833頁。

今野浩（2003）「知財裁判所に『技術判事』を」日本経済新聞2003年9月23日。

菊池史憲（2000）「弁護士自治の歴史的考察と弁護士の課題」日本弁護士連合会編『21世紀弁護士論』（有斐閣）135頁。

小島武司（1969）「専門家証人の中立化」判例タイムズ235号2頁、236号31頁。

小島武司（1984）「アメリカ合衆国における鑑定」比較法雑誌18巻1号161頁。

コリンズ、ハリー（2011）「科学論の第三の波」（和田慈訳）思想1046号27頁。

栗原彬（2005）『「存在の現れ」の政治―水俣病という思想―』（以文社）。

Larson, Magali S（1977）*The Rise of Professionalism: A Sociological Analysis*, University of California Press.

Lee, Peter（2010）"Patent Law and the Two Culture", 120 Yale L. J.2.

Lemley, Mark A, Li, Su & Urban M. Jennifer（2014）"Does Familiarity Breed Contempt Among Judges Deciding Patent Cases?", 66Stanford L. Rev.1121.

Lempert, Richard（1985）"Statistics in the Courtroom: Building on Rubinfeld", 85Columbia L. Rev.1098.

Lempert, Richard（1986）"The New Evidence Scholarship: Analysing the Process of Proof", 66B. U. L. Rev.439.

Lempert, Richard（1993a）"Civil Juries and Complex Cases: Taking Stock After Twelve Years" in Robert E. Litan, ed, *Verdict Assessing The Civil Jury System*, Booking Institution.

Lempert, Richard（1993b）"Experts, Stories, and Information", 87Nw. U. L. Rev.1169.

Liu, Sida（2013）"The Legal Profession as a Social Process: A Theory on Lawyers and Globalization", 38Law and Social Inquiry670.

ルー、サナ（2009）『法・疫学・市民社会―法政策における科学的手法の活用』（太田勝造・津田敏秀監訳）（木鐸社）。原典 Loue, Sana（2002）*Case Studies in Forensic Episteniology*, Springer.

Luban, David（1988）*Lawyers and Justice*, Princeton Univ. Press.

Luban, David（1983）"Adversary System Excuse", in Luban ed., *The Good Lawyer*

Totowa, NJ: Rowman&Allanheld, 89.

Luneburg, William V & Mark A. Nordenberg (1981) "Specially Qualified Juries and Expert Nonjury Tribunals: Alternatives for Coping with the Complexities of Modern Civil Litigation", 67Va. L. Rev.877.

MacCoun, Robert J (1996) "Differrential Treatment of Corporate Defendants by Juries: An Examination of the 'Deep-Pockets' Hypothesis", 30Law&Society Rev.121.

Macdonald, Keith M (1995) *The Sociology of Professions*, Sage.

キャサリン・A・マッキノン（1999）『セクシャル・ハラスメント・オブ・ワーキング・ウィメン』（村山淳彦監訳・志田昇ほか訳）（こうち書房）。原典　Mackinnon, A. Catharine, *Sexual Harassment of Working Women*, Yale University Press.

Mahoney, R. Martha (1991) "Legal Image of Battered Women: Redefining the Issue of Separation", 90Mich. L. Rev.1-93.

牧山市治（1975）判例解説　最高裁判例解説昭和50年471頁。

丸田隆（1998）『アメリカ陪審制度研究』（法律文化社）。

Mar, Maskymillian Del & Schaffer Burkhard ed. (2014) *Legal Theory and the Natural Science*, Ashgate.

Martin, James A (1977) "The Proposed"Science Court"", 75Mich. L. Rev.1058.

Marjorbanks, Good, Lawthers and Peterson (1996) "Physicians' Discourses on Malpractice and the Meaning of Medical Malpractice", 37J. of Health and Social Behavior163.

Mashaw, J (1983) *Bureaucratic Justice: Managing Social Security Disability Claims*, Yale University Press.

増尾崇（2007）「ニューサウスウェールズ州最高裁判所およびオーストラリア連邦裁判所における専門家証言制度の改革」判例タイムズ1252号98頁。

松原純子（1989）『リスク科学入門』（東京図書）。

松村良之・太田勝造・岡本浩一（1996〜1998）「裁判官の判断におけるスジとスワリ（1）〜（13）」判例タイムズ911号81頁、912号65頁、916号58頁、919号74頁、921号74頁、923号97頁、925号106頁、927号84頁、941号92頁、946号69頁、967号115頁、1004号97頁。

松波淳一（1998）『ある反対尋問―科学者証人への反対尋問例』（日本評論社）。

Melhman, J. Maxwell (2011) "Professional Power and the Standard of Care in Medicine", 44Arizona State Law J.1165.

Mehlman, J. Maxwell (2012) "Medical Practice Guidelines as Malpractice Safe Harbors: Illusion or Deceit?", J. of Law, Medicine & Ethics, 286.

Merton, Robert K (1947) *"The Machine, the Worker, and the Engineer"*, 105Science79.

マートン、K.ロバート（1961）『社会理論と社会構造』（森東吾・森好夫・金沢実・中島竜太郎訳）（みすず書房）。原典　Merton, Robert K (1957) *Social Theory and Social Structure*, The Free Press.

三木浩一（2013）『民事訴訟における手続運営の理論』（有斐閣）。

Miller, Banks & Curry, Berett (2009) "Expertise, Experience, and Ideology on Specialized Courts: The Case of the Courts of Appeals for the Federal Circuit", 43Law & Society Rev.839.

美馬達哉（2014）「医療専門職再考」現代思想42巻13号90頁。

宮川光治（1992）「あすの弁護士―その理念・人口・養成のシステム―」宮川光治ほか

編『変革の中の弁護士（上）』（有斐閣）1頁。
宮脇正晴（2015）「知財高裁と最高裁」市川正人・大久保史郎・斎藤浩・渡辺千原編『日本の最高裁判所』（日本評論社）185頁。
宮澤節生（1997）「弁護士職の自己改革による日本社会の変革を求めて」日本弁護士連合会編集委員会編『あたらしい世紀への弁護士像』（有斐閣）142頁。
宮澤節生ほか（2011）宮澤節生・武士俣敦・石田京子・上石圭一「日本における弁護士の専門分化―2008年全国弁護士調査第 2 報」青山法務研究論集第 4 巻193頁。
宮澤節生ほか（2012）宮澤節生・武士俣敦・藤本亮・上石圭一「日本において特定分野への相対的集中度が高い弁護士の属性―2008年全国弁護士調査第 3 報」青山法務研究論集第 5 巻119頁。
水野謙（2000）『因果関係概念の意義と限界』（有斐閣）。
水野謙（2014）「ルンバール施行後の脳出血と因果関係」医事法判例百選第 2 版136頁。
Mnookin, Robert H & Kornhauser, Lewis（1979）"Bargaining in the Shadow of the Law: The Case of Divorce", 88Yale L. J.950.
守屋明（1995）『紛争処理の法理論―交渉と裁判のダイナミズム』（悠々社）。
室伏康志（2016）「企業内弁護士の実像」NIBEN Frontier2016年 6 月号27頁。
長屋幸世（2009）「医師の説明義務と鑑定」北星論集49巻 1 号 1 頁。
中島貴子（2008）「リスク社会における不安訴訟の役割と課題」城山編『科学技術のポリティクス』（東京大学出版会）129頁。
中島貴子（2017）「『科学の不定性』に気づき、向き合うとは」本堂毅・平田光司・尾内隆之・中島貴子編『科学の不定性と社会―現代の科学リテラシー―』（信山社）107頁。
中本敏嗣・西岡繁靖・鈴木紀子・片田真志・中村修輔・奥山雅哉（2007）「医事事件における鑑定事項を巡る諸問題―よりよい鑑定事項を目指して―」判例タイムズ1227号16頁。
中村多美子（2014）「不確実な科学的状況下での裁判」亀本洋編『岩波講座　現代法の動態⑥　法と科学の交錯』（岩波書店）37頁。
中村哲（1994）「医療事故訴訟における因果関係について―疾病を前提とする医療行為を中心にして―」判例タイムズ858号24頁。
中野貞一郎（1988）「科学鑑定の評価」中野貞一郎編『科学裁判と鑑定』（日本評論社）27頁。
中野哲弘（2011）「知財高裁 5 年の回顧と展望」Law & Technology50号30頁。
中山充（2002）「環境権論の意義と今後の課題」大塚直・北村喜宣編『環境法学の挑戦』（日本評論社）45頁。
中山信弘（2005）「知的財産高等裁判所への道のり」ジュリスト1293号 6 頁。
中山茂樹（2008）「科学技術と民主主義―憲法学から見た『市民参加』論―」初宿正典ほか編『国民主権と法の支配―佐藤幸司先生古稀記念論文集　上』（成文堂）79頁。
成瀬剛（2013）「科学的証拠の許容性（一）〜（五・完）」法学協会雑誌130巻 1 号130頁、2 号386頁、3 号573頁、4号801頁、5 号892頁。
那須弘平（1993）「弁護士職をめぐる自由と統制」宮川光治・那須弘平・小山稔・久保利英明編『変革の中の弁護士　上巻』（有斐閣）107頁。
Nelken, Mellisa（1991）"The Impact of Federal Rule11 on Lawyers and Judges in the Northern District of California", 74Judicature, 147.
Nelken, Mellisa（1986）"Sanctions under Amended Federal Rule11-Some Chilling

Problems in the Struggle Between Compensation and Punishment", 74Georgetown L. J.1313.

Nelson, Robert L & David M. Trubek（1992）"New Problems and New Paradigms in Studies of the Legal Profession" in *Lawyers'Ideals/Lawyers' Practices*, 1.

Nesson, Charles（1985）"The Evidence or Event?On Judicial Proof and the Acceptability of Verdicts", 98Harv. L. Rev.

Nesson, Charles（1986）"Agent Orange Meets The Blue Bus: Factfinding at the Frontier of Knowledge", 66B. U. L. Rev.521.

Nicolson, Donald（1994）"Truth, Reason and Justice: Epistemology and Politics in Evidence Discource", 57Mo. L. Rev.726.

日本弁護士連合会弁護士倫理に関する委員会編（1995）『注釈弁護士倫理』（有斐閣）。

日本弁護士連合会（2011）「弁護士業務の経済的基盤に関する実態調査報告書2010」自由と正義62巻臨時増刊号。

日本弁護士連合会（2012）「法曹人口政策に関する提言」（http://www. nichibenren. or. jp/library/ja/opinion/report/data/2012/opinion_120315. pdf 2017.01.09vitsited）。

日本弁護士連合会編（2015）『弁護士白書2015年版』（日本弁護士連合会）。

新美育文（1986）「疫学的手法による因果関係の証明」ジュリスト866号74頁、871号89頁。

新美育文（2014）「法における因果関係と疫学的因果関係」本山敦ほか編『民法の未来——野村豊弘先生古稀記念論文集』（商事法務）209頁。

仁木恒夫（2000）「訴訟当事者の訴訟外活動—電気工事による失火責任をめぐる紛争事例を素材に—」立教法学54号242頁。

西川知一郎（2006）「大阪地裁商事事件における現況と課題」判例タイムズ1300号15頁。

Note（1995）"Developments in the Law: Confronting the New Challenges of Scientific Evidence", 108Harv. L. Rev.1481.

小川嘉基（2003）「連邦巡回区・連邦控訴裁判所（CAFC）について」判例タイムズ1123号32頁。

岡田和樹・斎藤浩（2013）『誰が法曹業界をダメにしたのか』（中央公論新社）。

尾内隆之（2017）「科学の不定性と市民参加」本堂毅・平田光司・尾内隆之・中島貴子編『科学の不定性と社会—現代の科学リテラシー——』（信山社）169頁。

小野和子編著（1998）『京大・矢野事件　キャンパス・セクハラ裁判の問うたもの』（イザラ書房）。

小野坂弘（1995）「物語論としての裁判論」法政理論27巻3，4号118頁。

大橋正春・新間祐一郎（2012）「証拠の収集—現代型訴訟と証拠収集」新堂幸司監修『実務民事訴訟法講座　④民事証拠法』（日本評論社）105頁。

大村敦志（2010）「不法行為判例に学ぶ　第21回　福岡セクシュアル・ハラスメント事件」月刊法学教室363号102頁。

太田肇（1993）『プロフェッショナルと組織』（同文館）。

太田勝造（1982）『裁判における証明論の基礎』（弘文堂）。

大塚浩（2005）「訴訟動員と政策形成／変容効果」法社会学63号75頁。

大塚直（2010）『環境法〔第3版〕』（有斐閣）。

大塚直（2016）「原発の稼働による危険に対する民事差止訴訟について」環境法研究5号91頁。

大阪地方裁判所専門訴訟事件検討委員会（2003）「大阪地方裁判所医事事件集中部発足2年を振り返って」判例タイムズ1119号59頁。
Pardo, S. Michael（2013）"The Nature and Purpose of Evidence Theory", 66Vand. L. Rev.547.
Pardo, S. Michael & Allen, Ronald（2008）"Juridical Proof and the Best Explanation", 27Law&Philosophy223.
Park , C. Roger & Saks, J. Michael（2006）"Evidence Scholarship Reconsiderd: Results of the Interdisciplinary Turn", 47B. C. L. Rev.949.
Parsons, Talcott（1939）"The Professions and Sociological Theory", in Persons ed., *Essays in Sociological Theory*, The Free Press.
Parsons, Talcott（1952）"A Sociologist Looks at the Legal Profession", in Persons ed., *Essays in Sociological Theory* , The Free Press.
Parsons, Talcott（1954）"The Professions and Social Structure", in Persons ed., *Essays in Sociological Theory,* Free Press.
パーソンズ,T（2001）『新版 社会構造とパーソナリティ』（武田良三監訳）（新泉社）。
Pedraza-Fariana, G. Laura（2015）"Understanding The Federal Circuit: An Expert Community Approach", 30-1Berkeley Technology Law Journal90.
Pennington, Nancy & Hastie, Reid（1991）"Cognitive Theory of Juror Decision Making: The Story Model", 13Cardozo. L. Rev.519.
Pennington, Nancy & Hastie, Reid（1986）"Evidence Evaluation in Complex Decision Making", 51J. Personality Psychol.242.
Pennington, Nancy & Hastie, Reid（1991）"A Cognitive Theory of Juror Decision Making: The Story Model", 13Cardozo L. Rev. 519.
Pennington, Nancy & Hastie, Reid（1992）"Explaining the Evidence: Test of the Story Model for Juror Decision Making", 62J. of Pers.&Soc. Psychol.189.
Petitti, B. Diana（1996）"Reference Guide on Epidemiology", 36Jurimetrics. j. 159.
Posner, Richard（1983）"Will the Federal Courts of Appeals Survive until 1984? An Essay on Delegation and Specialization of the Judicial Function", 56S. Calif. L. Rev.761.
プレストン・J．ブライアン（2016）「オーストラリアにおける専門家証拠のための特別な訴訟手続」（渡辺千原訳）判例時報2309号12頁。
Ramseyer, Mark J（2015）*Second Best Justice : The Virture of Japanese Private Law*, University of Chicago Press.
Resnik, Judith（1982）"Managerial Judges", 96 Harv. L. Rev.374.
Revesz, L. Richard L（1990）"Specialized Courts and the Administrative Lawmaking System", 138U. Pa. L. Rev.1111.
ロバート・B・レフラー（2003）「医療事故に対する日米の対応―患者の安全と公的責任の相克―」（三瀬朋子訳）判例タイムズ1133号27頁。
六本佳平（1986）『法社会学』（有斐閣）。
六本佳平（1991）「『現代型訴訟』とその機能」法社会学43号2頁。
Rosenberg, David（1984）"The Causal Connection in Mass Exposure Cases: A "Public Law" Vision of the Tort System", 97Harv. L. Rev.849.
Rothman, Kenneth. et al.（1979）"Exogenous Hormones and Other Drug Exposures of Children with Congenital Heart Disease", 109 Am. J. Epidemiology 433.

Rothman, J. Kenneth (1986) *Modern Epidemiology*, Little Brown.
Rothman, J. Kenneth (2002) *Epidemiology* Oxford. 邦題『ロスマンの疫学―科学的思考への誘い』(ロスマン、ケネス　矢野栄二・橋本英樹監訳)(篠原出版新社)。
最高裁判所 (1999)「二一世紀の司法制度を考える」http://www. courts. go. jp/about/kaikaku_sihou_21/ (2018.01.16visited)。
最高裁判所事務総局 (2011)「裁判の迅速化に係る検証に関する報告書」施策編。
最高裁判所 (2017)「裁判の迅速化に係る検証結果」(第7回)。
斎藤浩編 (2013)『原発の安全と行政・司法・学界の責任』(法律文化社)。
Saks, J. Michael & Kidd, T. Robert (1980) "Human Information Processing and Adjudication: Trial By Heuristics", 15Law&Society Rev.123.
Sanders, Joseph (1992) "The Bendectin Litigation: A Case Study in the Life Cycle of Mass Torts", 43Hasting L. J.301.
Sanders, Joseph (1993a) "From Science to Evidence: The Testimony on Causation in the Bendectin Cases", 46Stan. L. Rev.1.
Sanders, Joseph (1993b) "Jury Deliberation in a Complex Case: Havner v. Merrell Dow Pharmaceuticals", 16The Justice System J., 45.
Sanders, Joseph (1994) "Scientific Validity, Admissibility, and Mass Torts After Daubert", 78Minn. L. Rev.1387.
Sanders, Joseph (1998) *Bendectin on Trial*, The University of Michigan Press.
佐藤岩夫 (2011)「『労働審判制度利用者調査』の概要」ジュリスト1435号106頁。
佐藤岩夫 (2015)「ADRの専門性―労働審判制度を素材として」仲裁とADR 10号13頁。
佐藤岩夫・菅原郁夫・山本和彦編 (2006)『利用者からみた民事訴訟―司法制度改革審議会「民事訴訟利用者調査」の2次分析―』(日本評論社)。
佐藤彰一 (1999)「サイモンの弁護士論について」井上治典・佐藤彰一編『現代調停の技法～司法の未来～』(判例タイムズ社)。
佐藤鉄男 (2001)「裁判と専門的知見―専門訴訟で問われる裁判所のスタンス」法学セミナー561号106頁。
佐藤俊樹 (1994)「紛争解決手続と「納得思考」―民事訴訟をめぐる法と社会」法律時報66巻1号70頁。
Scheppele, Kim Lane (1992) "Just the Fact, Ma'am: Sexuaized Violence, Evidentiary Habits, and Revision of Truth", 37N. Y. Sch. Rev.123.
Scheppele, Kim Lane (1995) "Manners of Imagining the Real",19Law and Social Inq. 995.
Schuck, Peter H (1993) "Multi-Culturalism Redux: Science, Law, and Politics", 11Yale Law&Policy Rev.1.
Schwartz, Murray L (1978) "The Professionalism and Accountability of Lawyers", 669California L. Rev.669.
成元哲 (2003)「初期水俣病運動における『直接性／個別性』の思想」片桐新自・丹辺宣彦編『現代社会学における歴史と批判＜下＞―近代資本制と主体性』(東信堂)。
瀬川信久 (1992)「裁判例における因果関係の疫学的証明」星野英一・森島昭夫編『現代社会と民法学の動向―加藤一郎先生古稀記念　上』(有斐閣)149頁。
瀬木比呂志 (2003)「仮の地位を定める仮処分（満足的仮処分）の特別訴訟化再論」判例タイムズ1105号4頁。

Seiver, Justin（2014）"Redesigning the Science Court", 73Maryland Law Rev.770.
千場茂勝（1996）「水俣病解決と訴訟の役割」法律時報68巻10号22頁。
千場茂勝（2003）『沈黙の海―水俣病弁護団長のたたかい―』（中央公論新社）。
椎橋邦雄（1996）「民事訴訟手続の円滑化と弁護士の責任―アメリカ連邦民事訴訟規則11条の検討を中心に」鈴木重勝ほか編『民事訴訟法学の新たな展開―中村英郎教授古稀祝賀　上巻』（成文堂）。
司法研修所編（2000）『専門的な知見を必要とする民事訴訟の運営』（法曹会）。
司法制度改革審議会（2000）「中間報告」http://www. kantei. go. jp/jp/sihouseido/report/naka_pdfdex. html（2018.01.18visited）。
司法制度改革審議会（2001）「司法制度改革審議会意見書―21世紀の日本を支える司法制度―」http://www. kantei. go. jp/jp/sihouseido/report/ikensyo/（2017.0109visited）。
信濃孝一・寺田利彦（2003）「座談会方式による私的鑑定人の尋問――専門訴訟の証拠調べにおける新たな試み」判例タイムズ1131号4頁。
Shiono, Patricia., & Mark A. Klebanoff（1989）"Bendectin and Human Congenital Malformations", 40Teratology151.
新藤宗幸（2012）『司法よ！おまえにも罪がある―原発訴訟と官僚裁判官』（講談社）。
新堂幸司（1968）「民事訴訟法理論はだれのためにあるか」判例タイムズ221号17頁。
新堂幸司（2011）『新民事訴訟法〔第五版〕』（弘文堂）。
進藤雄三（1990）『医療の社会学』（世界思想社）。
職場での性的嫌がらせと闘う裁判を支援する会編（1992）『職場の「常識」が変わる―福岡セクシュアル・ハラスメント裁判』（インパクト出版会）。
Shum, David A & Martin, Anne W（1982）"Formal and Empirical Reserch on Cascaded Inference in Jurisprudence", 17Law&Society Rev.105.
Shuman, Daniel W. et al.（1996）"Assessing the Believability of Expert Witness: Science in the Jurybox", 37Jurimetrics23.
Silbey, Susan S ed.（2008）*Law And Science Ⅰ Ⅱ*, Ashgate.
Simon, Wiliam H（1978）"The Ideology of Advocacy: Procedural Justice and Professional ethics", Wis. L. R.29. 邦題（1999）「弁護のイデオロギー」（佐藤彰一ほか訳）立教法学52号235-338頁。
Simon, William H（1983）"Legality, Breaucracy, and Class in the Welfare System", 92Yale Law J.1198.
Simon, William H（1988）"Ethical Discretion in Lawyering", 101Harv. L. R.1083.
Simon, William H（2000）*The Practice of Justice,* Harvard Univ. Press.
Simon J. Williams & Michael Calnan（1996）"The 'Limits' of Medicalization?: Modern Medicine and the Lay Populate in 'Late' Modernity", 42Soc. Sci. Med.1609.
園尾隆司（2009）「民事訴訟改革の軌跡―民事訴訟の法制史と実務の素描」判例タイムズ1286号37頁。
Spiegel, Mark（2000）*"The Rule* 11 Studies and Civil Rights Cases: An Inquiry into the Neutrality of Procedural Rules", 32Conn. Law. Rev.155.
Spottswood（2013）"The Hidden Structure of Fact-Finding", 64Case Western Reserve L. Rev.131.
Stirling, Andy（2010）"Comment: Keep It Complex", 468Nature1029-1031.

Sturm, Susan（1991）"A Normative Theory of Public Law Remedies", 79Geo. L. J.1355.
周藤由美子（2004）「『偽りの記憶』論争から何を学べばいいのか―『危ない精神分析』を批判する」フェミニストカウンセリング研究3号58頁。
菅原郁夫（1989, 1990）「事実認定過程における手続関与の心理分析」行政社会論集2巻2号1頁、3号79頁。
杉田聡編著（2013）『逃げられない性犯罪被害者―無謀な最高裁判決』（青弓社）。
杉山悦子（2007）『民事訴訟と専門家』（有斐閣）。
Suk, Jeannie（2010）"The Trajectory of Trauma: Bodies and Minds of Abortion Discourse", 110Colum. L. Rev.110.
住田朋久（2011）「四大公害裁判期における疫学的因果関係論1967-1973」東京大学教養学部哲学・科学史部会　哲学・科学史論叢13号45頁。
Sunstein, Cass R（1994）"Incommensurability and Valuation in Law", 92Mich. L. Rev. 779.
Susskind, Richard（2010）, *The End of Lawyers？: Rethinking The Nature of Legal Service*, Oxford.
Susskind, Richard & Susskind, Daniel（2015）, *The Future of The Professions*, Oxford
鈴木利廣（2003）「患者側弁護士からみた司法制度改革」医療事故情報センター編『岐路に立つ医療過誤訴訟―医療事故情報センター総会記念シンポジウム』（医療事故情報センター）。
高木光（2015）「原発訴訟における民事法の役割―大飯3・4号機差止め判決を念頭において」自治研究91巻10号17頁。
高橋裕（2000）「司法改革におけるADRの位置」法と政治51巻1号363頁。
武市尚子・吉田謙一・稲葉一人（2004）「司法解剖における遺族への情報開示の問題点」法学セミナー595号76頁。
竹村和久・吉川肇子・藤井聡（2004）「不確実性の分類とリスク評価」科学技術研究論文集2号12頁。
竹中俊子（2015）「連邦巡回控訴裁判所及び欧州統一特許裁判所を巡る議論と日本の知財高裁の評価」判例タイムズ1413号69頁。
竹下守夫（1994）「伊方原発訴訟最高裁判決と事案解明義務」木川統一郎博士古稀祝賀論集刊行委員会編『民事裁判の充実と促進―木川統一郎博士古稀祝賀（中）』（判例タイムズ社）10頁。
溜箭将之（2007）「因果関係―『ルンバール事件』からの問題提起」ジュリスト1330号75頁。
田村善之（2017）「知財高裁第合議の運用と最高裁の関係に関する制度論的考察―漸進的な試行錯誤を可能とする規範定立のあり方―」法曹時報65巻5号1231頁。
田辺公二（1964）『民事訴訟の動態と背景』（弘文堂）。
田中成明（1994）『法理学講義』（有斐閣）。
田中成明（1996）『現代社会と裁判』（弘文堂）。
田中成明（2001）『転換期の日本法』（岩波書店）。
田中成明（2003a）「手続的正義からみた民事裁判の在り方について」法曹時報55巻1263頁。
田中成明（2003b）「ハードケースにおける裁判官の判断をめぐって」司法研修所論集110号83頁。

田中成明（2004）「生命倫理への法的関与の在り方について―自己決定と合意形成をめぐる序論的考察―」田中成明編『現代法の展望―自己決定の諸相―』（有斐閣）131頁。
田中成明（2008a）「『法の支配』論議からみた司法制度改革」初宿正典ほか編『国民主権と法の支配―佐藤幸司先生古稀記念論文集（上）』（成文堂）474頁。
田中成明（2008b）「尊厳死問題への法的対応のあり方について―川崎協同病院事件控訴審判決を機縁とする一考察―」法曹時報60巻7号1頁。
田中成明（2014）『現代裁判を考える―民事裁判のヴィジョンを索めて』（有斐閣）。
棚瀬孝雄（1972）「裁判をめぐるインフルエンス活動」川島武宜編『法社会学講座5 紛争解決と法1』（岩波書店）972頁。
棚瀬孝雄（1987）『現代社会と弁護士』（日本評論社）。
棚瀬孝雄（1988）『本人訴訟の審理構造』（弘文堂）。
Tanase, Takao (1990) "The Management of Disputes: Automobile Accident Compensation in Japan", 24Law & Society Rwv.651.
棚瀬孝雄（1995）「語りとしての法援用」民商法雑誌111巻4・5号677頁。
棚瀬孝雄（1996）「弁護士倫理の言説分析―市場の支配と脱プロフェッション化1〜4（完）」法律時報68巻1号52-61頁、2号47-56頁、3号72-76頁、4号55-63頁。
棚瀬孝雄（2001）「法の解釈と法言説」棚瀬孝雄編著『法の言説分析』（ミネルヴァ書房）。
棚瀬孝雄（2001a）「裁判における社会科学の利用（上）（下）」法曹時報53巻12号1頁、54巻2号27頁。
棚瀬孝雄（2001b）「訴訟利用と近代化仮説」『民事訴訟法理論の新たな構築―新堂幸司先生古稀祝賀（上）』（有斐閣）287頁。
棚瀬孝雄（2010）『司法制度の深層―専門性と主権性の葛藤―』（商事法務）。
棚瀬孝雄編（2000）『たばこ訴訟の法社会学』（世界思想社）。
谷口安平（1991）「訴訟思想と鑑定人の責任」法学論叢128巻4、5、6号40頁。
谷口安平（1984）「権利概念の生成と訴えの利益」新堂幸司編集代表『講座民事訴訟②』（弘文堂）163頁。
Taslitz, E. Andrew (1999) "What Feminism Has to Offer Evidence Law", 28SW. U. L. Rev.171.
Taylor, Charles Alan (1996) *Defining Science*, University of Wisconsin Press.
手嶋豊（1992）「続・医療事故における被害者救済と事故法の役割（一）」広島法学16頁。
手嶋豊（2002）「アメリカにおける臨床上の実施ガイドラインをめぐる民事責任の諸問題」潮見佳男編集代表『民法学の軌跡と展望―國井和郎先生還暦記念論文集』（日本評論社）99頁。
徳永光（2002）「DNA証拠の許容性―Daubert判決の解釈とその適用」一橋法学1巻3号243頁。
東京大学社会科学研究所（2011）『労働審判制度についての意識調査　基本報告書』http://jww. iss. u-tokyo. ac. jp/roudou/pdf/report. pdf（visited on 2012.01.08）。
東京地方裁判所医療訴訟対策委員会（2003）「東京地裁医療集中部における医療訴訟の実情について」判例タイムズ1105号43頁。
東京地裁医療集中部における訴訟運営に関する協議会（2003）「東京地裁医療集中部における医療訴訟の実情について」判例タイムズ1119号34頁。
戸松秀典（2001）「司法国家の構築をめざした改革への期待」ジュリスト1198号69頁。

土屋文昭・林道晴（2010）『ステップアップ民事事実認定』（有斐閣）。
土屋文昭（2015）『民事裁判過程論』（有斐閣）。
津田敏秀（2004）『医学者は公害裁判で何をしてきたのか』（岩波書店）。
津田敏秀（2012）「環境汚染による人体影響に関する訴訟の立証責任と自然科学」淡路剛久ほか編『公害環境訴訟の新たな展開―権利救済から政策形成へ』（日本評論社）227頁。
辻村明編（1987）『講座 21世紀へ向けての医学と医療5 医療と社会』（日本評論社）。
塚原朋一（2007）「知財高裁における訴訟運営の状況と知財訴訟における専門家の活用の実際」ジュリスト1326号9頁。
Twining, William (1994) "Lawyers' Stories", in Twining, *Rethinking Evidence*, Northwestern University Press, 219.
内田貴（1988）「民事訴訟における行為規範と評価規範」新堂幸司編著『特別講義民事訴訟法』（有斐閣）3頁。
Vairo, Georgene (1988a) "Rule11: A Critical Analysis", 118F. D. R.189.
Vairo, Georgene (1998b) "Rule11 and the Profession", 67Fordham Law. Rev.589.
Vincent, Charles, Young, Magi, and Phillips, Angela (1994) "Why Do People Sue Doctors? A Study of Patients and Relatives Taking Legal Action", 343 Lancet, 1609.
和田仁孝（1989）「裁判の社会的機能と現代的意義」黒木三郎編『現代法社会学』（青林書院）473頁。
和田仁孝（1994）『民事紛争処理論』（信山社）。
和田仁孝（2008）「医療ADRのふたつのモデルと機能性」小島武司先生古稀祝賀『民事司法の法理と政策（下）』（商事法務）673頁。
和田仁孝・前田正一（2001）『医療紛争―メディカル・コンフリクト・マネジメントの提案―』（医学書院）。
我妻堯（1996）「医療過誤訴訟は医療事故防止・医療の質の向上に役立っているか」年報医事法学11号59-69頁。
Wasserstrom, Richard (1975) "Roles and Morality", in *The Good Lawyers*, (Luban ed.).
Wasserstrom, Richard (1981) "Lawyers as Professionals: Some Moral Issues", 5Human Rights, 1.
渡辺千原（2002）「裁判官の役割とは」和田仁孝・太田勝造・阿部昌樹編『交渉と紛争処理』（日本評論社）230頁。
渡辺千原（2003）「大規模被害の救済と弁護士の公益性」法社会学61号60頁。
渡辺千原（2007）「司法制度改革論議における『常識』の位置」立命館法学333-334号1803頁。
渡辺千原（2010）「裁判における『科学』鑑定の位置」科学80巻6号627頁。
渡辺千原（2011）「法を支える事実―科学的根拠づけに向けての一考察―」立命館法学333・334号1803-1846頁。
渡辺千原（2012）「日本の法曹継続教育におけるジェンダー」南野佳代編『法曹継続教育の国際比較―ジェンダーから問う司法』（日本加除出版）235頁。
渡辺千原（2015）「平成期の最高裁判所―変わったこと、変わらないこと」市川正人・大久保史郎・斎藤浩・渡辺千原編『日本の最高裁判所―判決と人・制度の考察』（日本評論社）。
渡辺康行（1993）「違憲審査の正当性〈コンセンサス〉ないし〈社会通念〉」ジュリスト

1022号129頁。
Wilkins, David B（1990）"Legal Realism for Lawyers",104Harv. L. R.468, 484.
Wilkins, David B（1992）"Who Should Regulate Lawyers?", 105Harvard L. R.799.
Wood, P. Diane（1997）"Generalist Judges in a Specialized World", 50SMU L. Rev.1755.
矢幡洋（2003）『危ない精神分析』（亜紀書房）。
矢口洪一（1993）『最高裁判所とともに』（有斐閣）。
山木戸克己（1961）「当事者権」山木戸克己著『民事訴訟理論の基礎的研究』（有斐閣）59頁。
山本浩美（1990）「裁判官による訴訟管理（一）―弁論兼和解と釈明権を中心として―」上智法学論集33巻2・3号171頁。
山本和彦（2000）「専門訴訟の課題と展望」司法研修所論集105号37頁。
山本和彦（2008）「手続保障論再考―実質的手続保障と迅速訴訟手続」河野正憲・伊藤眞・高橋宏志編『民事紛争と手続理論の現在―井上治典先生追悼論文集』（法律文化社）152頁。
山本克己（1997）「いわゆる『第三の波』理論について――その裁判理論的側面の批判的検討」法学論叢142巻1号1頁。
山本克己（2003）「知的財産高等裁判所構想について想うこと」NBL 770号34頁。
山本隆司（2006）「日本における裁量論の変容」判例時報1933号11頁。
山本龍彦（2011）「『統治論』としての遺伝子プライバシー論―専門家集団による規範定立と司法審査（覚書）―」慶應法学18号45頁。
米村滋人（2014）「因果関係の立証―東大病院ルンバール事件」民法判例百選（第2版）170頁。
吉田克己（1968）「四日市における公害発生とその対策の状況」ジュリスト408号53頁。
吉田克己（1969）「疫学的因果関係論と法的因果関係論」ジュリスト440号104頁。
吉田邦彦（1994）「近時のインフォームド・コンセント論への1疑問（一）（二完）」民商法雑誌110巻2号254頁、3号399頁。
吉田邦彦（2000）「自己決定、インフォームド・コンセントと診療情報開示に関する一考察」北大法学50巻6号1頁。
吉川寛吾（1954）「「裁判官の良心」その他」法律時報26巻7号63頁。
吉川精一（2016）「危機に立つアメリカの弁護士」自由と正義67巻10号54頁。
吉澤剛・中島貴子・本堂毅「科学技術の不定性と社会的意思決定―リスク・不確実性・多義性・無知」科学82巻788頁。
座談会（1993）「伊方・福島第二原発訴訟最高裁判決をめぐって」ジュリスト1017号9頁。
座談会（1996）「裁判官の判断におけるスジとスワリ」判例タイムズ891号13頁。
座談会（2001）「差止と執行停止の理論と実務」判例タイムズ1062号8頁。
座談会（2003）「医療訴訟と専門情報②」判例タイムズ1121号45頁。
座談会（2003）「医療訴訟における鑑定人への情報提供のあり方」判例タイムズ1128号12頁。
座談会（2011）「進化する知的財産訴訟に向けての検討と課題」Law and Technology50号10頁。
座談会（2012）「特許法改正の意義と課題」ジュリスト1436号12頁。

あとがき

　法律家は、法の専門家でしかないのに、医療や科学にかかわる問題についても、裁判では評価し、終局的な判断までしてしまうことを、どうして正当化できるのだろうか。民事司法を主たる対象に弁護士論や、手続保障論などを大学院で勉強していたとき、この問いがふと頭に浮かんだ。

　本書は、この問いへの答えを探求すべく、京都大学大学院法学研究科博士後期課程在学中に約1年かけて執筆し、初めて公表した「事実認定における『科学』」(1997年)以降、20年間にわたって、法と科学、訴訟と専門家・専門知に関わるテーマで研究してきた成果を振り返り、現時点での筆者の考察の到達点に基づいて整理、再構成しなおした、筆者にとっては初めての単著の研究書である。

　まとまりのある著書とするにあたっては、かなり時間的には間をおいて書いた2つの論文を1つの章にまとめ直したり、1つの論文を2つに分けて別の論文とつなぎ合わせて1つの章にしたりしながら、加筆修正を行った。一時は収拾がつかなくなり途方に暮れた。もっと練り直したい部分は多々残るものの、その作業を通じて20年間に考えてきたことを自分の中で消化し、新たに昇華することもある程度できたように思う。最初の論文を発表した頃には、まだ専門訴訟などという言葉もなく、科学的証拠の問題も刑事訴訟法の研究テーマであり、民事司法の文脈で論じたものは少なかった。その後、医療過誤に社会的関心が高まり、訴訟提起もふえ、司法制度改革審議会で専門的知見を要する事件への対応も検討されはじめ、科学技術社会論という学問分野が日本でも成熟し始めた。このように書くと、それに先駆けて裁判と科学の問題に取り組み始めたというのは、なんと慧眼であったのかと自画自賛したくもなるが、本書でもたびたび参照するドーバート事件の連邦最高裁判決が合衆国で出たのが1993年、そうした動向も踏まえて Jasanoff の Science at the Bar がアメリカで出版されたのは1995年である。大学院時代に棚瀬孝雄教授のもとでアメリカの様々な法社会学、社会学関連の文献をスクーリングで講読し、第一線の研究者を海外

から迎えてのシンポジウム等に関わる機会も多かったため、こうしたアメリカでの新しい議論に出会うことはそれほど難しいことではなかった。それでも、当時はこんなテーマに日本で関心が持たれるのだろうかという不安と孤独感にもさいなまれつつの執筆であった。

　ところが、それから医療過誤訴訟の提起が急増、専門訴訟への対応が求められるようになり、2011年の福島第一原発での事故をきっかけに原発関連裁判も相次ぐようになり、こうしたテーマが現実化、社会的にも大きな関心事にもなり、ともに関心を持って研究できる仲間たちもふえてきた。最近は法と科学の協働や、科学訴訟の審理の質の向上を目指すような共同研究に参加させていただき、海外調査や、他分野の研究者や実務家との交流の機会にも恵まれるようになった。孤独な研究から脱して、他の国のシステムや他の分野の研究者の考えに触れると、自分の関心の狭さ、また法社会学者として法をある程度外から見てきたつもりでも、なお日本法の中からの見方にかなり拘束されていることに改めて気づかされている。もっとも、分野をまたいでの共同研究はえてして、それぞれの分野をやや単純化して相互理解しようとすることにもなりがちである。あと一段深いところまでほりこんでいくことの困難も感じている。

　こうした研究経過をたどってはきたものの、本書の執筆にあたり、かつて書いた論文を読み返しながら感じたのは、「以前はこんな稚拙なものを書いていたのか」というよりも、「以前から同じようなことを考えていたのだな」という自らの成長の乏しさであった。あまり大きく関心が変わらなかったこともあり、1つの研究として、これまでの論文を選ぶこと自体の苦労は少なかった。

　他方、法社会学者と民事訴訟法学者が協働して民事司法研究を活発に行っていた90年代に学部・大学院時代を過ごし、当然のようにそうした分野での研究を始めて20年、司法制度改革も経て、民事司法の強化が一つの柱だったはずが、法社会学研究の主たる関心からはやや遠ざかったようである。なお民事司法を対象に研究をしている法社会学者は、むしろマイノリティとなりつつある。グローバル化が進む中、紛争解決手段としての裁判の位置づけは世界的にも低下している。立法化の時代でもあり、もはや裁

判による規範形成の役割への期待もそれほど大きくないのかもしれない。

　しかし、研究者として最初に仰ぎ見た棚瀬孝雄教授や、田中成明教授やそのご研究を親だと思い込んだ雛のように、私自身は不器用ゆえにそこから思考が離れることができないでいるし、そうした研究者が今も一人くらいいても良いのではないかと思っている。

　縁あって1998年に金閣寺にほど近い、京都市の西にある立命館大学に就職してからも、「東山の京都大学の研究室には棚瀬先生はもうご出勤されているのだろうな」と、その存在感を感じ続け、「渡辺さん、研究してる？」という声は今もいつも自分の中でこだましている。関心分野が異なる同期も４人もいて、先輩後輩、他分野の研究仲間も大勢いる環境で大学院時代を過ごせたことは、今振り返ってみると実に贅沢で恵まれていたと思う。

　京都大学大学院時代のことばかり書いてしまったが、本書の研究のほとんどは立命館大学に就職してからの業績である。この20年は、立命館大学での20年であり、また結婚して新しく家庭をもってからの20年でもあった。就職する際にはその忙しさから「絶命館」などといわれ、心配もされたが、京都の美しい環境で、聡明でバランスのとれた学生たちを相手に授業をすることは非常に楽しく、学生との学びから新しい研究のヒントを得ることもしばしである。研究が滞りなく進捗したとはとても言えないが、2人の子どもたちの育児に追われ、研究が中断しながらも曲がりなりにも細々とここまで進んでこられたのは、辛抱強い夫の支えはもちろんのこと、立命館大学法学部の先生方、事務室や共同研究室のスタッフや学生の皆さんのおかげである。一人一人ここでお名前をあげることはできないが、深く感謝している。

　また、何の面識もなく、海のものとも山のものともつかない私の本の編集を、ご多忙な中引き受けてくださった日本評論社の柴田英輔さん、法律学流の文献引用スタイルだった論文を社会科学形式に組み替える面倒な作業を助けてくれた立命館大学博士後期課程の佐藤伸彦さんにもお礼を述べたい。

　最後に、反骨精神あふれる建築家としての生き方から教えられもしたが、

それにつきあわされもした父、渡辺豊和と、個性的な家族を一つに束ねおおらかに育ててくれた母富子にこの本を捧げたい。二人なお元気で見守っていてくれていることにも感謝したい。

2018年1月

渡辺千原

本書の出版にあたっては、独立行政法人日本学術振興会平成29年度科学研究費助成事業（科学研究費補助金）（研究成果公開促進費）の交付ならびに立命館大学2017年度学術図書出版推進プログラムの助成を受けている。

初出一覧

① 「事実認定における『科学』―合衆国のベンデクティン訴訟を手がかりに―（一）（二完）」民商法雑誌（1997年）116巻3号359-400頁、116巻4-5号689-723頁　**1、2章**
② 「医事鑑定の語るもの―医療過誤訴訟にみる医療と法―」棚瀬孝雄編著『法の言説分析』（ミネルヴァ書房、2001年）73-100頁　**6章**
③ 「医療過誤訴訟と医学的知識―因果関係の専門性を手がかりに―」立命館法学271=272号（2001年）1792-1820頁　**6章**
④ 「プロフェッション概念に関する一考察―アメリカのプロフェッション論・弁護士倫理の議論を参考に―」立命館法学275号（2001年）153-179頁　**9章**
⑤ 「専門訴訟と裁判の変容―医療過誤訴訟への対応を一例に―」和田仁孝・樫村志郎・阿部昌樹編『法社会学の可能性』（法律文化社、2004年）259-275頁　**5章、8章**
⑥ 「民事訴訟の機能変容」和田仁孝編『NJ叢書　法社会学』（法律文化社、2006年）147-170頁　**3章**
⑦ 「裁判の専門化と裁判官」立命館法学339・340号（2012年）647-682頁　**10章**
⑧ 「リスクをめぐる裁判の可能性―科学的不確実性への対応を中心に―」法社会学78号（2013年）215-233頁　**4章**
⑨ 「非専門訴訟における専門的知見の利用と評価」和田仁孝・樫村志郎・阿部昌樹・船越資晶編『法の観察―法と社会の批判的再構築に向けて―』（法律文化社、2014年7月）223-248頁　**7章**
⑩ 「裁判と科学―フォーラムとしての裁判とその手続のあり方についての一考察―」法と社会研究（2015年）99-135頁　**3章、8章**
⑪ 「プロフェッション概念再考―ポスト司法制度改革期の弁護士役割論に向けて―」『現代日本の法過程』宮澤節生先生古稀記念論集（信山社、2017年）437-465頁　**9章**

《著者紹介》

渡辺　千原（わたなべ　ちはら）　立命館大学法学部教授　専攻　法社会学

●──略歴
1969年　奈良県生まれ
1992年　京都大学法学部卒業
1998年　京都大学大学院法学研究科博士後期課程基礎法学専攻単位取得退学（法学修士）
1998年　立命館大学助教授。2006年より現職。

●──主要業績
「事実認定における『科学』─合衆国のベンデクティン訴訟を手がかりに─」民商法雑誌116巻3号、116巻4＝5号（1997年）、「医療過誤訴訟と医学的知識─因果関係の専門性を手がかりに─」立命館法学271＝272号（2001年）、「法を支える事実─科学的根拠付けに向けての一考察─」立命館法学333＝334号（2011年）、「裁判と科学─フォーラムとしての裁判とその手続のあり方についての一考察─」法と社会研究創刊号（2015年）、『法廷に立つ科学─「法と科学」入門』（共監訳、勁草書房、2015年）、『日本の最高裁判所─判決と人・制度の考察─』（共編著、日本評論社、2015年）

訴訟と専門知──科学技術時代における裁判の役割とその変容

2018年2月28日　第1版第1刷発行

著　者──渡辺千原
発行者──串崎　浩
発行所──株式会社　日本評論社
　　　　〒170-8474　東京都豊島区南大塚3-12-4
　　　　電話03-3987-8621（販売：FAX─8590）
　　　　　　　03-3987-8592（編集）
　　　　https://www.nippyo.co.jp/　振替　00100-3-16
印刷所──精文堂印刷株式会社
製本所──牧製本印刷株式会社
装　丁──図工ファイブ

JCOPY 〈(社)出版者著作権管理機構　委託出版物〉
本書の無断複写は著作権法上での例外を除き禁じられています。複写される場合は、そのつど事前に、(社)出版者著作権管理機構（電話03-3513-6969、FAX03-3513-6979、e-mail: info@jcopy.or.jp）の許諾を得てください。また、本書を代行業者等の第三者に依頼してスキャニング等の行為によりデジタル化することは、個人の家庭内の利用であっても、一切認められておりません。

検印省略　©2018　Chihara Watanabe
ISBN978-4-535-52281-7　　　　　　　　　　　　　　　　　　Printed in Japan